中國早期三大新詩人研究

金 尚 浩 著

現代文學研究叢刊
文史哲出版社印行

國家圖書館出版品預行編目資料

中國早期三大新詩人研究 / 金尚浩著. -- 初版. --
臺北市 : 文史哲, 民 89
　面 ：　公分. (現代文學研究叢刊；5)
ISBN 957-549-293-5(平裝)

1.中國詩 - 現代（1900 - 　　）- 評論

821.88　　　　　　　　　　　　89009538

現代文學研究叢刊 ⑤

中國早期三大新詩人研究

著　　者：金　　　尚　　　浩
出版者：文　史　哲　出　版　社
登記證字號：行政院新聞局版臺業字五三三七號
發行人：彭　　　正　　　雄
發行所：文　史　哲　出　版　社
印刷者：文　史　哲　出　版　社
臺北市羅斯福路一段七十二巷四號
郵政劃撥帳號：一六一八○一七五
電話 886-2-23511028・傳眞 886-2-23965656

實價新臺幣五六○元

中華民國八十九年七月初版

序

　　金尙浩君，大韓民國一位彬彬有禮的青年學者，精通中、韓
文，在現代詩的研究與翻譯兩方面都有可觀的成績，並且對台灣
與韓國之間的文化交流有相當的貢獻。我這樣說，非因忝爲尙浩
君博士論文的指導教授而作溢美之詞，而是有事實根據的。

　　金君畢業於京畿大學中文系，一九八八年來台，次歲入逢甲
大學中文研究所，獲碩士學位。回國後，被聘爲京畿大學講師，
講授中國語會話、中國文學史。一九九四年又至台灣，入中山大
學中文研究所，經五年半的苦讀，榮獲博士學位。他在台十載，
除潛心研究現代詩外，先後在逢甲大學、僑光商專、空中大學擔
任國文、現代文學、中國文學專題、中韓文學概論、韓國文學欣
賞等課程。並把台灣詩人陳千武、白萩、大陸詩人北島的論述及
作品介紹給韓國，發表在《文學藝術》、《世紀文學》等；復將
他祖國的詩人、小說家的作品介紹於《笠詩刊》、《文學台灣》、
《滿天星》等刊物，眞正起了交流的作用。尤有進者，他在第十
三屆中韓學者會議、歷屆亞洲詩人會議、一九九九年第五屆亞洲
兒童文學台北大會擔任現場口譯、同步翻譯，贏得與會學者詩人
一致的讚譽。

　　茲值其博士論文《中國早期三大新詩人研究》付梓之際，謹
綴數語助勉。期望他日後對現代詩和韓國漢學多加鑽研、介紹，
爲兩地的學術交流而全力以赴。

龔顯宗謹序於中山大學
２０００年５月２３日

自　序

　　由於受到現代詩人家父——金光林教授的影響，我從小就喜愛文學，先是閱覽世界文學，後來是現代詩，所以只要研讀詩歌，人世間的悲喜都可以一掃而光。因此，現代詩一直是筆者關注的研究課題之一。

　　回顧一下，在一九八八年一踏上台灣這塊土地之後，一眨眼已過了十二年。但實際上待在台灣的時間，前後合起來，整整十年。其中最令我痛哭的是，這無情的歲月奪走了我親愛的母親。母親林恩嬌（一九三二～一九九八）是非常賢慧的一位女性，她照顧我們三男一女的子女備極辛勞。「歲月呀！你一個走就好，為什麼連人也一起帶走呢？」。

　　筆者注意到，若從詩派的視角切入新詩的研究，對詩人無法做全面的評價，而只能對某個詩人有個大概的了解。一位詩人的作品究竟是哪一種評價，學術界可能見仁見智，某個詩人的風格該如何歸納，這些正是我要解剖的重點。其實，文學現代化所最深刻的發生，且有根本意義變化的是文學語言和形式，以及與此相聯的美學觀念和品格的變化。詩人是跨越歷史的人物，語言是存在文字的本家，本書以中國早期新詩如何看待的問題為出發點，範圍包括郭沫若、徐志摩、聞一多的詩和詩論，他們所精心構築的詩歌藝術秩序，自有其持久的生命力，並對於當今詩壇，也有著某種溝通和聯繫。更重要的是，他們對新詩的探索與革新的精神，已經喚醒了一代又一代人去考慮新詩藝術的基礎，去考

慮它在每個階段的推進和發展，由此而產生的影響是長久的。

　　此外，必須要提到的是，在我的生命中曾遇到過一些提攜關照的人，如大學時的京畿大學安秉均教授，研究所碩士班時的逢甲大學戴瑞坤教授、清華大學呂興昌教授(碩士論文指導教授)、靜宜大學趙天儀教授，博士班時的中山大學龔顯宗教授（博士論文指導教授），以及當代大詩人陳千武教授，他們對我的「求學過程」都有著相當程度的影響，可以說是間接直接促成了這本書的誕生。

　　另外，在此特別向我的內人韓連善致上最深的謝意。她嫁給一個專注的窮書生之後，默默地照顧本人和做好家事。這段日子裡不斷地給我鼓勵和支持。

　　最後，這本書的面世，除了要感謝恩師龔顯宗教授的大力推介外，文史哲出版社彭正雄社長的惠允出書，在此一併致謝。

金尚浩謹誌於2000年初夏台中瑞聯蝸居

中 文 提 要

　　中國的新文學從一九一七年正式提出「文學革命」口號算起，迄今只不過八十多年的歷史。以往任何時期的文學，都不可能像新文學這樣同波瀾壯闊的現實生活緊密地聯繫在一起，和人民大眾共同著命運，並且文學樣式和種類也空前發展了，而更重要的是短短幾十年的時間裡，產生了一大批傑出的詩人。胡適爲代表的「五四」新詩運動正式選擇了梁啓超後退之處，做爲理論出發點與進行方向。他說「新文學的語言是白話的，新文學的文體是自由的，是不拘格律的」。五四新文學時期，穩定了新詩的社會地位的詩人中，郭沫若、徐志摩、聞一多三位的影響最大。如果說，新文學因爲有眾多傑出的詩人可謂是群星燦爛，郭沫若和徐志摩及聞一多是這群星中，最耀眼的三大巨星。新舊交替的五四時代，他們三人都衝破了封建儒家詩教的束縛，自由地追求心中的詩藝，無拘無束地抒寫他們的生趣和情懷，充分地顯示了主體意識的高度自覺性。他們在詩歌內容的抒寫上都有著極大的自由性，而在詩歌藝術形式的創造上就走了不同的路。本書主要探討郭沫若、徐志摩、聞一多三大詩人的詩歌和理論爲範圍，對五四新文學的影響加以整理，分析其意義和價值。

　　本書共分六章。

　　第一章〈緒論〉說明研究的動機與目的，研究的方法與範圍。

　　第二章〈郭沫若的詩和詩論〉論述對於郭沫若文學的起源、本質、創作過程以及詩論與劇論在文學理論上的見解；他新詩的

主題和其形式美。

第三章〈徐志摩的詩和詩論〉透過徐志摩的生平，更進一步的了解他的文學背景；他透過文學的方式，認真地追求現實的理想和性靈自由；對詩的形式和技巧表現手法上，幾乎都是體制的輸入和試驗。

第四章〈聞一多的詩和詩論〉詩人兼學者的聞一多，立足於中國文學精神去篩選西方詩藝漢詩學，使之中國化；他的美學體系，並不是只有唯美主義的傾向，他從自己的經驗，把他過濾後，在結合上理論和實踐；他對新詩格律化的倡導，無疑是積極的，並具有了相對規範的形式，鞏固了新詩的地位。

第五章〈三大詩人的作品與其理論比較〉郭沫若和徐志摩、徐志摩和聞一多、聞一多和郭沫若三大詩人的詩歌與其理論的連環比較。

第六章〈結論〉綜合前面的研究，分析對三大詩人的詩歌展現的意義，以及其對未來新詩的流變和啓發。

A Study of Three Major Chinese New Poets in Early Modern Period

Abstract

The history of Chinese new literature, which begins with 1917's "Literary Revolution" propaganda, is merely of eighty-something years. New literature differentiates itself from literature of previous times not only in its distinct style and genre, but also in its close connection to practical life and its partaking of ordinary people's fate. What is more important, however, is the fact that its short history has never refrained itself from begetting a group of great poets, which is no small in number.

The May Fourth Movement of new poetry, led by Hu Shih, formally paved the way for Liang Ch'i-ch'ao to recede, which became the theoretical starting point and the direction of development. Hu Shih said, "The language of new literature is the word-of-mouth, the style of new literature is free, not being confined to any formalities." During the time of May Fourth Movement of new literature, there appeared three most influential poets among many who helped the new poetry to gain a social status, namely: Guo Mo-ruo, Hsu Chih-mo, and Wen I-to. If one is to portray the new literature as a sky full of stars, Guo Mo-ruo, Hsu Chih-mo, and Wen I-to must be illustrated as "the stars of the night." At the intersection of the old and the new, the three poets on the one hand unfettered themselves from the feudal Confucian teachings of poetry, and on the other hand freely pursued their poetic inspiration, ruthfully writing their heartfelt concerns and regards, which altogether reveals their high-degree of subjective consciousness. The content of their poetry retains a remarkably liberal spirit, which in turn induced to create a poetic form of wholly unconventional style and approaches.

With some backdrop discussion of the May Fourth Movement of new literature, this dissertation shall focus on the poetry and the theory of Guo Mo-ruo, Hsu Chih-mo, and Wen I-to, analyzing their value and significance.

It is divided into six chapters as follows:

The first chapter, "Introduction," explains the motive and the aim of writing the dissertation, the method of research, and the boundary of subject.

The second chapter, "The Poem and Poetry-Theory of Guo Mo-ruo," discusses the origin and essence of Guo Mo-ruo's literature, his creative writing process and his perspective on poetry-theory and drama-theory in the theory of literature. It shall also discuss the subject of his poetry and its formal aesthetics.

The third chapter, "The Poem and Poetry-Theory of Hsu Chih-mo," first examines the life of Hsu Chih-mo, in order to understand the background of his literature. It will be revealed that, Hsu Chih-mo, via the method of literature, seriously pursued practical ideal and spiritual freedom. As to his poetic form and expressive skill, they almost seem to be an introduction and experimentation of a new system.

The fourth chapter, "The Poem and Poetry-Theory of Wen I-to," shall describe how Wen I-to, who was a poet at the same time a scholar, standing firm on the spirit of Chinese literature, chose Western poetic art-form and teaching of poetry, integrating them into parts of Chinese literature. His system of aesthetics not merely reveals his fondness of aestheticism; by reflecting on his own experience, he successfully combined the theory and practice. As to setting-the-style of new poetry, his contribution was undoubtedly a positive one; his poems employ a style that is relatively regular in form, which freshly affirmed the status of new poetry.

The fifth chapter, "The Comparison of Works and Theory of Three Major Poets," shall investigate the similarities and differences among the three major poets, viz., Guo Mo-ruo, Hsu Chih-mo, and Wen I-to.

The sixth chapter, *"Conclusion,"* sums up the previous outcomes of research. It analyzes the significance of delineating the poetry of the three major poets, and discusses their influence on the trend and insight of later poets who succeeded the spirit of new poetry.

中國早期三大新詩人研究

(A Study of Three Major Chinese New Poets in Early Modern Period)

——論郭沫若·徐志摩·聞一多的詩和詩論

目　　錄

序……………………………………………………龔顯宗……　1

自序…………………………………………………………　2

中文提要……………………………………………………　4

英文提要……………………………………………………　6

第一章　緒論………………………………………………　15

　第一節　研究動機與目的………………………………　15

　第二節　研究方法與範圍………………………………　18

第二章　郭沫若的詩和詩論………………………………　21

　第一節　生平述略………………………………………　21

　　一、家世、幼年………………………………………　21

　　二、求學過程…………………………………………　23

　　三、回國………………………………………………　29

　　四、婚姻………………………………………………　32

　　五、流亡………………………………………………　33

　　六、文化、政治活動…………………………………　35

　　七、死亡………………………………………………　37

　　八、作品………………………………………………　37

　　九、小結………………………………………………　40

第二節　郭沫若詩所承受的影響……………………………… 41
　　一、中國古典文學的影響………………………………… 41
　　二、西方文學的影響……………………………………… 46
　　三、小結…………………………………………………… 53
第三節　郭沫若的文學理論…………………………………… 53
　　一、文學思想背景──泛神論…………………………… 53
　　二、自我表現論…………………………………………… 59
　　三、社會主義現實主義論………………………………… 64
　　四、小結…………………………………………………… 71
第四節　郭沫若詩的主題探討………………………………… 73
　　一、自然的流露…………………………………………… 73
　　二、苦悶的情緒…………………………………………… 82
　　三、浪漫的愛情…………………………………………… 90
　　四、悲壯的感情和思想…………………………………… 103
　　五、小結…………………………………………………… 112
第五節　郭沫若詩的形式美探討……………………………… 114
　　一、音樂美………………………………………………… 114
　　二、散文美………………………………………………… 123
　　三、戲劇美………………………………………………… 128
　　四、小結…………………………………………………… 134
第六節　郭沫若在新詩史上的影響和評價………………… 136
第三章　徐志摩的詩和詩論………………………………… 141
第一節　生平述略……………………………………………… 141
　　一、家世、幼年………………………………………… 141
　　二、求學過程…………………………………………… 142
　　三、初婚………………………………………………… 143

　　　四、留學…………………………………………… 144

　　　五、熱戀和離婚………………………………………… 147

　　　六、回國…………………………………………… 150

　　　七、再婚…………………………………………… 152

　　　八、死亡…………………………………………… 155

　　　九、作品…………………………………………… 156

　　　十、小結…………………………………………… 160

　第二節　徐志摩詩所承受的影響……………………… 160

　　　一、西方文學的影響………………………………… 161

　　　二、中國古典文學的影響…………………………… 172

　　　三、當代文壇的影響………………………………… 175

　　　四、小結…………………………………………… 182

　第三節　徐志摩與新月派的關係……………………… 183

　　　一、新月派的形成及其發展………………………… 184

　　　二、新月派在新詩史上的地位與貢獻……………… 194

　　　三、徐志摩與新月派的關係………………………… 197

　　　四、小結…………………………………………… 199

　第四節　徐志摩詩的主題探討………………………… 201

　　　一、理想的追尋與挫敗……………………………… 201

　　　二、自然生命的抒詠………………………………… 211

　　　三、愛情的耽溺與思索……………………………… 217

　　　四、社會現實的關懷………………………………… 227

　　　五、小結…………………………………………… 233

　第五節　徐志摩詩的形式和技巧探討………………… 235

　　　一、形式探討………………………………………… 236

　　　二、技巧探討………………………………………… 246

三、詩的文類滲透……………………………… 254

四、小結……………………………………… 257

第六節　徐志摩在新詩史上的影響和評價…………… 258

第四章　聞一多的詩和詩論……………………… 265

第一節　生平述略…………………………………… 265

一、家世、幼年…………………………… 265

二、求學過程……………………………… 267

三、結婚…………………………………… 273

四、留學…………………………………… 275

五、回國…………………………………… 279

六、與新月派的關係……………………… 280

七、學者生涯……………………………… 283

八、死亡…………………………………… 285

九、作品…………………………………… 287

十、小結…………………………………… 288

第二節　聞一多的詩所承受的影響………………… 289

一、中國古典文學的影響………………… 289

二、西方文學的影響……………………… 294

三、小結…………………………………… 303

第三節　聞一多的詩歌美學觀……………………… 304

一、前期的詩歌美學觀…………………… 305

二、中期的詩歌美學觀…………………… 308

三、後期的詩歌美學觀…………………… 313

四、小結…………………………………… 315

第四節　聞一多詩的主題探討……………………… 316

一、對祖國的熱愛………………………… 316

二、對同胞苦難的關懷⋯⋯⋯⋯⋯⋯⋯⋯⋯⋯⋯ 329

三、理想的追尋⋯⋯⋯⋯⋯⋯⋯⋯⋯⋯⋯⋯⋯⋯ 339

四、愛情的痛苦和甜蜜⋯⋯⋯⋯⋯⋯⋯⋯⋯⋯⋯ 349

五、小結⋯⋯⋯⋯⋯⋯⋯⋯⋯⋯⋯⋯⋯⋯⋯⋯⋯ 355

第五節 聞一多詩格律探究⋯⋯⋯⋯⋯⋯⋯⋯⋯⋯⋯ 357

一、新詩格律理論⋯⋯⋯⋯⋯⋯⋯⋯⋯⋯⋯⋯⋯ 357

二、音樂美⋯⋯⋯⋯⋯⋯⋯⋯⋯⋯⋯⋯⋯⋯⋯⋯ 362

三、繪畫美⋯⋯⋯⋯⋯⋯⋯⋯⋯⋯⋯⋯⋯⋯⋯⋯ 367

四、建築美⋯⋯⋯⋯⋯⋯⋯⋯⋯⋯⋯⋯⋯⋯⋯⋯ 373

五、小結⋯⋯⋯⋯⋯⋯⋯⋯⋯⋯⋯⋯⋯⋯⋯⋯⋯ 377

第六節 聞一多對新詩史上的影響和評價⋯⋯⋯⋯⋯ 378

第五章 三大詩人的作品與其理論比較⋯⋯⋯⋯⋯⋯⋯⋯ 385

第一節 郭沫若──徐志摩的詩歌與其理論比較⋯⋯⋯ 385

一、詩中對「死亡的美學」⋯⋯⋯⋯⋯⋯⋯⋯⋯ 385

二、自我表現和文學本質論⋯⋯⋯⋯⋯⋯⋯⋯⋯ 392

三、小結⋯⋯⋯⋯⋯⋯⋯⋯⋯⋯⋯⋯⋯⋯⋯⋯⋯ 397

第二節 徐志摩──聞一多的詩歌與其理論比較⋯⋯⋯ 398

一、詩歌創作上相似點⋯⋯⋯⋯⋯⋯⋯⋯⋯⋯⋯ 398

二、詩歌風格上不同點⋯⋯⋯⋯⋯⋯⋯⋯⋯⋯⋯ 400

三、小結⋯⋯⋯⋯⋯⋯⋯⋯⋯⋯⋯⋯⋯⋯⋯⋯⋯ 405

第三節 聞一多──郭沫若的詩歌與其理論比較⋯⋯⋯ 406

一、詩歌慷慨高歌的情調和憂鬱氣氛⋯⋯⋯⋯⋯ 406

二、詩歌理論不同⋯⋯⋯⋯⋯⋯⋯⋯⋯⋯⋯⋯⋯ 410

三、小結⋯⋯⋯⋯⋯⋯⋯⋯⋯⋯⋯⋯⋯⋯⋯⋯⋯ 414

第六章 結論⋯⋯⋯⋯⋯⋯⋯⋯⋯⋯⋯⋯⋯⋯⋯⋯⋯⋯⋯ 417

主要參考書目⋯⋯⋯⋯⋯⋯⋯⋯⋯⋯⋯⋯⋯⋯⋯⋯⋯⋯ 425

第一章　緒　論

第一節　研究動機與目的

　　面對中國新文學的研究現狀，似乎應該強調一點就是說，研究五四新文學，除了魯迅作品方面取得了相當的進展之外，對新文學具體現象的了解，恐怕似乎不夠了。這一個原因，也許可能牽涉到政治和思想等的頗多因素。但其中的一個重要原因，是否也在對新文學的豐富內容還缺乏充分的了解呢？五四時期以來，在新文學研究領域裡「新詩」似乎常是一個遭受冷遇的字眼。這種情況之下，誰還能仔細去探討新詩在風格上的複雜表現呢？

　　五四文學革命從總體意義上說當然是要革傳統之命，即改變傳統的流向，創建全新的文學；這完全合乎歷史發展的要求。然而實際上文學傳統又不可能完全割斷，它總是要以不同的方式，在不同的程度上，努力延續自己的生命。誕生於文學革命的現代小說，現代散文大致地採取了相同的方式，或多或少地吸收了一些傳統的因素和表現方法，把傳統文學的生命匯入了新文學之中，不但極大地消弭了傳統的抗力，延續了傳統的生命，而且使新文學的生命力更加旺盛。但這些現代小說和現代散文接受了外國文學的影響，以嶄新的面貌出現在文壇時，傳統的小說和散文就自然地失去了其存在的意義，並很快地退出了歷史舞台。

　　新詩則不然，它不但在語言運用上，而且在整個形式格律上，無法採取了與傳統完全決裂的方式。儘管在當時有些新詩人

由於習慣，往往不自覺地融舊詩的音節入白話，或利用舊詩裡的
情境表現新意，但總的說來，新詩和傳統詩歌絕少聯繫。如此看
來，倒反而給舊詩的生存留下了空間，客觀上爲舊詩延續自己的
生命提供了條件，這是新詩創作在藝術上的一個最基本要求。五
四文學革命在創作實踐上，以新詩的創作爲突破口，從形式上的
自由入手。晚清時，梁啓超的「詩界革命」就始終限制在傳統詩
歌的範圍內；但他們也確實做出了最大的努力：如黃遵憲就做過
轉向古風、樂府，「用古文家伸縮離合之法以入詩」等多種實驗，
而向「散文化」方向的努力，便顯示了背離佔主流地位的「唐詩」
傳統，向「宋詩」靠攏的傾向。這是構成了「詩界革命」的一個
極限，就是晚清詩界最終止步於宋詩派的摹仿風氣中。

　　以胡適爲代表的「五四」新詩運動正式選擇了梁啓超後退之
處，做爲理論出發點與進行方向。胡適在《談新詩》裡明確指出：

> 歐洲三百年前各國國語的文學起來代替拉丁文學時，是
> 語言文字的大解放；十八、十九世紀法國雨果、英國華
> 茨華斯等人所提倡的文學改革，是語言文字和文體的解
> 放。這一次中國文學革命運動，也是先要求語言文字和
> 文體的解放。新文學的語言是白話的，新文學的文體是
> 自由的，是不拘格律的。[1]

　　後來，他所提出的，「作詩如作文」包括了兩個方面的要求：
一是打破詩的格律，換以「自然的音節」；二是以白話寫詩，不
僅以白話詞語代替文言，而且以口語的語法結構代替文言語法，
並吸收國外的新語法，也即實行語言形式與思維方式兩個方面的
散文化。如果沒有胡適的這一「散文化」的選擇，中國詩歌的發

---

[1]胡適〈談新詩〉陳金淦編《胡適研究資料》(北京十月文藝出版社，一
　九八九年八月)，頁三七一。

展將很難超出「詩界革命」的極限，更不可能有現代白話詩的產生與發展。[2]他一九一七年發表的〈白話詩八首〉和〈白話詞四首〉是中國現代第一批白話詩詞，他一九二〇年三月出版的《嘗試集》是中國新詩的第一本集子。這種根底下，郭沫若的《女神》在新詩發展上的主要貢獻是：它一方面把「五四」新詩運動的「詩體解放」推向極致；一方面不僅使詩的抒情本質與詩的個性化得到充分重視與發揮，而且詩人也更加重視詩歌本身的藝術規律。郭沫若的《女神》為新詩的發展開闢了道路以後，便迫切需要出現形式與內容的嚴格結合和統一，可供學習、足資範例的新詩作品，確立新的藝術形式與美學原則，使新詩走向「規範化」的道路。以徐志摩、聞一多為代表的前期新月派在新詩發展史上所擔負的就是這樣的歷史使命。五四新文學時期，穩定了新詩的社會地位的詩人中，郭沫若、徐志摩、聞一多三位的影響最大。沈從文說：

> 寫詩膽量大，氣魄足，推郭沫若（他最先動手寫長詩，寫史詩）。……徐志摩詩作品本身上的成就，在當時新詩人中可說是總其大成（他對於中國新詩運動貢獻尤大）。其中有一個作者，火氣比較少，感情比較靜，寫作中最先能節制文字，把握語言，組織篇章，在毫不兒戲的韻、調子、境界上作詩，態度的認真處使新詩成為一種嚴肅的事情，對以後作者有極好影響，這個人是聞一多。[3]

---

[2]錢理群、溫儒敏、吳福輝著《中國現代文學三十年》（北京大學出版社，一九九八年七月），頁一二〇。

[3]〈新詩的舊賬〉《沈從文文集‧12》（廣州，花成出版社與生活、讀書、新知三聯書店香港分店聯合編輯出版，一九九二年五月第三次印刷），頁一八一。

　　藝術正像大自然中的植物一樣，越是枝繁葉茂，越表明它的旺盛生機。從二十年代到四十年代，中國文壇上曾經出現過許多面貌不同 、 風格互異的作家 ， 而無論從那些悲慘現實的作家身上，還是從那些向主觀感情索取支持的作家身上，這些都可以不同程度地感覺到對黑暗現實的深切憤懣和人民苦難的認真關切。既然新詩並不僅僅是一個形式意義上的名詞，本論文從郭沫若、徐志摩、聞一多三大詩人的詩和詩論這個角度著手，是否也能夠較爲清晰地梳理出新詩的眞實的發展線索來呢？

第二節　研究方法與範圍

　　中國的新文學從一九一七年正式提出「文學革命」口號算起，迄今只不過七十多年的歷史。這在人類歷史的發展中，只不過是短暫的一瞬；就在整個中國文學史中也不過是一個短短的篇章。以往任何時期的文學，都不可能像新文學這樣同波瀾壯闊的現實生活緊密地聯繫在一起，和人民大衆共同著命運，並且文學樣式和種類也空前發展了，而更重要的是短短幾十年的時間裡，產生了一大批傑出的詩人。如果說，新文學因爲有衆多傑出的詩人可謂是群星燦爛，郭沫若和徐志摩及聞一多在這群星中最耀眼的三大巨星。由此可知，研究他們的詩歌，除了他們的詩作品以外，生平、文藝理論、散文和小說等，他們所有的作品，尤其特別注意。因此，本論文在資料的掌握上，除了郭沫若、徐志摩、聞一多以及其他相關作家著述的點讀、分析、整理、論證之外，也蒐集他們的函件，加以閱讀、融會貫通，並且旁及後人有關郭沫若、徐志摩、聞一多的個別研究，以及論述五四新文學的專著、論文，經由比較、分析、綜合整理之後，不妨確實展現本論文研究的宗

旨和意義。

　　本論文以研究郭沫若、徐志摩、聞一多三大詩人的詩歌和理論為範圍，對五四新文學的影響加以整理，分析其脈絡，得其眞面目。全文共分六章，分別為：第一章「緒論」及第六章「結論」不分節；第二、三、四、五章各分若干節，各節下依需要再細分標題。各章除了第二、三、四章的第六節外，末皆設一節「小結」，籍以總結、聯繫章中各節，並加以申論、補充。最後一部分為「主要參考書目」來結束本篇論文。

　　第一章：緒論。本章敘述研究的動機與目的，研究的方法與範圍。

　　第二章：郭沫若在中國現代史上是傑出的文化偉人，他一生的活動涉及廣泛的領域，對於文學的起源、本質、創作過程以及詩論與劇論在文學理論上都有見解；從詩的主題來看，郭沫若詩有四個重要部分，值得提出討論；另外，郭沫若詩中，顯現他自由地追求的形式美；本章論述郭沫若的詩和詩論有詳細的探討。

　　第三章：透過新月派代表詩人之一的徐志摩的生平，更進一步的了解他的文學背景；徐志摩曾留學英美，這對他的思想情趣一定會有某種程度的影響，他運用有節制的抒情，將中國古典抒情傳統在現代做了成功的實踐；整個新月派的活動始末，大都與他有關，而且他往往是領頭人；他透過文學的方式，認眞地追求現實的理想和性靈自由；對詩的形式和技巧表現手法上，幾乎都是體製的輸入和試驗；本章論述徐志摩的詩和詩論，以宏觀的角度，指出其詩作的貢獻，評定其價值。

　　第四章：聞一多是詩人、學者，他堅守著自己的工作：創作、研究、教學。他要的是熱情和力量以及火一樣的生命；他立足於中國文學精神去篩選西方詩藝和詩學，使之中國化；他的美學體

系，並不是只有唯美主義的傾向，他從自己的經驗，把它過濾後，在結合上理論和實踐；他詩歌的藝術風格有了很大的變化，其中，詩集《死水》中極少有單純的感情的抒發，尤其不再有《紅燭》中那些幼稚的感想；他對新詩格律化的倡導，無疑是積極的，並具有了相對規範的形式，鞏固了新詩的地位；不管他提出的新詩理論，或是實際創作如何，對新詩史上的貢獻是不可否認的事實。本章論述針對聞一多的詩和詩論提出了新詩理論上很多值得重視的問題，而且探討他開新格律詩的先河。

第五章：郭沫若和徐志摩、徐志摩和聞一多、聞一多和郭沫若三大詩人的詩歌與其理論的連環比較。本章論述三大詩人的作品與理論比較主要是探討三大詩人的理論分析以及比較。即郭、徐詩作中，除了對死亡觀外，自我表現和文學本質論的差異；徐、聞的詩歌創作上相似點和詩歌風格上不同點；聞、郭的詩歌慷慨高歌的情調和憂鬱氣氛，並詩歌理論不同點。

第六章：本論文的總結論。郭沫若、徐志摩和聞一多精心建築的詩歌藝術秩序，自有其持久的生命力，並且對於當今詩壇，也有著某種溝通和聯繫。更重要的是，他們對新詩的探索與革新的精神，已經喚醒了一代又一代人去考慮新詩藝術的基礎，去考慮它在每個階段的推進和發展，由此產生的影響是長久的。

第二章　郭沫若的詩和詩論

第一節　生平述略

　　郭沫若在中國現代史上是傑出的人，他一生的活動涉及廣泛的領域，且大多有著歷史性的建樹。他做爲一個新詩人而馳名文壇、步入文學家的行列，那是在「五四」前後的「新文化運動」中。爲了了解郭沫若的詩歌，本節將先探討一下他的生平。

一、家世、幼年

　　郭沫若（一八九二～一九七八），四川省樂山縣觀峨鄉沙灣鎮人，他母親受胎時曾夢見過一隻小豹子咬他左手的虎口，故乳名叫文豹。由於在他之前已經有了兩兄兩姐，而且還有一兄兩姐夭折了，因此母親又叫他「八兒」。學名開貞，「開」是排行名，「貞」便是本名。號尙武，後取筆名爲沫若。[1]其他筆名計有：鼎堂、麥克昂、易坎人、杜衍、石沱、谷人、李季、羊易等。樂山這地方古代名爲嘉州，是古老的文化名城。這裡三江相匯（大渡河、青衣江、岷江），風景優美。

　　郭沫若祖籍本是福建省汀州府寧化縣。一七八一年郭沫若的祖先郭有元從福建遷入四川，曾祖郭賢琳是入蜀後的第三代。郭

---

[1]李保均《郭沫若青年時代評傳》（重慶出版社，一九八四年五月），頁五。一九一九年九月十一日在上海《時事新報》副刊〈學燈〉上發表的白話詩〈抱和兒浴博多灣中〉時，初次用此筆名，是家鄉沫水（大渡河）、若水（青衣江）之合稱。

賢琳共生四男九女，他的次子郭明德就是沫若的祖父。郭明德生四男，其三子郭朝沛就是沫若的父親。郭朝沛，字膏如，秉性耿介，精明能幹，早年輟學從商，未及成年就當家管事，於珠算、中醫能無師自通，主要經營煙土、糟房、兌換銀錢等，所以到了他就真正成為商人兼地主。

在長輩中對郭沫若影響最大的是母親[2]杜邀貞，她出身州官門第，十五歲就嫁到郭家，為人聰穎、開明、儉樸，從來不憚辛勞。儘管她沒有上過學，可是認得一些字，而且能默記暗誦一些唐詩。郭沫若還沒發蒙前，母親教他背誦了很多的詩，有一首唐代詩人韋承慶所作的〈南行別弟〉：

> 淡淡長江水，悠悠遠客情。
> 落花相與恨，到地亦無聲。[3]

他在〈如何研究詩歌與文藝〉一文中說：

> 在我自己有記憶的二、三歲時她已經把唐人絕句教我暗誦，能誦得琅琅上口。這，我相信是我所受的詩教的第一課。[4]

他又在〈我怎樣開始了文藝生活〉一文中說：

> 我到後來走入了文藝生活，這層家庭教育我認為是極重要的因素。[5]

---

[2]郭沫若在一九二〇年三月六日致田漢信中說：「假使我也可以算得個詩人，那這個遺傳分子確也是從我母親來的了」。見田壽昌、宗白華、郭沫若《三葉集》（上海，亞東圖書館，一九二三年九月三版），頁一一一。

[3]〈我的童年〉《沫若自傳·少年時代》（上海，海燕書店，一九四七年四月），頁二八。

[4]〈如何研究詩歌和文藝〉《郭沫若論創作》高國平編輯（上海文藝出版社，一九八三年六月），頁一七三。

[5]同註4，〈我怎樣開始了文藝生活〉，頁一五〇。

幼兒期的文學教育，培養了郭沫若對詩歌的興趣，初步領會了古詩的聲調，無疑對他後來的發展起了不少影響。

二、求學過程

㈠家塾至軍醫學校

一八九七年春天，郭沫若才四歲半就上學了，他進的是家塾「綏山館」。[6]這是因母親教他念詩，其中最有啓發性的是那首〈翩翩少年郎〉的詩句：

> 翩翩少年郎，騎馬上學堂，
> 先生嫌我小，肚內有文章。[7]

雖然竹竿代替了馬，抱著書本上學，這是多麼得意的事情。他要想實現這種願望，這是使他早想上學的一個重大的原因。

他說：「幼時我自己所受的教育，完全是舊式的。讀的是四書五經，雖然並不能全懂，然而也並不是全不懂」。[8]一九〇六年（十五歲）春天，郭沫若結束了家塾的學習生活，考入嘉定府的樂山縣開辦的高等小學。這所小學雖然是在科舉廢止後開的洋學堂，但卻相當陳腐。一九〇七年郭沫若升入嘉定府中學堂。在此，他的強烈的求知慾得不到滿足，便把興趣轉向了文學，他認爲這時「可以自修的只有文學」。[9]

---

[6]郭沫若在這短短的幾年裏，從《三字經》開始，進而讀《易經》、《書經》、《周禮》、《唐詩三百首》等古典書，這些古典書對郭沫若很有益處，給他打下國學基礎，對日後他在文學和史學方面取得卓越成就具有重要作用。

[7]同註 3，〈我的童年〉，頁三一。

[8]同註 4，〈如何研究詩歌和文藝〉，頁一七三。

[9]此校教職員平庸淺薄，校政腐敗黑暗，郭沫若對此極端不滿。這時，郭沫若廣泛的閱讀古今中外的文學作品，尤其是林琴南翻譯的西方小說，如《迦茵小傳》、《茶花女遺傳》、《撒喀遜劫後英雄略》等，都給他的影響極大。

　　郭沫若在一九一〇年春天到成都，考入成都高等學堂分設的中學讀書。然而，進入此校不到兩星期，發現這裡也同嘉定中學一樣腐敗，於是他的美好憧憬破滅了。[10]一九一三年（二十二歲）二月中學畢業後，考入成都高等學校理科。這年，從英文讀本中看到了美國詩人朗費洛（Longfellow）的短詩〈箭與歌〉（Arrow and Song），一個字也沒有翻字典便念懂了。他說：「那詩使我感覺異常的清新，我就好像第一次才和『詩』見了面的一樣……悟到了詩歌的眞實的精神」。[11]同年七月被錄取了天津陸軍軍醫學校，他說：「我自己本來是沒有學醫的意志的人……天天想著離開四川。在那時最理想的目標是遊學歐美，其次是日本，又其次才是天津上海……那是因爲醫學校是官費，連旅費也不讓你自己出一個錢，好藉此以離開四川而已」。[12]但對這學校也不滿，因而離津赴京，投靠正在替川邊經略使做駐京代表的長兄郭橙塢，準備另謀出路。

　㈡留學

　　郭沫若在長兄的協助下，決定到日本留學。他帶著所有的苦悶和願望走上新的道路。這是他走上社會、認識社會的起點，也是他前期世界觀、文藝觀形成的重要時期。一九一四年一月十四日郭沫若到達東京。同年六月，第一次世界大戰爆發。[13]從那

---

[10]同年十月，郭沫若參加愛國請願運動，響應全國掀起的總罷課風潮。做爲代表的郭沫若，拒絕帶頭復課，爲此郭沫若又一次遭到學校的斥退。（第一次被斥退是，郭沫若在讀嘉定府的樂山縣開辦的高等小學時，他帶領同學抗議學校廢除星期六的半日休假制度，掀起罷課風潮，遭到學校當局的斥退。）

[11]〈我的作詩的經過〉《郭沫若全集·文學編１６卷》（北京，人民文學出版社，一九八二年十月至一九九二年三月之間，出版共二十卷。），頁二一一。

[12]同註３，〈初出夔門〉《沫若自傳·少年時代》，頁三六八。

[13]一九一五年五月，日本帝國主義壓迫北洋軍閥政府簽訂喪權辱國的

年到一九二三年期間，郭沫若在東京第一高等學校預科、岡山第
六高等學校[14]、九州帝國大學醫科讀書（中間曾輟學回國從事
文藝活動）。[15]他說：「這時的應考醫科，卻和在國內投考軍
醫學校的心理是完全兩樣了。我在初，認真是想學一點醫術，來
做爲對於國家社會的切實貢獻」。[16]

　　郭沫若初到日本的幾年間，異國生活所受的民族歧視，以及
辛亥革命失敗後中國內黑暗腐敗的社會現實和軍閥之間不斷的戰
爭，使他的愛國熱情受到嚴重打擊。他在〈泰戈爾來華的我見〉
一文中說：

> 民國五、六年的時候正是我最彷徨不定而且最危險的時
> 候，有時候想去自殺，有時候又想去當和尚。每天只把
> 莊子和王陽明和《新舊約全書》當做日課通讀，清早和
> 晚上又要靜坐。我時常問我自己：還是肯定我一切的本
> 能來執著這個世界呢？還是否定我一切的本能去追求那

「二十一條」，妄圖進一步霸佔中國。袁世凱爲了取得日本的支持，
實現他復辟帝制的野心，全部接受了亡國的條件。這時候，郭沫若與
幾位同學回國抗爭。

[14]郭沫若在此校三年的時間，除了基礎課，還要學幾種外國語，醫科第
一個外國語是德語，其他有英語、拉丁語。語學教師以文學士爲多，
他讀的課本都是西歐，尤其是德國的文藝作品。後來他在福岡翻譯歌
德的《少年維特之煩惱》、《浮士德》，都是這一階段日本語學老師
的教誨，對走上文學道路是有一定影響的。見〈回憶沫若早年在日本
的學習生活〉錢潮口述盛巽昌整理《郭沫若研究資料・上卷》王訓昭
等人編(北京，中國社會科學出版社，一九八六年八月)，頁五三三。

[15]一九二一年四月，他和成仿吾一起從日本回國，經過三個月的努力奔
走，於同年七月返回日本，與成仿吾、郁達夫、張資平、田漢等人正
式成立了創造社。以後，爲了編輯刊物，開展創造社的文學活動，又
多次回國。

[16]〈我的學生時代〉《沫若文集・第7卷》頁九至十。轉引自閻煥東編
著《郭沫若自敍》（山西教育出版社，一九九〇年九月第二版），頁
九三。

個世界？[17]

正是在心情苦悶的時候，郭沫若接觸了印度詩人泰戈爾的作品。他在日本留學期間，雖然學的是醫科，但後來實際上從事文藝活動。他廣泛閱讀外國文學名著，接觸了泰戈爾、歌德、惠特曼、托爾斯泰等人的詩歌和小說。最先接觸到的是泰戈爾的詩歌，從一九一五年研讀泰戈爾的《新月集》，開始接受泛神論思想。[18]一九一六年秋，在讀了泰戈爾的《曷壇伽里》、《園丁集》、《暗室王》、《伽毗百吟》等書。郭沫若在〈泰戈爾來華的我見〉一文中說：

> 我在岡山圖書館中突然尋出了他這幾本書時，我真好像探得了我「生命的生命」，探得了我「生命的泉水」一樣。[19]

在郭沫若的心目中，泰戈爾即是富有浪漫色彩和反抗精神的詩人，他把泰戈爾當做自己「精神上的先生」、「不受約束的亡國奴」、「教育革命的匪徒」。

一九一九年五月爆發了五四運動，在這種文學革命潮流的衝擊下，郭沫若不再沈迷泰戈爾，轉而喜歡美國詩人惠特曼那種雄渾的詩風，激發了郭沫若的創作慾，他在〈序我的詩〉一文中說：

> 當我接近惠特曼的《草葉集》的時候，正是「五四」運動發動的那一年，個人的鬱積，民族的鬱積，在這時找

[17]同註１１，〈泰戈爾來華我見〉《郭沫若全集·文學編１５卷》，頁二七〇。

[18]傅正乾〈郭沫若前期的詩歌創作與泛神論思想〉(陝西師範大學學報，一九八三年第三期)，頁二五至二六。

[19]同註１１，〈泰戈爾來華的我見〉《郭沫若全集·文學編１５卷》，頁二七〇。他還說：「每天學校一下課後，便跑到一間很幽暗的閱書室去，坐在室隅，面壁擇書而默誦，時而流著感謝的眼淚而暗記，一種恬靜的悲調蕩漾在我的身之內外。我享受著涅槃的快樂。」

出了噴火口也找出了噴火的方式。我在那時差不多是狂
了。[20]

惠特曼那豪放的自由詩使他開了閘的作詩欲又受了一陣暴風
般的煽動。他又在〈創造十年〉一文中說：

在一九一九年與一九二〇年之交的幾個月間，我幾乎每
天都在詩的陶醉裏。每每有詩的發作襲來，就好像生了
熱病一樣，使我作寒作冷，使我提起筆來，戰顫著有時
候寫不成字。我曾經說過：「詩是寫出來的，不是作出
來的」，便是當時的實感。[21]

《女神》中的絕大多數詩篇，如〈鳳凰涅槃〉、〈晨安〉、
〈天狗〉、〈地球，我的母親〉、〈匪徒頌〉等，都是在這時惠
特曼的影響之下做成的。

郭沫若在沈醉於新詩創作的同時，也積極地開展文學的組織
活動。他當時雖在日本留學，但對國內文壇十分關心。他是創造
社的發起人之一，也是實際上的組織者和領導者。一九二一年
夏，由郭沫若首倡的新文學社團『創造社』在東京與郁達夫、成
仿吾、張資平、田壽昌、何畏、徐祖正等人成立，這是一個由
留學日本的中國學生最初組織的文學社團。無論是創造社的哪一
期，無論他在國內或國外，抱著極大的熱情，直接參與或間接發
揮作用，他都好比是創造社的靈魂。在他的〈創造者〉一首詩中，
有這樣的詩句：

吹，吹，秋風！

---

[20]〈序我的詩〉《沫若文集·第13卷》，頁十一。轉引自《陽光地帶
的夢——郭沫若的性格與風格》張毓茂著（北京師範大學出版社，一
九九三年五月），頁十一。

[21]〈創造十年〉《郭沫若選集·第三卷》（北京·人民文學出版社，一
九九七年八月），頁一八八。

揮，揮，我的筆鋒！

我知道感興到了，

我要努力創造！

……

窗外飄搖的美人蕉！

你那火一樣的、血一樣的

生花的彩筆喲，

請借與我草此《創造者》的讚歌，

我要高讚這最初的嬰兒，

我要開讚這開闢鴻荒的大我。

這首詩可以說是創造社同人的一個宣言，也是郭沫若個人的一首詩的宣言。這是表達他對詩的見解和主張，認爲詩的本質便是詩人的創造精神的體現，而這種創造精神又是人的生命本質和整個宇宙的根本精神。

他又在〈洪水時代〉一首詩中描寫：

你偉大的開拓者喲，

你永遠是人類的誇耀！

你未來的開拓者喲，

如今是第二次的洪水時代了！

這「偉大的開拓者」即將面臨「第二次的洪水時代」，要重新撲向自己的理想。對他來說，這永遠是人類的誇耀。

一九二一年八月《創造社叢書》的問世，叢書的編輯工作，也是郭沫若負責。詩集《女神》是這叢書系列的第一本。前期[22]

---

[22] 一九二四年五月《創造週報》宣告停刊爲止，結束了前期。一九二五年九月創造社刊物《洪水》半月刊在上海創刊開始後期，郭沫若熱烈支持，先後有周全平、郁達夫等編輯。創造社後來轉換方向，鼓吹普羅文學，在一九二八年「革命文學」論爭中扮演主角，從自我表現論

創造社先後辦了三種刊物：《創造》季刊、《創造週報》、《創造日》。[23]《創造》季刊是創造社的第一個刊物，雖然由郭沫若、郁達夫、成仿吾三人輪流負責編輯，但實際上負責最多的還是郭沫若。他們主張爲藝術的藝術，強調主觀地抒發感情，傾向浪漫主義，迷戀於西方現代派藝術。

三、回　國

一九二三年三月郭沫若終於畢業於九州帝國大學醫科，結束了在福岡四年零七個月的生活。他曾收到友人張鳳舉寄來的信，邀赴北京大學任職，但謝絕了，他不打算做醫生。[24]同年四月一日，他偕同首次來中國的安娜與三個孩子，踏上了祖國的土地上海。他在當天寫的一首詩〈留別日本〉裡描寫離開日本的心情：

> 永別呀，邪馬台[25]的兄弟，
>
> 我十年的有期徒刑已滿，
>
> 我要向我的故國飛去。
>
> 我看著那一片片的櫻花亂飛，

轉而主張作家應成爲階級意識傳聲筒的留聲機器論，那是另一階段的事了。

[23]《創造》季刊：一九二二年五月一日創刊至一九二四年一月四日停刊，共出版第二卷二期，由上海泰東書局發行。《創造週報》：一九二三年五月一日創刊至一九二四年五月十三日停刊，共出版五二期，由上海泰東書局發行。《創造日》：一九二三年七月二十一日創刊至一九二三年十月三十一日停刊，共出版一〇〇期，由上海光華書局發行。

[24]他對朋友劉明電說：「醫生至多不過是醫治少數患者的肉體上的疾病。要使祖國早日覺醒，站起來斗爭，無論如何，也必須創立新文學。」見龔濟民、方仁念《郭沫若年譜·上卷》（天津人民出版社，一九八三年五月），頁一〇八至一〇九。

[25]邪馬台，日本古國名，這裡借指日本。同註１１，《郭沫若全集·文學編１卷》，頁三一八。

> 好像是你們的血汗如雨，
>
> 永別呀，邪馬台的兄弟！

郭沫若不再歌讚日本島國的風光和物質文明，而是把日本形容成一座文明的監獄，他抱著很大的希望向故國飛去，但他這種天眞的夢幻很快就被中國的社會現實所粉碎。

回國以後的一九二四年是郭沫若生活史上的一大關鍵，現實把一切的理想打擊得粉碎！經濟的接濟是沒有了，生活的理想也實現不了，詩人更是做不成。如果分析他的思想的轉變，最適當的是把他的創作生活分爲兩期，以一九二四年做分界線。前期又分爲兩個階段，即回國以前的詩人時代和回國以後的經濟苦悶時代。[26]他的生活根本沒有保障的情況之下，仍然對文學活動傾注了全部的愛，亦即創造社的工作。[27]《創造週報》時期，是創造社的全盛時期。週報對郭沫若、成仿吾的文章有重大的影響。[28]

一九二四年二月十七日，對郭沫若來說眞是個難忘的日子，安娜爲了減輕丈夫的負擔，將孩子帶回日本去了。

郭沫若在小說《橄欖》中收的自傳體小說〈漂流三部曲〉裡記敘的是：「主人公愛牟送妻兒們赴日的難舍難分的情景，獨自

---

[26]錢杏村〈郭沫若及其創作〉《郭沫若論》（上海書店，一九八八年七月），頁二一至二二。

[27]鄭伯奇在〈二十年代的另一面〉一文中說：「創造社必竟是以沫若爲中心而建立起來的，這是不容易否認的事實。……沫若對於創造社的功績，不止是起草社章，號召同志，交涉雜誌叢書的出版而已；充實刊物，處理人事，以至對於外來功勢的防御，這一切都有賴於沫若的苦心和努力。見《文壇》（一九四二年四月五日第二期），轉引自《郭沫若傳略》陳永志（上海文藝出版社，一九八四年一月），頁六六。

[28]在週報發刊途中，他們應《中華新報》主筆張季鸞的要求，又在該報編輯副刊《創造日》，由郁達夫、成仿吾多負其責，而郭沫若就把精力集中在《創造週報》。

回到寓所的惆悵心情，以及歸國近一年來從事文學活動的艱難」。安娜走後，他過著苦悶的生活，很想乘這機會靜下心來好好寫點東西，然而又時時感到孤寂難熬。他在〈孤鴻——致成仿吾的一封信〉中說：

> 我們內部的要求與外部的條件不能一致，我們失卻了路標，我們陷於無為，所以我們煩悶，我們倦怠，我們飄流，我們甚至常想自殺。[29]

他在極度的苦悶中，企圖回顧和總結在生活道路上的教訓，但所得的結論卻是消極的、錯誤的。這樣，他在夢幻和現實之間，發生了矛盾，也體察了人生的悲劇，感到了迷失方向的彷徨和苦悶。

一九二四年四月郭沫若帶著一腔淒涼的情緒重赴日本，他認為「想起在上海的一年真是一場迷夢」。[30]這時，他翻譯了日本早期社會主義者河上肇的《社會組織與社會革命》，並且研究馬克斯主義，這對於他的世界觀和文藝觀上轉變起了很大的作用。他寫給成仿吾的信中說：「這書的譯出在我一生中形成了一個轉換期」，「我現在對於文藝的見解也全盤變了」。[31]五四時期剛登上文壇時，提倡浪漫主義的郭沫若甚至在〈暗無天日的世界〉一文中明白地說：「文學是苦悶的象徵」。

一九二四年十一月郭沫若攜眷由日本重返上海。透過所學習的馬克斯主義，意識到了參加社會活動的重要性。

一九二六年三月，應聘到廣東中山大學任文學院院長。在這

---

[29]〈孤鴻——致成仿吾的一封信〉王訓昭等人編《郭沫若研究資料·上卷》（北京，中國社會科學出版社，一九八六年八月），頁二○五。

[30]〈創造十年續篇〉張學植編《郭沫若代表作》（河南人民出版社，一九九二年一月），頁六一八。

[31]同註２９，頁二○六至二一三。

前後，發表了〈文藝家的覺悟〉、〈革命與文學〉的文章，這是反映了他文藝思想的重大變化。

四、婚　姻

一九一二年，剛好二十一歲的郭沫若，奉父母之命與張瓊華結婚。新娘是樂山蘇稽鎮張溝人，生於一八九〇年七月，比郭沫若大兩歲。郭沫若在一九二〇年二月十五日寫給田漢的信中說：

> 只是我還有件說不出來的痛苦。我在民國二年時，我的
> 父母早已替我結了婚，我的童貞早是破壞的了！我結
> 了婚之後，不久便出了門，民國三年正月，便來在日
> 本。我心中的一種無限大的缺陷，早已無可補實的餘地
> 的了。不料我才遇著了我安娜。[32]

在根本沒有愛情的情況下，他和元配是封建婚姻的犧牲品，誰也怨不了誰，不過受害最大的還是弱女子張瓊華。[33]後來郭沫若先後與佐藤富子（安娜·卡列妮娜）、于立群結了婚，張瓊華卻一輩子獨守孤寂的生活。

在中國現代文人中，郭沫若的個性生活，尤其是婚姻生活是比較「隨便」的，這也帶有相當濃厚的浪漫色調。[34]

一九一六年七月下旬，郭沫若的四川同鄉同學陳龍驥，由於得了很嚴重的肺結核病，送到美國天主教會在東京開設的聖路加醫院。佐藤富子在此醫院當護士，這時，照顧同學的郭沫若，被

---

[32] 同註１１，〈郭沫若致田漢〉《郭沫若全集·文學編１５卷》，頁四三。

[33] 賴正和編《郭沫若的婚戀與郊遊》（成都出版社，一九九二年九月），頁五。

[34] 熊家良〈重讀郭沫若的少年時代〉（上海師範大學學報哲社版，一九九四年一月），頁二三。

這位護士矚目而深深打動了這位日本小姐的心。[35]同年聖誕節那天，安娜從東京坐火車到岡山與郭沫若同居。對他們來說，這天是沒有高貴的禮物，也沒有牧師的結婚紀念日。

　　一九三七年七月抗日戰爭爆發了以後，震驚了遠在日本的郭沫若。懷著愛國激情而苦思焦慮的他只有寫給安娜和兒女們簡單的留言，就離開日本到上海去。同年郭沫若去法租界的馬斯南路國際救濟會第一收容所觀察時，迎面走過來二十歲左右的一位姑娘，她就是于立群。次年夏初，他們舉行了正式的婚禮。此次婚姻的證婚人便是周恩來。

　　一九三七年郭沫若離開日本以來，一直想辦法與郭沫若取得聯繫的安娜，一九四八年的秋天，終於從香港的《華商報》所辦的副刊〈茶亭〉上，獲知郭沫若在香港的消息。已經五十三歲的安娜，帶兒女到香港找郭沫若。郭沫若便將這十一年別後的情形據實以告。郭沫若與安娜之間充滿著傳奇色彩的異國婚姻就這樣結束了。[36]

五、流　亡

　　一九二六年七月北伐戰爭開始，郭沫若隨即投入了戰爭的洪流，先後擔任北伐革命軍政治部秘書長、副主任、代主任。一九

[35]佐藤富子（即安娜的原名）一八九五年四月五日出生於日本仙台宮城縣，她父親是一位牧師。她性格開朗、倔強。她受的是基督教的教育，又使她養成了一種樂於助人的氣質和精神。

[36]鄭舍農《郭沫若安娜》（北京，中國青年出版社，一九九五年五月），頁一八七至一八九。安娜聽說他已育有三男二女之後，不覺暈了過去。她真的不想活下去了。這時，郭沫若的朋友馮乃超來充當中間人，給他們調解這複雜的家庭問題。安娜迅速調整自己的心境，再也不作棄婦之狀了。她與兒女在香港平靜的待了一些日子，然後依從馮乃超等人的安排之下，赴大連定居。她於一九九四年八月十五日在上海華東醫院病逝，享年１０１歲。

二七年參加南昌革命，並加入中國共產黨。

　　一九二八年初，由於受到國民黨的通緝，在共產黨組織的安排下，郭沫若避居日本，開始了十年的流亡生活。他在流亡期間，創作有小說、散文、自傳，其中自傳的數量最多，其實那時期的散文也都可以做爲自傳性來讀。他撰寫了《我的童年》、《反正前後》、《黑貓》、《初出夔門》、《創造十年》、《創造十年續篇》、《北伐途次》。[37]他在一九二八年十二月十二日寫的第一部自傳作品《我的童年》的原版〈前言〉裡說：

> 我的童年是封建社會項資本制度轉換的時代，
>
> 我現在把它從黑暗的石炭的阮底挖出土來。
>
> 我不是想學Augustin和Rousseau要表述甚麼懺悔，
>
> 我也不是想學Goethe和Tolstoi要描寫甚麼天才。
>
> 我寫的只是這樣的社會生出了這樣的一個人，
>
> 或者也可以說有過這樣的人生在這樣的時代。[38]

　　這是很能表達他所有自傳的特點的。另外，主要集中精力，研究中國古代的歷史，整理殷商時代的甲骨文和周代的青銅器銘，對中國的歷史研究和文化遺傳的繼承，做出了卓越的貢獻。與此同時，他運用辯證唯物主義和歷史唯物主義外，還密切保持與「左聯」東京支部及中國國內文藝界的聯繫，並與魯迅等聯名發表〈文藝界同人爲團結御侮言論自由宣言〉。一九三七年秘密回國以後，他投入群衆性的抗日活動，成爲「上海文化界救亡協會」的領導人及《救亡日報》社社長。

---

[37]作家中像郭沫若這樣詳盡寫自己自傳的，在中國唯一的，在外國恐怕也是不多見的。

[38]同註3，〈我的童年〉，頁二。

六、文化、政治活動

一九四九年一月三十一日，北京和平解放。郭沫若在〈演奏出雄壯的交響曲〉一文中，表達了自己隨祖國新生而獲得解放後的心情：

> 在這新舊交替的時代，一切意識型態必然展開出全面的
> 鬥爭；即要批判舊的，又要建設新的。新與舊之間有鬥
> 爭，新與新之間也有鬥爭。[39]

同年四月，他率中國代表團赴布拉格，參加世界擁護和平大會時，被選爲世界擁護和平大會常設委員會副主席。六月出席了新政治協商會議籌備會，與周恩來等人被選爲副主任。七月出席中華全國文學藝術工作者聯合會，被選爲主席，副主席爲茅盾和周揚。九月下旬，中國人民政治協商會議第一屆全體會議上，他被選爲政協全國委員會委員和中央人民政府委員。

一九四九年十月一日，中華人民共和國成立。做爲一個文學家、學者、政客的郭沫若期望社會主義文化科學園地能夠出現一個美麗的新景象。這時候，他積極的追求對社會主義、共產主義理想的憧憬。

郭沫若擔負著繁重的國家事務、科學文化教育和加強國際交流等方面的領導工作。[40]其中，他特別致力於中日友好的工作。他的一生先後在日本生活了二十年，對日本人民一直懷著親切的感情，把日本成爲「第二故鄉」。[41]後來他逝世前，日本學者

[39]同註１１，《郭沫若全集·文學編１７卷》，頁二八二。
[40]一九四九年以來，他擔任過政務院副總理兼文化教育委員會主任、中國科學院院長、中國科學院哲學社會科學部主任、歷史研究所第一所所長、中國科學技術大學校長、全國文聯第二、第三屆主席、中國人民保衛世界和平委員會主席、中日友好協會名譽會長等職。
[41]早在日本無條件投降之後，一九四六年一月他在日本《每日新聞》，

對郭沫若的研究從某種意義上說，比兩岸還要熱烈、深入，不少見解具有獨創性。一九五一年十二月，他獲得「加強國際和平」斯大林國際獎金。一九五五年十二月，他率中國科學代表團訪日，受到日本文化界、學術界的歡迎。

　　五十年代中共提出「百家爭鳴」的方針，這無論在文藝創作還是學術研究，都必須無條件地服從中國共產黨及其指導思想，則馬克斯列寧主義、毛澤東思想的絕對領導。由於郭沫若對這些方針真正的認識，並對變革有勇氣和信心，所以他得到共產黨的信賴和期待。

　　「文化大革命」給郭沫若帶來了痛苦和災難，一九七三年，江青等人多次去北京大學，組織大批判班子，把郭沫若的某些著作摘錄印發，再由基層單位大量翻印，企圖大規模、公開地對郭沫若進行批判。這時，也許他的命運好多了，此事被毛澤東發覺後即時制止。這十年的文化浩劫，對他可以說是一次特殊而嚴格的考驗。

　　從一九四九年以來，他以飽滿著政治熱情，寫下了大量的詩歌創作，這裡幾個特點要值得注意：其一，題材廣闊。國際、國內、政治、經濟、文化、教育、自然風光、社會風俗、文物史蹟等，幾乎無所不包。其二，形式多樣。自由體、民歌體、新格律體、舊體詩詞等，樣樣運用。其三，自由體的形式逐步趨向整齊，〈百花齊放〉是最突出的例子，整部詩集的形式大體一致。其四，舊體詩詞的寫作採用口語，做到明白如話，從《東風集》開始，詞越填越多，越填越好。[42]

　　發表一篇〈寄語日本人〉，把日本軍國主義者與人民區分起來，這和當時流行於日本的「一億國民總懺悔」的口號完全不同，留下清新之感。

[42] 同註27，《郭沫若傳略》，頁二〇九至二一〇。詩歌以外，先後寫

郭沫若不但是一個政治家，他跟著中國共產黨走過了漫長的政治生涯，他是不甘心以文學侍從終身的，他以爲自己的才具不在文學而在政治，所以他並不慾做文學官和靠文學做官。他想跳出文學圈子，做一個眞正的政治家。這是恐怕時代環境造成郭沫若吧！

七、死　亡

在中國大陸的政權內，郭沫若的地位是登峰造極了。人民政府的副總理，以官位來說，他應該會滿足的。中國歷史上的文學家，很少能達到這個地位。他從一九七四年至一九七八年的短短四年中，住了十六次醫院，健康不斷惡化，一九七八年六月十二日在北京逝世，終年八十六歲。

八、作　品

郭沫若出版的詩集計有：

一九二一年八月上海泰東圖書局出版的《女神》。

一九二三年十月上海泰東圖書局出版的《星空》，寫在一九二三年初到一九二四年初的《前茅》出版較晚，是在一九二八年二月作爲創造社叢書出版。[43]

一九二七年四月作爲創造社叢書之一出版的《瓶》。

作了《蔡文姬》、《武則天》兩個歷史劇和寫了電影劇本《鄭成功》。這三個歷史劇和他這時期的詩集一樣，都是唱讚歌的。另外，在史學研究上仍然做了不少工作，其中有的直到現在還具有指導意義。

[43]陳永志《論郭沫若的詩歌創作》（上海外語教育出版社，一九九四年六月），頁六九。 因爲《瓶》結集出版在一九二七年，雖早於《前茅》，而其寫作卻在一九二五年，發表則是一九二六年，都是在《前茅》的寫作和發表之後。無論就詩人思想和創作的發展來看，無論就作品的實際社會影響來看，對《瓶》的評述都應該置於《前茅》之後。

一九二八年三月作為創造社叢書之一出版的《恢復》。

一九三八年一月廣州戰時出版社出版的《戰聲集》。

一九四八年九月上海群益出版社出版的《蜩螗集》。

一九五三年三月人民文學出版社出版的《新華頌》。

一九五八年七月人民日報出版社出版的《百花齊放》。

一九五九年四月北京人民日報出版社出版的《長春集》。

一九五九年十一月北京作家出版社出版的《潮汐集》。

一九五九年十二月北京人民文學出版社出版的《駱駝集》。

一九六三年十一月北京作家出版社出版的《東風集》。

一九七七年北京人民文學出版社出版的《沫若詩詞選》。

一九七九年九月四川人民出版社出版的《郭沫若少年詩稿》。

小說集有：

一九二六年一月上海商務印書館出版的《塔》。

一九二六年四月上海創造社出版部出版的《落葉》。

一九二六年九月上海創造社出版部出版的《橄欖》。

一九二八年五月上海創造社出版部出版的小說散文集《水平線下》。

一九三三年上海大光書店出版的童話小說《一隻手》。

一九三六年十月上海不二書店出版的歷史小說《豕蹄》。

一九三七年六月上海北雁出版社出版的小說自敘傳集《北伐》。

一九四五年九月重慶群益出版社出版的小說散文集《波》。

一九四七年十月上海海燕出版社出版的《地下的笑聲》。

雜文集有：

一九二八年創造社出版部出版的《盲腸炎》。

一九三七年上海北新書局出版的《沫若近著》刪去改作後，

一九五八年收入人民文學出版社出版的《沫若文集》十一卷裡的
《斷斷集》。

　　一九四一年十一月香港孟夏書店出版的《羽書集》。

　　一九四二年四月重慶文學書店出版的《蒲劍集》。

　　一九四三年十月重慶東方書社出版的《今昔集》。

　　一九四七年十二月上海大孚出版公司出版的《沸羹集》。

　　一九四七年十二月上海大孚出版公司出版的《天地玄黃》。

　　自傳有：

　　一九二九年四月上海光華書局出版的《我的童年》。

　　一九二九年八月上海現代書局出版的《反正前後》。

　　一九三一年十二月上海現代書局出版的《黑貓》。

　　一九三二年九月上海現代書局出版的《創造十年》。

　　一九三六年五月上海今代書店出版的日記《離滬之前》。

　　一九三八年一月上海北新書局出版的《創造十年續編》。

　　一九四六年三月上海中外出版社出版的日記《蘇聯紀行》。

　　一九四六年十一月上海群益出版社出版的《南京印象》。

　　一九四九年上海群益出版社出版的《洪波曲》。

　　全集、文集、選集有：

　　一九三四年一月上海樂華圖書公司出版的《沫若自選集》。

　　一九五一年七月北京開明書店出版的《郭沫若選集》。

　　一九五七年三月至一九六三年二月北京人民文學出版社出版
的《沫若文集集》。

　　一九五九年四月至八月北京人民文學出版社出版的《沫若選
集》。

　　一九七八年四月北京人民文學出版社出版的《沫若劇作選》。

　　一九七九年八月至十二月四川人民出版社出版的《郭沫若選

集》。

　　一九八二年十月至一九八三年七月中國戲劇出版社出版的
《郭沫若戲劇全集》。

　　一九八二年十月至一九九二年三月北京人民文學出版社出版
的《郭沫若全集》（包括文學編共二十卷、歷史編、考古編）。
此外，郭沫若還寫了評論、翻譯，並從事歷史和考古學、文字學
的研究。

九、小　結

　　郭沫若的一生，約可分成三個部分：其一，從少年時代經留
學到詩人而爲創造社的發起人，這一段漫長的歲月，是郭沫若事
業的起點，魯迅曾經批評他說：「才子加流氓」，[44]是足以代
表這一時期的郭沫若。其二，從參加北伐到抗戰結束，這包括他
十年的流亡生活在內，這一段時期，他由詩人觀念，轉移到政治，
藍棣之批評他說：「從《恢復》以後包括《恢復》在內的郭沫若
新詩，是後退了，失敗了。而後退的原因是他力不從心地去趨奉
現實主義潮流」。[45]其三，郭沫若與于立群再婚起直到死亡，
這一段期間，他只做到了把現實生活中重大的事件作爲題材，並
想跳出文學圈子，做一個眞正的政客。鄧牛頓對郭沫若的詩歌
創作，從美學的觀點來分析說：「從情緒的波動來分析，政治情
緒過多，而缺乏從更廣泛的生活領域中來汲取詩情。近三十年頻
繁的政治運動，以及他所處的社會政治地位，使他失去了對其他

---

[44]李富根、劉洪主編《恩怨錄·魯迅和他的論敵文選》（北京·今日中
　　國出版社，一九九六年十一月），頁三五三。
[45]藍棣之〈論郭沫若新詩創作方法與藝術個性〉（北京師範大學學報，
　　一九八三年第二期），頁四九。

生活感情的深入體驗」。[46]鄧先生還指出，郭沫若解放以後的詩作雖然很多，可是成功的詩作不多，原因是：用「詩」來作「政治表態」的工具。有詩的軀殼，沒有詩的靈魂。

第二節　郭沫若詩所承受的影響

郭沫若可以說是浸染於儒家經典和傳統的國學。他的新詩創作與中國古典文學的傳統有著怎樣的關係呢？二十世紀初的二、三十年代，正是中國社會新舊交替的時代，也是西方的文化以全然不同的衝擊東方文化的時代。這時，郭沫若也在接受中外文化中探尋自己的文學世界。本節將探討郭沫若如何所受中國文學和西方文學影響的角度，加以分析探源。

一、中國古典文學的影響

郭沫若在他的自述中，談到中國文學對自己的影響。他在〈今天創作的道路〉一文中說：

> 所謂文學才能，我相信也並不是天生成的，事實上仍然由教養得來。幼小時的家庭教育和初級學校教育是有最大的關係。[47]

根據他的切身體驗，他四歲時，便開始與母親口誦唐詩，為其所受詩教的第一課。[48]「其影響往往足以支配人一生」，[49]

---

[46]鄧牛頓〈對內在韻律的美學沈思〉《沫若研究》（一九八五年第三輯）。轉引自黃侯興《郭沫若青春型的詩人》（山東人民出版社，一九九四年五月），頁三五八。

[47]同註4，〈今天創作的道路〉《郭沫若論創作》，頁六九。

[48]同註4，〈如何研究詩歌與文藝〉，頁一七三。

[49]同註4，〈今天創作的道路〉，頁六九。

他在〈序我的詩〉一文中說：

> 唐人司空表聖的《詩品》讀得最早，在五六歲發蒙的時
> 候，我頂喜歡它。我要承認，一直到現在，我的關於詩
> 的見解大體上還是受著它的影響的。[50]

他說：「讀的是四書五經⋯⋯古書的熟讀，他的唯一的好處，
便是教人能接近一些古代的文藝」。[51]家塾的老師沈煥章，教
他讀《左氏春秋》和《東萊博議》，這給予郭沫若很大影響。
「這真是給予了我很大的啓發。我的好議論的脾氣，好做翻案文
章的脾氣，或者就是從這兒養成的罷？」。[52]中國傳統文化的
教育內容和形式，主要是以儒家文化爲核心的做人處世之道，以
讀經和讀詩爲主要形式。這些對於郭沫若來說，都成了他文學的
培養根底，並對他以後的文學傾向影響極大。

他九歲開始學做對句及五言、七言試帖詩，白天讀經，晚
上讀詩。「結果下來，在十歲以前我所受的教育只是關於詩歌和
文藝上的準備教育。這種初步的教育似乎就有幾分把我定型化
了」。[53]他就如此，爲日後從事文學活動做了最堅實的準備，
進行了詩的最初的修養。[54]他在〈我的童年〉一文中說：

> 比較高古的唐詩很給了我莫大的興會。唐詩中我喜歡王
> 維，孟浩然，喜歡李白，柳宗元。[55]

對郭沫若來說，接受最早，受其影響最大的是唐詩了。這是

---

[50]同註4，〈序我的詩〉，頁二一〇。
[51]同註4，〈如何研究詩歌與文藝〉，頁一七三。
[52]同註3，〈我的童年〉《沫若自傳・少年時代》，頁四三。
[53]同註4，〈如何研究詩歌與文藝〉，頁一七三。
[54]他進行詩的修養的同時，還讀了許多書籍：如《啓蒙畫報》、《浙江
潮》、《史記》、《西廂記》、林譯小說和梁啓超譯著等。
[55]同註3，〈我的童年〉，頁三八。

從詩歌創作的角度談其詩作的特點及影響。他在〈我的作詩的經
過〉一文中談論王維：

> 我自己本來是喜歡沖淡的人，譬如陶（淵明）詩頗合我
> 的口味，而在唐詩中我喜歡王維的絕詩，這些都應該是
> 屬於沖淡的一類。[56]

此前此後，在其論創作、談新詩等問題時，都注意的是王維。
實際上，郭沫若所喜歡和肯定王維的地方，在他的新詩中容易找
到。如〈日暮的婚筵〉一詩中描寫：

> 夕陽，籠在薔薇花色的紗羅中，
> 如像滿月一輪，寂然有所思索。
> ⋯⋯
> 新嫁娘最後漲紅了她豐滿的龐兒，
> 被她最心愛的情郎擁抱著去了。

從日暮創造了一幕歡樂婚筵的戲劇，有背景、有情節、有人物，
也有色彩鮮麗的描繪，落日前美景的變化在他心中的幻影和印象。
王維的一首〈輞川閒居贈裴秀才迪〉詩中描寫日暮景色：「渡頭
餘落日，墟里上孤煙」。此句精確地剪取落日行將與水面相切的
一瞬間，極有包孕地顯示了落日的動態和趨向，在時間和空間上
都留下想像的餘地。

　　郭沫若從李白對山月的深刻感受為出發點，逐漸接觸並理解
李白對祖國雄偉、秀麗、險奇的山川河流和神話氣氛的境界的歌
頌，領會在詩中的愛國精神。在〈郭沫若致宗白華〉信中說：

> 雄麗的巨制我國古文學中罕見，因為我尤為喜歡的是讚

---

[56]同註２９，〈我的作詩的經過〉《郭沫若研究資料‧上》，頁二八
五。

頌自然的詩。[57]

> 特別是對於自然的感念，純然是以東方的情調爲基音
> 的，以她作爲友人，作爲愛人，作爲母親。[58]

這成爲郭沫若後來接受泛神論，歌頌大自然的出發點。「我
們上得山頂，四下眺望了一回，同在松林叢中草席上休息著。我
想到李太白詩『脫巾掛石壁，露頂曬松風』句來，頗通禪悟」。
[59]如果說對郭沫若的新詩作品來一個統計，歌頌自然的詩篇[60]
所佔的比重是相當可觀的，許多詩篇都是把自然做爲母親，這些
可以說與李白的詩有關。由此可知，郭沫若確實地愛好了詩佛及
詩仙。這種愛好形成了他的浪漫主義的見解。

郭沫若接受莊子的影響，《詩品》是其媒介之一。[61]他讀
《詩品》是在五歲發蒙時，而讀莊子就是十一、二歲時。後來他
的一詩〈筆立山頭展望〉和莊子的〈齊物論〉中形容的句法修辭
頗有相似之處。

> 大都會的脈搏呀！
> 生的鼓動呀！
> 打著在，吹著在，叫著在，……
> 噴著在，飛著在，跳著在，……〈筆立山頭展望〉

> 激者，謞者，叱者，吸者，叫者，譹者，

---

[57]田壽昌、宗白華、郭沫若《三葉集》（上海，亞東圖書館，一九二三
　　年九月三版），頁一四四。
[58]王錦厚、伍加倫、蕭斌如編〈自然的追懷〉《郭沫若佚文集·上冊》
　　（成都，四川大學出版社，一九八八年十一月），頁二二五。
[59]同註５７，《三葉集》，頁一五八。
[60]將於下文第四節〈郭沫若詩的主題探討〉中詳細探索。
[61]《詩品》所闡述的詩的哲理又完全是以老莊思想爲根據的。

　　　　窙者，咬者，前者唱于而隨者唱喁。〈齊物論〉

　　齊物論中在前面的輕輕的唱于，在後面的就重重的唱喁，郭
沫若也爲萬籟共鳴的交響樂所幸奮，創作了傳送時代脈搏和生命
跳動。郭沫若愛用莊子書中的故事或寓言做爲創作題材。如一詩
〈鳳凰涅槃〉裏的〈序曲〉中描寫：

　　　　山右有枯槁了的梧桐，

　　　　山左有消歇了的醴泉。

這是根據莊子的〈秋水〉鵷鶵（即鳳凰）：

　　　　非梧桐不止，非練實不食，非醴泉不飲。

　　郭沫若還在詩辭上讚美莊子。如〈三個泛神論者〉一詩中，
就明顯地描寫：

　　　　我愛我國的莊子，

　　　　因爲我愛他的Pantheism，

　　　　因爲我愛他是靠打草鞋吃飯的人。

　　郭沫若吸收了莊子的有益的成分，以表現其個性解脫的要
求。如他的詩集《女神》中的自我受到周揚所說的：「這個自我
佔據了宇宙的中心，不，簡直就是宇宙，宇宙的眞宰，它不但包
含我，也包含你，也包含他。這是『與天地並生，與萬物爲一』
的我」。[62]思想的影響。這種哲理滲透的影響，直接發揮在自
己的新詩創作中。他在〈詩歌的創作〉一文中說：

　　　　詩人對於某一種高尚的思想或眞理，懷著熱誠的憧憬，

　　　　而加以頌揚，或生活在那種思想當中，好像山裡的泉

　　　　水，自然流出聲音來那樣，那種的哲理詩或思想詩，我

　　　　們是不能反對的。那正是一種高度的抒情，偉大的詩母

---

[62]同註２９，周揚〈郭沫若和他的《女神》〉《郭沫若研究資料·中》，
　　頁二〇八。

寧是必然具有那樣的成分的。[63]

他的〈筆立山頭展望〉、〈鳳凰涅槃〉等都是極好的例證。宗白華〈致郭沫若〉信中說：

> 你的鳳歌[64]眞雄麗，你的詩是以哲理做骨子，所以意味濃深。不像現在許多新詩一讀過後便索然無味了。所以白話詩尤其重在思想意境及眞實的情緒，因爲沒有詞藻來粉飾他。[65]

因此，他們在信中討論詩的創作時，一致認爲「詩的創造是要創造『人』，換一句話說，便是在感情的美化(Refine)。……美化感情的方法：我看你所主張的……哲理的研究；都是必要的條件」。[66]郭沫若重視哲理的研究是從他母親教唐詩的影響開始的。他自幼受中國文學的薰陶，有著深厚的國學的基礎並在少年時就開始寫作舊詩。他的舊體詩詞，吸取了中國古代詩歌許多精美的東西，這些對他以後的文學活動上給予了具有決定性的影響。

二、西方文學的影響

郭沫若早期的思想和文學創作，受到西方文學的深刻影響。這不僅表現在他翻譯了大量優秀的西方文學作品，並與其中的某些思想產生了共鳴，更反映在他創作時，廣泛的吸取了西方文學中的有益成分，使作品具有嶄新的時代特色。他留學日本之後，

---

[63]同註４，〈詩歌的創作〉，頁二七六。
[64]指郭沫若的長詩〈鳳凰涅槃〉。
[65]同註１１，一九二〇年一月七日〈宗白華致郭沫若〉《郭沫若全集·文學編１５》，頁三〇。
[66]同註１１，一九二〇年二月十六日〈郭沫若致宗白華〉《郭沫若全集·文學編１５》，頁四九。

由於受到日本進步文化界的影響，接觸了泰戈爾（Tagore）、雪萊（Shelley）、歌德（Goethe）莎士比亞（Shakespeare）、海涅(Heine)等西方文學，視野迅速擴大，更受到世界各國優秀的民間文學傳統的影響。

(一)英國

1.**司各特**（Sir Walter Scott）：一九〇八年，郭沫若在四川嘉定中學讀書時，開始接觸翻譯的西方小說，他說：「我最初讀的是Haggard的《迦茵小傳》」。[67]此後，他又讀了司各特，他說：

> 對於我後來文學傾向上有一個決定的影響的，其次是Scott的『Ivanhoe』，他譯成《撒喀遜劫後英雄略》的一書。那種浪漫派的精神他是具象地提示給我了。我受Scott的影響很深。[68]

郭沫若的自傳《少年時代》和《革命春秋》等，都受到司各特的影響。

2.**彌爾敦**（Milton）：一九二〇年一月十八日〈郭沫若致宗白華〉一信中，把彌爾敦的《失樂園》稱做大波大浪的洪濤便成爲「雄渾」的詩。[69]一九二六年他發表的小說《曼陀羅華》裡的主人公曾以「失明的彌爾敦」自擬。

3.**華滋華斯**（Wordsworth）：華滋華斯受泛神論影響，認爲大自然具有使人道德完美的神秘力量。他的詩中突出表現人和自然景物的共鳴，或把大自然做爲某種精神力量的象徵。郭沫若詩集《女神》中的一些詩與此相像。

---

[67]同註３，〈我的童年〉，頁一二六。
[68]同註３，〈我的童年〉，頁一二七。
[69]同註１１，一九二〇年一月十八日〈郭沫若致宗白華〉《郭沫若全集·文學編１５》，頁一四至一五。

4.雪萊：郭沫若接觸到雪萊的詩歌以後，就對他產生了無限崇敬的思想感情。他說：「雪萊是我最敬愛的詩人中之一個。他是自然的寵子，汎神宗[70]的信者，革命思想的健兒。他的詩便是他的生命。他的生命便是一首絕妙的好詩」。[71]雪萊對於未來的堅定信念和偉大的人格力量，又促使他不斷地向上、奮邁和歌唱。他的一詩〈致雲雀〉，就是他這種精神狀態的具體描寫：

> 向上，再向高處飛翔，
>
> 　從地面你一躍而上，
>
> 　像一片烈火的輕雲，
>
> 　　掠過蔚藍的天心，
>
> 　永遠歌唱著飛翔，
>
> 　　飛翔著歌唱。

他不僅獨特的藝術構思生動地刻畫了雲雀奮飛向上的性格，同時還運用物、我融合的藝術手法和精神世界。郭沫若也在一詩〈新生〉中描寫：

> 火車
>
> 高笑
>
> 向……向……
>
> 向……向……
>
> 向著黃……
>
> 向著黃……
>
> 向著黃金的太陽
>
> 飛……飛……飛……

---

[70]即泛神論。

[71]秦川編輯〈《雪萊的詩》小引〉《郭沫若集外序跋集》（成都，四川人民出版社，一九八三年二月），頁二一五。

飛跑，

飛跑，

飛跑。

　　好！好！好！

詩中構思了擬人化了的火車，在充滿朝氣的晨霧中向著金黃的太陽飛奔這樣一個意象。他〈致宗白華〉一信中說：

> 火車在青翠的田疇中急行，好像個勇猛忱毅的少年向著希望瀰滿的前途努力奮邁的一般。飛！飛！一切青翠的生命燦爛的光波在我們眼前飛舞。[72]

這首詩的精神仍是充滿浪漫激情的、理想主義的，他憧憬著祖國獲得新生的熱望和實現自己夢的激情。由此可知，雪萊的影響對郭沫若詩風格的形成起了重要作用。

　　5.王爾德(Oscar Wilde)：五四運動以後，郭沫若接觸到王爾德作品，如《沙樂美》等。王爾德「為藝術而藝術」的主張對郭沫若早期文藝形成有一定的影響。

　　㈡印度

　　1.泰戈爾（Tagore）：郭沫若詩歌創造的主要是泰戈爾的影響。他說：

> 我在民國二年的正月到了日本東京，在那裡不久我首先接近了印度詩人泰戈爾的英文詩，那實在是把我迷著了。我在他的詩裡面陶醉過兩三年。[73]

又說：

> 那清新和平易徑直使我吃驚，……他的《新月集》、《園

---

[72]同註１１，一九二〇年三月三日〈郭沫若致宗白華〉《郭沫若全集・文學編１５》，頁一二二。
[73]同註４，〈序我的詩〉，頁二一三。

丁集》(Gardener)、《即檀伽利》(Gitanjali)、《愛
人的贈品》（Lover's Gift）。……我都如飢似渴地買
來讀了。在他的詩裡面我感受著詩美以上的歡悅。[74]

一九一七年，郭沫若譯《泰戈爾詩選》，未能出版。但五四
運動以後，他對泰戈爾的「梵的現實」、「我的尊嚴」等觀點有
所批評。

2.伽畢爾（Kabir）：五四時期，郭沫若喜愛泰戈爾，便和泛
神論思想接近了，故特別喜愛有那些傾向的人。「我由泰戈爾的
詩認識了印度古詩人伽畢爾，接近了印度古代的《烏邦尼塞德》
（Upanisad）的思想」。[75]他的一詩〈三個泛神論者〉裡的第三
節描寫：「我愛印度的Kabir，因為我愛他的Pantheism，因為我
愛他是靠編魚網吃飯的人」。

㈢美國

1.朗費羅（Longfellow）：一九一三年，郭沫若在成都高等
學堂讀書時，學的英文課本是匡伯論的《廿世紀讀本》，其中，
十九世紀美國詩人朗費羅的一詩〈箭與歌〉（Arrow and Song），
使他「那詩使我感覺著異常的清新，我就好像第一次才和『詩』
見了面的一樣。……使我悟到了詩歌的真實的精神」。[76]朗費
羅的〈箭與歌〉是郭沫若第一次讀到的西方新詩，這對他以後從
事新詩的寫作很有關係。

2.惠特曼（Whitman）：「在我自己的作詩的經驗上，事先受
了泰戈爾諸人的影響，力主沖談，後來又受了惠特曼的影響才奔

---

[74]同註２９，〈我的作詩的經過〉，頁二七九。
[75]同註２１，〈創造十年〉《郭沫若選集·３》，頁一八七。
[76]同註２９，〈我的作詩的經過〉，頁二七八。

放起來的」。[77]這樣，就形成了他的雄渾奔放與明麗沖淡兩種
詩風。根據他的回憶，與惠特曼詩歌接觸的是：

> 在大學二年，正當我開始向《學燈》投稿的時候，我
> 無心地買了一本有島五郎的《叛逆者》。所介紹的三位
> 藝術家，是法國的雕刻家羅丹(Rodin)、畫家米勒(Mil-
> let)、美國的詩人惠特曼（Whitman）。因此又使我和
> 惠特曼的《草葉集》接近了。他那豪放的自由詩使我開
> 了閘的作詩欲又受了一陣暴風般的煽動。我的《鳳凰涅
> 槃》、《晨安》、《地球，我的母親》、《匪徒頌》等，
> 便是在他的影響之下做成的。[78]

這些詩主要是受《草葉集》否定舊偶像、舊框框、舊傳統的
民主主義思想內容和精神，浪漫主義的雄渾豪放的風格和自由體
形式的影響。如惠特曼的詩〈為了你，民主〉，一開頭就說：
「為了你，民主，我唱這些歌」。受其影響的郭沫若的一詩〈匪
徒頌・五〉中歌頌：「反抗王道堂皇的詩風，饕餮粗笨的惠特曼
呀！」，又在〈晨安〉中稱讚：「啊啊！惠特曼呀！惠特曼呀！
太平洋一樣的惠特曼呀！」。此外，惠特曼的詩論認為，詩歌要
以「我」為中心，又能表達時代精神，與國家民族有關，為之做
出貢獻，此對郭沫若也有影響。如〈鳳凰涅槃〉中的鳳凰在烈火
中更生，既象徵了舊中國的滅亡和新中國的誕生，又象徵他舊
「我」的消失和新「我」的更生，是國家和個人合二而一的形象。

四德國

1.海涅(Heine)：在所有西方文學中，德國浪漫主義文學對
郭沫若的影響最深。其中，最先贏得被他愛的是海涅的作品。一

---

[77]同註２９，〈我的作詩的經過〉，頁二八五。
[78]同註２１，〈創造十年〉，頁一八八。

九一六年八月，郭沫若認識了安娜，二人很快陷入熱戀之中。從此以後，吸引他的主要是海涅的愛情詩了。他說：「我的作詩的欲望才認眞地發生了出來……民七的秋間……在那時做的《鷺鷥》、《新月與晴海》、《春愁》等詩明白地還在泰戈爾與海涅的影響之下」，[79]海涅詩更自然，更富有人間性。郭沫若當時對泰戈爾的詩歌也喜愛，但泰戈爾詩作的宗教意識和超越時空的神秘美感，顯然使他覺得不如欣賞海涅作品更和自己的口味。

2.歌德(Goethe)：如果說海涅引導郭沫若認識了德國文學，那麼，歌德就是引導他去眞正領會德國文學的價値。他說：「我開始作詩劇便是受了歌德的影響。在翻譯了《浮士德》第一部之後，不久我便做了一部《棠棣之花》」。[80]接著，一九二一年翻譯歌德的《少年維特之煩惱》，同年出版《女神》。他在此書的〈序引〉中明確指出自己與歌德思想產生共鳴的幾點：

> 第一， 是他的主情主義；
>
> 第二， 是他的泛神論思想；
>
> 第三， 是他對自然的讚美；
>
> 第四， 是他對原始生活的景仰；
>
> 第五，是他對於小兒的尊崇。[81]

此幾點共鳴，有人性論、唯心主義的影響。當時郭沫若尙未眞正認識此書的深廣的社會意義。還有，郭沫若受影響的西方文學家，除了上述外，俄國的高爾基(Gor'kij)和義大利的但丁(Dante)等。

---

[79]同註２９，〈我的作詩的經過〉，頁二八○。

[80]〈革命春秋〉，引自戴震〈郭沫若與歌德〉《郭沫若研究專刊》（四川大學學報，一九七九年七月），頁一八七。

[81]同註２９，〈少年維特之煩惱·序引〉《郭沫若研究資料·上》，頁一五一。

三、小　結

　　郭沫若的文學成就的取得，其原因是多方面的，其中，唐宋詩詞、《詩品》是起了基礎和開路的作用。無疑地，他的詩能繼承中國古典文學的優秀傳統，具有中國作風，民族風格，是他少年時代就喜愛唐宋詩詞，一直認眞學習它，努力吸收它的原因。

　　郭沫若早年就酷愛文學，少年時代便熟讀中國古典詩文，寫了不少的舊體詩詞。後來受到新思潮的影響下，留學日本。他雖然讀的是醫學，但並沒有斬斷他與文學的關係，相反地，由於西方文學的影響，他那暫時被壓制下去的文藝傾向重新發展起來。儘管他在日本學了十年醫學，但他最終還是選擇了文學道路。在這個人生道路的轉變過程中，西方文學所起的作用是很重要的。

　　實際上，這些中國文學家作品的影響，在他的創作中確立了程度不同的作用。同樣在吸收西方文學影響中，注意吸收他們不同的特點，而形成他自己獨特的藝術風格。總之，中外文學的珍品，哺育和滋養了郭沫若的創作，並爲其開闢了廣闊的道路。無論在他的詩歌或歷史劇創作中，都能夠找到這種深刻的淵源關係。

第三節　郭沫若的文學理論

　　郭沫若的文學理論有著非常豐富的內容。如對於文學的起源、本質、創作過程以及詩論與劇論在文學理論上都有見解。本節將於探討郭沫若對文學理論的哲學與文藝兩方面的形成和發展。

一、文學思想背景──泛神論

　　在五四以前，從一九一四年開始，郭沫若對文學已經有他自

己的認識，這些認識一直到一九二六年參加北伐爲止，他在哲學思想上受到泛神論（Pantheism）[82]的影響。

郭沫若在〈創造十年〉一文中十分明顯的指出，他接受泛神論思想的時間和線索。

> 因爲喜歡泰戈爾，又因爲喜歡歌德，便和哲學上的泛神論（Pantheism）的思想接近了。——或者可以説我本來是有些泛神論的傾向，所以才特別喜歡有那些傾向的詩人的。我由泰戈爾的詩認識了印度古詩人伽華爾（Kabir），接近了印度古代的《烏邦尼塞德》（Upanisad）的思想。我由歌德又認識了斯賓諾莎（Spinoza），關於斯賓諾莎的著書，如像他的《倫理學》、《論神學與政治》、《理智之世界改造》等，我直接間接地讀了不少。和國外的泛神論思想一接近，便又把少年時分所喜歡的《莊子》再發現了。我在中學的時候便喜歡讀《莊子》，但喜歡文章的汪洋恣肆，那裡面所包含的思想，是很茫昧的。待到一個國外的思想參證起來，便眞是到了「一旦豁然而貫通」的程度。[83]

---

[82]一種哲學的宗教觀點，認爲上帝的精神顯現於萬物中，而萬物之顯示上帝榮耀正如上帝之榮耀是由萬物合成。有限的事物即是上帝，也是上帝之能的顯現。因是個人有個人的信念，且各哲學家有其不同解說，不可能有統一的定義。文學上的用意甚是簡明，乃指熱切相信大自然是神的顯現也就是神的自身。由哲學觀點來看，斯賓諾莎（Spinoza）爲泛神論的偉大代言人，歌德（Goethe）爲持此信念的大詩十人。英國的華滋華斯（Wordsworth）與美國的愛默生（Emerson）是諸多表現典型泛神論概念者之一。參見顏元叔主編《西洋文學辭典·全一冊》（台北，正中書局，一九九一年九月），頁五五一至五五二。

[83]同註21，〈創造十年〉《郭沫若選集·第三卷》，頁一八七至一八八。

他又在〈王陽明禮贊〉中說：

> 民國四年的九月中旬，我在日本東京的舊書店裡偶然買
> 了一部《王文成公全集》……而在我的精神上更使我徹
> 悟了一個奇異的世界。從前在我眼前的世界只是死的平
> 面畫，到這時候才活了起來，才成了立體，我能看得它
> 如像水晶石一樣徹底玲瓏。我素來喜歡讀《莊子》，但
> 我只是玩賞他的文辭，我閑卻了他的意義，我也不能瞭
> 解他的意義。到這時候，我看透他了。我知道「道」是
> 什麼，「化」是什麼了。我從此更被導引到老子，導引
> 到孔門哲學，導引到印度哲學，導引到近世初期歐洲大
> 陸唯心派諸哲學家，尤其是斯賓諾莎(Spinoza)，我就
> 這樣發現了一個八面玲瓏的形而上的莊嚴世界。[84]

　　郭沫若在這裡說：「喜歡讀莊子」，但「只喜歡文章的汪洋
恣肆」，「只是玩賞他的文辭」，而對「那裡面包含的思想，是
很茫昧的」，甚至「閑卻了他的意義」，「也不能瞭解他的意
義」。這是他在與泰戈爾、歌德、伽華爾、斯賓諾莎的泛神論哲
學接觸以前，並不瞭解《莊子》的思想帶有泛神論的傾向，只有
他與這些外國的泛神論哲學接觸以後，才發現了「道」和「化」
是什麼了，而真是到了「一旦豁然而貫通」的程度。而最後主要
歸結於斯賓諾莎，郭沫若的泛神論思想主要是在斯賓諾莎的影響
下形成的。

　　郭沫若在他的詩集《女神》中的一首詩〈三個泛神論者〉裏
描寫：

---

[84]〈王陽明禮贊〉《沫若文集·第１０卷》，頁三八至三九。轉引自
　　《郭沫若自敍》閻煥東編著（山西教育出版社，一九九０年九月第二
　　版），頁二五三至二五四。

　　　　我愛我國的莊子，

　　　　因爲我愛他的Pantheism，

　　　　因爲我愛他是靠打草鞋吃飯的人。

　　　　我愛荷蘭的Spinoza，

　　　　因爲我愛他的Pantheism，

　　　　因爲我愛他是靠磨鏡片吃飯的人。

　　　　我愛印度的Kabir，

　　　　因爲我愛他的Pantheism，

　　　　因爲我愛他是靠編魚网吃飯的人。

這一首詩中所提到的莊子、斯賓諾莎、伽華爾三個人，是郭沫若接觸泛神論思想的主要媒介，也是他的泛神論思想的主要來源。這來源有不同的三種哲學思想體系。其一，中國古典哲學，主要是以莊子爲代表的，孔子、王陽明的哲學思想。其二，西歐泛神論哲學，主要是斯賓諾莎的思想。歌德、雪萊的泛神論思想都和斯賓諾莎有關。其三，古印度《奧義書》[85]哲學。伽華爾、泰戈爾的思想和它有關係。郭沫若喜愛莊子，是他憤世疾俗超然物外，與自然合一的純潔心靈；欣賞孔子，是他那積極入世的人生態度；研讀王陽明著作，是敬佩他努力在理想的光中與險惡的環境搏鬥著的精神；研讀斯賓諾莎的哲學，是因爲看到了斯賓諾莎

---

[85]印度古代被稱作「奧義書」的典籍數量很多，大約有二百餘種。最早奧義書出現在公元前九世紀左右，較晚的產生於公元後。奧義書的內容涉及的範圍極廣，但較重要的或對印度後世影響較大的主要有以下幾方面，即：梵我關係理論、輪迴解脫理論和世界的物質本原或要素理論。奧義書的諸種思想對印度後世的宗教與哲學流派都有著極重要的影響。參見姚衛群編著《印度哲學》（台北，淑馨出版社，一九九六年一月），頁九至十二。

對封建制度的否定；崇拜歌德，因爲他是德國狂飆運動中的領袖人物；喜愛泰戈爾，因爲曾經感染他的清淡、自然的詩美，更重要的是泰戈爾在舉世膜拜西方物質文明的時候，獨倡東方精神文明的勇氣。他的泛神論思想是對這些不同時代、不同國家、不同派別的哲學思想的情況之下，對郭沫若的影響是相互交織、相互作用的獨特的結合。

　　郭沫若在〈少年維特之煩惱·序引〉一文中說：

　　　　泛神便是無神。一切的自然只是神底表現，我也只是神

　　　　底表現，我即是神，一切自然都是我的表現。[86]

泛神論的主要特點是強調物質和精神、心和物的同一，調和物質和精神的對立。郭沫若所謂的「泛神論」簡直可以說是兼收並容、包羅萬象的哲學大全，具有極大的靈活性，而基本傾向就是「主我」的。

　　郭沫若一九一四年到日本留學之後，他就很渴望的尋找救國救民的新思想。他在一首詩〈無煙煤〉中引用法國現實主義者司湯達(Stendha1)的話：

　　　　「輪船要煤燒，

　　　　我的腦海中每天至少要

　　　　三四立方尺的新思潮。」

　　　　……

　　　　「沫若喲！你要往哪兒去喲？」

　　　　我悄聲地對他說道：

　　　　「我要往圖書館裡去挖煤去喲！」

　　郭沫若就是在這種情況下接受了西歐的泛神論哲學思想，並

---

[86]同註２９，王訓昭等人編〈少年維特之煩惱〉《郭沫若研究資料·上卷》，頁一四八。

以此爲核心，吸收了莊子的「我即道」和王陽明的「良知即天理」以及印度的「烏邦尼塞德」（Upanisad）哲學中的泛神論觀點。但由於詩人畢竟不同哲學家，所以他接受的某種哲學思想，經過自己熔解之後，常常在文學作品上反映出來。

郭沫若接受泛神論的時期，剛好是世界無產階級革命高潮的年代。一九一四年爆發的第一次世界大戰帶來了國際情勢的重大變化，如俄國打破了帝國主義，建立了共產主義，並殖民地和附屬國家民族解放的時代。這種世界潮流下發生的五四運動，標識著中國近代思想的發展走向一個嶄新的時代，便徹低的掀起了反帝反封建的文化運動。

〈三個泛神論者〉、〈匪徒頌〉等作品中，郭沫若對古今中外政治和思想傾向，不同人物的景仰，體現出了他所受的思想影響的複雜、寬泛。這種「生動的混亂」正是五四時期思想百家爭鳴的時代特徵的反應，是人類歷史上東西文化第一次豐富多彩的大匯合的體現。[87]

顧炯在〈女神與泛神論〉一文中批評說：「泛神論對詩人的影響，是有條件的，受到整個時代的制約。還應該看到，郭沫若接觸的泛神論有其特定的內容和範圍」。又說：「郭沫若吸取泛神論思想的影響表現出一個鮮明的特點；他不是機械的搬用和宣揚一種完整的資產階級哲學學說，而是適應社會變革和時代革命的需要，依照他自己的理解……」，[88]認爲此泛神論思想對郭沫若前期的思想與創作而言，只不過是一種「因素」而已。

樓棲也在〈論郭沫若的詩〉一文中指出：「『星空』卻產生

---

[87]馮契《中國近代哲學史‧下冊》（上海人民出版社，一九八九年七月），頁九七九。

[88]顧炯〈女神與泛神論〉《文學評論》（一九七九年一月），頁四二。

於五四運動的低潮期，那種微波蕩漾的感情，也同樣是時代脈搏的反映」。又說：「這個時期，泛神論思想，對於詩人不僅不能再起積極的作用，而且反而成爲束縛的枷鎖了。過去，它曾一度作爲培植詩人愛國主義的溫床；現在，卻幾乎變成抗拒現實風暴的茅屋。然而，茅屋是抗拒不了風暴的，這個束縛就成爲必須擺脫的痛苦」。[89]從一九二〇年下半年開始到一九二四年，郭沫若的泛神論思想進入了逐漸削弱和消失的階段。[90]這正如他所說的，「不過那種思想，受到新的革命潮流的影響，已經開始變化了」。[91]這種思想一直到一九二六年南下廣州參加北伐之前，徹底拋棄泛神論思想的唯心觀點，並開始接受了辯證唯物論和歷史唯物論，成爲一個馬克斯主義者。

　　對於郭沫若的泛神論思想，是從一九二二年謝康在〈讀了女神以後〉一文中就最早提到以來，不少研究者陸續地討論過，陳永志指出：「郭沫若早期的整個創作活動，都受到他的泛神論思想的鼓舞。雖然不是唯一的，最重要的鼓舞力量，但卻是不可忽視的力量」。[92]這是不可否認的事實。但只是在革命高潮階段才顯示出它的積極意義和進步作用；當革命走向低潮時，這個思想便暴露了它的局限性，在嚴峻的現實面前，它就顯得軟弱無力。

二、自我表現論

　　郭沫若是五四運動高潮過去之後，以詩人姿態正式出現的。

[89]樓棲〈論郭沫若的詩〉《文學研究》（一九五七年二月），頁一〇〇至一〇一。
[90]谷輔林〈郭沫若世界觀中的泛神論問題〉《郭沫若研究論集·第二集》（四川人民出版社，一九八四年四月），頁二六九。
[91]同註２９，〈郭沫若同志答青年問〉，頁四一六。
[92]陳永志《郭沫若思想整體觀》（上海文藝出版社，一九九二年十一月），頁四六。

是「自我表現」論的代表人物。當然他在文學上的主要成就和影響是詩歌方面。「自我表現」是他早期詩歌理論的一個重要內容，也是他的浪漫主義詩歌創作的重要特點。他在〈致宗白華〉的信中說：

> 詩底主要成分總要算是「自我表現」了。所以獨一人的詩，非知其人不可。海涅底要算是他一生的底實錄，是他的淚的結晶。[93]

所謂的「自我表現」，就是詩人要表現和發展自己的個性，要反映主觀的內心生活，要抒寫自己的情緒和情感。《女神》就是表現自我、張揚個性、美化感情的結晶。〈田漢致郭沫若〉的信中說：

> 我對於你的詩的批評，與其說你有詩才，無寧說你有詩魂，因為你的詩首首都是你的血，你的淚，你的自敘傳，你的懺悔錄啊。我愛讀你這樣的純真的詩。[94]

周揚在〈郭沫若和他的女神〉一文中說：

> 他的自我以特別突出的恣態在他的詩句中喧囂著。從它，發出音調，生出色彩，新鮮的形象。這個自我佔據了宇宙的中心，不，簡直就是宇宙，宇宙的真宰。它不但包含我，也包含你，也包含他。這是「與天地並生，與萬物為一」的我。這個我應當用最大號的字來書寫，最高的聲音來唱歌。[95]

郭沫若在〈梅花樹下醉歌〉一首詩裡，就有自我的禮讚：

> 梅花呀！梅花呀！

---

[93]同註１１，《郭沫若全集·文學編15卷》，頁一一九。
[94]同註１１，《郭沫若全集·文學編１５卷》，頁七二至七三。
[95]同註２９，周揚〈郭沫若和他的女神〉《郭沫若研究資料·中》，頁二〇八至二〇九。

　　　　我讚美你！

　　　　我讚美我自己！

　　　　我讚美這自我表現的全宇宙的本體！

　　　　還有什麼你？

　　　　還有什麼我？

　　　　還有什麼古人？

　　　　還有什麼異邦的名所？

　　　　一切的偶像都在我面前毀破！

　　　　破！破！破！

　　　　我要我的聲帶唱破！

在詩人的心目中，梅花是宇宙世界裡的一員，它所蘊含的生命之美，生命的活力，代表著全宇宙的一切，自然也代表著詩人的自身。

　　郭沫若在〈印象與表現〉一文中說：

　　　　藝術是自我的表現，是藝術家的一種內在衝動的不得不爾的表現。自然與藝術家的關係只如木材店與木匠的關係。自然不過供給藝術家以種種的素材，使這種種的素材融合成一種新的生命，融合成一個完整的新的世界，這還是藝術家的高貴的自我！[96]

他所主張的「表現」，則它的具體內容是強調藝術家的個性、自我在創造中的作用，強調藝術家的內心激情、內在衝動在創作中的作用，但並不否認藝術家的自我表現需要依賴自然提供的素材。

　　又在〈晨安〉一首詩裡，可看出自我的形象，向人間一切美好的事物，一口氣喊出了二十七次的「晨安」。這首詩的第二段

[96]王錦厚、伍加倫、肖斌如編〈印象與表現〉《郭沫若佚文集・上冊》（成都・四川大學出版社，一九八八年十一月），頁一二三。

描寫：

> 晨安！我年輕的祖國呀！
>
> 晨安！我新生的同胞呀！
>
> 晨安！我浩蕩蕩的南方的楊子江呀！
>
> 晨安！我凍結著的北方的黃河呀！
>
> 黃河呀！我望你胸中的冰塊早早融化呀！
>
> 晨安！萬里長城呀！
>
> ……

郭沫若在這首詩裡描寫的都像是一個巨大的事物。這種自我表現的詩，如〈天狗〉一首詩裡又出現：

> 我是月底光，
>
> 我是日底光，
>
> 我是一切星球底光，
>
> 　我是 X 光線底光，
>
> 我是全宇宙底Energy底總量！

郭沫若在這首詩中竟用了二十九次的「我」，做為每詩句的開頭。他把自己比做「天狗」，還把日、月、星球、全宇宙都吞下了，於是「我」便成為「月底光」、「日底光」、「一切星球底光」、「全宇宙的Energy的總量！」這個「自我」，簡直是宇宙的化身了。還有，〈我是個偶像崇拜者〉，九行詩句，開頭也都是一個「我」字。

> 我是個偶像崇拜者喲！
>
> 我崇拜太陽，崇拜山岳，崇拜海洋；
>
> 我崇拜水，崇拜火，崇拜火山，崇拜偉大的江河；
>
> ……

他崇拜著創造精神。另外，〈死〉一首詩每句的開頭幾乎也都用

了「我」字。

　　　嗳！

　　　　要得眞正的解脫嚇，

　　　　還是除非死！

　　　死！

　　　　我要幾時才能見你？

　　　　你譬比是我的情郎，

　　　　我譬比是個年輕的處子。

　　　　我心兒很想見你，

　　　　我心兒又有些怕你。

　　　我心愛的死！

　　　　我到底要幾時才能見你？

　　這些固然只是一個表現形式的問題而已，但這種形式仍然表現了「自我」力量的雄偉與擴張。郭沫若在〈論國內的評壇及我對於創作上的態度〉一文中更明確的說：

　　　　我是一個偏於主觀的人，我的朋友每肯向我如是說，我自己也很承認。我自己覺得我的想像力實在比我的觀察力強。我自幼便嗜好文學，所以我便借文學來以鳴我的存在。[97]

這裡所謂的「鳴我的存在」就是「自我表現」，不僅是他對詩的基本觀點，也是他五四時期文學理論的核心。

　　郭沫若的「自我表現」論顯然受到十九世紀末、二十世紀初歐洲表現主義文學思潮的影響。[98]他自己說：

[97]同註２９，〈論國內的評壇及我對於創作上的態度〉，頁一五七。
[98]邵伯周《中國現代文學思潮研究》（上海，學林出版社，一九九三年一月），頁五〇。

　　　　還有當時流行著的新羅曼派和德國新起的所謂表現派。
　　　　特別是表現派那種支離滅列的表現，在我的支離破碎的
　　　　頭腦裡，的確得到了最適合的培養基。[99]

　　他受到的影響是多方面而複雜的。透過他自己的過濾之後，
形成了自己獨特的自我表現。《女神》就是郭沫若「自我表現」
這些文學理論的典型的體現。他又說：「因為詩──不僅是詩──
──是人格的表現，人格比較圓滿的人才能成為真正的詩人。真正
的詩，真正詩人的詩，不怕便是吐訴他自己的哀情、抑鬱，我們
讀了，都足以增進我們的人格。詩是人格創造的表現，是人格創
造衝動的表現」。[100]詩的使命是表現自我，詩中的自我必須是
理想化的人格。所以說郭沫若的自我表現論不僅是詩神的復甦，
更是人的覺醒。

三、社會主義現實主義論

　　社會是不斷發展變化的。那做為反映社會和階級要求的文學
主張，也不會不變的。人們都知道郭沫若的浪漫主義創作理論，
卻少有人提過他的社會主義現實主義[101]創作理論，其實後者也
是值得我們研究探討的地方。這裡絕對不能忽略的是，郭沫若從
未主張過，這「社會主義現實主義」的創作理論名稱，他只有
提過「現實主義」[102]而已，這兩個理論稍有差別，並也可以說

---

[99]同註２１，頁一九五至一九六。
[100]同註１１，〈論詩三札〉《郭沫若全集・文學編15卷》，頁三三八。
[101]蘇聯早期的文學創昨和文學批評的基本方法。要求從現實的革命發
　　展中真實地、歷史具體地去描寫現實；同時，藝術描寫的真實性和歷
　　史的具體性，又必須與用社會主義精神從思想上改造和教育勞動人民
　　的任務結合起來。參見文強堂出版社編輯部編《文學詞典》（新竹，
　　文強堂出版社，一九八六年十二月），頁六七。
[102]文藝史上的基本創作方法之一。按照生活的本來樣式，通過體現一

他的文學主張是「現實主義」，但是他自己所謂的很多「無產階級」、「革命文學」之類的話，根本不符合「現實主義」文學理論的定義。郭沫若對現實主義的探討追溯到高爾基[103]時代，並且現實主義立刻發展到社會主義現實主義階段，他在馬克斯、高爾基等人探索的基礎上邁出了實際上社會主義現實主義的步伐。

郭沫若在一九四七年十月三十日寫的〈讀了《俄羅斯問題》〉一文中說：

> 一口氣讀完了西蒙諾夫的《俄羅斯問題》，眞是愉快。
>
> 這的確是一個好劇本，一部新現實主義的代表作；無怪乎在蘇聯要受到破紀錄的大歡迎了。[104]

這所謂的「新現實主義」就是「社會主義現實主義」，因爲早於一九一三年高爾基的長篇小說《母親》問世之後，被認爲是「社會主義現實主義」的奠基作，郭沫若不可能不受影響。他在〈紀念高爾基〉一文中更爲證明：

> 高爾基……不知道又替我們分泌出了多少精幹的思想，多少崇高的理論，多少美滿的工作。尤其是他如得以知

定生活本質規律，具有某種典型意義的生活現象的描繪來塑造藝術形象，從而再現現實生活。同註１０１，參見《文學詞典》，頁六五至六六。

[103]高爾基：（１８６８－１９３６）舊蘇聯作家。出身於木工家庭。他四歲和十歲時，父母分別去死。１８８４年到喀山，做工之餘，勤奮自學，與民粹派和早期馬克斯主義者廣泛接觸。後又兩度流浪俄國南部，飽嚐了底層人民的痛苦生活。１８９２年發表了處女作《馬卡爾·楚德拉》。作品批判資產階級世界和市儈的醜惡，或反映流浪漢的悲慘生活，或表現勞動人民對革命和自由的渴望與嚮往，體現了作者早期的革命理想。１９１３年發表反映俄國工人階級成長過程的長篇小說《母親》，爲社會主義現實主義的奠基作。同註１０１，參見《文學詞典》，頁三二四。

[104]同註１１，〈讀了《俄羅斯問題》〉《郭沫若全集·文學編２０卷》，頁二九六。

道我們中國民族的兒女們在和世界上最狂暴的帝國主義
者抗戰。[105]

他又在一首詩〈紀念高爾基〉裡描寫：

我們應該學習著高爾基，繼承著高爾基，

用我們的血、力、生命，來繼承鑄造。

「把你所做舊的鞋子、椅子、書本子，

不要造成偶像──這是很好的教條──」

朋友，我們要遵守著這個教條，

把高爾基六十八年的工程繼承起來，

這才是紀念我們巨人的唯一的正道。

高爾基已經給郭沫若提供了一個模範，指示出很正確的道路，紀
念高爾基的意義，應該是學習他，繼承他。

　郭沫若提出建立無產階級革命文學的主張，則反映了無產階
級和其知識分子的要求。他說：「我們現在所需要的文藝是站在
第四階級說話的文藝」，「在形式上是現實主義的，在內容上是
社會主義的。除此以外的文藝都已經是過去的了」。[106]他又在
一九二〇年二月二十五日〈致田漢〉的一封信中說：

我的靈魂久困在自由與責任兩者中間，有時歌頌海洋，

有時又贊美大地；我的 Idea 與 Reality 久未尋出個調和

的路徑來，我今後的事業，也就認定著這兩種的調和上

努力建設去了。[107]

　郭沫若親眼看到中國步步向半殖民地半封建道路上走，帝國

---

[105]同註９６，〈紀念高爾基〉《郭沫若佚文集·上冊》，頁三二三。

[106]同註４，〈文藝家的覺悟〉《郭沫若論創作》，頁二五。

[107]同註１１，〈郭沫若致田漢〉《郭沫若全集·文學編１５卷》，頁
六六。

主義日益囂張，國內的解放運動已經起來的情況之下，於是他的思想開始感到煩悶，「文學搞不懂，不能達到我所想像的目的，在黨的影響下，我決定走另一條路」。[108]他在詩集《女神》的〈序詩〉中說：

> 我是個無產階級者：
>
> 因爲我除個赤條條的我外，
>
> 什麼私有財產也沒有。
>
> 《女神》是我自己產生出來的，
>
> 或許可以說是我的私有，
>
> 但是，我願意成個共產主義者，
>
> 所以我把她公開了。

這首雖然沒有發現其中有明確的社會主義思想，但他明確的表達「我願意成個共產主義者」是十分鮮明的。重要的是，他寫這首詩的時候，由於還沒有深入到革命中進行體驗，故尚未弄清楚共產主義思想和認識社會主義制度。

他在〈孤鴻——致成仿吾的一封信〉中提到對文藝的見解全盤改變的描寫：

> 我現在是醒定了。以前沒有統一的思想，於今我覺得有所集中。以前矛盾不能解決的問題，於今我覺得尋著關鍵了。……我對於馬克斯列寧是非常感謝。[109]
>
> 昨日的文藝是不自覺的得佔生活的優先權的貴族們的消閒聖品，如像泰戈爾的詩，托爾斯泰的小說，不怕他們就在講仁說愛，我覺得他們只好像在布施餓鬼。今日的文藝，是我們現在走在革命途上的文藝，是我們被壓迫

---

[108]同註２９，〈郭沫若同志答青年問〉，頁四一六。
[109]同註２９，〈孤鴻——致成仿吾的一封信〉，頁二〇五至二〇六。

者的呼號，是生命窮促的喊叫，是鬥志的咒文，是革命
預期的歡喜。這今日的文藝便是革命的文藝。[110]

郭沫若親身參加北伐戰爭[111]和南昌起義之後，成為一個革
命實感的馬克斯主義者。所以在這之前的文學理論有了很大的轉
變，這時候他對自己過去那些泛神理論以及自我表現論徹底的拋
棄，是很自然的事。他要尋求別的藝術理論途經，就更是理所當
然的。他說：

我應該說是寫實主義者。[112]

儘管別人說我是浪漫主義者，我自己雖不以爲受了委屈，
但我所採取的主要是現實主義道路。[113]

寫劇本多是歷史題材，想像的成分多，但是站在現實主
義的立場上來想像的。[114]

他的確曾有在這方面做過理論上的探索，而且在創作上也做
過嘗試，一個作家思想的演變，總是對他的創作方法起著內在的
制約作用的。郭沫若說：「我的歌要變換情調，不必常是春天」，
[115]又在〈恢復〉一首詩裡描寫：

當我的病是在危篤的時候，

我曾希望過有把犀利的匕首，

或者是一管靈巧的手槍，

---

[110]同註２９，〈孤鴻——致成仿吾的一封信〉，頁二一三至二一四。

[111]一九二二年孫中山率兵北伐，因爲陳逆炯明叛變而中途停頓。一九
二六年蔣中正繼續率領國民革命軍北進討伐北洋軍閥，到了一九二八
年，北伐成功，全國才告統一。

[112]同註２１，〈從典型說起〉《郭沫若選集・第四卷》，頁四二三。

[113]〈給青年的幾封信〉《中國青年》（一九六二年第１５、１６期合
刊）轉引自龔濟民〈試論郭沫若的現實主義文藝觀〉《郭沫若研究論
集・第二集》（四川人民出版社，一九八四年四月），頁二八。

[114]同註２９，〈郭沫若同志答青年問〉，頁四一五。

[115]同註１１，〈述懷〉《郭沫若全集・文學編１卷》，頁三五八。

　　　那我的靈魂也曾早賦天游。

如果說「春天」是泛神論或者自我表現論，那「犀利的匕首和靈
巧的手槍」就是切實的戰鬥的社會主義下的現實主義。

　　他在〈郭沫若同志答青年問〉一文中明顯的回答：

　　　一九二四年《創造週報》決定停下來，我就跑到日本去
　　　了。到日本，我翻譯了河上肇的《社會組織與社會革
　　　命》。……在翻譯中，一方面學習了一些馬克斯主義理
　　　論……翻譯這書對我當時的思想是有幫助的，使我前
　　　期的糊塗思想澄清了，從此我初步轉向馬克斯主義方面
　　　來。[116]

　　郭沫若的第五本詩集《恢復》的大表題具有雙關含義，作者
身體及革命形勢都處在集結力量、重振旗鼓的關頭。他不但積極
倡導無產階級文學理論，實踐中也在身體力行。《恢復》堪稱中
國第一部無產階級的詩集。[117]詩集裡描寫的大都是敘事性和議
論性成份較多，現實生活內容豐富，但一般都寫得平實，心境淡
漠。

　　郭沫若在〈詩的宣言〉一首詩中描寫：

　　　我是詩，這便是我的宣言，

　　　我的階級是屬於無產；

　　　不過我覺得還軟弱了一點，

　　　我應該要經過爆裂一番。

　　　這怕是我才恢復不久，

---

[116]同註２９，〈郭沫若同志答青年問〉，頁四一六。
[117]劉茂林、葉桂升等著《郭沫若新論》（北京，社會科學文獻出版社，
　　一九九二年六月），頁一六九。

　　　　我的氣魄總沒有以前雄厚。

　　　　我希望我總有一天，

　　　　我要如暴風一樣怒吼。

郭沫若公開表達自己詩歌的性質和立場，毫無掩飾其階級屬性。
他坦率地表示，「我是詩」，詩就屬於無產階級，他把詩做爲自
己的創作實踐，這可能是向往浪漫主義和現實主義有機結合的境
界。他又在〈述懷〉一首詩裡描寫：

　　　　我今後的半生我相信沒有什麼阻撓，

　　　　我要一任我的情性放漫地引領高歌。

　　　　我要喚起我們頹廢的邦家、衰殘的民族，

　　　　我要歌出我們新興的無產階級的生活。

從這首詩中不難看出，急促的節奏，激越的旋律，以及雄壯的氣
勢。對於革命未來的堅定信念和樂觀主義情緒。

　　他在〈浪漫主義和現實主義〉一文中說：

　　　　認真的說，文藝上的浪漫主義和現實主義，在精神實質
　　　　上，有時是很難分別的。……文藝是現實生活的反應和
　　　　批判，如果從這一角度來說，文藝活動的本質應該就是
　　　　現實主義。但文藝活動是形象思維，它是允許想像，並
　　　　允許誇大的，真正的偉大作家，……你盡可以說它是虛
　　　　構，因而文藝活動的本質也應該就是浪漫主義。……我
　　　　的看法是：不管是浪漫主義或者是現實主義，只要是革
　　　　命的就是好的。[118]

那麼，實際考察郭沫若的創作，不難發現他的主觀認識並未完全
體現於創作實踐之中，儘管後來這兩種創作方法達到一定程度的

----

[118]同註１１，《郭沫若全集·文學編１７卷》，頁四至五、一七。

結合，現實主義的成分有了明顯的增加，而且佔主導地位的還是浪漫主義。[119]不過，他的目的並非是浪漫主義或現實主義，而是「爲革命而文學」。

一個人的世界觀對創作方法畢竟是起指導作用的，這不但決定著採用什麼樣的創作方法，而且貫穿於整個創作過程的始終。郭沫若的社會主義現實主義，就片面的強調揭露社會陰暗面，致使作品的基調十分低沉抑鬱；或者流於粉飾，掩蓋了各種社會矛盾，這些都是不足的地方。

四、小　結

任何一種文學理論主張，更不用說一個比較完整的思想，總是包括著它藉以建立起來的若干明確的理論概念，揭示這些概念的內含，往往成了掌握這一理論思想的入門。郭沫若在自己的文學理論中突出地提出「泛神論」、「自我表現論」、「社會主義現實主義論」等的概念。

泛神論做爲一種哲學思想。它大體上可分成兩大類：一是把神溶化在自然中，具有自然主意傾向；一是把自然溶化在神中，具有宗教神秘主義色彩。郭沫若所論及的中外哲學家各有其思想體系，而它們之間存在著巨大差異，然而在它們之間找到了相通之處，並且自己的混沌思想豁然開朗。他是以自己的理解方式對各家學說進行了重新理解和揚棄，其實這種理解是否正確並不重要，而在它反映了郭沫若思維方式的一個重要特徵，這就是充滿著創造精神和主觀性的思維方式。朱自清說：「他的詩有兩樣新東西，都是我們傳統裡沒有的：──不但詩裡沒有──泛神論，

---

[119]同註９０，龔濟民〈試論郭沫若的現實主義文藝觀〉，頁三三。

與二十世紀動的和反抗的精神」，[120]值得提出的是，他的泛神論思想並不是斯賓諾莎思想的翻版，而不是莊子爲代表的孔子和王陽明學說或奧義書哲學的改換面，便是東西方文化在他五四時期對中國現實問題思考中的融合下，表現他的批判和創造精神，反映了個性解放的時代要求而已。

在郭沫若所提出的概念中，最重要的是「自我表現」的這一概念。如果「五四」初期的中國文壇把自然主義和現實主義相同等，那表現主義看成爲浪漫主義的繼承，就是郭沫若自己過濾後，獨特的理解，把「自我表現」做爲「浪漫主義」的同義詞來使用的。[121]郭沫若的自我表現，雖然有受到西方文學思潮的「表現主義」的影響，但它畢竟是與中國的傳統美學相聯繫，因而在總體特徵上，與西方文學思潮的「表現主義」有很大的差異。

創作是作家的自我活動，「我們就不必跟著康德說話，說客觀的世界完全是我們自己造的，但是藝術的世界總該得是由我們自己造的」。[122]文學的本質是作家自我內心眞情的表現，這當然需要創作過程中作家主觀的作用，也需要作家有可以表現的美的感情。郭沫若用「自我表現」這個概念說明他的文藝本質論、創作方法論、創作過程論。顯然，他的自我表現論，具有自己獨特的見解，並它可以說是中國新文學運動的成果。

郭沫若還沒有成爲馬克斯主義者之前，以他對於文學創作的深刻理解，強調了作家主觀在創作過程中的作用。可惜的是，他加入共產黨之後，對這個問題的繼續探討，恐怕不自覺，也不夠深入。

---

[120]朱喬森編〈《中國新文學大系》詩集導言〉《朱自清全集・4》（南京，江蘇教育出版社，一九九六年八月），頁三七一。
[121]同註９２，頁一九九。
[122]同註９６，頁一二三。

　　從一九四九年中華人民共和國建國以來，他以飽滿的政治熱
情，寫下了大量的詩篇，多是即興之作。這是要配合政治運動、
生產任務即興寫出來的，是「寫中心、唱中心、頌中心」的產物。
這缺乏嚴密的構思和藝術的錘煉，因而往往流於概念化。[123]總
的來說，他此時的社會主義現實主義理論是從純文學的角度來
看，一個矛盾的讚揚論而已，因為他所使用的基本概念中，不難
看出缺乏文學理論的形象性和抒情性。

第四節　郭沫若詩的主題探討

　　從詩的思想主題來看，郭沫若詩有四個比較重要的部分，值
得提出討論；即自然的流露、哀傷的情緒、浪漫的愛情、悲壯的
愛國感情和思想。

一、自然的流露

　　亞里士多德在《詩學》裡說：「藝術乃自然的模仿」。藝術
依賴自然，又要創造比自然更美的藝術世界。朱自清在〈新詩的
進步〉一文中說：

　　　　郭沫若先生歌詠大自然，是最特出的。[124]

　　郭沫若在〈印象與表現〉一文中說：

　　　　自然界是一個很華麗的花園，藝術家在這個花園裡面，
　　　　真可以取無盡藏的蜜汁，所以從這種材料的採積上來
　　　　說，從藝術家自己的修養，例如印象的儲積，手法的觀

---

[123]黃侯興《郭沫若──青春型的詩人》(山東人民出版社，一九九六年
　　三月)，頁二八三。
[124]朱喬森編〈新詩的進步〉《朱自清全集・2》(江蘇教育出版社，
　　一九九〇年五月第二次印刷)，頁三一九。

> 摩，從這些修養的工夫上來説，□□家原有模仿自然的
> 必要。[125]

這裡表現的並不是一般的自然，而是自然所喚起的人的內心的情
緒，是經過藝術家內心世界的創造。如「無盡藏的蜜汁」是客觀
的因素，那「藝術家自己的修養」是主觀的感情。郭沫若在一九
二〇年二月十六日致宗白華的信中說：

> 只是我自己對於詩的直感，總覺得以「自然流露」的爲
> 上乘……天然界的現象，大而如寥無人跡的森林，細而
> 如路旁道畔的花草，動而如巨海宏濤，寂而如山泉清
> 露，怒而如雷電交加，喜而如星月皎潔，莫一件不是
> 自然流露出來的東西，莫一件不是公諸平民而聽其自取
> 的。[126]

詩的產生，如像自然的生存一般，不當參以絲毫的矯揉造
作。一切自然都是他自己的表現，他自己創作的指南。他在〈梅
花樹下醉歌〉一詩中描寫：

> 梅花！梅花！
> 我讚美你！我讚美你！
> 你從你自我當中
> 吐露出清淡的天香，
> 開放出窈窕的好花。

他遊覽日本太宰府之中，取別道下山，見到路旁有株正花開
的梅花時，所發出的吟詠。讚美的是梅花清淡的天香與窈窕的身
姿，指出這一切並不是外物之賜而來自於梅花自我。這是情感的

---

[125]同註９６，〈印象與表現〉《郭沫若佚文集 · 上冊》，頁一一九至
　　一二〇。
[126]同註２，《三葉集》，頁四五至四六。

自然流露，感情的直抒，是這首詩的藝術體現的特徵。他用內在血液的流動，便觸發了自己的自然崇拜情緒，同時自然崇拜和英雄崇拜融爲一體。他在〈雪朝〉一首描寫：

　　——讀Carlyel:《The Hero as Poet》的時候

　　雪的波濤！

　　一個很白的宇宙！

　　我全身心好像要化爲了光明流去，

　　Open-secret喲！

　　樓頭的檐霤……

　　那可不是我全身的血液？

　　我全身的血液點滴出律呂的幽音，

　　同那海濤相和，松濤相和，雪濤相和。

　　哦哦！大自然的雄渾喲！

　　大自然的Symphony喲！

　　Hero-poet喲！

　　Proletarian Poet喲！

這首詩，是他在一九一九年十二月讀了英國的卡萊爾（Carlyel）[127]的論文〈做爲詩人的英雄〉之後寫的。在此，最突出的感受無疑是一種英雄、自然崇拜主義。他在〈創造十年〉一文中對〈雪朝〉這樣的回憶：

　　　那首詩是應著實感寫的。那是在落著雪又颳著大風的一

---

[127]卡萊爾是英國十九世紀維多利亞時代文壇上一位有影響的人物。此人博學多才，曾讀過文學、歷史、哲學、法學、數學等多種學科。他的最高成就在歷史和文學方面。在〈做爲詩人的英雄〉一文中，他主要寫了但丁和莎士比亞。

個早晨，風聲和博多灣的海濤，十里松原的松濤，一陣
一陣的卷來，把銀白的雪團吹得彌天亂舞。但在一陣與
一陣之間卻因爲對照的關係，有一個差不多和死一樣沈
寂的間隔。在那間隔期中便連檐霤的滴落都可以聽見。
那正是一起一伏的律呂，我是感應到那種律而做成了那
三節的〈雪朝〉。[128]

這首詩的創作發生同時來自兩方面的刺激：其一是對〈做爲詩人
的英雄〉的閱讀 ， 就喚起了郭沫若一種強烈的英雄崇拜主義情
緒，使他激動不已，心潮形成了一種時起時伏的節奏。其二是對
那個風雪早晨的觀望，就觸發了詩人的自然崇拜主義情緒，同樣
激動不已，心頭同樣湧起了一種時起時伏的律呂。這兩種結果，
是英雄崇拜與自然崇拜融爲一體。郭沫若的視野裡大自然也是英
雄，英雄又是自然的造化，他就對此不斷毀壞、不斷創造、不斷
努力的深刻內涵。

郭沫若在〈藝術之象徵〉一文中提到藝術美高於自然美的根
源：

我喜歡吐絲的春蠶，我喜歡釀蜜的雌蜂。但是，不是因
爲絲能衣人，蜜能養人。絲雖取材於植物的纖維，蜜雖
取材花蕊的胎珠；但都是受過一道靈魂的洗禮。[129]

他在泛神論思想情緒的影響下，非常注意從大自然中吸取美
的靈魂，捕捉詩的靈感。他在〈霽月〉一首詩裡這樣的描繪：

淡淡地，幽光

浸洗著海上的森林。

---

[128]同註２１，〈創造十年〉《郭沫若選集・第三卷》，頁一九九。
[129]同註９６，〈藝術之象徵〉《郭沫若佚文集・上冊》，頁四〇至四
一。

> 森林中寥寂深深，
>
> 還滴著黃昏時分的心雨。
>
> ……
>
> 我身上覺著輕寒，
>
> 你偏那樣地雲衣重裡，
>
> 你團團無缺的明月喲，
>
> 請借件縞素的衣裳給我。

　　這首便是他與月進行的一次幽渺的對話，在雨後月升之際，他在淡淡的幽光中向海邊走去。沈浸於雨後霽月籠罩下的自然氛圍之中，他的感官變得更加靈敏，想象也更加奇麗。他不但在自然中吸取「月」與「人」的唯美觀念外，還達到心靈對話的意象層面。

　　郭沫若所尋找的自然觀念是一個純淨優美、和諧化一的自然。他在〈光海〉一詩中，繪聲繪色地描寫了一幅到處充滿生命的光波、新鮮的情調，到處充滿著詩和笑的美好的大自然畫圖。此詩的第一節這樣描寫：

> 無限的大自然，
>
> 成了一個光海了。
>
> 到處都是生命的光波，
>
> 到處都是新鮮的情調，
>
> 到處都是詩，
>
> 到處都是笑：
>
> 海也在笑，
>
> 山也在笑，
>
> 太陽也在笑，
>
> 地球也在笑，

> 我同阿和[130]，我的嫩苗，
>
> 同在笑中笑。

「我」交融於宇宙萬物之中，「我」和萬物沐浴在光海中，我是這光海的一部分，也是光海的讚頌者。他壓抑不住自己內心激盪的感情，幾乎是面對大自然光海的竭力的喊叫，而且一同體驗笑中笑的新鮮的生命情調。

郭沫若描寫的自然，並不是摹彷自然，他將靜態的自然寫成動態化，將無生命的自然寫成具有人的生命力。他在〈日暮的婚筵〉一詩中描寫：

> 夕陽，籠在薔薇花色的紗羅中，
>
> 如像滿月一輪，寂然有所思索。
>
> 戀著她的海水也故意裝出個平靜的樣兒，
>
> 可他嫩綠的絹衣卻遮不過他心中的激動。
>
> 幾個十二三歲的小姑娘，笑語絹絹地，
>
> 在枯草原中替他們準備著結歡的婚筵。
>
> 新嫁娘最後漲紅了她豐滿的龐兒，
>
> 被她最心愛的情郎擁抱著去了。

在《女神》中的詩，分為二大類，一類是大膽地宣揚反叛的革命精神，傾瀉時代的狂濤；二類是詠頌自然，曲折表現時代風雲的反響，〈日暮的婚筵〉屬於第二類。尤其在《女神》裡描寫大自然的詩中，多選取太陽和大海的意象，這一首也不例外。他

---

[130]阿和，郭沫若與安娜的兒子郭和夫。

繪出的這夕陽與大海的婚筵，無疑是一種性靈的寄託和渴求。他
寄託的渴求是一種自由的融合，所以真正戀著太陽的情郎不是大
海，而是郭沫若。他運用擬人化手法，描繪了夕陽西下時瑰麗的
海景，想象力豐富而奇特。

　　郭沫若筆下的「太陽」和「大海」的意象，從宇宙本體和大
自然那裡汲取了向上的力量。他在〈谷海〉詩中的第一節描寫：

　　　太陽當頂了！
　　　無限的太平洋鼓奏著男性的音調！
　　　萬象森羅一個圓形舞蹈！
　　　我在這舞蹈場中戲弄波濤！
　　　我的血和海浪同潮，
　　　我的心和日火同燒，
　　　我有生以來的塵垢、秕糠
　　　早已被全盤洗掉！
　　　我如今變了個脫了殼的蟬蟲，
　　　正在這烈日光中放聲叫：

這首詩，一開始就把「太陽」和「大海」這兩大意象合在一個畫
面中。太陽處在最有熱力的「當頂」位置。「無限的太平洋」顯
其規模，又加上「男性的音調」的聲響度。在宇宙間的一切景物
被太陽和大海的偉力下，獲得了勃勃生機，於是共同組成了「一
個圓形的舞蹈」。「我」作為萬象之一，也參加了這場舞蹈。他
只是自己脫胎換骨，順乎自然向太陽放聲叫。

　　郭沫若在一九一八年為什麼要選擇福岡的九州大學這個地方
來讀醫科？以後又為什麼由學醫改為從文，走上了文學的道路
呢？據他自己說，都與博多灣的景色有關。他在一九四二年寫的
〈追懷博多〉一文中這樣地記憶：

> 我本來學的是醫科，醫科在各科中年限最長，我前後在
> 福岡住了五年。醫科雖然畢了業，但終竟跑到文學的道
> 路上來了。所以至此的原因，我的聽覺不敏固然是一
> 個，但博多灣的風光富有詩味，怕是更重要的一個吧。
> 在學生時代對著博多灣時常發些詩思，我的《女神》和
> 《星空》兩個集子，都是在博多灣上寫的。[131]

對郭沫若而言，大自然的薰陶和吸引，就是一個重要的因
素。他自己強調自然流露應該「也自有他自然的諧和，自然的畫
意存在」，[132]他在一首〈晨興〉中描寫博多灣畔的清晨：

> 月光一樣的朝暾
> 照透了這翁郁著的森林，
> 銀白色的沙中交橫著迷離的疏影。
>
> 松林外海水清澄，
> 遠遠的海中島影昏昏，
> 好像是，還在戀著他昨宵的夢境。
>
> 攜著個稚子徐行，
> 耳琴中交響著雞聲、鳥聲，
> 我的心琴也微微地起了共鳴。

一九二一年春夏，郭沫若一家居住在福岡博多灣海岸。每日早
晚，他或攜稚子，或獨自散步在這山海交映的明麗風光裡。這首
詩，第一節交代時間，並讚美十里松原的秀麗景色。第二節，寫

---

[131]〈追懷博多〉《沫若文集·第13卷》，頁五〇至五一。轉引自閻
　　煥東編著《郭沫若自敘》(山西教育出版社，一九九〇年九月第二版)，
　　頁一三三。
[132]同註2，〈致宗白華〉《三葉集》，頁四六至四八。

博多灣海上的情景。第三節，寫在博多灣畔散步的他自己。這是充滿了一幅畫意，清新鮮麗，情景交融的諧和，動靜一體。使追求人和自然的融合以及物我一體的境界。

一九一九年至一九二○年，是郭沫若剛剛經歷過詩的爆發期，他的詩已經成為時代青春的象徵。他在〈春之胎動〉一詩中描寫：

獨坐北窗下舉目向樓外四望：
春在大自然的懷中胎動著在了！

遠遠一帶海水呈著雌紅般的彩色，
俄而帶紫，俄而深藍，俄而嫩綠。

暗影與明輝在黃色的草原頭交互浮動，
如像有探海燈在轉換著的一班。

在生命的暮春時節，他獲得了清鮮的早春和蓬勃的陽春一般的感受。季節上的春天與生命的青春融合在一起，刺激著他的審美想像。他聽到「春在大自然的懷中胎動著在了！」的無聲的音樂。他在〈論節奏〉一文中說：

做藝術家的人就要在一切死的東西裡面看出生命出來，一切平版的東西裡面看出節奏出來，這是藝術家的頂要緊的職分，也是判別人能不能成為藝術家的標準。……有根器的藝術家便要在無聲之中聽出聲來，無形之中看出形來。他能夠做到「以耳視、以目聽」的把戲。[133]

---

[133]同註１１，〈論節奏〉《郭沫若全集·文學編第１５卷》，頁三五三至三五四。

郭沫若有這樣的「根器」，他將情感的熱情做心靈的聲音，那當然一定能夠找到這心靈與大自然的共鳴，同時，這樣一個共鳴現象中，完成了自我與自然的一次詩性融合。

朱光潛在《西方美學史》裡有這樣的提到：「浪漫運動中還有一個『回到自然』的口號。這個口號是盧梭早已提出的。盧梭的『回到自然』有回到原始社會『自然狀態』的涵義，也有回到大自然的涵義」。[134]郭沫若一生走過了很多山山水水，飽賞了各種風格特色的自然景觀與人文景觀。這種大自然，使他帶來詩興，激發他的創作靈感。

二、苦悶的情緒

五四時代，做為文化思想啓蒙先驅的知識分子們大多經歷過徬徨和苦悶。郭沫若也不例外，時代的苦悶交織著個人感情生活上的苦悶，使他正負著一次巨大的精神危機。他在〈一九二〇年一月十八日致宗白華〉的信中說：

> 我前幾天才在朋友處借了「少年中國」底第一二兩期來
> 讀，我有幾句感懷是：
>
> 我讀「少年中國」的時候，
> 我看見我同學底少年們，
> 一個個如明星在天。
> 我獨陷沒在這Styx[135]的amoeda，[136]
> 只有些無意識的蠕動。
> 咳！我禁不著我淚湖裡的波濤洶湧！

---

[134]《朱光潛全集・第七卷》(安徽教育出版社，一九九一年五月)，頁三九七。
[135]拉丁語，即斯圖克司，是希臘神化中的一條冥河，地獄的邊界。
[136]變形蟲。

……我現在很想能如 Phoenix[137] 一般，採集些香木來，
把我現有的形骸燒毀了去，唱著哀哀切切的輓歌把他燒
毀了去，從那冷淨了的灰裡在生出個「我」來！可是我
怕終竟是個幻想擺了！[138]

這種情緒在〈鳳凰涅槃〉一詩中表達：

我們年青時候的新鮮哪兒去了？
我們年青時候的甘美哪兒去了？
我們年青時候的光華哪兒去了？
我們年青時候的歡愛哪兒去了？

　去了！去了！去了！
　一切都已去了，
　一切都要去了。
　我們也要去了，
　你們也要去了，

　　悲哀呀！煩惱呀！寂寥呀！衰敗呀！

這是全詩中的一部分〈凰歌〉的一段，描寫青年們，被迫喪失了
青春時代的「新鮮」、「甘美」、「光華」、「歡愛」，只剩些
「悲哀、煩惱、寂寥、衰敗」。對青春幸福的和美好生活的眷戀，
使他醜惡的現實生活更加感到悲哀。他強調過悲劇的產生是社會
以及時代激烈鬥爭的結果，他在〈由《虎符》說到悲劇精神〉一
文中說：

促進社會發展的方生力量尚未足夠壯大，而拖延社會發
展的將死力量也尚未十分衰弱，在這時候便有悲劇的誕

---

[137] 古埃及傳說中活滿五百年後又死而復生的長生鳥。〈鳳凰涅槃〉中
　　鳳凰的形象就由此而來。
[138] 同註 2，《三葉集》，頁十至十一。

生。[139]

郭沫若指出的悲劇產生的原因是，「拖延社會發展的將死力量」，同時悲劇的產生又有著其歷史必然性和規律性。[140]他在〈蜜桑索羅普[141]之夜歌〉一詩中描寫，時代的黑暗投在知識分子心靈上的陽影的寫照：

> 啊，我與其學做個淚珠的鮫人，[142]
>
> 返向那沈黑的海底流淚偷生，
>
> 寧在這縹緲的銀輝之中，
>
> 就好像那個墮落的星辰，
>
> 曳著帶幻滅的美光，
>
> 向著「無窮」長殞！
>
> 前進！……前進！
>
> 莫辜負了前面的那輪月明！

這是一種個性主義的厭世之情，但不是對前途的絕望產生的消極厭世悲觀，而是由那時常騷擾他的對於無窮的思考引起的消極苦悶。這種消極苦悶的確是早期他真實內心的一面。他是一個富有想像力和創造力的詩人，這首詩體現了他獨特而豐富的想像力和聯想力。朱湘在〈郭君沫若的詩〉一文中說：

> 就是單色的想像，……〈蜜桑索羅普之夜歌〉的全篇都

---

[139]同註２９，〈由《虎符》說到悲劇精神〉《郭沫若研究資料·上卷》，頁三九三。

[140]其實，郭沫若對悲劇很有研究，且創作也很豐富，從〈女神之再生〉到〈鄭成功〉大小一共有十七部歷史劇，其中，除了〈蔡文姬〉、〈武則天〉、〈鄭成功〉和〈廣寒宮〉外，其餘十三部都是悲劇，贏得了在悲劇史上的地位。

[141]蜜桑索羅普是英語"Misanthrope"一詞的音譯，意思為「厭世者」，因此，詩題應為〈厭世者之夜歌〉。

[142]鮫人，神話中的人魚，泣淚成珠。

　　是好的例子，與他的這種單色的想像詩。[143]

朱湘認爲這首詩在形式上、音節上，都極其完美。[144]這首詩裡
出現在想像中的形象，如「銀輝」、「月明」等，都是白色的，
白色給這首夜歌增添了一絲悲涼和憂鬱。郭沫若在〈論國內的評
壇及我對於創作上的態度〉一文中提及：

> 文學本是苦悶的象徵，無論它是反射的或創造的，都是
> 血與淚的文學。……個人的苦悶，社會的苦悶，全人類
> 的苦悶，都是血淚的源泉，三者可以說是一根直線的三
> 個分段，由個人的苦悶可以反射出社會的苦悶來，可以
> 反射出全人類的苦悶來。……主要的眼目，總要在苦悶
> 的重圍中，由靈魂深處流瀉出來的悲哀，然後才能震撼
> 讀者的魂魄。[145]

大變革的時代，也是一個苦悶的時代，「時代的暗影，又投射在
詩人的身上，使祝福年青的祖國和新生的同胞的熱情，漸漸地變
成憂國憂民的悲觀的情緒了」。[146]這時候，「還須得有更多的
志士仁人的血淚灑出來，灌溉這株現實的蟠桃」。[147]但郭沫若
在〈上海印象〉一詩中描寫對中國現實的失望和悲哀：

> 我從夢中驚醒了！
>
> Disillusion 的悲哀喲！
>
>
> 遊閑的尸，

---

[143]蒲花塘、曉非編〈郭君沫若的詩〉《朱湘散文・上集》(北京，中國
　　廣播電視出版社，一九九六年三月第二版)，頁一八五至一八六。
[144]同前註，頁一九一。
[145]同註２９，〈論國內的評壇及我對於創作上的態度〉，頁一五八。
[146]同註２９，穆木天〈郭沫若的詩歌〉《郭沫若研究資料・中》，頁
　　一四三。
[147]同註２９，〈獻給現實的蟠桃〉，頁三五二。

　　　　淫囂的肉，

　　長的男袍，

　　　短的女袖，

　滿目都是骷髏，

　　滿街都是靈柩，

亂闖，

　　亂走。

　　我的眼兒淚流，

　我的心兒作嘔。

　　我從夢中驚醒了。

　　　Disillusion 的悲哀喲！

這首詩一九二一年四月郭沫若從日本回到上海後寫的。他在日本
期間所創作的詩集《女神》中的許多作品都充滿著理想的詩情和
浪漫的奇特想像。但在這首詩裡失去了浪漫的雄麗，也沒有想像
的奇特，他的感覺完全拘泥於所接觸到的現實世界。如「游閑的
尸，淫囂的肉」、「長的男袍，短的女袖」都是他在生活中所見
所聞的，與他浪漫和無限的想像世界截然不同的。這是對當時中
國生活帶來的一種理想和幻滅的悲哀，這種強烈的現實感在他的
詩裡便具有了濃厚的淒涼色彩。他在當時這種內心苦悶的情緒在
〈創造十年〉一文中提到：

　　　　我那時候在思念著我離別了八年的母親，同時又再擔心

　　　　著留在日本的妻兒。火車是由南而北地奔跑，我的心思

　　　　是在東西的緯線上梭織。……我的不值錢的眼淚，在

　　　　這裡又洶湧起來。我憤恨的自然是我們的貴同胞太不爭

　　　　氣，同時是聯想到中國的政局和國際上的形勢。[148]

_____

[148]同註２１，〈創造十年〉，頁二〇五。

這是郭沫若與成仿吾一九二一年四月游西湖時的心境和經過，這種心境在〈西湖紀游〉一詩的第一首〈滬杭車中〉裡描寫：

> 火車向著南行，
>
> 我的心思和他成個十字：
>
> 我一心念著我西蜀的娘，
>
> 我一心又念著我東國的兒，
>
> 我才好像個受著磔刑的耶穌喲！
>
>
> 唉！我怪可憐的同胞們喲！
>
> 你們有的只拼命賭錢，
>
> 有的只拼命吸煙，
>
> ……
>
> 那幾個驕慢的東人
>
> 在一旁嗤笑你們喲！
>
> 啊！我的眼睛痛呀！痛呀！
>
> 要被百度以上的淚泉漲破了！
>
> 我怪可憐的同胞們喲！

這首〈西湖紀游〉是詩集《女神》中的最後一首詩，它並不是描寫西湖的好處或美景，而是描寫當時的心境，抒發回國後的苦悶和憂鬱：為黑暗落後的祖國悲憤，愚昧麻木的同胞感到痛心！郭沫若在這樣的失望和痛苦中，不得不盡量飲人生的〈苦味之杯〉：

> 啊啊，苦味之杯喲，
>
> 人生是自見此地之光
>
> 不得不盡量傾飲。
>
> 呱呱墮地的新生兒的悲聲！
>
> 為甚要離開你溫暖的慈母之杯，

　　來在這空漠的、冷酷的世界？

　　啊啊，天光漸漸破曉了，

　　群星消沈，

　　美麗的幻景滅了。

　　晨風在窗外呻吟，

　　我們日日朝朝新嘗著誕生的苦悶。

　　啊啊，

　　人爲甚麼不得不生？

　　天爲甚麼不得不明？

　　苦味之杯喲，

　　我爲甚麼不得不盡量傾飲？

他認爲最大的苦悶不在出生，因爲那取決於母親；也不在破曉天
明，因爲那取決於宇宙。人生既然味如苦酒，人爲何還要嘗受呢？
他終於爆發了無盡的憂鬱：「人爲甚麼不得不生？」「人爲甚麼
不得不明？」人生明明是杯苦酒，最後他自己問：「我爲甚麼不
得不盡量傾飲？」他在五四運動的浪潮下，刻出一個理想世界。
但從日本返國之後所目擊的祖國，仍然是黑暗統治依舊，生靈塗
炭。這樣，遭到挫折的他不得不盡量傾飲「苦味之杯」。

　　五四後中國政治現狀的黑暗，新文學隊伍內部的分化，他個
人生活的窘迫與平淡，都使他產生了強烈的失望、不滿、甚至憎
恨。這樣的心情在〈冬景〉一詩中描寫：

　　海水懷抱著死了的地球，

　　淚珠在那屍邊跳躍。

　　白衣女郎的雲們望空而逃，

　　幾只飢鷹盤旋著飛來吊孝。

　　屍體中涌出的一群勇蛆，

　　高興著在作戰中的兒戲；

　　我不知道還是該唱軍歌？

　　我不知道還是該唱薤露？[149]

從詩中看不到冬天的景象，像中國傳統的「歲寒三友」、「白雪紅梅」之類，但卻能強烈感受到冬天的氣氛和像冬天一樣的鬱悶的心緒。通常中國傳統的寫景之作往往是在對景色的精心描繪中不落言詮地流露出一種特定的情緒，而郭沫若在這裡採用的是暗喻和象徵的手法。詩中出現的許多不加解釋的意象。如「海水」、「地球」、「白衣女神的雲們」、「飢鷹」、「勇蛆」，這些都顯然不是寫實，但可能在此背後，揭示了一種血淋淋的現實：社會腐敗、軍閥混戰、正義和良知泯滅、列強正要侵入中國等等。另外，此詩的最後兩行，「我不知道還是該唱軍歌？／我不知道還是該唱薤露？」雖然他沒有正面回答，但強化了他悵惘的情緒。

　　郭沫若以現實為出發點，從現實去入夢、想像，但是幽夢醒來，眼前仍然是慘淡的社會人生。他在〈瘐死的春蘭〉一詩中描寫：

　　囚牢般居室的庭前，

　　瘐死了兩盆春蘭；

　　春風吹不到它們的命根了，

　　只剩著槁敗的殘葉兩三。

這是一首感懷之作，它以庭前兩盆瘐死的春蘭為題，有寓意地象徵作者當時拮据困頓的遭際和盼望改變現狀的急切心情。他個人

---

[149]薤露，樂府《相和曲》名，古代送葬時的挽歌。

美好的情愫、憧憬，就抵不過冷酷無情的現實中被衝擊和扼殺。
穆木天在〈郭沫若的詩〉一文中說：

> 回顧的傾向勝過了追求現實的傾向，玄學的瞑想的傾向
> 勝過了實證的傾向，悲觀的彩色勝過樂觀的彩色，力
> 的詩歌轉變成淚的詩歌了。他由二十世紀摩托車的運轉
> 手，革命的喇叭手，新時代的 Pioneer，而漸成爲一個
> 瞑想的人道主義者，成了遁世的伯夷、叔齊，最後，就
> 是des-illusiaon的悲哀了。[150]

郭沫若認爲:「情緒在我們的心的現象裡是加了時間的成分的
感情的延長，它本身具有一種節奏」[151]他的哀傷情緒儲存不但
豐厚繁富，而且往往被構成爲創作的素材或契機。這種情緒是其
親身經歷和體驗，就是精神的或苦悶的，尤其是他在繁雜的社會
現實關係中對客觀世界的認識，表現了帶有理性色彩的哀傷情緒。

三、浪漫的愛情

愛情是人類最美好的一種情感，純潔、熱烈，歷來是文學創
作的母題之一。中國第一部詩歌總集《詩經》裡的初篇〈關雎〉
就是描寫男子思慕淑女之情詩，此後歷代詩人無不吟唱愛情。由
此可見，愛情對詩人的誘惑是巨大而持久的。愛情方面，郭沫若
也是不列外，他在〈我的作詩的經過〉一文中這樣的說：

> 那時候的性向，差一步便可以跨過瘋狂的門閾。把我從
> 這瘋狂的一步就轉了的，或者怕要算是我和安娜的戀愛
> 吧？但在這兒我不能把那詳細的情形來敘述。因爲在

---

[150]同註２９，穆木天〈郭沫若的詩〉《郭沫若研究資料·中》，頁一
四三。
[151]同註１１，〈文學的本質〉《郭沫若全集·文學編第１５卷》，頁
三四八。

民國五年的夏秋之交有何她的戀愛發生，我的作詩的欲望才認眞地發生了出來。《女神》中所收的〈新月與白雲〉、〈死的誘惑〉、〈別離〉、〈維奴司〉，都是先先後後爲她而作的。……在和安娜戀愛以後另外還有一位影響著我的詩人是德國的海涅（Heine），那時候我所接近的自然只是他的戀愛詩。[152]

　　愛情的酒杯已爲他澆滅了不少苦悶和煩惱的火苗，可說珍貴的初戀和年輕的謬誤給他帶來了一時的安慰。此自然會想到，當年郭沫若與安娜的相識，是在醫院裡，也是因著探望住院的友人。這段經歷已成爲他生命中最難忘、最美好的回憶。他在〈死的誘惑〉一詩中這樣的寫作：

　　　一
　　我有一把小刀
　　倚在窗邊向我笑。
　　她向我笑道：
　　沫若，你別用心焦！
　　你快來親我的嘴兒，
　　我好替你除卻許多煩惱。
　　　二
　　窗外的青青海水
　　不住聲地也向我叫號。
　　她向我叫道：
　　沫若，你別用心焦！
　　你快來入我的懷兒，

―――――――

[152]同註２９，〈我的作詩的經過〉，頁二八〇。

　　　　我好替你除卻許多煩惱。

　　這首詩是與安娜戀愛時創作的，詩的結構、意象都很單純，只是分別由兩組意象構成的兩節，語言也平實直白，並無驚人之處。此詩使人奇特感覺的是詩人把小刀的意象擬人化，尤其是擬人化爲一個正在誘惑詩人倚窗而笑的女性。這一構思是非常巧妙的，因爲生與死這樣的問題是很理性化的，而郭沫若經過此意象把死的誘惑轉化爲情與欲的波瀾。

　　此詩雖題爲「死的誘惑」，但其實也可以說是「生的誘惑」。因爲在「五四」前後郭沫若的哲學觀念中，「等齊生死」是其強烈的自我表現意識，他所追求的是一種超絕時空的理想精神世界。

　　愛的力量是無窮的，愛人之間的相互理解與支持更能爆發出幸福的火花，郭沫若在他的自傳體小說〈漂流三部曲〉中這樣的描寫：

　　　　哦，我感謝你！我感謝你！我的愛人喲，你是我的Bea-
　　　　trice！你是我的！Beatrice！你是我的！長篇？是的，
　　　　最好是作長篇。Dante爲他的愛人做了一部《神曲》，
　　　　我是定要做一篇長篇的創作來紀念你，使你永遠不死。
　　　　啊，Ava Maria！Ava Maria！永遠的女性喲！……[153]

　　的確，女性與文學創作有著不解之緣，戀愛時，安娜的愛給他有了一個詩歌爆發期。郭沫若也萌發了像但丁（Dante）那樣的念頭。儘管這個想法在郭沫若的腦海中一閃即逝，也沒有兌現，但畢竟使他重新體驗和感覺到了愛的力量是偉大。

　　愛情之火在燃燒著，詩人不能自持了，該怎麼辦？郭沫若在

---

[153]同註１１，〈漂流三部曲〉《郭沫若全集‧文學編第９卷》，頁二四七至二四八。碧翠絲（Beatrice）：但丁於十歲時初遇後愛慕的心目中理想女人。

〈新月與白雲〉一詩中描寫說：

> 月兒呀！你好像把鍍金的鐮刀。
>
> 你把這海上的松樹砍倒了，
>
> 哦，我也被你砍倒了！
>
> 白雲呀！你是不是解渴的淩水？
>
> 我怎得把你吞下喉去，
>
> 解解我火一樣的焦心？

一個陷身愛河的人，心情是異常興奮和激動的，也因此可以產出許多的幻想，郭沫若也是如此：上弦的新月居然視爲一柄「鍍金的鐮刀」。這意象顯然是愛情來得快而猛，迅速發展的象徵。用新月象徵美好的愛情並不稀罕。

郭沫若又看到了天上的白雲，此白雲多麼像解渴的白晶晶的淩冰啊！這是一種奇妙的比喻，不如說它是詩人情感的對應物。因此，這首詩的藝術獨創性就不僅僅是一個聯想的奇妙問題，而是郭沫若所選擇的角度是獨特的。

在選擇愛情對象時，會出現互爲補充的對立氣質的相互吸引。郭沫若與安娜也互相得到了甘霖般的雨露，在眼神裡透露出無限的快慰和滿足。郭沫若不禁覺得一陣濃烈的愛意襲上的心頭下，寫作了一首詩〈Venus〉：

> 我把你這張愛嘴，
>
> 比成著一個酒杯。
>
> 喝不盡的葡萄美酒，
>
> 會使我時常沈醉！
>
> 我把你這對乳頭，

> 比成著兩座墳墓。
>
> 我們倆睡在墓中，
>
> 血液兒化成甘露！

郭沫若以熾熱的語言吐露，不知不覺中美神已經是在展示其魅力。他把衝動寄托在兩種形象上，一種是動人心旌的「愛嘴」比成酒杯，其中有「喝不盡的葡萄美酒」，這樣的表現更富有美感與詩意。另一種是把女子隆起的「乳頭」比做墳墓，要與親愛的人一同睡在其中。這樣，就絕妙地創造出兩個情境。

詩的第一段裡，透出著吻不夠的心裡；在第二段裡，隱見著長相伴的熱望。此兩種情境，共同表達著對美神的愛戀。這種愛情已超越時空的界限，成為永恆！他的愛神實實在在，是一個感性具體的夏娃，他的愛情也是具體的性愛。詩中的人稱代詞與指示代詞「這」做為面對面的語言模式，尤其是「你這張愛嘴」、「你這對乳頭」確定了說話者與聽話人的語言上的空間形式。

《瓶》是郭沫若唯一的愛情詩集，他在寫完四十二首之後，又寫了一首〈獻詩〉，載於一九二六年四月十六日《創造月刊》第一卷第二期。一九二七年四月由上海創造社出版部初版。[154]郭沫若曾經在〈與蒲風談作詩〉一文中說：

> 《瓶》在寫出的當時自己頗適意。全是寫實，並無多少想像成分。躊躇發表者，怕的是對於青年生出不好的影響。[155]

這裡所謂的「想像」是指「虛構」，意思就是這些詩是根據事實、實感來寫成的，並不是缺乏想像。另外，恐怕郭沫若是覺

---

[154]後來，前後收入於一九五七年三月北京人民文學出版社第一版出版的《沫若文集·第一卷》及一九八三年十月也是北京人民文學出版社第一版出版的《郭沫若全集·文學編第1卷》。

[155]同註９６，〈與蒲風談作詩〉《郭沫若佚文集·上冊》，頁二五五。

得《瓶》的審美情趣、人生體驗與時代所需要的距離較遠吧。但
郁達夫卻有不同的評價，他在〈附記〉中指出：

> 這抒情詩四十二首，還是去年的作品，他本來不願意發
> 表，是我硬把它們拿來發表的。
> 我想詩人的社會化也不要緊，不一定要詩裡有手槍、炸
> 彈，連寫幾百個「革命」「革命」的字樣，才能配的上
> 稱眞正的革命詩。把你眞正的感情，無掩飾地吐露出
> 來，把你的同火山似的熱情噴發出來，使讀你的詩的
> 人，也一樣的可以和你悲啼喜笑，才是詩人的天職。…
> …我說沫若，你可以不必自羞你思想的矛盾，詩人本來
> 是有兩重人格的。況且這過去的戀情的痕跡，把它們再
> 現出來。[156]

可說是頗有見地。此詩集乃是一九二五年二、三月間，郭沫若從
日本攜眷回國住在上海時所作。而詩的背景就在杭州西湖。

郭沫若在散文〈孤山的梅花〉裡提供一些關於寫作《瓶》的
本事：

> 孤山的梅花這幾天一定開得很好了，月也快圓了，你如
> 果想到西湖去玩，最好在這幾天去，……這是我在正月
> 十四的晚上接著的一封信。……我接受未知的朋友們的
> 來信本來不甚稀奇，但不曾有過像這封信一樣這麼「有
> 趣」的。……那天午後，我已經決了心不去，我把猗筠
> 小姐的來信，當成一個故事一樣，向我的女人談。啊，
> 可怪的卻是我的女人。他聽我唸出那封信後，偏要叫我
> 去。她說不要辜負人家的一片好心，去了也還可以寫出

---

[156]同註１１，《郭沫若全集·文學編第１卷》，頁三○四。

　　　　一兩篇文章來，這正是一舉兩得的是。……好，杭州是

　　　　准定去了。……啊，我這個私心眞是對不住我的女人，

　　　　我是把她的愛情濫用了！[157]

　　這裡提到郭沫若去杭州的主要原因，就是他去杭州，寫出了
優美的愛情詩。愛情，本身就是充滿想像的。

　　這本詩集的內容彼此連貫，完整地描述了一位中年男子追求
一位少女的一段戀愛生活。表達了抒情主人公從初戀、熱戀到失
戀的全部心靈歷程和情感體驗；抒發了郭沫若對於愛情與幸福充
滿激情的熾熱追求。五四運動退潮以後，郭沫若開始步入中年，
他在五四時期洋溢著理想激情的浪漫式努力並沒有結出成果，這
使他感到失卻了目標的痛苦和陷於無爲的幻滅。這樣一直圍繞著
他的苦悶、彷徨和不甘寂寞、消沉的人生感受，某種程度上呼喚
在此詩集裡。

　　在創作方面，這組抒情詩富於獨創性。它雖有比較連貫的情
節構架，從相會到等信，從等信讀信到失戀，都大致完整，但其
情意纏綿俳惻，寫盡了「我」墮入熱戀軟網裡翻筋斗的況味。例
如第一首詩中描寫：

　　　　啊，好夢哟！你怎麼這般易醒？

　　　　你怎麼不永永地閉著我的眼睛？

　　　　世間上有沒有能夠圖夢的藝人，

　　　　能夠爲我呀圖個畫圖，使他再生？

　　中年人在「如生得夢境」中追憶那位少女的音容、打扮和兩
個人處處所留下的綿綿情意。在第二首詩，突出呼喚那位被詩人
比做梅花的姑娘快寄來情書的心情：

-----

[157]同註１１，〈孤山的梅花〉《郭沫若全集·文學編第１０卷》，頁
　　三五三至三五六。

> 姑娘喲，你遠隔河山的姑娘！
>
> 我今朝扣問了三次的信箱，
>
> 一空，二空，三空，
>
> 幾次都沒有你寄我的郵筒。
>
> 姑娘喲，你遠隔河山的姑娘！
>
> 我今朝過度了三載的辰光，
>
> 一冬，二冬，三冬，
>
> 我想向墓地裡呀哭訴悲風。

他三次去檢查信箱，可是都未見到她的來信。詩人等待來信的焦渴心緒，又配以嚴整的體式，詩韻更加感人。當久等不來時便沉入兩情相愛的甜蜜，如第五首詩突然改用二行體六句，節奏輕快地表達了對所愛者的讚美：

> 你是雕像嗎？
>
> 你又怎能行步？
>
> 你不是雕像嗎？
>
> 你怎麼又凝默無語？
>
> 啊啊，你個有生命的，
>
> 泥塑的女祇！

在這兒好像比喻古希臘的維納斯（Venus）女神，但這裡是對那少女的過分讚美。在第七首詩中焦急地描寫：

> 你是生了病嗎？
>
> 你那豐滿的柔荑
>
> 怎麼會病倒了不能寫字？

　　他又一直等到晚，依然不見綠衣人的蹤影，他眞有點受不了了。但到了第八首詩就描寫一對情人相會在一起時的情感活動：

　　　　我的手雖藏在衣袖之中，

　　　　我的神魂已經把你抱擁。

　　　　我相信這不是甚麼犯罪，

　　　　白雲抱著月華何曾受毀？

　　這裡運用了一個非常新穎的構思，表現了一種矛盾的心理。他心中燃燒著的熾情難以控制，於是用自己的神魂把少女擁抱起來。這種矛盾心境，在剛剛脫離封建禮教束縛的五四青年男女中頗有正常性的。他們的行動，雖是缺乏勇氣，但在精神上已經解脫了。此心境在第九首詩中可看得出：

　　　　我的眼睛在無人處瞥著你時，

　　　　我是在說：我愛你呀，妹妹！妹妹！

　　　　我看你呀也並沒有甚麼驚異。

　　　　你眼中送出的答詞，也好像是：

　　　　哥哥喲，哥哥喲，我也愛你！愛你！

　　他們把熱烈的愛情很自然從眼中送出。郭沫若用這種獨特的構思，反映了這一種時代的心靈變化。第十四首詩是最短的三行詩，表現出另一種詩境：

　　　　北冰洋，北冰洋，

　　　　有多少冒險的靈魂

　　　　死在了你的心上！

　　這是久盼不來信時，憤悶心情的發泄呢？還是表示對愛情的無悔無恨的痴心呢？對這種情懷，恐怕在人生的長途中不可能常見的吧。

　　《瓶》發表後曾經激動過不少青年男女，具有反對封建、張

揚自由戀愛，當年蒲風在〈論郭沫若的詩〉一文中誇獎：

> 我認爲幾年來在形式上最影響青年詩人的，不光是《女
> 神》，也有《瓶》。而事實上現今的青年如果稍能背誦
> 幾首新詩的話，那幾首，不會是《女神》、《星空》上
> 的東西，是《瓶》。《瓶》抓住了小市民的戀愛心理，
> 《瓶》把戀愛情景作了活描。[158]

　　《瓶》同五四時期許多優秀的愛情詩一樣，當時的青年身上
突出地表現和影響，並表達了一種時代的心聲和呼喚。

　　組詩的前半部分，是「我」等待少女第一、第二次回信時的
幻想和收到信後的喜悅。第十六首詩題爲〈春鶯曲〉，是這組詩
中最長的一首，也是具有浪漫主義抒情色彩的情詩。這是第二次
收到回信時激動的記錄，也是全詩的高潮，詩共有三部分：

> 姑娘啊，啊，姑娘，
> 你眞是慧心的姑娘！
> 你贈我的這枝梅花
> 這樣的暈紅啊，清香！
> 　（中略）
> 啊，姑娘呀，我是死也甘休，
> 我假如是要死的時候，
> 啊，我假如是要死的時候，
> 我要把這枝花吞進心頭！

　　第一部分詩的中心意象是，從「慧心的姑娘」贈給詩人梅花
詠起，它的清香引起詩人千種聯想、萬縷情絲。接著郭沫若透過
奇特的想像營造了一個愛的境界，他假如是要死的時候把這枝花

---

[158]王錦厚、秦川、唐明中、蕭斌如選編〈論郭沫若的詩〉《百家論郭沫
　　若》（成都出版社，一九九二年九月），頁二九一。

吞進心頭。那時，梅花在詩人的身上結成梅子，又長成一片梅林。
到了第二部分，「鶯之歌」是變換了一個敘述角度：

> 清香在樹上飄揚，
>
> 琴弦在樹下鏗鏘，
>
> 忽然間一陣狂風，
>
> 不見了彈琴的姑娘。

> 風過後一片殘紅，
>
> 把孤墳化成了花冢，
>
> 不見了彈琴的姑娘，
>
> 琴卻在冢中彈弄。

黃鶯做為敘述者將詩人的層層聯想與想像復述一遍，同詩人的主
觀抒情互映疊，詩人痴情而又天真地希望姑娘有著與他一樣的生
死以殉的心情，這當然是對於純真愛情的渴求。第三部分「尾
聲」中透露詩人的心跡：「啊，我真個有那樣的時辰，我此時便
想死去」。

　　〈春鶯曲〉突出了梅花的形象、梅花的強大生機和梅的不死
精神。梅花象徵愛情，象徵愛神那閃電似的，突盡不息的生命力。
它洋溢著浪漫主義色彩，把一曲愛情的悲劇表現為一個優美的詩
意境。

　　第二十一首詩抒寫了詩人在接到少女的一封來信和寄贈的一
枝梅花之後一種複雜、微妙的心境：

> 我看她的來信呀，
>
> 有一個天大的轉徙：
>
> 前回是聲聲「先生」，
>
> 這回是聲聲「你」。

　　啊，「你」！啊，「你」！啊，「你」！

　　這其中含蓄著多麼的親意！

　　只這點已經是令人心疼，

　　更何況還贈了梅花一枝！

　舊中國長幼尊卑界限較嚴，人們彼此間稱謂不能馬虎。這裡姑娘稱詩人時改「先生」爲「你」，這已經暗示著兩顆愛心貼近了，更何況還送給詩人梅花？中國文化裡梅花象徵著愛情，顯然這枝梅花裡有姑娘愛的芳靈。愛情走到這一步，令人歡欣鼓舞再如何發展下去呢？第二十六首詩中描寫：

　　她說是她望我做她哥哥，

　　她眞的要做我的妹妹；

　　啊，姑娘呀，你就做我的媽媽，

　　你也些兒無愧。

　　　　（中略）

　　啊，我的心喲，你又在痛些什麼？

　　你是不是因爲做了哥哥？

　　這哥哥卻是有些難做呀，

　　你知道嗎？不知道嗎？

　詩人感覺到了，她感情膨脹中的行爲萎縮：她提出要他做哥哥，她眞的要做他的妹妹。得到一個妹妹卻失去一位愛人這甜蜜中的苦澀，這苦澀中的甜蜜，是怎樣的一種滋味呢？

　第三十一首詩人受到少女的怠慢冷遇之後深深的失望和悲哀：

　　我已成瘋狂的海洋，

　　他卻是冷靜的月光！

　　她明明在我的心中，

　　卻高高掛在天上，

　　　　我不息地伸手抓拿，

　　　　卻只生出些悲哀的空響。

難怪詩人的心，又在痛了嗎？情節剛剛出土便遭折斷！隨著姑娘
心的遠去，詩人陷入失戀之苦。「我已成瘋狂的海洋」，「她卻是
冷靜的月光」，兩個意象對比排列，造成強烈的反差，把兩人各
自不同的情緒凸現出來。第四十二首詩結束了這場悲劇的戀愛：

　　　　昨夜裡臨到了黎明時分，

　　　　我看見她最後的一封信來。

　　　　那信裡夾著許多的空行，

　　　　我讀後感覺著異常驚怪。

　　　　她說道：「哥哥喲，你在……

　　　　啊，其實呀，我也是在……

　　　　我所以總不肯說出口來，

　　　　是因為我深怕使你悲哀。

　　　　到如今你既是那麼煩惱，

　　　　哥哥喲，我不妨直率地對你相告：

　　　　我今後是已經矢志獨身，

　　　　這是我對你的唯一的酬報……」

　　　　啊，可惜我還不曾把信看完，

　　　　意外的歡娛驚啟了我的夢眼：

　　　　我醒來向我的四周看時，

　　　　一個破了的花瓶倒在墓前。

少女寄來最後一封信，雖不忍說出口，還是婉轉拒絕了詩人的愛

情。但是爲了回報詩人熱烈的追求，少女相告今後矢志獨身。然
而啓了夢眼的詩人四顧環視時，只看到「一個破了的花瓶倒在墓
前」。

　　如果《瓶》沒有第十六首〈春鶯曲〉和第四十二首的「夢」
就是「最後一夢」，它只不過是一部淒美的感傷詩。抒情主人公
供養在《瓶》中，每日注意清泉的梅花和他傾訴熱戀的少女，寄
托著詩人對重新實現自我、對生命、對理想人生的渴望。

　　愛情是文學藝術中永恆的主題，但在五四前「中國缺少情詩，
有的只是『憶內』『寄內』，或曲喻隱指之作；坦率的告白戀愛
者絕少，爲愛情而歌詠愛情的更是沒有。這時期新詩做到了『告
白』的第一步」。[159]另外，沈從文在〈論郭沫若〉一文中說：
「郭沫若，把創作當抒情詩寫，成就並不壞。……適於抒情詩描
寫而不適於寫實派筆調，是這號稱左線作家意外事。溫柔處，憂
鬱處，即所以與時代融化爲一的地方，郁達夫從這個方面得了同
情，時代對於郭沫若的同情與友誼也仍然建築在這上面」。[160]
總而言之，郭沫若的愛情詩，雖然偏向浪漫的感傷、單調的整齊
或者使人覺得有一點空虛，但他的一些愛情詩，的確是在五四時
代具有眞正現代意義的愛情讚歌。

四、悲壯的愛國感情和思想

　　愛國是一個歷史的範疇。它的具體內容，隨著不同的歷史條
件、歷史階段來發展和變化。五四時代的中國，內憂外患，各種

---

[159]朱自清《中國新文學大系·詩集·導言》轉引自朱喬森編《朱自清
　　全集·第四卷》（江蘇，教育出版社，一九九六年八月），頁三六九
　　至三七〇。
[160]沈從文〈論郭沫若〉《中國新文學大系1927-1937·第一集·文學理
　　論集一》（上海，文藝出版社，一九八七年十二月），頁六七六。

社會矛盾和危機日趨加劇。封建主義和帝國主義的雙重壓迫下的中國人民，尤其是其中的知識分子，爲了追求光明和太陽，呼吸新鮮的空氣，營造嶄新的自由、民主的理想世界。郭沫若便是這覺醒的知識分子，「我年青的時候，是一個愛國主義者，傾向於實業救國」，[161]愛國主義是他思想的立足點，貫穿了他的一生。

郭沫若的少年時代，國內受封建黑暗統治，外受帝國主義欺凌，正是苦難重重的時候，他就深深感道：「中國的不富不強就祇因爲滿清政府存在，祇要把滿清政府一推翻了，中國便立地可以由第四等的弱國一躍而成爲世界上第一等的國家」，[162]這是支配著當時對他，最有勢力的中心思想，所以成長在這種環境的他，早就有了富國強兵的思想。

一九一七年在俄國爆發十月社會主義革命，成功地建立了無產階級政權，他在〈郭沫若同志答青年們〉一文中說：

> 十月革命對我是有影響的——雖然沒有見到太陽，但對太陽的熱和光已經感受到了。始終還是一個愛國主義者。五四以前，看不起文學，後來認識到文學對革命還是能起鼓舞推動作用的，就想通過文學使中國起變化，想用詩歌喚醒睡獅。[163]

最能代表他這種變化的，是詩集《女神》，其中的一首〈爐中煤〉是表達了自己「眷念祖國的情緒」：

> 啊，我年青的女郎！
> 我自從重見天光，
> 我常常思念我的故鄉，

[161]同註29，〈郭沫若同志答青年們〉，頁四一五。
[162]〈反正前後·六〉《沫若自傳·少年時代》（上海，海燕書店，一九四七年四月），頁二一九。
[163]同註29，〈郭沫若同志答青年們〉，頁四一六。

　　我爲我心愛的人兒

　　燃到了這般模樣！

　　詩中的「年青的女郎」「我心愛的人」，都是五四時代祖國
的象徵，用「爐中煤」的形象來比喻他的愛國感情，內心燃燒得
像旺盛的煤火一樣。愛國運動大高漲的時代，「自從重見天光」
「我常常思念我的故鄉」，這實在是他情不自禁的內心流露。這
首詩作於一九二〇年一、二月間，他正在日本九州帝國大學讀醫
科的時候，人遠在日本，無法親身參加國內的五四運動，但還是
受到了極大的鼓舞。他在〈創造十年〉一文中說：

　　　　五四以後的中國，在我的心目中就像一位很蔥俊的有進
　　　　取氣象的姑娘，她簡直就和我的愛人一樣。……在五四
　　　　以後的國內青年，大家感受著知識慾的驅迫，都爭先恐
　　　　後地跑向外國去的時候，我處在國外的人卻苦於知識的
　　　　桎梏想自由解脫，跑回國去投進我愛人的懷裡。[164]

　　郭沫若爲了改變祖國的現狀，勇於追求，勇於進取，熱烈地
渴望自由，希望祖國有一個光明的未來。他在〈黃浦江口〉一首
中表示眷念祖國的心情：

　　平和之鄉喲！

　　　我的父母之邦！

　　岸草那麼青翠！

　　　流水這般嫩黃！

　　我倚著船欄遠望，

　　　平坦的大地如像海洋，

────────────

[164]同註２１，〈創造十年〉，頁一九二至一九三。

除了一些青翠的流波，

　　全沒有山崖阻障。

小舟在波上簸揚，

　　人們如在夢中一樣。

平和之鄉喲！

　　我的父母之邦！

　　一九二一年成仿吾應聘擔任泰東圖書局文學科編輯主任，於四月一日離日回滬。郭沫若認為這是創辦新雜誌的好時機，與同成仿吾一起乘船回國。這首詩和〈新生〉、〈海舟中望日出〉等詩作，他回到上海後寫的。詩中描寫的，是他抵達黃浦江口的所見所感。當輪船緩緩駛入黃浦江口時，他「倚著船欄遠望」，即將要踏上久久思念的這塊國土，便情不自禁地說：「平和之鄉喲！我的父母之邦！」，就表示像回到父母的懷抱般的愛國激情。

　　祖國的新生還要經過長期的歷史磨難；而他個人的新生，也還要經歷長期的曲折和充滿痛苦的鬥爭。他在〈鳳凰涅槃〉一首長詩中也塑造了一種革命精神象徵的「鳳凰」：

我們更生了。

我們更生了。

一切的一，更生了。

一的一切，更生了。

……

我們生動，我們自由，

我們雄渾，我們悠久。

……　　　　　　〈鳳凰更生歌〉

這首詩並不是一個單純的阿拉伯神話故事，而是通過鳳凰自

焚後死而復生來象徵著祖國的再生，表現了他高度的愛國主義熱情。死了的鳳凰更生了，從宏觀的「一切的一」到微觀的「一的一切」，[165]都在新生世界的「生動」、「自由」、「雄渾」、「悠久」等等。這〈鳳凰更生歌〉是全詩的重點和高潮，也是祖國更生的讚歌，對現實的樂觀精神和光明的描繪。郭沫若在〈我的作詩的經過〉一文中說：

> 那詩（指〈鳳凰涅槃〉）是在象徵著中國的再生，同時也是我自己的再生。[166]

他對有關鳳凰的傳說，發揮了豐富的想像力，進行了藝術的再創造，從而形成了一個獨立的藝術境界，它象徵著舊中國和詩人舊我的毀滅以及新中國和詩人新我的誕生。[167]郭沫若是一位卓越的革命浪漫主義的詩人，〈鳳凰涅槃〉就是這種革命浪漫主義創作方法的光輝結晶。「中國底新現實主義是由兩大支流匯合而成的，其一是民主主義的現實主義，其二是革命的浪漫主義。後者的代表正是郭沫若先生」。[168]

浪漫主義詩人喜歡運用誇張的手法，尤其是經過神話題材更是這種誇張達到最好的效果。他的浪漫主義的創作基調，決定了他在古人身上注入了更多的「主觀性」，還將自己的思想感情貫注在詩句裡。郭沫若是一個偏向主觀的抒情詩人。他的〈女神的

---

[165]「一切的一」和「一的一切」是借用佛教的詞語。查中國佛教華嚴宗的教義之：「一即一切，一切即一」，亦即「一即多，多即一」。這是用來說明「法界緣起」中現象之間的互相關係。參見卜慶華著《郭沫若研究札記》（湖南大學出版社，一九八六年一月），頁八三。
[166]同註２９，〈我的作詩的經過〉，頁二八三。
[167]楊樺〈「鳳凰涅槃」的語言藝術〉樂山師專郭沫若研究室編《郭沫若研究論叢・第二輯》(成都，四川大學出版社，一九八八年八月)，頁六五。
[168]同註１５８，歐陽山〈革命的浪漫詩人〉，頁四一〇至四一一。

再生〉詩劇中傑出的表現在愛國主義思想：

> 女神之一
>
> > 我要去創造些新的光明，
> >
> > 不能再在這壁龕之中做神。
>
> 女神之二
>
> > 我要去創造些新的溫熱，
> >
> > 好同你新造的光明相結。
> >
> > ……
>
> 其他全體
>
> > 我們要去創造新鮮的太陽，
> >
> > 不能再在這壁龕之中做甚神像！

　　這是一篇充滿幻想的詩劇，處處顯出理想主義和樂觀主義的色彩。在詩人的心中，走出了神龕的女神，充滿了理想和希望，她們反復地禮讚和謳歌太陽。太陽實際上是五四運動精神的同義語，是理想與光明的象徵，它使黑暗冷酷的現實中的中國人民「要去創造新鮮的太陽」。

　　郭沫若對舊社會的否定是無情的，對新中國的追求是熱烈的。這種現象在〈浴海〉一詩中顯示：

> 太陽的光威
>
> 要把這全宇宙來熔化了！
>
> 弟兄們！快快！
>
> 快也來戲弄波濤！
>
> 趁著我們的血浪還在潮，
>
> 趁著我們的心火還在燒，
>
> 快把那陳腐了的舊皮囊
>
> 全盤洗掉！

　　新社會的改造

　　全賴吾曹！

這是立志爲國捐軀的莊嚴誓詞，是五四浪潮下對青年的催促，

「新社會的改造」「全賴吾曹」，改造社會必先改造自我的願望，

後做更進一步的改造社會的群體意識存在。弟兄們！千萬不要失

去這麼難得的機會，快來投身到這「五四」的波濤中，爲了改造

「快把那陳腐了的舊皮囊」「全盤洗掉」。聞一多在〈「女神」

之時代精神〉一文中這樣的評論：

　　　　若講新詩，郭沫若君底詩才配稱新呢，不獨藝術上他的

　　　　作品與舊詩詞相去最遠，最要緊的是他的精神完全是時

　　　　代的精神——二十世紀底時代的精神。有人講文藝作品

　　　　是時代底產兒。[169]

　　時代的覺醒是郭沫若思想轉變的主要原因，無論是用清醒的

現實主義冷靜地提出問題、思索問題，還是以高度的熱情來高

歌新革命時代的降臨，二者都是「五四」時期時代精神的表現。

[170]郭沫若所顯現的精神，就是打破封建傳統和創造嶄新世界的

精神。二十年代後期的他，是一位革命者，有一顆憂國憂民的心

情來改造社會、解求民生的願望。

　　詩集《女神》和《星空》以後的《前茅》和《恢復》兩本詩

集裡，便出現愛國思想不僅更明顯地起來，而且增加了馬克斯主

義、無產階級的內容。他在〈黃河與揚子江對話〉一詩中描寫：

　　　　那歌聲沿著黃河揚子江而上，又順流而下；

　　　　更沿著黃河揚子江的一切支流而上，又順流而下；

---

[169]孫黨柏、袁謇正主編〈女神之時代精神〉《聞一多全集・2》（湖
　　北人民出版社，一九九四年一月），頁一一〇。

[170]黃修己《中國現代文學發展史》（北京，中國青年出版社，一九九二
　　年九月），頁八三至八四。

就這樣，那澎湃的歌聲傳遍了中國：

（中略）

人們喲，醒！醒！醒！

以往的美與法——是十八世紀的量大革命，

新興的俄與中——是二十世紀的量大革命。

二十世紀的中華民族大革命喲，

快起！起！起！

快在這二十世紀的世界舞台上別演一場新劇！

（下略）

不管黃河或是揚子江的聲音，其實也正是郭沫若的聲音，那澎湃的歌聲即將傳遍全中國。詩中回顧美國的獨立戰爭、法國大革命，肯定俄國無產專政，呼喚二十世紀的中華民族大革命，從詩中似乎能聽到詩人的慷慨激昂，也能感覺到快起的千鈞之力。

又在〈我想起了陳涉吳廣〉[171]一詩中描寫：

更何況我們還有五百萬的產業工人，

他們會給我們以戰鬥的方法，利炮，飛槍。

在工人領導之下的農民暴動喲，朋友，

這是我們的救星，改造全世界的力量！

他想起了中國歷史上，陳涉、吳廣的第一次農民起義，是與他當時所處的時代社會矛盾相似，必須要重建一種理想的社會秩序。把胸中的憂憤和主張盡情地噴吐出來，一九二六年，他從政隨著國民革命軍北伐，一九二七年又參加了南昌起義。這首詩視做為一篇鼓吹暴力革命的宣言書。

---

[171]陳涉、吳廣，都是秦末農民起義軍領袖。陳勝（？—前２０８），字涉，陽城（今河南登封東南）人。吳廣（？—２０８），字叔，陽夏（今河南太康縣）人。

　　詩集《戰聲集》是反映抗日戰爭期間民族義憤的高漲，民族抗戰的熱情和勝利的信心。詩集裡的〈前奏曲〉、〈中國婦女抗敵歌〉、〈民族再生的喜炮〉、〈抗戰聲〉、〈戰聲〉、〈血肉的長城〉、〈只有靠著實驗〉、〈相見不遠〉等，雖然免不了標語口號式的呼叫，但終究喊出了全國軍民反侵略的心聲，他們的興奮和激動以及犧牲精神的勝利信念。其中，〈中國婦女抗敵歌〉中描寫：

> 上前線，
> 上前線，
> 已到生死關頭，
> 已到存亡界線，
> 玉碎未必碎，
> 瓦全何嘗全？
> 祖國縱使成焦土，
> 留得精神能再建。
> 站起來，
> 站起來，
> 戰到最後的一天，
> 守到最後的一天！

　　這表達了全國軍民迫切要求進行民族解放戰爭，保衛國家的精神，鼓舞人民大眾雄赳赳、氣昂昂地走向前線，並在戰爭中求得「能再建」的強烈願望。

　　中華人民共和國成立之後，郭沫若詩作的數量大為增加，內容也豐富，「他不會節制，他的筆奔放到不能節制」。[172]這時

---

[172]同註１６０，沈從文〈論郭沫若〉，頁六七四。

期的作品，構成了他建設無產階級革命詩歌時期一個新的階段。

中共成立後，命名爲《新華頌》是第一部詩集，這詩集的第一首詩題也是〈新華頌〉，以宏亮的音調，燦爛的色彩，來歌唱、描繪新中共：

　　人民品質，勤勞英勇。

　　鞏固國防，革新傳統。

　　堅強領導由中共，

　　無產階級急先鋒。

　　　現代化，氣如虹，

　　　國際歌聲入九重。

以歡樂、昂揚的聲音讚美祖國的今天和明天。這便成爲中共成立以後，他三十年來詩作的基調，這幾乎都是唱讚歌的。這時期他詩作的主題，可以歸納爲三個方面：

　　其一，歌頌新中國、中國共產黨和領袖；

　　其二，歌頌人民群眾保衛和建設新中國的英雄精神；

　　其三，歌頌中國的國際主義路線。[173]

郭沫若的文學創作，經歷了一個從舊民主主義革命，到新民主主義革命，再到社會主義革命的發展階段。思想基礎不同，發展階段也不同，但愛國主義精神始終圍繞著其範疇內。

五、小　結

從郭沫若詩中反映的思想可以看出，所取的自然景物和其組合，有五四高漲時期的昂揚激情和濃鬱的生活氣息，也有過五四前後時期的哀傷、孤寂的低沉情緒。朱自清說：「看自然作神，

---

[173]同註４３，陳永志《論郭沫若的詩歌創作》，頁一三〇至一三一。

作朋友，郭氏詩是第一回」，[174]把自我全部融化到自然中去，是他的自然詩中，變成爲強烈的生命和無窮的情感，因爲自然本身並沒有階級性。「慾消除人類的苦厄則在效法自然，……人能泯卻一切的佔有慾望而純任自然，則人類精神自能澄然清明，而人類的創造本能便能自由發揮而含和光大」。[175]這就是郭沫若所知的老子「無爲說」的精神，也是自己詩的創作上提倡的自然流露。

在郭沫若身上，「民族的鬱積和個人的鬱積」，這兩者是早期精神世界中都是客觀存在，甚至於互相依存、滲透、轉化的。他強調社會環境，他的悲劇也由性格悲劇轉爲社會悲劇。尼采說：「悲劇詩人自己也勢必獲得一種陰鬱的、充滿恐怖的世界觀，一顆柔弱敏感、愛流眼淚的心靈」。[176]郭沫若爲了求學，遠離祖國，孤獨的人生悲苦使他感到一種無以復加的地步。沉潛在意識的深處，生命的悲歌、神秘主義、恬靜悲調的宗教意識等等都對他共通作用，這現實社會和傳統文化形成對立的哀傷的情緒下，描繪出時代精神的悲劇色彩。

郭沫若充滿詩意的愛情生活中，寫的新詩，大多是纏綿悱惻的愛情詩，格調哀矜而低沉。他的愛情詩，不僅在努力要衝破舊詩格律，並在內容上也體現了，反封建禮教和封建婚姻的民主氣息。

郭沫若記敘人民群衆的愛國活動，並不是孤立地去描寫、記敘某一事件，而是把這些愛國活動，放到一定的歷史環境中去考

---

[174]同註１２０，《朱自清全集・４》，頁三七二。

[175]同註１１，〈論中德文化書〉《郭沫若全集・文學編第１５卷》，頁一五〇。

[176]楊恒達〈尼采論悲劇及其他〉《尼采美學思想》(北京，中國人民大學出版社，一九九七年一月第二次印刷)，頁二一九。

察。這樣，他詩作中的愛國思想，就具有了深厚的歷史感。由於愛國主義是人們千百年鞏固起來的對自己祖國的一種最深厚、最神聖的感情和思想，郭沫若的許多愛國詩作，都是時代所呼喚出來的，且具有了時代色彩的精神。

第五節　郭沫若詩的形式美探討

郭沫若一生經歷複雜，思想變化呈現出多姿多彩的色調。這種表現決定了在創作上的豐富和確實地達到相當的成就，並他自由地追求形式上的美。郭沫若在〈致宗白華〉信中說：「形式方面我主張絕端的自由，絕端的自主」。[177]在新詩發展轉向建設爲主的時候，首先提出的仍然是形式問題。本節將於探討郭沫若詩的形式美：音樂美、散文美、戲劇美。

一、音樂美

音樂是最自由和最浪漫的，於是它就有可能被當作浪漫主義最典型、最純粹的象徵。重要的是，音樂就從另一個角度與詩歌結合了——這就是「詩意」。詩意是一種靈性的東西，它不是外在於我們面前，而是內在於我們心中。[178]郭沫若認爲詩歌的起源與音樂美有關，他在〈詩歌與音樂〉一文中說：

> 詩歌與音樂要在這新的要求之下平衡的發展，而保持著
> 密切的關聯，要以人民的意識爲意識，時代的節奏爲節

---

[177]同註１１，一九二〇年二月十六日〈致宗白華〉《郭沫若全集·文學編第１５卷》，頁四九。

[178]蔣一民《音樂美學》（北京，東方出版社，一九九七年四月第二次印刷），頁三九。

　　奏。沒有意識的節奏不能成為音樂，沒有節奏的意識不
　　能成為詩歌。[179]

　　郭沫若在加強新詩的節奏感方面，建立了一種有效的方式，
又說：「節奏之於詩是與生俱來的，是先天的，決不是第二次
的、使情緒如何可以美化的工具」，[180]他根據情緒波動的自身
規律來安排節奏。這就是重視排比、反復手法的運用，「詩語的
定型反復，是受著華格訥歌劇的影響，是在企圖著詩歌的音樂
化」[181]。這是在〈鳳凰涅槃〉一詩中以雙音節為主的白話口語
來描寫：

　　　　我們更生了。
　　　　我們更生了。
　　　　一切的一，更生了。
　　　　一的一切，更生了。
　　　　我們便是他，他們便是我。
　　　　我中也有你，你中也有我。
　　　　我便是你。
　　　　你便是我。
　　　　火便是凰。
　　　　凰便是火。
　　　　翱翔！翱翔！
　　　　歡唱！歡唱！

---

[179]同註１１，〈詩歌與音樂〉《郭沫若全集・文學編第２０卷》，頁
　　九三。
[180]同註１１，〈文學的本質〉《郭沫若全集・文學編第１５卷》，頁
　　三四八。
[181]同註２９，〈我的作詩的經過〉《郭沫若研究資料・上》，頁二八
　　三。

這是排比整齊，韻律嚴謹的一首，在音樂結構上的和諧完整，並表達激昂高亢的情緒。王力說：「因為漢語是單音語，所以排比起來可以弄得非常整齊，一音對一音，不多不少」，[182]這強調排比是漢語詩的一種重要特性。

在郭沫若詩中，除了疊音的反復、排比手法的運用以外，還直接起著結構篇章的作用。如〈天上的市街〉全詩裡較為明顯：

> 遠遠的街燈明了，
>
> 好像閃著無數的明星。
>
> 天上的明星現了，
>
> 好像點著無數的街燈。
>
> 我想那縹渺的空中，
>
> 定然有美麗的街市。
>
> 街市上陳列的一些物品，
>
> 定然是世上沒有的珍奇。
>
> 你看，那淺淺的天河，
>
> 定然是不甚寬廣。
>
> 那隔河的牛郎織女，
>
> 定能夠騎著牛。
>
> 我想他們此刻，
>
> 定然在天街閒游。
>
> 不信，請看那朵流星，

---

[182]王力《漢語詩律學》(上海教育出版社，一九七九年)，頁八三八。

　　　那怕是他們提著燈籠在走。

四行一節，字數、節奏大部分相等，排比較爲整齊，也有大致相
近的押韻。這種情形也在〈地球，我的母親〉一詩裡出現：

　　　地球，我的母親！

　　　天已黎明了，

　　　你把你懷中的兒來搖醒，

　　　我現在正在你背上匍行。

　　　地球，我的母親！

　　　你背負著我在這樂園中逍遙。

　　　你還在那海洋裡面，

　　　奏出些音樂來，安慰我的靈魂。

　　　　　（下略）

詩中採用排比「你還在那海洋裡面，奏出些音樂來，安慰我的靈
魂」，是試圖更明顯的表達自己的意志。他用了擬人的手法把地
球比做了自己的母親，表現了做爲一個赤子的天眞和熱情，展
開了豐富的想像，傾吐出對母親的讚頌和感激。再看〈沙上的腳
印〉全詩：

　　　　　　　一

　　　太陽照在我右方，

　　　把我全身的影兒

　　　投在了左邊的海裡；

　　　沙岸上留了我許多的腳印。

　　　　　　　二

　　　太陽照在我左方，

　　　把我全身的影兒

投在了右邊的海裡；

沙岸上留了我許多的腳印。

三

太陽照在我後方，

把我全身的影兒

投在了前邊的海裡；

海潮喲，別要蕩去了沙上的腳印！

四

太陽照在我前方，

太陽喲！可也曾把我全身的影兒

投在了後編的海裡？

哦，海潮兒早已當去了沙上的腳印！

這些都是四行一節，每節第一句幾乎是同樣的一句詩，增強音樂的節奏感。這裡值得提出的是，郭沫若早期的詩作中，四行一節的詩不少，如詩集《女神》裡的〈心燈〉、〈日出〉、〈雪朝〉、〈霽月〉、〈晴朝〉等，詩集《星空》裡的〈大鷲〉、〈地震〉、〈兩個大星〉等，詩集《瓶》裡的〈獻詩〉，尤其在詩集《恢復》裡的所有的詩作都是四行一節爲主。

郭沫若詩作中，除了四行一節的詩以外，還有一些是二行一節，[183]如〈太陽禮讚〉、〈春之胎動〉、〈日暮的婚筵〉、〈勵失業的友人〉。其中，〈太陽禮讚〉是有個性的音樂，就是「-eng」和「-ang」同音堆集：[184]

---

[183]另外，詩作也有八行一節，如〈哀的古調〉以及有十二行一節的如〈洪水時代〉。

[184]同音堆集：指的是詩歌語言中某種音以高於其他音的頻率安排在詩行裡，並在語流中起某種形式和意義作用的現象。參見許霆〈新詩同音堆集說略〉（江西師範大學學報，一九八八年第三期，哲社版），頁六一。

青沈沈的大海，波濤洶湧著，潮向東方。
光芒萬丈地，將要出現了喲——新生的太陽！

天海中的雲島都已笑得來火一樣的鮮明！
我恨不得，把我眼前的障礙一概剷平！

出現了喲！出現了喲！耿晶晶地白灼的圓光！
從我兩眸中有無限道的金絲向著太陽飛放。
　　（中略）
太陽喲！你請把我全部的生命照成道鮮紅的血流！
太陽喲！你請把我全部的詩歌照成些金色的浮漚！

　太陽喲！我心海中的雲島也已笑得來火一樣地鮮明了！
　太陽喲！你請永遠傾聽著，傾聽著，我心海中的怒濤！

這裡，「青」、「洶湧」、「東」、「生」、「中」、「明」、「平」、「耿晶晶」、「從」、「請」、「生命」、「成」、「傾聽」都是「-eng」音，反復出現，構成中高音域的音樂基調；同樣，「向」、「光芒」、「將」、「陽」、「樣」、「兩」都是「-ang」音，構成高音域的音樂圖畫。詩中用比喻的手法「太陽喲！我心海中的雲島也已笑得來火一樣地鮮明了！」，來歌頌新中國的誕生。這類詩可以說是結構完整，前後照應，用一些多彩的對偶和排比，具有音樂美。尤其〈勵失業的友人〉是一種雙行詩（couplet）[185]的典型：

[185]雙行詩：是英語詩歌中一種由長度相等並且押韻的兩行詩句組成的詩體。雙行詩主要有兩種：八音節雙行詩和十音節雙行詩。參見〔英國〕羅杰·福勒（Roger Fowler）編　周永明、薛洲堂、李律　譯《現代西方文學批評術語辭典》（瀋陽，春風文藝出版社，一九八八年十

　　　　朋友喲，我們不用悲哀！不用悲哀！
　　　　打破這萬惡的魔宮正該我們擔戴！

　　　　在這資本制度之下職業是于人何有？
　　　　只不過套上一個頸圈替資本家們做狗！

　　　　朋友喲，我們正當得慶幸我們身是自由！
　　　　我們正當得慶幸我們身是自由喲，朋友！

　　　　我們的猛力縱使打不破這萬惡的魔宮，
　　　　到那首陽山的路程也正好攜著手兒同走！

　　　　朋友喲，我們不用悲哀！不用悲哀！
　　　　從今後振作精神誓把這萬惡的魔宮打壞！

這首第一、二、三節都有押韻，且剛好十音節的雙行詩。郭沫若
雖然很少嘗試過這種詩體，但此便可能會有積極的現實意義和理
論上的基本建設的作用。

　　音樂美，它是脫離了語言文字的純粹的詩意，或者說，它是
詩意的抽象。於是，浪漫主義就透過音樂來解釋和通向了純粹
美。[186]其實，形式上的音樂美的作用要經過情緒方式來實現，
郭沫若在一九二○年二月十六日寫的〈致宗白華〉信中說：

　　　　然於自然流露之中，也自有他自然的諧樂，自然的畫意
　　　　存在，因爲情緒自身本是具有音樂與繪畫之二作用故。
　　　　情緒的呂律，情緒的色彩便是詩。詩的文字便是情緒自

　　　　一月），頁二二六。
[186]同註１７８，頁四六。

身的表現（不是用人力去表示情緒的）。[187]

「情緒」這個概念，與音樂有什麼關係？其實所有藝術門類都與「情緒」有關，都是爲表達「情緒」所做的發明。其中，音樂是一種超人的方式來描寫人的情緒。這種情緒在郭沫若的情感世界中，常呈現在心靈反復的回響，在〈我是個偶像崇拜者〉、〈晨安〉等詩裡，大規模地運用反復：

　　我是個偶像崇拜者喲！
　　我崇拜太陽，崇拜山岳，崇拜海洋；
　　我崇拜水，崇拜火，崇拜火山，崇拜偉大的江河；
　　我崇拜生，崇拜死，崇拜光明，崇拜黑夜；
　　我崇拜蘇彝士、巴拿馬、萬里長城、金字塔，
　　我崇拜創造的精神，崇拜力，崇拜血、崇拜心臟；
　　我崇拜炸彈，崇拜悲哀，崇拜破壞；
　　我崇拜偶像破壞者，崇拜我！
　　我又是個偶像破壞者喲！　　　　〈我是個偶像崇拜者〉

　　晨安！常動不息的大海呀！
　　晨安！明迷恍惚的旭光呀！
　　晨安！詩一樣湧著的白雲呀！
　　晨安！平勻明直的絲雨呀！詩語呀！
　　晨安！情熱一樣燃著的海山呀！
　　晨安！梳人靈魂的晨風呀！
　　晨風呀！你請把我的聲音傳到四方去吧！
　　　（下略）　　　　　　　〈晨安〉

---

[187]同註１１，《郭沫若全集・文學編第１５卷》，頁四七至四八。

在〈我是個偶像崇拜者〉一詩中「崇拜」這詩句，總共反復的出現二十二次。而〈晨安〉全詩中使用感嘆號共八十六次，每行開頭的詩句「晨安！」也共出現二十七次，就一直到此詩的最後幾乎同樣地反復下去。這種反復是一種意象爲中心，把痛快地表達反復情緒，但這樣過度的反復詠唱，不但減輕音樂之美，卻給人以空洞化、不夠凝煉之感。宗白華〈致郭沫若〉的信中說：

> 你的詩，意境都無可議，就是形式方面還要注意。……
> 你的詩又嫌簡單固定了點，還欠點流動曲折。[188]

這尤其在〈鳳凰涅槃〉一詩中較過度的明顯，謝康說：「除了〈鳳凰涅槃〉、〈地球，我的母親〉、〈晨安〉等詩調覺得太單純，整齊……」。[189]因此這些一定程度上影響到詩情的深厚。

新詩的發展過程當中，出現了一種特殊的排比方式，就是樓梯形式[190]。這種特殊的排比法在郭沫若的詩作中偶爾會出現，如〈海舟中望日出〉、〈黃浦江口〉、〈上海印象〉中嘗試：

> 鉛的圓空，
>
> 　　藍靛的大洋，
>
> 四望都無有，
>
> 　　只有動亂，荒涼，
>
> 黑洶洶的煤煙
>
> 　　惡魔一樣！
>
> ……　　　　　〈海舟中望日出〉

---

[188]同註２，《三葉集》，頁二六。

[189]同註２９，謝康〈讀了《女神》以後〉《郭沫若研究資料・中》，頁二〇四。

[190]樓梯詩（又稱階梯詩、壓行詩）指的是這樣一種詩歌體式：詩行參差不齊，詩句也不爲一行一行而呈梯進趨勢。參見杜榮根《中國新詩形式批評》（復旦大學出版社，一九九三年八月），頁二三三。

> 平和之鄉喲！
> 　我的父母之邦！
> 岸草那麼青翠！
> 　流水這般嫩黃！
> ……　　　　　　〈黃浦江口〉
>
> 游閒的尸，
> 　淫囂的肉
> 長的男袍，
> 　短的女袖，
> 滿目都是骷髏，
> 　滿街都是靈柩，
> 亂闖，
> 　亂走。
> ……　　　　　　〈上海印象〉

運用這種排比法有規律的體現詩歌的節奏，詩人根據現代漢語的特點，吸取語言、句法、章法上的長處，熔鑄出來有較特殊的新詩體。

二、散文美

散文詩是指以散文形式寫成的一種抒情詩，是詩的一種變體，一種特殊品種。它的位置處於詩與散文之間，它有著詩的內容、詩的情緒、詩的意象和詩的意境，卻又融和了散文的描寫，不分行，不押韻，自由靈活。所謂的散文美，是指那種語言的天然狀態，它基本上可以說是無技巧的狀態。散文詩這種藝術形式，在「五四」這個思想、審美觀念、表現形式自由發展的時代得以誕生和初步確立，這並不是偶然的現象。

郭沫若在濃鬱的抒情色彩上，以散文來表現詩，這是他散文藝術的重要特色。他在〈論詩三札〉一文中說：

> 詩應該是純粹的內在律，表示它的工具用外在律也可，
> 便不用外在律，也正是裸體的美人。散文詩便是這個。
> [191]

他的內心世界，是一個充滿詩意的感情激流。他的散文詩，都具有感情色彩的特點。如在〈新陽關三疊〉一詩中描寫：

> 我獨自一人，坐在這海岸邊的石梁上，
> 我要歡送那將要西渡的初夏的太陽。
> 汪洋的海水在我腳下舞蹈，
> 高神出無數的臂腕待把太陽擁抱。
> 他，太陽，披著件金光燦爛的雲衣，
> 要去拜訪那西方的同胞兄弟。
> 他眼光耿耿，不轉睛地，緊覷著我。
> 你要叫我跟你同路去嗎？太陽喲！

這首散文詩，是他破沈默的第一聲，便具有現實生活上的關注，更有內心感情的袒胸露臂，托物言志和借景抒情。

黃遵憲曾經說：「我手寫吾口」的主張。郭沫若嘗試著順應自我宣洩的隨意適情的形式。如〈金字塔〉一詩中寫道：

> 一個，兩個，三個，三個金字塔的尖端
> 排列在尼羅河畔──是否是尼羅河畔？──
> 一個高，一個低，一個最低，
> 塔下的河岸刀截斷了一樣地整齊，
> 哦，河中流瀉著的漣漪喲！塔後洶湧著的雲霞喲！

---

[191]同註１１，〈論詩三札〉《郭沫若全集‧文學編第１５卷》，頁三三八。

雲霞中隱約地一團白光，恐怕是將要西下的太陽。

　　　　（下略）

這首展開散文詩的恣肆，面對金字塔的感受，就是整個人類的意識。鄭振鐸在〈論散文詩〉中說：

　　而在於詩的情緒與詩的想像，不必管他用什麼形式來表現。有詩的本質 —— 詩的情緒與詩的想像 —— 而用散文來表現的是「詩」；沒有詩的本質，而用韻文來表現的，決不是詩。[192]

　　散文詩句式的特點是自然性：它的頓數言數的多寡和詩句長短都是自然的；詩句有完整意思，無跨句、跨節等也是語言自然性的表現。[193]郭沫若在〈匪徒頌〉一詩中頗自然性的表現：

　　不安本分的野蠻人，教人「返自然」的盧梭呀！

　　不修邊幅的無賴漢，擅與惡疾兒童共寢的丕時大羅啓呀！

　　不受約束的亡國怒，私建自然學園的泰戈爾呀！

　　西北南東去來今，

　　　一切教育革命的匪徒們呀！

　　　　萬歲！萬歲！萬歲！

　　用直抒胸臆的表達方式，盡情讚美了那些歷史上被誣稱爲「匪徒」的革命家和教育家及倡導新學說的人。他的散文詩與他的其他文學作品一樣，留下了思想和文學道路的發展足跡。在詩集《蜩螗集》裡的一首散文詩〈祭陶行知〉中描寫：

---

[192]鄭振鐸〈論散文詩〉《文學旬報・第２４期》轉引自王駿驥〈郭沫若散文初探〉中國郭沫若研究學會《郭沫若研究》編輯部編《郭沫若研究・第１輯》（北京，文化藝術出版社，一九八五年八月），頁二二一。

[193]陳本益《漢語詩歌的節奏》（台北，文津出版社，一九九四年八月），頁六三一。

陶先生，請你領導著我們，永遠，永遠，

領導著我們四萬萬五千萬的人民，

領導著我們世世代代的子孫曾玄，

使我們爭取到不可侵犯的人權，

永遠的脫離專制獨裁的暴政，帝國主義的羈絆。

人民的力量是不可輕侮的地下火，

終有燒毀鐐銬，像火山爆發的一天。

不斷遵從革命需要，與時代同步前進，是郭沫若的文學創作在思想內容上的一個重要特點，尤其是中後期的作品表現得更明顯。在〈革命與文學〉一文中說：

文學是革命的函數。文學的內容是跟著革命的意義轉變的，革命的意義變了，文學便因之而變了。[194]

他的散文詩也是適應現實情況的需要，同時代的脈搏一起跳動著的。他從現實生活中尋找詩意的質料，以明朗高揚的歌頌著激越的情感。他採用象徵主義藝術表現方法寫了感情深沉、有意味的名篇。在〈寄生樹與細草〉就是他運用象徵藝術表現方法所寫的散文詩：

寄生樹站在一株古木的高枝上，在空氣中洋洋得意。它倨傲地俯瞰著下面的細草說道：

「你們可憐的小草兒，你看我的位置是多麼高，你們是多麼矮小！」

細草們沒有回答。

寄生樹又自言自語地唱到：

（中略）

---

[194]同註 4，〈革命與文學〉《郭沫若論創作》，頁三〇。

　　寄生樹被老樵夫撿拾在大籮筐裡，賣到瓦窯裡去燒了。

　　每逢下雨的時候，細草們還在追悼它，爲它哀哭。

　　他從自然、從社會中得到啓示，生動的形象和詩一般的語言把它表顯出來。他對自然界的寄生樹和小草有深刻的觀察，對現實生活中，那種寄生樹式的人物和默默生長的群眾見得多，知得深，並且受到啓示，產生聯想，於是他就用「寄生樹」來象徵「生活中那種寄生樹式的人物」，又用「小草」來象徵「默默生長的群眾」，不僅寫出了那「小草」頑強的生命力和純樸的同情心，而且把「寄生樹」那種洋洋得意、自命不凡的口吻、神態、性格及其不可避免的悲劇命運描寫了。「郭沫若的〈寄生樹與細草〉……顯示了五四時期前輩作家關注社會、關注人生的哲理思想，已把中國哲理散文詩推到了一個高峰」。[195]又在〈謝「園地」〉一詩裡描寫有象徵色彩的散文詩：

　　　　最可恨的那「凶殘的魔掌」有如燎原的烈焰，

　　　　有如喝多了幾杯黃酒而胡亂摧損別人的衣冠，

　　　　這應該加以懲膺，絲毫也用不著慈悲、猶夷、怠慢。

　　　　凶魔不除，你要想保衛你的「園地」實在難之又難。

　　　　多謝你，請把「園地」不斷地收拾，讓我們百游不厭。

這是四十年代一個知識份子的心聲，彌漫著把這塊「園地」裡，應要堅強、力求的理想精神。這首詩只是對現實生活中，做客觀的描述或感懷而已，缺乏鮮明的色彩，便把個性消融於群體之中。這恐怕是時代使然，這種現象一直持續到五、六十年代。一九五二年在柏林寫的〈鴨綠江〉一詩：

　　　　我們的理智是清明的，不會跟著狂人們一道發狂。

---

[195]柯藍〈中國哲理散文詩面面觀〉《文藝報》（一九九一年十一月二日第三版）。

> 我們的目的始終是和平解結朝鮮問題，只要美國政府和
> 　美國將軍們一天不向著這個目標走來，我們反抗侵略
> 　的努力一天也不會鬆懈。
> 我們有信心消滅細菌戰，更有信心在將來的和平建設中
> 　恢復鴨綠江的水電戰。
> 鴨綠江將永遠是詩的江，英雄的江，民族友誼的江。

他散文詩的內容仍然是沿著四十年代的客觀化方向發展著，群體性壓過個體性，都沒有突破前一階段的廉價讚美和抒情的桎梏。

三、戲劇美

　　現代文學最重要的特徵，是好像要努力突破文類的藩籬，然後再互相滲透或重新結合的樣子。於是便發生「小說化的敘事劇」、「詩化的小說(卡夫卡小說類)」、「戲劇的詩化」、「戲劇化的小說（第二人稱小說）」等的新類型。

　　在郭沫若的詩作裡，較容易發現，其語法和視覺運作的態度或方法方面，也有文類滲透的痕跡，採用戲劇的對話體，就是「戲劇化」。戲劇化偏向的文類滲透，其最終目標當然是通到劇詩(Dramatic Poem)的階段。這是詩的陳述有對話體、行為人物登台、提示有一些戲劇情況，所以，已經脫離傳統抒情詩的慣例。

　　他的詩集《女神》首篇的詩劇〈女神的再生〉中可以看出，這種嶄新的形式：

> 顓頊
> 　古人說：天無二日，民無二王。
> 　你為什麼定要和我對抗？
> 共工
> 　古人說：民無二王，天無二日。

　　　你爲什麼定要和我爭執？

　　顓頊

　　　啊，你才是個呀——山中的反響！

　　共工

　　　總之我要滿足我的衝動爲帝爲王！

　　顓頊

　　　你到底爲什麼定要爲帝爲王？

　　共工

　　　你去問那太陽：爲什麼要亮？

　　顓頊

　　　那麼，你只好和我較個短長！

　　共工

　　　那麼，你只好和我較個長短！

　　……

舞台監督（向聽眾一鞠躬）

　　　諸君！你們在烏煙瘴氣的黑暗世界當中怕已經坐倦
　　　了吧！怕在渴慕著光明了吧！作這幕詩劇的詩人
　　　做到了這兒便停了筆，他真正逃往海外去造新的光
　　　明和新的熱力去了。諸君，你們要望新生的太陽出
　　　來嗎？還是請去自行創造來！我們待太陽出現時再
　　　會！

　　郭沫若寫這首時，已經在翻譯歌德的詩劇〈浮士德〉。他採
用詩劇的形式，是對歌德有所借鑑的。[196] 在此詩劇裡設計出一

————————————

[196]在〈創造十年〉一文中說：「我開始作詩劇便是受了歌德的影響。
　　在翻譯了〈浮士德〉第一部之後，不久我便做了一部〈棠棣之花〉。
　　……〈女神之再生〉和〈湘累〉以及後來的〈孤竹君之二子〉，都是
　　在那個影響之下寫成的。」參見《郭沫若選集·第三卷》（北京，人

幅理想世界的藍圖，描繪了一個自己所憧憬的美妙的境界，是以
不同角色的詩意，把他們的行動和矛盾衝突，來塑造不同的藝術
形象。但這裡的理想世界是怎樣呢？他受著時代的局限，無法告
訴我們，他只有說：「諸君」請去「自行創造來」。這首詩劇，
透過象徵行的形象，表現了他向往、追求新社會的理想和願望。
詩劇中的共工、顓頊是當時軍閥的象徵，女神是創造新世界的革
命者的象徵。這首詩劇雖然取材於神話，反映遠古時代的人事，
卻分明熔鑄了他的主觀情熱美學，他的自我已經滲透在奇特的、
優美的詩意之中。這首與同樣在詩集《女神》裡的〈湘累〉、
〈棠棣之花〉三個詩劇，組成〈女神三部曲〉。

　　詩劇〈湘累〉是描寫詩人屈原到投湘水支流的汨羅江而死的
歷史事件。所謂「湘累」，《漢書・揚雄傳》載：「欽吊楚之湘
累」。[197]郭沫若在〈屈原時代〉一文中說：

　　　　時代對於他真是特別的厚待，他既稟賦有充分的詩人氣
　　　　質，而使他處到了國將破家將亡的境遇，玉成了他成為
　　　　了一個空前而且恐怕絕後的偉大的詩人。[198]

　　屈原，做為中國歷史上一個偉大的詩人，對人民的苦難充滿
同情，對黑暗的政治愈加不滿，他的政治理想徹底破滅之後，投
江自殺。詩劇〈湘累〉中描寫：

　　屈原　這兒是什麼地方，這麼浩淼迷茫地！前面的是什
　　　　　麼歌聲？可是誰在替我招魂嗎？

　　女須　噯！你總是愛說這樣瘋癲識倒的話，你不知道你

民出版社，一九九七年八月），頁一九五。

[197]注引李奇說：「諸不以罪死曰累……屈原赴湘死，故曰湘累也。」
屈原被放逐後自沉汨羅江而死。汨羅乃湘水支流，在長沙附近。

[198]同註１１，〈屈原時代〉《郭沫若全集・文學編第１８卷》，頁七
五至七六。

> 姊姊底心中是怎樣痛苦！你的病，噯！難道便莫
> 有好的希望了嗎？
>
> （中略）
>
> 屈原　……我的詩，我的詩便是我的生命！我能把我的
> 生命，拿來自行蹂躪，任人蹂躪嗎？我效法造化
> 底精神，我自由創造，自由地表現我自己。……
>
> （下略）

這首可說是屈原詩的創造精神，也是郭沫若的藝術創造精神。
「我的詩，我的詩便是我的生命！我能把我的生命，拿來自行蹂
躪，任人蹂躪嗎？」這說明了詩歌的崇高意義和價值，只有詩人
高尚的人格，才能堅持和發揚詩歌的高尚風格。「我雖然不曾自
比過歌德，但我委實自比過屈原。就在那一年所做的〈湘累〉，
實際上就是「夫子自道」。那裡面的屈原所說的話，完全是自己
的實感」。[199]這首詩劇是詩人寫詩人的詩，是將歷史和現實貫
通在一起，將現實與幻想在一起，又將古詩和新詩形成了一個詩
劇的整體。

　　詩劇〈棠棣之花〉是郭沫若戲劇創作的開端。他在〈我怎樣
寫「棠棣之花」〉一文中說：

> 我約略記得是在把〈湘累〉和〈女神之再生〉寫完之後，
> 開始執筆的[200]。那時候我還在日本留學，是九州醫科
> 大學的一年生。我讀過了些希臘悲劇家和沙士比亞、歌
> 德等的劇作，不消說是在他們的影響之下想來從事史劇
> 或詩劇的嘗試的。[201]

[199]同註２１，〈創造十年〉，頁一九六。
[200]此處郭沫若記憶有誤。〈棠棣之花〉作於一九二〇年九月，〈湘累〉、
　　〈女神的再生〉均作於一九二〇年十二月。
[201]同註１１，〈我怎樣寫「棠棣之花」〉《郭沫若全集·文學編第6

「全幕的表現完全是受著歌德的影響（像使聶嫈和聶政十分相像的地方，不消說也是摹仿了點子沙士比亞）」，[202]並表現了在動盪的歷史時代對革命的求索，反映了他的豐富而曲折的生活歷程。在〈棠棣之花〉中描寫：

> 聶政　（指點）姊姊，你看這一帶田疇荒蕪到這麼個田
> 　　　　地了！
>
> 聶嫈　（嘆息）嗳嗳！今年望明年太平，明年望後年豐
> 　　　　收，望了將近十年，這目前的世界成爲了烏鴉與
> 　　　　亂草底世界。（指點）你聽，那白楊樹上的歸鴉
> 　　　　噪得煞是逆耳，好像在嘲弄我們人類底運命一樣
> 　　　　呢！
>
> 聶政　人類底肺肝只供一些鴉鵲加餐，人類底膏血只供
> 　　　　一些草滋榮，──亂草呀，烏鴉呀，你們究竟又
> 　　　　能高興得到幾時呢？

這首詩劇中，聶政、聶嫈卻成了富有反抗精神和愛國愛民思想的鬥士。這透過他們的對話和歌唱，憤怒控訴了統治者。郭沫若對當時的歷史情況與人物故事是做過一些細密的考證，加上一些詩意的想像，虛構了一些人物與情節，才寫出這樣一個詩意濃厚的詩劇。

卷》，頁二七二至二七三。

[202]同註１１，〈寫在《三個叛逆的女性》後面〉《郭沫若全集・文學編第６卷》，頁一四五。但郭沫若並不完全模仿〈浮士德〉等西洋詩劇。他在〈創造十年〉一文中說：「西洋的詩劇，據我看來，恐怕是很值得考慮的一種文學形式，對話都用韻文表現，實在是太不自然。〈浮士德〉這部詩劇，單就第一部而言，僅可稱爲文字遊戲之處要在對成以上，像那〈歐北和酒寮〉、〈魔女之廚〉、〈瓦普幾司之夜〉及〈夜夢〉，要算是最沒有詩意的地方」。同註２１，頁一九三至一九四。

他一九二二年十一月寫了詩劇〈孤竹君之二子〉，在〈創造十年〉一文中說：

> 他要爲自己解嘲，那空想者便不能不抱著「獨善其身」的態度，而率性高蹈。……做了一篇〈孤竹君之二子〉完全就是那種態度的表現。〈孤竹君之二子〉濃厚地帶著虛無主義的色彩。[203]

這首詩劇郭沫若與郁達夫在上海四馬路上一連吃了三家酒店，醉酒時的心情爲基礎創作的。「我們是孤竹君子二子呀！我們是孤竹君子二子呀！結果是只有在首陽山上餓死！」，[204]「本篇的人物除伯夷叔齊而外，概系出自虛構。讀者不能以讀歷史的眼光讀人的創作。創作家與歷史家的職分不同：歷史家是受動的照相器，留聲機；創作家是借史事的影子來表現他的想像力；滿足他的創作欲」。[205]他本來準備寫成一篇小說，爲了更充分地抒發滿懷的鬱憤和詩情，最後寫成了這篇詩劇。詩劇中這樣的描寫：

> 叔齊　（搖頭強曳）哥哥，不是，不是，我也不願意呢。
>
> 他們追趕得很緊了，快走！快走！
>
> 追呼之聲愈近
>
> 伯夷　你要叫我往哪兒走？你想叫我回孤竹去嗎？你畢竟還是不了解我！
>
> 叔齊　（搖頭強曳）不是呀，哥哥，總之你跟著我走吧！我也是不願意的。

郭沫若以他的筆觸美化了伯夷叔齊的行爲，把他們爲了逃避

---

[203]〈創造十年〉《沫若文集・第七卷》轉引自閻煥東編著《郭沫若自敘》（山西教育出版社，一九九〇年九月太原第二版），頁一九五。

[204]同前註，〈創造十年〉《郭沫若自敘》，頁一九六。

[205]同註11，〈孤竹君子二子・附白〉《郭沫若全集・文學編第1卷》，頁二四一。

接替國王的席位而相繼出走，譜成了一曲對「忠信盡治而無求」的頌歌。他對伯夷和叔齊這樣的傳說人物給以美化時，便試圖以這種人物形象來同現實中的丑類實行精神上的對峙。這首詩劇獨白和對話的情形比較明顯，而出現戲劇的情況，這表示脫離傳統抒情詩的慣例。另外，詩劇〈廣寒宮〉透過優美動人的神話傳說，描繪了歡快自由的天國。

四、小　結

　　詩是反映客觀生活的，又是抒發主觀感情的。問題是如何把二者之間結合起來。二十年代已形成自由詩派，此詩派的旗手當然是郭沫若，[206]他經過非凡的想像使詩歌獲得了藝術力量和藝術自由，詩中的那些誇張、扭曲、變形的形象。詩在形式上想像的變形，第一個面臨的問題是，衝破描繪對象的外在形態，也就是說在外形上有變幻。郭沫若在此方面曾經有足夠的表現，這把中國新詩的質素有了改進和提高。

　　詩歌的音樂美，是在郭沫若的心目中向來佔有重要的地位，認為詩的起源和音樂美有關，他說：「對一切的環境，只有些新鮮的感覺，從那種感覺發生出一種不可抵抗的情緒，從那種情緒表現成一種旋律的言語。這種言語的生成與詩的生成是同一的」。[207]所謂的「旋律的言語」是對二十年代剛誕生的新詩來說，一個重要的理論問題，這是以胡適為代表的早期白話詩人，

---

[206]朱自清在《中國新文學大系·詩集導言》中說：「這十年來的詩壇就不妨分為三派：自由詩派、格律詩派、象徵詩派」。參見朱喬森編《朱自清全集·第四卷》（江蘇教育出版社，一九九六年八月），頁三七六。

[207]同註１１，一九二〇年二月十六日〈郭沫若致宗白華〉《郭沫若全集·文學編第１５卷》，頁四八。

最早感到的艱難，但郭沫若與他們不同，從一開始表現出優異的
創造力和自由感。朱湘在〈郭君沫若的詩〉一文中說：「郭君在
一般的時候，對於藝術是很忽略的，誠然免不了「粗」字之譏。
但有時候他的詩在形式上、音節上，都極其完美。就是用全部精
神在藝術上的人，也不過能做到這種程度」。[208]由此可知，郭
沫若在形式美上，尤其在音樂美方面的表現較為突出。

　　郭沫若的散文詩，在感情、色調和藝術表現方法上，具有美
學特徵。他本來就是屬於外向型性格的人，他寫起散文詩時，也
常常敞開心懷，把一切和盤托出而無所保留，顯得無比真誠和坦
率。他的散文詩所以能給人以真誠的美感，除了藝術個性本質原
因之外，還使用了內心獨白的藝術手法。這就是他所說的散文詩
應是「裸體的美人」，這句話的真諦，就散文詩不僅思想感情上
要「裸」，而且在藝術形式上也要「裸」。他不斷遵從革命需要，
與時代同步前進，這是他的文學創作在思想內容上的一個重要特
點，尤其在後期的作品中，這些特點表現的愈來愈鮮明。他的散
文詩也是為了適應現實鬥爭的需要，同時代的脈搏一起跳動著的。
其實，散文詩不需要對現實人生做多少直接紀實性的描寫，便是
構成有著較豐富的思想和藝術意象來傳遞內心情緒就可以了。郭
沫若散文詩的材料，常常是比較細碎的，內容也不太穩定的。他
借散文詩這一形式來對人生和社會做全景直接描述，但其結果不
如他所願的。

　　在詩劇中，郭沫若不能以自己的身份說話，只能根據他虛構
的角色的性格及其在特定情境中的反應說他能夠說的話。[209]他

---

[208]同註１４３，〈郭君沫若的詩〉《朱湘散文·上》，頁一九一。
[209]朱棟霖主編《文學新思維·中卷》(江蘇教育出版社，一九九六年三
　　月)，頁八八。

這種新詩的形式和表現方法便成爲創造力的詩人，像〈女神的再神〉、〈湘累〉、〈棠棣之花〉等的詩劇，在中國新詩中，是他首創的作品。詩劇化是實現藝術追求的有效方法，郭沫若寫詩劇的目的在此。他說：「開始寫詩劇便是受了歌德的影響……助成這個影響的不消說也還有當時流行著的新羅曼派和德國新起的所謂表現派」。[210]他的詩劇不注重各觀再現，而注重主觀表現。這些詩劇多是借古人古事或神話傳說的一點影子，透過藝術想像，加以生發，表現他的思想、感情或理想。這種把現實給以理想化的詩劇化傾向，可以說是郭沫若詩歌創作的一大特色，也是某種社會理想的圖解和詮釋，同時也是他的一部生活和思想的心跡記錄。

第六節　郭沫若在新詩史上的影響與評價

在郭沫若出現以前，中國的新詩，大多寫得比較實沉，詩的題材與形象多半取自詩人的自覺，他們在自然界，在社會中，遇到的事情和所感，就寫出詩來，但從此詩中很難見到自己想像的空間。因此，這麼狹小的新詩領域中，郭沫若是衝了出來，發揮了自己的想像空間。他將以中國、外國、宇宙、地球等，如此廣闊無限的地域和空間，又將現代、過去、未來等，如此漫長無終的時間，都一齊容進了自己的新詩中。

郭沫若是一位富有獨創性的詩人，戲劇家。他從五四新文學運動開始就站在時代的前列，是一個在現代文學史上有重要貢獻，並且可以代表發展方向的文學家。他把新詩從「摹仿自然」

---

[210]郭沫若〈學生時代〉，轉引自鄒水旺〈《女神》浪漫主義與象徵主義交融〉《郭沫若學刊》（一九九四年一月），頁五七。

階段推向「表現自我」的階段，他歌唱了覺醒的中國小資產階級
的自我，並借助泛神論加強了新詩「表現自我」，提高了新詩的
素質。朱自清在〈詩的形式〉一文中說：「這裡得特別提到郭沫
若先生，他的詩多押韻，詩行也相當整齊。他的詩影響很大，但
似乎只在那泛神論的意境上，而不在形式上」。[211]他的《女神》
一問世，就五四詩壇上，開新的一代詩風，引領著新詩走上新的
里程。郁達夫說：「我想誰也應該承認的，就是，『完全脫離舊
詩的羈絆自《女神》始』的一段功績」，[212]五四時期，對郭沫
若的文學研究最高水平的，便是聞一多的〈《女神》之時代精神〉
和〈《女神》之地方色彩〉兩篇論文。聞一多把《女神》放在新
詩發展的不同歷史階段加以考察，認爲《新青年》、《新潮》
裡的詩，屬於詩的草創期；《女神》的出現，標誌著新詩進入
進化期。《女神》所獨創的藝術風格，對以後的詩人產生了深遠
的影響，爲中國新詩的發展開闢了新的紀元，「《女神》眞不愧
爲時代底一個肖子」。[213]不過，聞一多批評他的《女神》說：
「《女神》不獨形式十分歐化，而且精神也十分歐化的了……眞
要建設一個好的世界文學，只有各國文學充分發展其地方色彩，
同時又貫以一種共同的時代精神」，[214]這裡聞一多要求他的新
詩於體現時代精神的同時，注意繼承民族文化的傳統，攝取中國
古典詩歌的長處，應該認爲合理的，此對郭沫若後來的詩歌創作
有著重要的借鑒意義。周揚在〈郭沫若和他的《女神》〉一文中，

---

[211]同註１２４，〈詩的形式〉《朱自清全集·２》，頁三九六。
[212]郁達夫〈女神之生日〉林明華等人編《郭沫若研究資料·中》（北
　　京，中國社會科學出版社，一九八六年八月），頁一八〇。
[213]孫黨柏·袁謇正主編〈《女神》之時代精神〉《聞一多全集·２》
　　（武漢，湖北人民出版社，一九九四年一月），頁一一〇。
[214]同前註，〈《女神》之地方色彩〉《聞一多全集·２》，頁一一八
　　至一二三。

對郭沫若及《女神》提出了一個總體的評價：

> 郭沫若在中國新文學史上是第一個可以稱得起偉大的詩
> 人。他是偉大的五四啓蒙時代的詩歌方面的代表者，新
> 中國的預言詩人。他的《女神》稱得起第一部偉大新詩
> 集。[215]

他還說：「《女神》，就是詩人所加於中國詩歌寶庫的最初貢獻，
也是他詩的創作所達到的最高峰」。[216]這可以說是精闢之論。

《女神》以後，郭沫若陸續出版了《星空》、《前茅》、
《恢復》等詩集。但他在〈序我的詩〉一文中說：「我要坦白的
說一句話，自從《女神》以後，我已經不再是『詩人』了」，[217]
《女神》以後，他的絕大部分新詩失敗了，他在詩歌創作上，經
歷了一段曲折的道路，並他還拋棄了，朱湘所說的：「郭君的成
績雖然沒有什麼，但他有這種浪漫的態度，已經使我們覺著驚喜
了」，[218]連這種對藝術創作至關重要的東西也拋棄了。這恐怕
有種種原因，他由於認識上的偏差，拋棄了浪漫主義而轉向了
現實主義。他說：「在歐洲的今日已經達到第四階級與第三階級
鬥爭時代了，浪漫主義的文學早已成為反革命的文學」，[219]顯
然，他在此否定的浪漫主義文學，是從文藝思潮角度上來說的。
但由於其理論上的失誤，便由此又否定了做為創作方法上的浪漫
主義，這樣也就否定了他過去的創作，也就否定了他的自我。但
是這種拋棄、轉向，在內心深處恐怕是不得已的，缺乏感情基礎

---

[215]同註２１２，周揚〈郭沫若和他的《女神》〉，頁二〇八。
[216]同註２１２，周揚〈郭沫若和他的《女神》〉，頁二一〇。
[217]〈序我的詩〉《郭沫若論創作》（上海文藝出版社，一九八三年六
　　　月），頁二一三。
[218]〈郭君沫若的詩〉《朱湘散文·上》（北京，中國廣播電視出版社，
　　　一九九六年三月第二次印刷），頁一八九。
[219]同註２１２，〈革命與文學〉，頁二三三。

的，是片面理解革命的需要而做出的忍痛割愛與勉強追隨，由於
詩集當中的《恢復》，已經是一位經歷了艱苦奮鬥，並遭到了失
敗挫折的無產階級革命戰士的心靈的歌唱，所以《恢復》就沒有
像《女神》那樣保存永久的藝術感人的力量。

　　文學上的表現自我失去自我，不僅僅是一種單純的文學現
象，還是一種複雜的社會文化現象。郭沫若創造的自我形象是眞
實的，其孕含的感情是充實、豐富的。《女神》時期，他注重表
現的是人文化的自我現象，他以個性鮮明的自我形象，頑強地表
現了生命的意識和力量。他說：「我覺得還是《女神》裡面是沒
有欺迋自己的」[220]東西。不欺迋自己，這正是他自我表現的可
貴之處。那麼，他的自我表現中，在《女神》之後，爲什麼會出
現政治化的自我形象呢？這和時代的推動密切相關。他在二十年
代創作的《蔡文姬》的動機，構思了反抗封建、爭取個性獨立的
主題。由於此動機是，至少他後來的政治生活的前奏曲，所以他
的自我形象與時代同步進行。

　　一九二〇年郭沫若在翻譯了《浮士德》第一部之後不久便寫
了詩劇〈棠棣之花〉，隨後〈女神的再生〉、〈湘累〉及〈孤竹
君之二子〉等。這些作品都是在《浮士德》的影響下創作的，這
從體裁來說是詩劇，其主要成分是詩，是抒情性的作品；但同時
也具有戲劇的特點：如有人物、有對話等。這些成就詩劇的創作
開闢了道路。他所首創的這些形式的詩體，都在中國新詩的發展
中，得到了鞏固和發展，成了中國新詩的一些文類滲透的詩體樣
式。

　　郭沫若也成爲中國自由體新詩的開拓者。在自由詩的創造

---

[220]同註１１，〈寫在《三個叛逆的女性》後面〉《郭沫若全集・文學
　　　編第６卷》，頁一四四。

上，他的確是取得了很大的成就。他不是以技巧、思想、感覺、悟性取勝，反而，他有很強的自我表現欲，把激情向外噴射，就是以激情取勝的人。因此，郭沫若的詩作儘管有時浮躁、有時虛張聲勢，卻能獨標風采；而他的劣作，就呆板淺薄毫無詩味，令人真不願意相信，他是親自寫過《女神》的詩人。

　郭沫若在他多方面的創作中，在開拓新詩的天地，為新詩提供新的形式，新的體式，新的藝術表現方法等方面，也對中國新詩的發展做出了傑出的貢獻。而因了這些貢獻，中國新詩所蘊含的巨大的表現力和生命力。就得到了一次充分表現的機會；因了這些貢獻，中國新詩的地位也就更為牢實了。

　總之，郭沫若是中國現代文學史上的重要詩人。無論到什麼時候，無論中國文化界的精神氣氛可能發生怎樣的變化，任何研究中國現代文學歷史的人都無法忽略郭沫若的存在。其實，他的文學作品，並沒有都保持在一個較高的藝術水準上，他也並非表現出了夠得上大詩人的卓然獨立的才情，他是因為有幸站在了文學與歷史的轉折點上，才成為重要詩人。換句話說，他《女神》時期的詩，是在新詩史上有巨大貢獻，這是無法否認的事實，但《女神》以後，尤其從浪漫主義轉向為現實主義之後，已經成為不是詩人的詩人了。

第三章　徐志摩的詩和詩論

第一節　生平述略

　　二十年代，在中國新詩壇上，曾出現了一位新月派的代表詩人徐志摩。他留下的足跡、著作、詩文，至今還引起人們的爭議。爲了解徐志摩的詩歌，本節即先探討一下他的生平。

一、家世、幼年

　　徐志摩（一八九六～一九三一），浙江省海寧縣硤石鎮人，初字槱森，後更爲志摩，小字又申，譜名章垿，以字行。筆名計有：谷、海谷、詩哲、南湖、黃狗、大兵、雲中鶴、仙鶴、刪我、心手、諤諤等。硤石這地方有東西二山之勝，一川從中流過，故又名硤川，風景明秀，文化水準很高。

　　徐志摩祖籍河南開封，世代經商，明朝正德年間才遷來硤石。祖父徐明樞，號星苞，略懂文墨，清朝時捐過附貢生，但主要以營商爲業，開辦了徐裕豐醬園。父親徐申如，繼承並恢廓祖業。除了繼續承辦醬園業外，還創辦了布廠、蠶絲廠、電燈廠。他一手到南通紗業投資，一手伸向上海開辦錢莊，是當時硤石鎮商會會長。徐志摩就是出身於這樣個帶封建色彩的富豪家庭。

　　他的長輩中對他影響較大的有祖母和母親。他的祖母在一九二三年秋天過逝，徐志摩在〈我的祖母之死〉一文中說：

　　　　她愛我寵我的深情，更不是文字所能描寫；她那深厚的

慈蔭，眞是無所不包，無所不蔽。[1]

深情地抒發個人對祖母的敬愛以及祖母對他的嬌寵。至於對母親，則一直懷著深情。即使成年後回到硤石，徐志摩仍像童年一樣伴著母親度過長夜。祖父徐星匏去世時，他還不滿六歲，因而對祖父印象淡薄。父親徐申如，對他影響也不大。[2]

二、求學過程

有人認爲徐志摩在小學時嗜讀小說，便是幼年即已愛好文藝的證明；其實這個論點並不十分正確，至於說徐志摩在少年時期即已深受梁啓超的影響，這是事實。[3]他十四歲那年畢業於硤石鎭開智學堂，十五歲進杭州府中學求學，他的同學郁達夫曾說他是一位「頭大尾巴小，戴著金邊近視眼鏡的頑皮小孩」[4]徐志摩讀書向來不用功，但是每次考試，他都考第一。十八歲那年他在杭州一中校刊《友聲》一期發表〈論小說與社會之關係〉一文，是他最早發表的文章。當時徐志摩興趣愛好頗爲廣泛，十九歲時還在《友聲》第二期發表過〈鐳錠與地球之歷史〉等有關自然科學的論文，並且準備撰寫天文方面的書。

二十歲時，他因結婚返里，北京大學預科輟學，後改入上海

---

[1]〈我的祖母之死〉趙遐秋、曾慶瑞、潘白生編《徐志摩全集·3》（廣西民族出版社，一九九一年七月），頁二三四。

[2]陸耀東《徐志摩評傳》（陝西，人民出版社，一九八六年七月），頁二至四。徐志摩和他父親原是父子情深，只是父親期望徐志摩成爲權貴巨賈，而他本人到英國後卻熱衷於走浪漫主義詩人的道路，於是矛盾就從此產生。

[3]梁錫華《徐志摩新傳》（台北，聯經出版公司，一九八六年九月），頁三。徐志摩讀了梁啓超的〈論小說與群治之關係〉名作之後，感受極深。其後一九一三年十八歲時，他自己在杭州一中校刊發表〈論小說與社會之關係〉，無論內容與筆法都與梁啓超的文章極爲相似。

[4]〈志摩在回憶裏〉蔣復璁、梁實秋編《徐志摩全集·第一輯》（台北，傳記文學出版社，一九八〇年八月），頁三七七。

浸信會學院暨神學院(即滬江大學前身)。兩年後他又轉學到天津
北洋大學唸法科的預科，成績斐然。一九一七年，北洋大學法科
併入北京大學，他在法學院修政治學一年，還加修法文及日文，
但不是正式生，只是旁聽生。[5]一九一八年六月，徐志摩透過張
君勱、張嘉璈之介，專誠拜訪梁啓超，並且行了肅穆隆重的拜師
大禮。梁啓超對這位翩翩濁世，心雄萬丈的美少年，接席而談，
態度誠摯而親切。徐志摩對梁啓超頂禮膜拜的心情，後來一九一
八年夏天〈致梁啓超〉一信中說得相當坦白：

> 具謚夫子愛人以德，不以不肖而棄之，抑又重增惶悚，
> 慮下駟之不足以充御廄，而有愧于聖門弟子也。敢不竭
> 步之安詳，以冀千里之程哉？[6]

換言之，這就是徐志摩謙虛自承，他還不夠資格做梁啓超的學生。

三、初　婚

　　一九一五年夏天，徐志摩畢業於杭州第一中學，然後考入北
京大學預科，就讀不到三個月，同年十月廿九日，便遵從父命與
張幼儀在硤石商會舉行盛大的新式婚禮。[7]張幼儀年方十六歲，
她容貌端正，文靜少言，秀外慧中，具有大家閨秀的氣質。結
婚時，她是江蘇第二女子師範學校的二年級學生，這樣看來，他
倆都受到了一些近代科學文化知識的薰陶，思想方面也與一般守

---

[5]同註3，〈從出生到留學〉，頁四。個中原因，據梁錫華猜測大概是
　　他早已立志出洋留學，因此在申請學校這一段時間，志不在分數，故
　　只以旁聽生資格到北京大學上課。
[6]同註1，《徐志摩全集・5》，頁一四一。
[7]同註4，《徐志摩全集・第一輯》頁五五八至五六〇。徐志摩的婚
　　事，據張幼儀說，當徐志摩在杭州一中讀書時，其兄嘉璈正任興武將
　　軍的秘書，一日奉派到杭州一中參觀，見到徐志摩的國文考卷，極為
　　激賞，乃以妹相許。

舊的青年男女不大一樣。他們的婚姻雖然是「父母之命，媒妁之言」，未經過自由戀愛，缺乏充分的了解，未產生感情的交流，未達到心心相印的境界，但他們的結合卻與不合理的封建婚姻有很大的不同。如他們結婚之前曾經見過一、二次，彼此之間大體上有所了解，一致同意結爲百年之好。另外，一九一八年四月二十二日，張幼儀生下長子阿歡，這時，他十分高興，並傾聽他母親述說張幼儀分娩時受痛的經過，他十分感動，後來他就寫了一首散文詩〈嬰兒〉。同年赴美留學前，他還建議教張幼儀繼續念她中輟的學業。其實，他倆結婚後的一段日子，就是徐志摩還沒認識林徽音前，過了幸福、美滿，有感情的生活。

四、留　學

徐志摩和父親討論出國留學的問題，徐志摩覺得很煩惱，因爲這是他誕生二十多年以來，破題兒第一遭，和他父親發生了歧見。他父親受的是舊式教育，他自知自己思想與見解已不能適應日新月異的時代潮流。[8]因此主張，徐志摩出國學習經濟、金融。徐志摩於一九一八年八月十四日由上海啓程赴美，乘船橫渡太平洋。途中他寫的〈一九一八年八月十四日啓行赴美分致親友文〉中說：

> 諸先生於志摩之行也，豈不日國難方興，憂心如搗，室
> 如縣磬，野無青草，嗟爾青年，維國之寶，愼爾所習，
> 以驕我腦。誠哉，是摩之所以引惕而自勵也。[9]

這是他一生中少有的愛國之作。全文洋洋灑灑，一千五百餘言，

---

[8]假如眞有一天硤石徐家也開了銀行的話，那麼，這家銀行的經營者就
　　該是徐志摩。當父者望子成龍的心理，古今皆然，中外略同。
[9]同註１，《徐志摩全集·４》，頁一九。

激昂慷慨，文情並茂。值得注意的是他第一次用「徐志摩」這個
名字。根據他當時的心境、抱負和志向，「志摩」的意思，可能
是指「立志摩頂放踵以利天下」。

徐志摩赴美入克拉克大學。根據該校的紀錄，徐志摩屬歷
史系而不屬社會系或銀行系。他曾入康奈爾大學夏令班修了四個
學分，才合乎克拉克大學的要求。他在克拉克大學修業時，
曾去哈佛大學，加入由中國留學生所組織的具有愛國色彩的「國
防會」。在這前後，他積極參加政治性集會，大量閱讀歷史和政
治書籍。[10]

徐志摩一九一九年六月從大學畢業，便繼續到紐約哥倫比亞
大學攻讀經濟碩士。當時他所修的課程，多偏向政治、勞工、民
主、文明、社會主義等方面，反而，對經濟專業知識不甚用心。
他的碩士論文是《論中國婦女的地位》。梁錫華認為：「從今天
嚴格的學術觀點來看，他的論文水準頗低，內容談及中國婦女自
古以來的文化修養，並強調革命後中國婦女得解放的情形。這全
然是愛國的徐志摩在洋人面前為中國婦女，也是為中國人爭面子
的一篇文章，其中不少內容有穿鑿附會之嫌。從心裡學分析，這
篇論文有極深的民族自卑感。」[11]翌年九月取得經濟碩士學位。

一九二○年秋他離美赴英，剛一到，就曉得了他從羅素而學
的嚮往，已經歸於破滅。他在〈我所知道的康橋〉一文中說：

> 我到英國是為要從羅素。……我擺脫了哥崙比亞大學博
> 士銜的引誘，買船票過大西洋，想跟這位二十世紀的福
> 祿泰爾認真念一點書去。誰知一到英國才知道事情變樣
> 了：一為他在戰時主張和平，二為他離婚，羅素叫康橋

---

[10]其中特別是梁啓超編著的〈義大利建國三傑傳〉，使他深受感動。
[11]同註 3，頁四至五。

　　　　給除名了。[12]

沒能達成從羅素讀書的心願，使徐志摩頗感失望，起先，他說：
「在倫敦政治經濟學院裏混了半年」。

　　由林長民的介紹，徐志摩認識英國作家狄更生。當狄更生了
解徐志摩對所讀的學校不甚滿意，便向他建議，不妨轉讀康橋大
學。由於是狄更生的介紹和推荐，所以徐志摩以特別生的資格進
入康橋大學皇家學院。康橋的環境，不僅形成他的社會觀和人生
觀，同時，也激起他的求知欲，和觸發他的創作欲。而詩興大發，
開始寫了詩。他在《猛虎集》序文中說：

　　　　說到我自己的寫詩，那是再沒有更意外的事了。我查
　　　　過我的家譜，從永樂以來我們家裏沒有寫過一行可供傳
　　　　誦的詩句。在二十四歲以前我對於詩的興味遠不如我對
　　　　相對論或民約論的味。我父親送我出洋留學是要我將來
　　　　進「金融界」的，我自己最高的野心是想做一個中國的
　　　　Hamilton！在二十四歲以前，詩，不論新舊，於我是完
　　　　全沒有相干。[13]

因此，他所崇拜的偶像不再是美國的漢彌爾登，而是英國的雪萊
和拜倫，他「換路走」入詩人的行列。[14]值得注意的是，徐志
摩對白話詩的態度十分審慎。他是幾經思考和試驗才接受並寫白
話詩的。

　　徐志摩身處在思想活躍的五四前後，對西方文明和西方詩藝

---

[12]同註4，《徐志摩全集・第三輯》，頁二四三。「康橋」又稱「劍橋」。
[13]同註4，《徐志摩全集・第二輯》，頁三四〇。
[14]胡凌之《徐志摩新評》（上海，學林出版社，一九八九年二月），頁五
　　至七。「徐志摩在英國也住了兩年，但這兩年不同於在美國的兩年，
　　他的生活起了很大的變化。在英國，尤其是在康橋的這段生活，對他
　　的一生的思想有著重要的影響，也是他思想發展的轉折點。」

有深刻的自覺，對西方詩表現出極大的熱情和興趣。他在康橋大學，曾與英國文化界名流威爾斯、迪金森、曼殊菲爾、羅素、哈代等人有交誼和書信往還。一九二一、二二年徐志摩在康橋創作了〈夜半松風〉、〈草上的露珠兒〉、〈夏日田間即景〉、〈聽槐格訥（Wagneh）樂劇〉、〈康橋再會罷〉等抒寫康橋自然景色的詩篇。[15]

五、熱戀和離婚

在英國的這期間，他與張幼儀通信頻繁，互訴思念。不過他這半年內，也認識了三位朋友，一位是陳西瀅，一位是前北洋軍閥政府司法總長林長民，另一位便是林長民十六歲的女兒林徽音。她由於受到中西文化的薰陶，她的修養風度，文雅又大方，而且追求人格上的獨立和自由。徐志摩第一次看見林徽音時，就禁不住在心裡驚嘆她的天生麗質。不久，林徽音便成了他所崇拜的女神。而他的熱情和才華，也給了林徽音很好的印象。這樣，他們陷入了熱戀，尤其是徐志摩，「對林徽音傾倒之極」，[16] 狂熱的向他求愛。這熱戀是導致他的人生中，發生重大轉折的重要原因，也是一種客觀存在的事實。他在《猛虎集》序文中說：

> 整十年前……也許照著了什麼奇異的月色，從此起我的思想就傾向於分行的抒寫。一份深刻的憂鬱佔定了我；這憂鬱，我信，竟於漸漸的潛化了我的氣質。[17]

---

[15]梁仁編《徐志摩詩全編》（折江，文藝出版社，一九九〇年一月，編年體）頁四至三二。徐志摩在康橋期間還創作了〈情死〉，〈小詩〉，〈私語〉，〈夜〉〈清風吹斷春朝夢〉）。

[16]陳從周編《徐志摩年譜》（上海書店印行，一九八一年十一月），頁二三。

[17]同註 4，《徐志摩全集·第二輯》，頁三四一。

他與林徽音相識，對他的生活產生了兩個重大影響：一是促使他與張幼儀女士離婚；二是激起了他的詩情，促使他從事創作。有一位曾與林徽音私交的薇瑪（Wilma Fairbank）女士說：

> 徐志摩和林徽音之間存在的是一種浪漫而非性關係，也就是一種偏向文學性質的關係，每當林徽音談起徐志摩，就會提到雪萊和拜倫等其他詩人。[18]

林徽音與他友好而親切地交談，但一接觸到戀愛問題，林徽音卻機智地轉移了話題。後來她終於向徐志摩提出就此終止戀愛，便開闢一條友情的大道。林徽音於一九二一年離開英國隨父返國。不久林徽音便成爲梁啓超的媳婦。當時，徐志摩內心感到一種被撕裂的痛苦。他在〈消息〉一詩中描寫自己的心情：

> 什麼！又（是一陣）打雷了──
>
> 在雲外，在天外，
>
> 又是一片黯淡，
>
> 不見了鮮紅彩，──
>
> 希望，不曾站穩，又毀了。

這一突然的打擊，使他兩眼發黑，誰知道這理想的伴侶，便成了他最敬愛的老師梁啓超的大媳婦。徐志摩的熱戀就這樣告一段落，他漸漸白熱化的感情冷淡下來。

徐志摩雖然已經有妻有子，但是他無法容忍那種沒有愛情的婚姻。張幼儀也忍受不了這種若即若離的夫婦生活，她獨自到德國柏林留學去了。徐志摩要謀求出路而提議離婚，他在〈致張幼儀〉一信中說：

> 真生命必自奮鬥自求得來，真幸福亦必自奮鬥自求得來，

---

[18]張邦梅《小腳與西服──張幼儀與徐志摩的家變》（台北，智庫出版，一九九六年十一月），頁一八二。

> 眞戀愛亦必自奮鬥自求得來！彼此前途無限，……彼此
> 尊重人格，自由離婚，止絕苦痛，始兆幸福，皆在此
> 矣。[19]

這是一封要求離婚的信，可是離婚消息傳到他家中，他父親大發
雷霆，認爲離婚有辱家門。離婚消息傳到了梁啓超耳中，他以老
師的身份，累寫長書力加勸阻，但梁啓超這種「天下豈有圓滿之
宇宙？……若沈迷於不可必得之夢境，挫折數次，生意盡矣，鬱
邑侘傺以死，死爲無名」[20]的反理想主義說法，徐志摩是無法
接受的。徐志摩〈致梁啓超〉信中答覆說：

> 我將於茫茫人海中訪我唯一靈魂之伴侶；得之，我幸；
> 不得，我命，如此而已。[21]

因此，徐志摩於一九二二年三月與張幼儀在柏林離婚。關於
他們離婚的事，張幼儀還是把離婚的罪過推到林徽音身上，她說：

> 如果徐志摩連看部電影都沒辦法做決定的話，他怎麼會
> 有辦法做離婚決定呢？[22]

張幼儀又回憶說：

> 我是在沒有徵得父母同意的情況下離婚的，這個時候馬
> 上回家，是很莽撞的舉動，也等於藐視自己不孝的事
> 實。我曾經告訴我父母，徐志摩與我分居，是因爲我們
> 求學的志趣不同。[23]

離婚後的張幼儀積極充實自己，一九二八年至一九三七年，
她擔任上海第一家婦女儲蓄銀行副總裁，一九四九年移居香港，

---

[19]同註１，一九二二年三月〈致張幼儀〉《徐志摩全集・５》，頁一四。
[20]同註４，《徐志摩全集・第一輯》，頁三六一。
[21]同註１，一九二三年一月〈致梁啓超〉《徐志摩全集・５》，頁一四二。
[22]同註１８，頁一八三。
[23]同註１８，頁一六八至一六九。

一九五四年與第二任丈夫結婚，一九七四年她先生去世後，她移民到美國，住在紐約曼哈頓，一九八八年一月二十日在沉睡中因心臟病去世，享年八十八歲，《紐約時報》曾報導她過世的消息。

六、回　國

　　徐志摩在留學四年之後，於一九二二年八月十五日告別了他的精神故鄉英國康橋，返回自己的家國。他在離英回國之際，寫下了一首〈康橋再會罷〉。他返國途中，曾在新加坡、香港、日本稍作停留，經歷兩個月的旅程，於十月十五日抵達上海。回國後，他先在家中居留數日，而後到南京晉見梁啓超，最後定居北京。

　　由於列強加速侵略中國，致使徐志摩的理想主義的浪漫主義趨於幻滅。於是他將個人感受和體驗形之筆墨，開始了文學創作的生涯。他生命最後十年，可說是他正式創作和取得成就的十年，其中尤以詩歌最爲傑出。

　　一九二三年春天，徐志摩在北京西單牌樓石虎胡同七號組織新月社。一九二四年四月，印度詩人泰戈爾抵華講學與遊覽，由徐志摩與林徽音擔任翻譯接待。講學期間徐志摩不僅隨侍左右，還陪他到日本、香港觀光。泰戈爾臨別前贈給他一個印度名字——素思瑪（Susima）。

　　一九二四年秋季始，徐志摩在北京大學任教，但是翌年三月他就辭職了。從一九二七年起，他先後任教於光華大學、南開大學、中央大學、東吳大學、大夏大學。他是一個深受學生歡迎的教授。[24] 但是嚴格說起來，他不是學者。因爲他涉獵廣，不喜

―――――――――――

[24]同註 **3**，頁五六。梁錫華認爲：主要並非因他學問過人或研究有成，

鑽研於一個「面」或一個「點」。因此，他講西方詩（特別是英國詩），雖然有精彩的體會，但大多是借題發揮，大抒己見，未能真正貼切詩旨講解詩義。

一九二五年，徐志摩再度赴歐，該年七月，在英國經狄更生介紹，認識大詩人湯麥士·哈代。當時徐志摩與陸小曼的戀情，在北京鬧得滿城風雨（陸小曼是有夫之婦），所以他暫避他鄉，其心情之苦悶，不在話下。在這樣的情形之下認識了哈代，當然很容易迷上他的悲觀哲學。同年十月接編《晨報副刊》，隔年四月於晨報副刊創辦《詩鐫》，鼓吹格律詩。這個刊物，對中國新詩的影響，正面多於頁面。一共出十一期。

一九二七年春天，徐志摩與胡適、潘光旦、聞一多、饒子離等人在上海成立新月書店。一九二八年三月，《新月》月刊創刊。由徐志摩主編，參與其事的有：胡適、梁實秋、葉公超、劉英士、聞一多等人。同年秋天，徐志摩與王文伯出國，經印度到英國。仍沒有忘記拜訪當年留學的地方。回程寫了一首〈再別康橋〉。

一九二九年一方面教書，一方面兼中華書局《新文藝叢書》的主編。從同年七月起，徐志摩邁入了他最後一段人生路程。他編完《新月》第二卷第六期後，不再負責此刊的編輯工作。當年秋、與陳夢家、邵洵美、方瑋德、孫大雨等人籌辦《詩刊》，十一月開始集稿。

一九三〇年三月他主持「筆會」的中國分會籌備會。同年又擔任中英文化基金委員會委員，還被選為英國詩社社員。在中英文化文流上，徐志摩是做了一些工作的。

而是由於他言辭動聽，態度坦誠，熱心滿腔，熱情滿懷，不擺架子，不道學氣，事事處處樂意助人，提攜後進。他詩人的名聲，當然也有助於他廣得眾望。

七、再 婚

一九二○年陸小曼經由父親安排，嫁給了王賡，畢業於普林斯頓大學和西點軍校，能說英、法、德文的人才。一九二四年夏天，這對年輕夫婦在北平由熟人介紹認識徐志摩。這時王賡接受哈爾濱警察廳廳長的職位，但陸小曼不想離開北平陪丈夫去住哈爾濱，所以王賡就把他留在娘家。「徐志摩和陸小曼友誼的花朵就是在這段時間綻放的」。[25]陸小曼聰慧，擅長交際，能文善畫，又兼通英語和法語，多情的徐志摩對她自然會產生有很強烈的好感。張幼儀女士追憶說：

> 徐志摩又戀愛了。這次的對象是北平一個名叫陸小曼的交際花，他唯一的問題在於她是有夫之婦，丈夫是哈爾濱警察廳廳長，他發現了他們的戀情，揚言說要殺徐志摩。……陸小曼的丈夫已經改變主意，決定不殺徐志摩，而答應與陸小曼離婚。[26]

徐志摩和陸小曼的婚姻，在二十年代曾經轟動文壇，也引起社會的一陣波瀾。關於他們初面到婚姻的地步，可以從〈愛眉小札〉裏陸小曼所寫的「序」中看到：

> 在我們初次見面的時候（說來也十年多了），我是早已奉了父母之命媒妁之言同別人結婚了，……婚後一年多才稍懂人事，明白兩性的結合不是可以隨便聽憑別人安排的，……這樣的生活一直到無意間認識了志摩，叫他那雙放射神輝的眼睛照徹了我內心的肺腑，……於是我們發現「幸福還不是不可能的」。……我在上海住了不

---

[25]同註１８，頁一八六。
[26]同註１８，頁一八五至一八六。

久，我的計劃居然在一個很好的機會中完全實現了，我
離了婚就到北京來尋摩，但是一時竟找不到他。直到有
一天在晨報附刊上看到他發表的〈迎上前去〉的文章，
我才知道他做事的地方；而這篇文章中的憂鬱悲憤，更
使我看了急不及待的去找他，要告訴他我恢復自由的好
消息。那時他才明白了我，我也明白了他，我們不禁相
視而笑了。[27]

　一九二六年十月，徐志摩與陸小曼在北平北海公園結婚，由
梁啓超作證婚人，胡適作介紹人。他們婚後僅僅過了短期幸福的
日子，但蜜月過後的婚姻生活愈來愈不如人意，徐志摩的精神狀
態也愈來愈苦悶。他們的婚姻，始終得不到雙親的諒解。他倆婚
後一陣子雖回鄉與二老同住，但是仍然得不到父親的經濟補助，
「手頭無錢」、「窮得寸步難移」，[28]徐志摩爲了滿足陸小曼
揮霍無度的闊綽生活，曾疲於奔命地在幾所大學任教。並陸小曼
和翁瑞午的曖昧關係，又抽大煙，熱衷交際和舞場生活，更加使
徐志摩倍受精神折磨。他的老朋友，泰戈爾的秘書，英國人恩厚
之從國外寄來興辦中國農村建設的經費，也被陸小曼花光。徐志
摩因無法向老朋友交代，被迫中斷了與這位摯友的關係。[29]他
承認自己的生活失敗，詩作中的情調，也暗慘的可怕。胡適在
〈追悼志摩〉一文中說：

　　　冒了絕大的危險，費了無數的麻煩，犧牲了一切平凡的
　　　安逸，犧牲了家庭的親誼和人間的名譽，去追求，去試

[27]同註4，《徐志摩全集·第四輯》，頁二五○至二五三。
[28]同註1，一九三一年十月二十二至二十三日〈致陸小曼〉，頁一三五
　　至一三六。
[29]劉炎生〈試論徐志摩的婚變及其悲劇〉《江西大學學報》（社會科學
　　版，一九九○年第二期），頁三四至三六。

> 驗一個「夢想之神聖境界」，而終於免不了慘酷的失敗，
> 也不完全是他的人生觀的失敗。[30]

胡適當年只是以所謂「單純理想的追求」來粉飾徐志摩的行爲。
郁達夫也說：

> 志摩生前，最爲人所誤解，而實際也許是催他速死的最
> 大原因之一的一重性格，是他的那股不顧一切，帶有激
> 烈的燃燒性的熱情。這熱情已經激發，便不管天高地
> 厚，人死我亡，勢非至於將全宇宙都燒成赤地不可。
> ……以之處世，毛病就出來了，他的對人對物的一身熱
> 戀，就使他失歡於父母，得罪社會，而至於還不得不遺
> 詬於死後。他和小曼的一段濃情，在他的詩裡、日記
> 裡、書簡裡，隨處都可以看得出來；……忠厚柔艷如小
> 曼，熱烈誠摯若志摩，遇合在一道，自然要發放火花，
> 燒成一片了。那裡還顧得綱常倫教？更那裡還顧得到宗
> 法家風？[31]

徐志摩與陸小曼婚後，徐志摩雖然表面上成了「天神似的英
雄」，但實際上卻陷入異常可悲的境地。這是劉心皇所謂：「現
在中國文壇的愛情悲劇有二：一是郁達夫與王映霞，一是徐志摩
和陸小曼。」[32]一個男人或是女人，不管美醜，他們如果不怕
批評，不顧道德，而任性的想幹什麼就幹什麼，他們一定是悲劇
的男女主角。徐志摩和陸小曼兩人當中，尤其小曼這女人就有這
樣的性格，而又有不良的嗜好，此情況之下，她不想演悲劇恐怕
不可能的事了。

---

[30]同註4，《徐志摩全集·第一輯》，頁三六三至三六四。
[31]〈懷四十歲的志摩〉《郁達夫文集·第四卷》（廣州，花城出版社，
　　一九九一年五月第2次印刷），頁七八。
[32]劉心皇〈徐志摩與陸小曼〉《暢流》（一九六二年五月），頁六。

八、死　亡

徐志摩每月收入不可謂不豐，但因為有個喜歡花錢的太太，所以常常弄得青黃不接，「不是我樂意冒險，實在是為省錢」，[33]他就常常去尋找不花錢的飛機乘。蔣復璁在〈徐志摩小傳〉中說：

> 民國二十年（一九三一年）十一月，志摩自北平乘便機南歸，為探小曼女士之病也，又乘便機北上，為聽友人之講演也。[34]

這裡所謂的友人就是林徽因（原名林徽音），一九三一年十一月二十日她有一個在北平對外學術講座，邀請徐志摩幫她忙，同月十八日，他乘火車由上海抵南京；十九日上午八時，乘中國航空公司「濟南號」[35]飛機由南京飛往北京。駕駛員王冠一、副駕駛梁壁堂都是南苑航空學校畢業生，年齡均為三十六歲。飛機上除運載了四十餘磅郵件外，乘客只有徐志摩一個人。十時十分，飛機抵達徐州，加油後，於十時二十分繼續往北飛。開始時天氣甚佳，不料在山東濟南城南三十里黨家莊附近時，因天雨霧大，駕駛員為尋覓航線，降底飛行高度，不慎誤觸開山山頂，機油四溢，機身然起火，墜落於山下，待村人趕來時，兩位駕駛和徐志摩已經全被燒死。一心想著飛的他就此身亡。年僅三十六歲。他在〈想飛〉一文中的最後一段話描寫：

---

[33]同註 1，一九三一年六月二十五日〈致陸小曼〉《徐志摩全集·5》，頁一二七。

[34]同註 4，《徐志摩全集·第一輯》，頁三四。

[35]徐志摩乘坐「濟南號」飛機的機票，就是中國航空公司財務組主任保君建贈送的。公司欲借詩人之名，為開展航空業務做廣告，結果事與願違，兩方面都蒙受了無法追回的損失。

同時天上那一點子黑的已經迫近在我的頭頂，形成了一架鳥形的機器，忽的機沿一側，一球光直往下注，硼的一聲炸響，──炸碎了我在飛行中的幻想，青天裏平添了幾堆破碎的浮雲。[36]

這段話像是對他自己死的描寫⋯⋯難道他是眞的有預感嗎？他遇難的消息傳出後，在文藝界引起頗大震動，其中，蔡元培輓聯最爲精妙：

談話是詩，舉動是詩，畢生行逕都是詩，詩的意味滲透了，隨遇自有樂土；乘船可死，驅車可死，斗室生臥也可死，死于飛機偶然者，不必視爲畏途。[37]

關於他的死於飛機，當時一般輿論歸之於中國航空事業的落後，再來是他喜歡凌空駕虛的浪漫氣質。其實，他空難的更深層的原因，便是他生命最後幾年與陸小曼境況的窘迫黯淡。要是沒有陸小曼這個女人，他就不會這麼早死。

九、作　品

他所寫的詩，大多數登在《時事新報・學燈》、《小說月報》、《努力週報》、《晨報副刊》等雜誌上。一九二八年後，則多數發表在《新月月刊》、《詩刊》等刊物。

徐志摩出版的詩集計有：

一九二五年八月中華書局出版的《志摩的詩》。

一九二七年九月上海新月書店出版的《翡冷翠的一夜》。

一九三一年八月上海新月書店出版的《猛虎集》。

一九三二年七月友人編集，上海新月書店出版的《雲遊》。

---

[36]同註4，《徐志摩全集・第三輯》，頁四三三。
[37]同註4，〈輓聯、輓詩、祭文〉《徐志摩全集・第一輯》，頁五二九。

集外詩作，共六十首。

收短篇小說集有：

一九三〇年四月上海中華書局列入《新文藝叢書》出版的《輪盤小說集》。

他生前均以短篇發表，未輯集出版的《集外小說集》。

散文集有：

一九二六年六月北京北新書局出版的《落葉》。

一九二七年八月上海新月書店出版的《巴黎的鱗爪》。

一九二八年一月上海新月書店出版的《白剖》。

一九三一年十一月上海良友圖書印刷公司列爲《一角叢書》第十三種出版的《秋》。

劇本有：

一九二八年七月上海新月書店出版的《卞昆岡》（與陸小曼合作）。

他生前均以單篇發表，爲集輯出版的《集外翻譯戲劇集》。

譯作有：

一九二三年五月上海商務印書館列爲《共學社叢書》之一出版的《渦堤孩》，原著者爲德國作家福溝（Friedrich Heinrich Karl，Baron de la Fonque，1777-1843）。

一九二七年四月，上海北新書局出版的《英國曼殊斐爾小說集》，原著者爲英國女作家曼殊斐爾德（Katherine Mansfield，1888-1923）。

一九二七年六月上海北新書局列爲《歐美名家小說叢刊》之一出版的《贛第德》，原著者爲法國作家伏爾太（Voltaire，1694-1778）。

一九二七年八月與沈性仁合譯，上海新月書店出版的《瑪

麗瑪麗 》，原著者爲愛爾蘭作家詹姆士・司蒂芬士（ James
Stephens ）。

他生前均以單篇發表，爲集輯出版的《集外翻譯小說集》。

日記有：

一九三六年六月上海良友圖書公司出版的《愛眉小札》（含
書信）。

一九四七年三月上海晨光出版公司發行的《志摩日記》。

有人做過統計，徐志摩一共發表過二三四首詩。他的詩歌創
作大致可分爲四個時期。第一時期，時間大致是一九二一至一九
二二之間，這時他正在英國康橋大學留學，詩歌的創作正值鼎盛
期。第二時期，是一九二二年十月返國後兩年，以《志摩的詩》
爲代表作。這一時期，他的詩情不知前期澎湃激越。第三時期，
是一九二五至二七年之間，《翡冷翠的一夜》是此期的代表作。
第四時期，這是他的創作的最後一個階段，稱它爲雲遊期。[38]

徐志摩不僅寫詩，同時他也寫散文，在他全部的創作中成就
較大的，除了詩歌外，恐怕就是散文了。王統照先生在談到徐志
摩的作品時說：

> 他自從十五年後作的文字比較的少了，而作品也不似以
> 前的豐麗活潑，我想這是年齡與環境的關係使然，然而
> 無論是詩是散文，在字裏行間我們確能看得出他是逐漸
> 地添上了些憂鬱的心痕與凄唱的餘音。對於他的自由自
> 在的靈魂上，這是些不易解脫的桎梏，不過在他的著
> 作中卻另轉入一個前途頗長的路徑，到了深沉嚴重的境
> 界。[39]

[38]同註１４，頁四〇至五四。
[39]王統照〈悼志摩〉《王統照文集・第五卷》，轉引自同註１，頁一七

梁實秋也說：

> 徐志摩散文的妙處，一是「永遠的保持著一個親熱的態
> 度」；二是「他寫起文章來任性」；三是「他的文章永
> 遠是用心寫的」[40]

徐志摩的散文，確實具有獨創性。他的散文內容極廣，有對
人生理想的絕望，有觸及時政的評論；有對往事的追憶，有對藝
術的評論；有一事一議的小品，有說長短的書評。他的散文個人
色彩極強，有自我思想感情的剖析；哲理和詩情的融；散文的詩
化。他的散文和詩，實質上有密切關係。他有不少詩是絕美的散
文，也有不少散文是絕美的詩。[41]徐志摩的散文富有詩意，很
能宣洩他一腔子美麗的吟唱。[42]他將詩和散文二者結合在一起，
是他自己的另創一格的詩的散文。徐志摩這種散文詩化的傾向，
與他接觸社會現實過程中，思想產生震動鬱積，而又急於表達的
情形有關。

徐志摩的小說，主要在批判封建社會，揭露社會黑暗，同情
貧苦人家，宣揚人道主義。但是，比起詩歌和散文，小說實在不
是他的專長，他在唯一的小說《輪盤》自序裏，他也承認自己說：

> 我實在不會寫小說……。[43]

徐志摩也熱心倡導戲劇活動，曾在《新月》上面發表《卞昆
崗》劇本（與陸小曼合作）。

五至一七六。
[40]同註 4 ，〈談徐志摩的散文〉《徐志摩全集·第一輯》頁三八五至三
　　八七。
[41]陳敬之《新月及其重要作家》(台北，成文出版社，一九八〇年十月)
　　頁五四。
[42]司馬長風《中國新文學史》（上卷，古楓出版社，一九八六年）頁一
　　八一。
[43]同註 4 ，《徐志摩全集·第四輯》，頁一三。

　　至於翻譯是徐志摩頗爲重要的創作，他的翻譯與創作幾乎是同步進行。他的《瑪麗·瑪麗》序說：

　　　　在我翻譯往往是一種不期然的興致。存心做的放著不做，

　　　　做的卻多半是不預期的。[44]

十、小　結

　　徐志摩出身富豪之家，讀書並不十分積極。他出國攻讀經濟學碩士。但是出國留學使他才眞切認清自己的興趣與志向之所在，因此他改習文學，大量閱讀西方典籍，對西方文學極爲傾慕。回國後，正值新文學運動，風起雲湧，於是徐志摩憑著他的文學才華和西方學識，成立新月社出版新詩爲主的集刊，積極推動文學改革。由於徐志摩生性富於浪漫，無視現實，他在〈天下本無事〉一文中說：「我的友人多叫我『理想者』，因爲我不開口則已，一開口總是與現實的事理即不相衝突也很難符合的」，[45]這樣的他對愛情當然存有憧憬，因此在認識陸小曼之後，他不顧社會異樣的眼光，毅然與陸小曼再婚。誰知道陸小曼揮霍成性，使徐志摩飽受努力賺錢之苦。後來意外的一場空難，結束了他短促的一生。這就是從自己愛的理想起步，直到步入極端厭世的死的世界，完成了一個人道主義者從天堂跌進地獄的悲劇。

第二節　徐志摩詩所承受的影響

　　本節將探討從西方文學與中國古典文學以及當代文壇對徐志摩詩創作是如何發生影響的角度，加以尋根探源。

---

[44]同註 4，《徐志摩全集·第五輯》，頁四二五。
[45]同註 1，〈天下本無事〉《徐志摩全集·4》，頁一三三。

一、西方文學的影響

　　五四時期，是中國現代文學破土而出的誕生期，同時也是各種文藝社團，蓬勃崛起的時期，更是西方文學思潮、作品大量湧進中國的一個高峰期。徐志摩在中國新詩發展史上，是一個引人矚目的作家，而他的詩，又被認爲是多種「西方詩體」的第一個試驗者。[46]因此，他的詩與西方思潮關係密切。他曾留學英美，這對他的思想情趣一定會有某種程度的影響。他在英國期間的生活比在美國時期，對他的影響似乎更大，使他的思想和人生路向起了一個重大的變化。這裡分爲「詩人特色」以及「詩的形式」兩方面來探討。

㈠詩人特色

1.英國

　　徐志摩於一九二一年始作新詩，華滋華斯（Wordsworth）、拜淪（Byron）、雪萊（Shelley）、濟慈（Keats）一代詩風，給了他詩靈衝動最初的養分。這些英國第一代浪漫派詩人的詩歌彷彿向他「吹著了一陣奇異的風，……什麼半成熟的未成熟的意念都在指顧間散作繽紛的花雨」。[47]

　　甲、華滋華斯：徐志摩受華滋華斯影響很大，此與他留英時期所讀書有關，所以縱觀他十年詩作，可看出他時常觸及自然、友誼、永恆等題材。詩人之所以特別傾心於華滋華斯，原因之一確然是康橋的關係。因此，徐志摩較多詩作的形式，可以在華滋華斯的詩集裏找到，然而其中對他啓示最大的首推歌謠，如〈地

---

[46]胡凌芝〈徐志摩詩派與外來影響〉《徐志摩新評》（上海，學林出版社，一九八九年二月），頁一一六至一一七。

[47]蔣復璁、梁實秋編〈猛虎集·序〉《徐志摩全集·第二輯》（台北，傳記文學出版社，一九八〇年八月），頁三四一至三四三。

中海中夢埃及魂入夢〉，以及一種漫興自白，如〈康橋再會罷〉
等。他在〈康橋再會罷〉末段描寫：

> 亦不乏純美精神：流貫其間，
>
> 而此精神，正如宛次宛士所謂。

按這裏的宛次宛士即華滋華斯。又在〈夜〉詩中：「聽呀，那不
是華翁吟詩的清音——」，飛越空間和時間中聽了「華翁」吟詩
的清音。

乙、拜倫：他詩篇的鮮明具體，現實感與理想性的結合，深
刻的影響著徐志摩作詩的內容和方向。徐志摩在〈拜倫〉一文中
說：

> 衝鋒，衝鋒，跟！……他的爭自由的旗幟卻還是緊緊的
>
> 擎在他的手裏我來。……[48]

拜倫爭自由的精神，徐志摩如〈梅雪爭春(紀念三一八)〉爲例：

> 南方新年裏有一天下大雪，
>
> 我到靈峰去探春梅的消息；
>
> 殘落的梅萼瓣瓣在雪裏醃，
>
> 我笑說這顏色還欠三分艷
>
> 運命說：你趕花朝節前回京，
>
> 我替你備下眞鮮豔的春京：
>
> 白的還是那冷翩翩的飛雪，
>
> 但梅花是十三齡童的熱血！

徐志摩透過比喻與象徵手法，熱情的歌頌在反帝反封建的鬥爭中，
尋求自由與民主的愛國青年。徐志摩與拜倫的追求自由的思想，
更是類似的。

---

[48]同註 4，《徐志摩全集·第三輯》，頁二八一。

　　丙、雪萊：徐志摩在北大教英詩時，講過雪萊的〈西風歌〉；
Julia Lin[49]在她的徐志摩詩專論中，更指出徐志摩的詩，有很
多雪萊式的空靈之氣。徐志摩在〈濟慈的夜鶯歌〉一文中說：

> 濟慈與雪萊最有這與自然諧合的變術；——雪萊製〈雪
> 歌〉時我們不知道雪萊變了雲還是雲變了雪萊；歌〈西
> 風〉時不知道歌者是西風還是西風是歌者；頌〈雲雀〉
> 時不知道是詩人在九霄雲端裏唱著還是百靈鳥在字句裏
> 叫著。[50]

徐志摩認爲，雪萊就自然的精神發言，並顯示其個人心靈上之願
望，以塗繪其對於世界萬物之看法。

　　丁、濟慈：徐志摩在北大教書，「也是偶然的，我教著濟慈
的夜鶯歌也是偶然的」。[51]徐志摩的〈杜鵑〉開端數行似乎襲
自濟慈之〈夜鶯歌〉。先看〈夜鶯歌〉：

> 決不是一隻平常的鳥；她一定是一個樹林裏美麗的女神，
> 有翅膀會得飛翔的。她眞樂呀，你聽獨自在黑夜的樹林
> 裏，在枝幹交叉，濃蔭如織的青林裏，她暢快的開放她
> 的歌調。

再看〈杜鵑〉開端：

> 杜鵑，多情的鳥，他終宵唱；
> 在夏蔭深處，仰望著流雲
> 飛蛾似圍繞亮月的明燈，

---

[49]Julia Lin《Modern chinese poetry：An Introduction》(Seatle，
　　University of Washington Press，1973)，頁一〇七。轉引自黃維
　　樑〈英美詩歌對五四新詩的影響〉陳黛雲、王寧主編《西方文藝思潮
　　與二十世紀中國文學》（北京，中國社會科學出版社，一九九〇年十
　　一月），頁三二六至三二七。
[50]同註4，《徐志摩全集·第三輯》，頁三一三。
[51]同註4，〈濟慈的夜鶯歌〉《徐志摩全集·第三輯》，頁三一六。

> 星光疏散如海濱的漁火，
>
> 甜美的夜在露湛裏休憩，

由此可知，徐志摩汲納了濟慈的詩風。

　　戊、布萊克(William Blake)：徐志摩對英國浪漫主義先驅布萊克的傾慕，更導致他對西方現代詩藝的接觸。他翻譯在布萊克以象徵手法歌頌暴力美的「猛虎」並以之命自己的詩集，開始了他對象徵、比喻、暗示的審美追求。

　　己、哈代(Thomas Hardy)：徐志摩譯哈代的詩最多，最少有四篇文章專寫哈代。[52]而徐志摩所寫的英文，在行文用字及句式方面，都深受哈代的影響。看他的英文著作〈Art and Life〉和哈代詩集《Late Lyrics and Earlier》前頭序言比較，便不難看出之間的關係。那麼，哈代對徐志摩有什麼影響呢？梁實秋曾取〈這年頭活著不易〉一詩，泛論徐志摩所受哈代的影響說：

> 哈代的小詩常常是一個小小的情節，平平淡淡，在結尾
> 處綴上一個悲觀的諷刺。這是哈代獨特的作風，志摩頗
> 能得其神韻。[53]

　　是的，但還不只此：他有不少詩歌以哈代式對話來書寫，而詩歌內的意象，如墳墓、墳地、死人、火車站等，都常見于哈代作品。這首〈這年頭活著不易〉結尾的悲觀語氣，可看出哈代的風格。此詩的結尾是這樣的：

> 果然這桂子林也不能給我點子歡喜：

---

[52] 四篇寫哈代的文章為：〈湯麥司哈代的詩〉、〈湯麥司哈代〉、〈謁見哈代的一個下午〉，以上三篇收於《徐志摩全集·第六輯》，〈厭世的哈代〉收於梁錫華編《徐志摩詩文補遺》（台北，時報文化，一九八〇年三月）。

[53] 引自顧炯《徐志摩傳略》（長沙，湖南人民出版社，一九八六年十月），頁一〇七。

　　　　枝上只見焦萎的細蕊，

　　　　看著悽慘，唉，無妄的災！

　　　　為什麼這到處是憔悴？

　　　　這年頭活著不易！這年頭活著不易！

所謂哈代的風格，是說他的詩除了內容愁苦憂鬱之外，詩的結尾
大都帶著悲觀的色彩。如〈我的悲哀多麼深沉〉的結尾：

　　　　自從我註定與你相識，

　　　　我為何總是歡樂少悲哀多？

　　徐志摩有很多詩的結尾，也有這樣的，如〈古怪的世界〉為
例：

　　　　我獨自的，獨自的沉思這世界的古怪，

　　　　是誰吹弄著那不調諧的人道的音籟？

從這些例子，可以看出徐志摩受哈代的影響最大。

　　庚、嘉本特（Edward Morgan Forster）：他愛人類，愛自
由，提倡自由結婚、離婚，贊成回到自然。此外，他對中國也很
熱愛。這一切和徐志摩都合上了。徐志摩的散文詩〈毒藥〉、
〈白旗〉、〈嬰兒〉等是嘉本特影響的作品。[54]徐志摩無論在
內容和技巧方面，都直接受了嘉本特的影響。

　　辛、艾略特（T·S Eliot）：他的〈序曲〉最後三行，曾經
被徐志摩直接用進〈西窗〉裏頭。艾略特〈序曲〉最後三行是這
樣的：

　　　　用手抹一抹嘴巴而大笑吧；

　　　　眾多世界旋轉著好似老婦人，

---

[54]梁錫華〈徐志摩海外交遊錄〉《文學史話》（台北，聯合報社，一九
　　八一年十二月），頁九五。徐志摩受嘉本特那首散文詩〈向民主〉的
　　影響。

在空曠的荒地檢拾煤渣。

徐志摩〈西窗〉的最後三行爲：

這是誰說的：「拿手擦擦你的嘴，

這人間世在洪荒中不住的轉，

像老婦人在空地裏檢可以當柴燒的材料？」

由此可見，徐志摩在思路和詩藝上受〈序曲〉顯著影響。

2.印度

泰戈爾(Tagore)：徐志摩眞正欣賞的，並不是泰戈爾的詩，而是他在文學上的革新精神，因爲泰戈爾是用孟加拉口語入詩的第一個人，他這一項創舉，和中國新文學運動人仕用白話寫詩有同樣歷史意義，這是徐志摩稱他爲「文學革命家」的原因。此外，泰戈爾有很虔誠的宗教思想，基本上是印度式的，但卻不屬於任何有組織的宗教。徐志摩在〈泰戈爾來華〉一文中說：

泰戈爾的宗教思想不徹底，實際上唯一的解釋是泰戈爾是詩人，不是宗教家。[55]

不過，後來徐志摩發現，泰戈爾的宗教，是源出印度思想，加上某些基督教和佛教的色彩。這種思想徐志摩所寫的長詩〈愛的靈感〉中有所流露。[56]

3.意大利

丹農雪鳥(Gabriele D'Annunzio)：他的作品對徐志摩的影響，除了在感性意象及遣詞用字之外，更重要的是愛與死這一個主題。因此，徐志摩借用了丹農雪鳥的戲劇〈死城〉這個題目，寫了一個故事，內容方面二者並不雷同，但其中運用顏色對照的

---

[55]同註4，《徐志摩全集·第六輯》，頁四六九至四七〇。
[56]同註3，《徐志摩新傳》，頁九三。

手法，很相類似。此外，徐志摩的〈情死〉一詩，其主題和丹農雪鳥的小說〈死的勝利〉最後部份異曲同工。下面先看〈情死〉的幾行：

> 你已經登了生命的峰極。你向你足下望──
> 一個無底的深潭！
> 你站在潭邊，我站在你背後，──我，你的浮虜。
> 我在這裏微笑，你在那裏發抖。
> 麗質是運命的運命。
> 我已經將你禽捉在手內！我愛你，玫瑰！

繼續看〈死的勝利〉結果：

> 「一分鐘！聽我！我愛你！你饒了我！你饒了我！」……
> 她還想脫身，指爪搯著，牙齒咬著，像野獸一樣。「害
> 命！救命呀！」她覺得她的頭髮被他抓住了，頭裏一陣
> 的昏，腿裏一發軟，她倒在絕壁的邊沿，她失敗了。這
> 時他的狗對著他的倒在地上扭鬥著的主人狂噪著。一場
> 劇烈的搏鬥，像是兩個死仇碰著了。他們膠成了一堆，
> 向外一滾──完了。

這是一種對生命全然加以毀滅的瘋狂希祈。

(二)詩的形式

1.十四行體[57]

徐志摩用中文寫十四行詩（sonnet）的格式，是一位先驅。他在〈白郎寧夫人的情詩〉一文中說：

> 商籟體是西洋詩式中格律最謹嚴的，最適宜于表現深沉

---

[57]或譯爲商籟體，或聲籟體，可分別爲兩類：意大利式，即「四行四行，三行三行」，abab abab adecde；沙士比亞式，即「四行四行四行二行」，abab 一dcdefefgg。

的盤旋的情緒。……當初槐哀德與石磊伯爵既然能把這
原種從意大利移植到英國，後來果然開結成異樣的花果，
我們現在，在解放與建設我們文字的大運動中，為什麼
就沒有希望再把它從英國移植到我們這邊來？[58]

文章中，對這種新詩體充滿著期許之感，所以他毅然加入試驗的
行列。如〈獻詞〉和〈叫化活該〉二首為例：

　　那天你翩翩的在空際雲遊，
　　自在，輕你，本不想停留
　　在天的那方或地的那角
　　你的愉快是無闌阻的逍遙。

　　你更不經意在卑微的地面
　　有一流澗水，雖則你的明艷
　　在過路時點染了他的空靈，
　　使他驚醒將你的倩影抱緊。

　　他抱緊的只是綿密的憂愁，
　　因為美不能在風光中靜止；
　　他要，你已飛度萬重的山頭，
　　去更闊大的湖海投射影子！

　　他在為你消瘦，那一流澗水，
　　在無能的盼望，盼望你飛回！　　　　〈獻詞〉

[58]同註4，《徐志摩全集·第六輯》，頁三三七。

『行善的大姑，修好的爺，』
　　西北風尖刀似的猛刺著他的臉。
『賞給我一點你們吃剩的油水吧！』
　　一團模糊的黑影，捱緊在大門邊。

『可憐我快餓死了，發財的爺，』
　　大門內有歡笑，有紅爐，有玉杯；
『可憐我快凍死了，有福的爺，』
　　大門外西北風笑說，『叫化活該！』

我也是戰慄的黑影一堆，
　　蠕伏在人道的前街；
我也只要一些同情的溫暖，
　　遮掩我的剮殘的餘骸——

但這沈沈的緊閉的大門：誰來理睬；
　　街道上只冷風的嘲諷，『叫化活該！』　　〈叫化活該〉

這兩首詩屬於莎士比亞式，則為四行、四行、四行各成一、二、三節，最後二行成四節。此外，如〈幻想〉大體上也屬莎士比亞式。又如〈雲游〉大體上屬意大利式。不過，他的十四行體，就他所吸取的其他英國詩體一樣，只是大概做框架，然後在借西洋詩的形式，實驗中國新詩的可能表現而已。

　　2.歌謠體[59]

　　徐志摩使用過的英式形式，「其中對他啓示最大的首推歌

─────────

[59]《文學詞典》(新竹，文強堂出版社，一九八六年十二月)，頁四一。
　　民歌、民謠、和兒歌、童謠的總稱。

謠」。[60]他以四行和七行一節爲主的歌謠體。如〈地中海中夢埃及魂入夢〉爲例：

> （埃及，古埃及！）
> 開佛倫王寂寞的偶像無恙！
> 開佛倫王寂寞的理想無恙！
> 開佛倫王寂寞的夢鄉無恙！

> （埃及，古埃及！）
> 尼羅河畔的月色，
> 三角洲前的濤聲，
> 金字塔光的微顫，
> 人面獅身的幽影！
> 是我此日夢景之斷片，
> 是誰何時斷片的夢景？

過去大部分歌謠體以口頭傳誦，但這首詩經過徐志摩加工或刪改的作品。另外，四行一節的形式，如〈去罷〉一、二節：

> 去罷，人間，去罷！
> 　我獨立在高山的峰上；
> 去罷，人間，罷吧！
> 　我面對著無極的穹蒼。

> 去罷，青年，去罷！
> 　與幽谷的香草同埋；
> 去罷，青年，去罷！

---

[60]楊牧《徐志摩詩選‧導論》（台北，洪範書店，一九八九年十月），頁五。

悲哀付與暮天的群鴉。

又如〈在那山道旁〉、〈蓋上幾張油紙〉、〈西伯利亞道中憶西湖秋雪庵蘆色作歌〉、〈再別康橋〉等也是採四行一節的形式，這種英詩歌謠體的影響，很清楚的反映在徐志摩的歌謠體詩中。這樣的重複，有時是行句、詩節的完全重複，有時則是抽換少許字面後的重複。

3.史詩體[61]

徐志摩用過長句綿互並以自然音節斷行的史詩體。如〈嬰兒〉為例：

> 我們要盼望一個偉大的事實出現，我們要守候一個馨的
> 嬰兒出世：──你看他那母親在她生產的床上受罪
> 她那少婦的安詳，柔和，端麗，現在在劇烈的陣痛裏變
> 形成不信的醜惡。

「嬰兒」象徵著民主自由的社會理想，「生產的床上愛罪」的產婦，就是當時正受著帝國主義和國內封建軍閥雙重壓迫的中華民族。這種象徵形象在作品中顯得抽象、朦朧了一些，但這是為了分娩此馨香所經受的偉大的受難。

4.戲劇化獨白

在借用西方形式上，還有一種值得注意，就是戲刻化獨白。徐志摩的〈卡爾佛里〉和〈一條金色的光痕〉，都是戲刻化獨白體。如〈卡爾佛里〉為例：

> 唉，躲在牆邊高個兒的那個
> 不錯，我認得，黑黑的臉，矮矮的，
> 就是他該死，他就是猶太斯！

---

[61]同註５９，頁四三。敘述偉大的歷史事件，歌頌英雄的豐功偉績；多以本民族的遷移、征戰或歷史傳說為體材。

　　不錯他的門徒·門徒算什麼！

　　耶穌就讓他賣，賣現錢，你知道！

這首詩描寫在戲劇狀況下的人物行為。下文第五節探討詩的文類滲透的時候，當補充說明。

　　總之，徐志摩雖然不是英詩的專家，但他是個有性靈、有識力的讀者，在英詩的花園中徜徉採擷，不覺也芳菲盈筐，且把一些英國品種。如十四行體、歌謠體、史詩體、戲劇化獨白等，這種體裁移植到中國。

二、中國古典文學的影響

　　各時代各有其特色，作者唯有根植在舊有廣袤的泥土裏，吸取傳統的精華，再對現階段有所自覺與體認，才有可能從而創造出新而現代的作品。那麼，中國古典文學對徐志摩是否有影響？

　　新文學運動展開以後，徐志摩曾用歐化的白話語法，加上中國文字特有的聲韻之美來寫詩，這種作法實在是新詩創作中極為大膽的嘗試。[62]他運用有節制的抒情，將中國古典抒情傳統在現代做了成功的實踐。他在較為成熟的初期詩裏也常常套用文言和舊詞。如〈兩尼姑或強修行〉為例：

　　門前幾行竹，

　　後園樹蔭毶，

　　牆苔斑駁日影遲，

　　清妙靜淑白岩庵。

這首像是優美精巧的五七言交替使用絕句。朱湘〈評徐君志摩的詩〉一文中說過：

────────

[62]周錦《中國新文學簡史》（台北，成文出版社，一九八〇年五月）頁七七。

> 徐君是一個詞人；我所以這樣說過原故，就是因爲徐君
> 的想像正是古代詞人的那種細膩的想像，徐君詩中的音
> 節也正是詞中的那種和婉的音節。[63]

胡適也這樣說過：

> 我所知道的「新詩人」，除了會稽周氏弟兄之外，大都
> 是從舊式詩、詞、曲裏脫胎出來的。[64]

　　徐志摩吸取古代文人的性靈神韻。所以他愛讀莊子和李白，
他對飛行的熱愛可能源於這兩位古人。他在〈想飛〉一文中引述
莊子逍遙篇的「大鵬」，同時他在〈藝術與人生〉中，對中國歷
代詩人認爲：「徐了李白之外，都不是世界性的人物」。[65]徐
志摩還運用中國古典詩歌的重疊和反復手法，如〈再不見雷峰〉
爲例：

> 再不見雷峰，雷峰坍成了一座大荒塚，
>
> 　頂上有不少交抱的青蔥；
>
> 　頂上有不少交抱的青蔥，
>
> 再不見雷峰，雷峰坍成了一座大荒塚。
>
> 爲什麼感慨，對著這光陰應分的摧殘？
>
> 　世上多的是不應分的變態。
>
> 　世上多的是不應分的變態；
>
> 發什麼感慨，對著這光陰應分的摧殘？

由於詩人運用反復的詩句，就加強這首詩的旋律感。

---

[63]朱湘〈評徐君志摩的詩〉《朱湘文選》（台北，洪範書店，一九八一
　　年六月），頁一八九。
[64]胡適〈談新詩〉《中國新文藝大系》（論戰一集，台北，大漢出版社，
　　一九八〇年一月），頁二七九。
[65]梁錫華編《徐志摩詩文補遺》（台北，時報文化出版公司，一九八〇
　　年三月），頁一四〇。

　　此外，徐志摩運用標點符號的省略，如〈康橋西野暮色〉為
例：

　　　　一個大紅日掛在西天

　　　　紫雲緋雲褐雲

　　　　簇簇斑斑田田

　　　　青草黃田白水

　　　　郁郁密密欝欝

　　　　紅瓣黑蕊長梗

　　　　罌粟花三三兩兩

用了較多雙聲疊韻連綿詞，簡直是文字遊戲。

　　中國從《詩經》開始，「月」就是詩歌美學的審美對象，如
詩經陳風〈月出〉的「月出皎兮，佼人僚兮。舒窈糾兮，勞心悄
兮」。因此，徐志摩也寫「月」的作品，如〈望月〉的「月：我
隔著窗紗，在黑暗中，望她從巉巖的山肩掙起，一輪惺忪的不整
的光華：」又如〈兩箇月亮〉的「我望見有兩箇月亮……她也有
她醉渦的笑，還有轉動時的靈妙」，這並非偶然。從這些例子中
會感到，徐志摩吸收了中國古典文學的軌跡。

　　在古典詩裏，「雲」是個常見的意象。如李白的〈獨坐敬亭
山〉「眾鳥高飛盡，孤雲獨去閑」。陶淵明的〈詠貧士（共七首
中第一首）〉「萬族各有託，孤雲獨無依；曖曖空中滅，何時見
餘暉」。「孤雲」成為詩人身世悠悠、江湖飄泊的影射。徐志摩
〈偶然〉詩中的「一片雲」完全繼承古典詩雲的寓意而來。由此
可見，徐志摩並不是全然拋棄中國傳統，而是主張積極地、廣泛
地吸收它的營養，以增強新詩創作的力量。徐志摩在〈守舊與
「玩」舊〉一文中說：

　　　　在文學上，最極端的浪漫派（新派）作家往往暗合古典

派的模式。[66]

他又在〈詩刊放假〉一文中說：

我們討論過新詩的音節與格律。我們乾脆承認我們是「舊派！」[67]

總之，徐志摩吸收中國詩歌的神韻和重疊、反復、省略等藝術手法，並且根據白話的特點，創造一種新詩格律的初步形式，這對糾正新詩散文化，促進新詩民族化有著相當重要的推動作用。因此，不難看出他受了中國古典詩歌的薰染。

三、當代文壇的激蕩

㈠啓發、加強、推波助瀾

徐志摩最初的思想啓發來自於梁啓超，後來，徐志摩雖受到的西方教育，但並沒有搖動梁啓超在他心中的地位。因此，梁啓超在〈小說與群治之關係〉一文中，認爲讀者要與作品的主角同化；這一點徐志摩完全接受。至於徐志摩的文字風格，有些與梁啓超神似。梁啓超自認「筆鋒常帶感情」，善用亦濫用排比句，徐志摩也是如此，這不管在散文或詩歌都是一樣。

徐志摩在梁啓超同輩的政壇好友中，最稔熟的是林長民。徐志摩認識林長民後，對於他的學業、志業、家庭和婚姻，全都起了深遠而重大的影響。他們都是新月社的創辦人之一，喜歡促膝談心，話題除政治、社會、文藝之外，更及戀愛。林長民的個性浪漫，喜談自由戀愛之說——這一點使徐志摩大受吸引。[68]

胡適在徐志摩的一生可以說是最重要的朋友。徐志摩對胡適

---

[66]同註4，《徐志摩全集·第三輯》，頁一二〇。
[67]同註4，《徐志摩全集·第六輯》，頁二五八至二五九。
[68]徐志摩的〈春痕〉中篇小說便是林長民青年時期的一則初戀故事。

的學問、道德、文章極爲尊崇,而胡適對徐志摩超逸的才華,和平的性格以及人盡可友的美德,都給以高度的評價。徐志摩在一九二三年十月十三日的日記中說:

> 與適之談,無所不至,談書談詩談友情談愛談戀談人生談此談彼:不覺夜之漸短。適之是轉老回童的了,可喜![69]

從這個日記裏可以略窺他們之間的交情。徐志摩在新詩方面能於早期文壇,以他不凡的才華建樹了許多成就。這當然是受了胡適相當大的影響。徐志摩後期寫的一首詩〈愛的靈感〉開頭序說:

> 奉適之:下面這些詩行好歹是他撩撥出來的,正如這十年來大多數的詩行好歹是他撩撥出來的![70]

可見胡適對徐志摩的創作,的確有過不少啓迪的功勞。此外,他們在學術上的合作共有兩次,第一次同住在西湖上,相約一同翻譯英國女作家曼殊輩爾的小說,第二次是一九三一年翻印〈醒世姻緣〉,胡適做歷史考據,徐志摩做文學批評。[71]後來,胡適在紀念徐志摩的悼文裡,無疑做爲徐志摩一生的知音者,道出了徐志摩一生眞實的一面,從他的哀婉的語調中,可以體會到做爲一個知心朋友對死者的了解之深和情誼之重。

　　陳西瀅也是與徐志摩深交的朋友。他們一九二〇年秋在倫敦認識,回國後互相保持聯繫。有一次,他南歸奔喪,還〈致陳西瀅〉信中說:

> 我的祖母死了!……我們承受她一生的厚愛與蔭澤的兒孫。[72]

---

[69]同註4,《徐志摩全集·第四輯》,頁五〇一。
[70]同註4,《徐志摩全集·第二輯》,頁五三三。
[71]李敖〈胡適與徐志摩〉《中央日報》(一九五七年四月五日,第六版)。
[72]趙遐秋、曾慶瑞、潘百生編,一九二三年八月二十八日〈致陳西瀅〉

他訴說因祖母病逝的無限悲痛之情。不過，他們之間，最重要的一段交往便是在《晨報副刊》上與魯迅、周作人兄弟筆戰。

　　聞一多是徐志摩的好朋友，而且他們的詩風又很接近。不過，他們二人又的確是很不相同的一對詩人：總體觀念相通，而詩藝格局迥異。徐志摩雖在努力於「體製的輸入與試驗」，卻只顧了自家，沒有想到用理論來領導別人。[73]因此，徐志摩沒有如聞一多那樣的受過文藝理論、美學、學術上的訓練；他學的是經濟，他早期的詩作多靠「靈感」沒有一定的章法，但是在結識聞一多以後，他的詩及文藝審美觀念都受聞一多的影響。徐志摩在《猛虎集》序文中說：

> 一多不僅是詩人，他也是最有興味探討詩的理論和藝術的一個人。我想這五六年來我們幾個寫詩的朋友多少都受到〈死水〉的作者的影響。[74]

　　徐志摩雖然仰慕聞一多作詩的嚴謹，也承認過不少聞一多式的格律體，但他的詩歌作品，幾乎摒棄聞一多音尺字數整齊劃一的格律要求，而希望在格律化和自由化之間搭起一座橋樑，以產生音節的勻整與波動。[75]其實，他們同樣受到西方詩風的薰陶，但聞一多流露較多的中國文化特色，而徐志摩則表現更多的歐洲文化的特徵。

㈡挑戰與回應

　　一九二四年前後中國思想界有了不同於西方的社會主義進來

　　《徐志摩全集·5》(南寧市，廣西民族文學出版社，一九九一年)，頁一七三至一七四。

[73]朱自清《中國新文學大系·詩集導言》(台北，業強出版社，一九九○年二月)，頁六。

[74]同註4，《徐志摩全集·第二輯》，頁三四四。

[75]毛迅〈詩人聞一多、徐志摩的歷史比較〉《四川大學學報》(哲社版，一九八八年一月)，頁五五至五七。

之後，知識界便有了新的徬徨與追求。這時候北京有兩份雜誌出現，一是《現代評論》，以胡適、陳西瀅、徐志摩為代表，大多是英美留學生。一是《語絲》，以周氏兄弟（周樹人、周作人）孫伏園、林語堂為中心。另外，上海有「創造社」以郭沫若、成仿吾、郁達夫為中心。

徐志摩經過舊同學郁達夫的介紹，認識創造社諸人。徐志摩的〈藝術與人生〉講詞刊在《創造季刊》，是他和該社拉上關係的第一步，但不幸也是他捲入新中國文壇宿怨之先聲。徐志摩和創造社的糾葛，歷史背景就如上述。

徐志摩當時，與文學研究會、創造社這兩個文學社團關係密切，且在他們的刊物上發表著譯。徐志摩受到創造社成仿吾斥責的糾紛是這樣的：一九二三年，徐志摩在胡適主編的《努力週報》第五十一期上寫了一篇題為〈假詩，壞詩，形似詩〉的雜談，批評了郭沫若的詩〈淚浪〉，他在文章中談到：

> 我記得有一首新詩，題目好像是重訪他數月前的故居，那位詩人摩按他從前的臥榻書桌，看看窗外的雲光水色，不覺大大的動了傷感，他就禁不住……淚浪滔滔……現在我們這位詩人回到他三月前的故寓，這三月內並不曾經過重大變遷，他就使感情強烈，就使眼淚。「富裕」，也何至於像海浪一樣滔滔而來！[76]

批評詩文內「淚浪滔滔」一句話，卻沒有明白寫出郭沫若之名。這件事，不僅表現出徐志摩理論的粗疏，態度的輕率，也表現出他與郭沫若經濟生活的懸殊。[77] 不久，成仿吾見到此文大

---

[76] 同註 7 2，〈壞詩，假詩，形似詩〉《徐志摩全集·4》，頁一一九。
[77] 徐志摩自小錦衣玉食，不知生活的艱難。而郭沫若這時全靠筆耕為生，還得養活夫人和兩個孩子。他去日本為《創造季刊》組稿，順著看望寄住日本的妻兒。

爲憤怒，因此大力批駁徐志摩的意見，全部刊於《創造季刊》，
文章中說：

> 我由你的文章，知道你的用意，全在攻擊沫若的那句
> 話，全在污辱沫若的人格。我想你要攻擊他人，你要
> 拿有十分的證據，你不得憑自己的淺見說他人的詩是假
> 詩，更不得以一句詩來說人是假人。而且你把詩的内容
> 都記得那般清楚（比我還清楚），偏把作者的姓名故意
> 不寫出，你自己纔配當「假人」稱號。[78]

徐志摩對此頗感氣憤，寫了一封答成仿吾的公開信，投往《晨報
副刊》刊出，文章中說：

> 我最近才知道文學會與創造社是過不去的，創造社與努
> 力週報也是不很過得去的。……我說「淚浪滔滔」這類
> 句法不是可做榜樣的，並不妨害我承認沫若在新文學裏
> 最有建樹的一個人。……實在是偶然的不幸，我現在真
> 覺得負歉……從前只見醜惡，現在卻發現清潔。[79]

徐志摩這一封信寫得很誠懇，但在創造社諸人眼中，可能仍屬舌
劍唇槍一類。後來筆戰結束後，徐志摩保持沈默，他不再續寫他
的「雜記」，他的名字也不再在創造社的刊物上出現，他和創造
社的關係至此乃終結。像成仿吾那樣的謾罵，在中國那樣一個剛
剛有一點生氣的文壇，實在是不必有的。

　　當孫伏園、周作人、林語堂等人創辦《語絲》雜誌的時候，
徐志摩投稿支持，他在第三期發表〈死屍〉一篇。在波特萊爾
譯詩的前面，譯者發了一大通議論，把「音樂」神秘化了，但不
久即受到魯迅的攻擊。魯迅在《語絲》第五期上發表了雜文〈音

[78]同註６５，頁七。
[79]同註６５，〈致成仿吾〉，頁十二至十七。

樂〉，諷刺了〈死屍〉前言。魯迅後來在《集外集》序言中說：

> 我其實不喜歡做新詩的，……我更不喜歡徐志摩那樣的
> 詩，而他偏愛到處投稿，《語絲》一出版，他也就來了，
> 有人讚成他，登了出來，我就做了一篇雜感，和他開一
> 通玩笑，使他不能來，他也果然不來了。這是我和後來
> 的「新月派」積讎的第一步；語絲社同人中有幾位也因
> 此很不高興。[80]

魯迅大概是討厭徐志摩的英國紳士派頭和浪漫詩人作風，也
不喜歡他的作品風格，所以要用諷刺挖苦之法使徐志摩不再向
《語絲》投稿。徐志摩稍後還在《語絲》第十七期上發表過一首
詩。此後，他和《語絲》緣分也就結束了。

徐志摩和魯迅二人孽緣未盡，一九二六年徐志摩接編北京
《晨報副刊》，數月後，魯迅和他弟弟周作人一道跟陳西瀅（指
陳源）大開筆戰，徐志摩以《晨報》編輯身份刊登周、陳二人的
來信，他自己則極力裝作和事佬的樣子，要爲他們調停。但是，
他太熱衷無私而忘記自己的有私。由於陳西瀅一向是他的摯友，
彼此思想一致，所以感情上他自然袒護陳西瀅。事實上，他至少
在下意識方面是與魯迅爲敵的。他在〈閒話引出來的閒話〉一文
中說：

> 西瀅是個傻子；他妄想在不經心的閒話裏主持事理的公
> 道，人情的準則。……果然他有了覺悟，不再說廢話
> 了。本來是，拿了人參湯餵貓，她不但不領情，結果倒
> 反賞你一爪。不識趣的是你自己。[81]

---

[80]〈集外集·序言〉《魯迅全集·第七卷》（北京，人民文學出版社，
　　一九九五年第二次印刷），頁四至五。
[81]同註６５，頁三三七至三三八。

　　徐志摩讚賞與維護陳西瀅而貶抑攻擊周氏兄弟，特別是魯迅。
陳西瀅一九二六年一月三十日發表在《晨報副刊》裡致徐志摩的
〈閑話的閑話之閑話引出來的幾封信〉中說：

> 有人同我說：魯迅先生缺乏的是一面大鏡子，所以永遠
> 見不到他的尊容。我說他說錯了，魯迅先生的所以這
> 樣，正因爲他有了一面大鏡子。[82]

　　他對魯迅，也表現不屑一顧的態度。這時候魯迅在〈我還不
能帶住〉一文中說：

> 他們的什麼「閑話……閑話」問題，本與我沒有什麼烏
> 相干，帶住也好，放開也好，拉攏也好，自然大可以隨
> 便玩把戲。但是前幾天不是因爲「令兄」關係，連我的
> 「面孔」都攻擊過了麼？……「詩哲」爲援助陳源教授
> 起見，似乎引過羅曼羅蘭的話。[83]

魯迅就對著「混鬥的雙方」高喊「不能帶住」。他們的衝突，表
面上看都是雞毛蒜皮的小事情，但唯其沒有大事件又使魯迅如此
反感，正說明了他們是氣質的衝突，是徐志摩身上的西洋氣讓魯
迅聽了不舒服。對這種氣質的衝突之下，徐志摩發表了〈關於下
面一束通信告讀者們〉，他在文章中說：

> 魯迅先生的作品，說來大不敬得很，我拜讀過很少，就
> 只吶喊集裏三兩篇小說，以及新近因爲有人尊他是中國
> 的尼采，他的熱風集裏的幾頁。他平常零星的東西，我
> 即使看也等於白看，沒有看進去或是沒有看懂。[84]

---

[82]陳漱渝主編《一個都不寬恕——魯迅和他的論敵》（北京，中國文藝
　　出版公司，一九九六年十一月），頁一一九。
[83]李富根、劉洪主編《恩怨錄·魯迅和他的論敵文選·上》（北京，今
　　日中國出版社，一九九六年十一月），頁一三六至一三八。
[84]同註65，頁三四九。

　　徐志摩一生不欣賞魯迅，反之魯迅對他也是如此。此外，非《語絲》的文人也對他抨擊。陶滌亞說：

> 自命爲一手奠定詩壇的詩哲徐志摩，一方面作泰戈爾的
> 太太，一方面寫上氣不接下氣的新詩，現在更加抖了起
> 來，和他的愛人交際花陸小曼，在上海大演其玉堂春，
> 這倒也是詩人的一種奇異的表現，一種特別的靈感。[85]

　　徐志摩對長期論爭和筆戰的興趣不深。不管魯迅或是誰所罵爲何，罵法如何，他在一九二六年以後的政策是充耳不聞。

四、小　結

　　徐志摩詩歌作品裡的情緒和格調，的確滲透著西方文學的影響。最初，使他回歸大自然的情趣，以及這種情趣表現爲在大自然中自我意識的覺醒，和英國浪漫派的詩人意向相通了。他先接受了華滋華斯、拜倫、雪萊、濟慈的影響之後，就沉浸哈代的影響之中了。他接受的並不是表面上的東西，他所受到的薰陶，正是性靈深處的妙語。哈代的影響，恐怕使徐志摩的詩句往往帶來了，濃郁的悲劇色彩，蘊含著一種難言的苦澀。繼後，他又從嘉本特、艾略特汲取了現代的詩藝，開始對象徵、暗示等含蓄美的探求。他的詩歌在情緒和格調上打上了西方文學的烙印。

　　他雖然不會像聞一多那樣對中國古典文學受了很深的薰陶。但他並沒有生搬硬套西方文學的模式，而是立足於自己民族的性靈以吸收，如典籍、師長、家人以及故鄉山水的無限風情，都提供給他受到傳統文化影響的空間。他把中國古典文學的神韻和手法，與外國文學的藝術特色融合在一起，創造自己的藝術世界。

---

[85]李牧《三十年代文藝論》（台北，黎明文化，一九七七年六月），頁
　　六〇。

　　徐志摩最初的思想，受到梁啓超的影響是無法否認的事實。徐志摩和胡適，雖然同受西方文化影響，但思想並不相同，氣質也不一樣。不過，胡適從思想到行動，熱烈地支持徐志摩和陸小曼的的浪漫戀愛。徐志摩受到聞一多的文藝審美觀念的影響，而且一直欣賞聞一多，但聞一多仍然與他保持一點距離。

　　他從英國回國之初，是很想在文藝領域裡有他一番做爲的。除了創辦新月社，他還想與各個社團廣泛聯繫，又與各個流派的作家廣泛的結交。他就在此交往之中，產生了文壇上的一些恩怨。他在〈世界惡魔〉一文中說：

> 評衡的標準，只是所評衡的作品的自身。爲的是一個簡單的理由。人在行爲上可以做好，也可以做壞；作者的作品也可以有時比較的好，有時比較的壞，說雪萊的 Demon of the world。[86]

　　他認爲批評一個文學家的作品，不能以籠統的個人爲單位。派別林立，論戰不休，是二三十年代文壇的特徵之一。這反映了文人的不團結和文壇的矛盾。如此地彼此罵來罵去，雖然有意氣用事的時候，但大部分涉及是非問題。

第三節　徐志摩與新月派的關係

　　在中國新文學發展史上，在不同歷史階段，都曾出現過「百家爭鳴」的局面，有社團，有流派，有刊物，複雜紛紜，千姿百態。這些社團，流派有各自的理論，各自的主張，各自的創作，對中國新文學的發展，起過各種不同的影響和作用。其中，新月

---

[86]〈世界惡魔〉轉引自趙遐秋著《徐志摩傳》（北京，中國人民大學出版社，一九八九年三月），頁一一九。

派可說是當時中國新詩史上活躍最久，成就最高的一個詩派。它活躍在二十年代和三十年代前期的詩壇上。

講到新月派，必然會提到徐志摩，因爲從新月社的成立到「新月」月刊的創辦，整個新月派的活動的始末，大都與徐志摩有關，而且他往往是領頭人，是主將。所以，本節將探討一下：新月派的形成及其發展、新月派在中國新詩史上的地位與貢獻、徐志摩與新月派的關係。

一、新月派的形成及其發展

新月派的成員基本上是本世紀一、二十年代畢業於清華、北大，繼之又留學英美的知識份子。其前身一部分是設在北京松樹胡同七號聚餐會形式的「新月社」，成員有胡適、梁啓超、徐志摩、陳西瀅、丁西林、張君勱、林長民、馮友蘭、楊振聲、劉勉己、林徽音等；另一部分是一九二五年下半年開始由美返國學生組織的「中華戲劇改進社」，成員有聞一多、梁實秋、余上沅、趙太侔、張嘉鑄、熊佛西、瞿世英、顧一樵、梁思成、熊正謹等。他們最終匯聚在北京，形成了中國新文學運動中一個曾經產生重要影響的流派──新月派的基本陣容。[87]

㈠形成期

一九二三年，北京出現了一個以徐志摩、胡適爲首的文學團體──新月社。徐志摩在〈劇刊始業〉一文中說：

> 最初是「聚餐會」，從聚餐會產生新月社，又從新月社產生七號的俱樂部。[88]

---

[87]彭耀春〈戲劇，新月派組合的契機〉《杭州大學學報》（哲學社會科學版，第二十卷四期，一九九〇年十二月），頁八四。

[88]蔣復璁、梁實秋編《徐志摩全集·第六輯》（台北，傳記文學出版社，一九八〇年八月），頁二六七。

　　至於新月社成立的來龍去脈：徐志摩在〈給新月〉一文中有詳細說明：

> 我是發起這志願最早的一個人，……組織是有形的，理想是看不見的，新月初期時只是少數人共同的一個想望，那時的新月社只是個口頭的名稱，與現在松樹胡同七號那個新月社俱樂部可以說並沒有怎樣密切的血統關係。我們當初想望的是什麼呢？當然只是書獃子們的夢想！我們想做戲，我們想集合幾個人的力量，自編戲自演，要得的請人來看，要不得的反正自己好玩。[89]

　　由此可見，一九二三年成立的新月社，是徐志摩等人基於「集合幾個人的力量，自編戲自演」的目的而緣起組織的戲劇團體。關於「新月社」的名稱的由來，梁實秋說：

> 新月二字是套自印度泰戈爾訪華時梁啓出面招待由志摩任翻譯，所以他對新月二字特感興趣，後來就在北平成立了一個「新月社」，像是俱樂部的性質，其中份子包括了一些文人，和開明的政客與銀行家。[90]

　　因此，「新月社」的名稱是徐志摩對「新月」二字的喜愛，所以便是由泰戈爾詩集《新月集》套下來的。

　　徐志摩所以要成立新月社主要是要提倡戲劇，但是他們在戲劇上並沒有什麼成就。這一點徐志摩自己也承認。他在〈給新月〉一文中說：

> 說也可慘，去年四月裡演的契玦臘要算是我們這一年來唯一的成績，而且還得多謝泰戈爾老先生的生日逼出來

---

[89]同註７２，〈給新月〉《徐志摩全集·４》，頁二九八。
[90]方仁念選編〈憶新月〉《新月派評論資料選》（上海，華東師範大學出版社，一九九三年六月），頁一三。

的！去年年底也曾忙了兩三個星期想排演西林先生的幾
個小戲，也不知怎的始終沒有排成。隨時產生的主意儘
有，想做這樣，想做那樣，但結果還是一事無成。[91]

　　新月社的戲劇活動爲何難以開展，成績也不顯著？其理由
是：第一，由於新月社是從「聚餐會」發展而來，因此成員比較
混雜，除文人和政客之外，還有銀行家和交際花等。因此眞正熱
衷戲劇的只有一部分人。第二，由於成員的文學興趣不統一。第
三，社費有限，且多花在聚餐上，因此新月社，實際上並沒有共
同的理想下，戲劇活動一向難以開展，成績自然也不顯著，同時
也沒能辦起自己的刊物。徐志摩雖然多次參與，但心中卻不以爲
然。他在一九二五年三月十八日寫信給陸小曼說：

　　假如我新月社的生活繼續下去，要不了兩年，徐志摩不
墮落也墮落，我的筆尖上再也沒有光芒，我的心上再沒
有新鮮的跳動，那我就完了——「泯然眾人矣」！[92]

　　由於他無法扭轉大局，新月社只好走上拆夥一路。這就是後
來徐志摩說過的：「結果大約是『俱不樂部』」！[93]徐志摩是
新月社的靈魂人物。但是他對社務漸不關心之後，新月社也就步
入死寂一途。

　　在這裡應該指出的是，無論是新月社還是新月社俱樂部，都
與新月詩派扯不上關係。新月社的宗旨在推展戲劇，從新月社演
變出來的俱樂部，則是個組織鬆散的社會團體，二者均沒有什麼
大規模的文化活動。因此，儘管新月社不少社員（如徐志摩、林
徽音等）屬於新月詩派，但是他們所以被稱爲新月派詩人，是與

[91]同註７２，頁二九八。
[92]同註８８，〈愛眉小札〉《徐志摩全集·第四輯》，頁三七四至三七
　　五。
[93]同註８８，《徐志摩全集·第六輯》，頁二六七。

新月社或新月社俱樂部無關係的。新月社成立於一九二三年，新月社俱樂部成立於一九二四年，但隨後的幾年，依然沒有新月派這個名詞，由此可見新月派的名稱，並不是來自新月社。

㈡正式活動期

新月詩派主要活躍於《晨報副鐫詩刊》時期，一九二六年四月一日創刊至《新月》停刊的一九三三年六月。但是新月派的淵源還可追溯到一九二三年成立的新月社。如果從新月派詩人個人的詩歌活動說，那還可追溯到「五四」時期。不過他們眞正引起社會注意的，是從《晨報副鐫詩刊》開始的。[94]具體緣起，當時聞一多與「清華四子」——朱湘、饒孟侃、孫大雨、楊世恩及其他人常在自己家中組織詩會。徐志摩在〈詩刊弁言〉一文中說：

> 聞一多家是一群新詩人的樂窩，他們常常會面，彼此互相批評作品，討論學理。[95]

當時身爲《晨報副鐫》主編的徐志摩得知這個消息，便興致勃勃闖了進去。由於他們對新格律詩有共同的興趣，因此共辦了《晨報詩刊》（或稱《詩鐫》）。他們在《晨報詩刊》上發表詩作，倡導新格律詩，頗有聲勢，新月詩派從此誕生。他們的成員並不固定，主要有徐志摩、聞一多、「清華四子」、劉夢葦、于賡虞、蹇先艾等人。

他們所以創辦《晨報詩刊》的目的，主要在倡導新格律詩，徐志摩在《晨報詩刊》第一期的〈詩刊弁言〉中有明確的說明：

> 它們也就是我們這詩刊的背景，這搭題居然被我做上了……我們的大話是：要把創格的新詩當一件認眞事情

---

[94]藍棣之《新月派詩選》（北京，人民文學出版社，一九八九年九月），頁二。

[95]同註８８，《徐志摩全集・第六輯》，頁二五一。

做。[96]

　　至於《晨報詩刊》的編輯，最初採取了輪流的制度，每人編兩期。第一、二期由徐志摩主編；第三、四期由聞一多主編；第五期由饒孟侃主編。但是從第六期以後，《晨報詩刊》的編輯，都落在徐志摩身上，所以輪流制度取消了。這是爲了發稿和看校對的方便。

　　《晨報詩刊》一共出版十一期，計有新詩創作八十三首，譯詩兩首，英文詩一首，新詩評論及理論十七篇。《晨報詩刊》是到一九二六年六月十日就停刊了。徐志摩在〈詩刊放假〉一文中說明暫停的原因：

> 詩刊到本期爲止，暫告收束，此後本刊地位，改印劇刊，詳情另文發表。詩刊暫停的原因，一爲在暑期內同人離京的多，稿事太不便，一爲熱心戲劇的幾個朋友，急於想借本刊地位，來一次集合的宣傳的努力，給社會上一個新劇的正確的解釋，期望引起他們對於新劇的眞純的興趣，詩與劇本是藝術中的姊妹行，同人當然願意暫時奉讓這個機會。按我們的預算，想來十期後十二期劇刊，此後仍請詩刊復辟，假如這初期的試驗在有同情的讀者們看來還算是有交代的話。[97]

　　由於《晨報詩刊》的出現，才使新詩獲得世人的尊重與肯定。朱自清〈《中國新文學大系》詩集導言〉一文中說：

---

[96]同註 8 8，《徐志摩全集・第六輯》，頁二五一。

[97]同註 8 8，《徐志摩全集・第六輯》，頁二五七。《晨報詩刊》停刊後，作者們走散了。於賡虞早就脫離關係而去。蹇先艾轉而全力從事小說創作，楊世恩、劉夢葦、朱大柟先後去世，朱湘一九二九年秋留學歸國，就任安徽大學外文系主任。聞一多一九二七年秋後，到南京中央大學任外文系主任。徐志摩一九二六年與陸小曼結婚之後來到上海。

> 雖然只出了十一號，留下的影響卻很大──那時候大家
> 都做格律詩；有些從前極不顧形式的，也上起規矩來
> 了。「方塊詩」、「豆腐干塊」等等名字，可看出這時
> 期的風氣。[98]

由於當時新詩創作忽視形式之美，強調自由化、西方化，因此倡導格律的「新月派」便成了示範作用，但是過分強調格律的結果，最後走入形式主義。這就是徐志摩在〈詩刊放假〉中所承認的：

> 我們，說也慚愧，已經發現了我們所標榜的「格律」的
> 可怕的流弊！誰都會運用白話，誰都會切豆腐似的切齊
> 字句，誰都能似是而非的安排音節──但是詩，它連影
> 兒都沒有還你見面！[99]

爲了扭轉弊端，徐志摩又提出「詩的內容與形式統一」的主張，強調「內在的音節」的重要性。

《晨報副刊劇刊》於一九二六年六月十七日創刊。創刊的背景如下：中華民國戲劇改進社的幾位核心人物，中國首位到西方研究世界戲劇的余上沅，隨美國舞台美術家蓋迪斯學習舞台圖案的趙太侔、對文字戲劇有獨到見解的聞一多，和美術批評家張嘉鑄，他們在美國觀摩西方戲劇、考察劇場舞台之後，相約返國推展「國劇運動」。

這幾位核心人物帶著自己的理想走進了新月社的圈子。聞一多夫人高孝貞在八十年代初整理書籍，竟意外的找到了一批原以爲丟失的家信，爲我們了解有關背景提供了十分重要的史料和線

---

[98]朱喬森編《朱自清全集·４》（南京，江蘇教育出版社，一九九六年八月），頁三七二。
[99]同註８８，《徐志摩全集·第六輯》，頁二六一。

索，一九二五年八月十一日聞一多〈致聞家駟〉信中說：

> 我等已正式加入新月社。前日茶敍時遇見社員多人，中
> 有湯爾和、林長民、丁在君（話間談及舒天）等人。此
> 外則北大及北大外諸名教授大多皆社員也。新月社已正
> 式通過援助我輩劇院之活動。徐志摩傾從歐洲歸來，相
> 見如故，且於戲劇深有興趣，將來之大幫手也。[100]

　　由此可知，一九二五年八月十一日的前幾天，余上沅、聞一
多、趙太侔已正式加入新月社，並參加由徐志摩發起的新月社聚
餐會，商討戲務。

　　徐志摩在《劇刊》創刊號發表〈劇刊始業〉一文中，說明他
們目的和動機：

> 我們的意思是要在最短的期內辦起一個「小劇院」──
> 記住，一個劇院。這是第一部工作。然後再從小劇院作
> 起點，我們想集合我們大部分可能的精力與能耐從事戲
> 劇的藝術。我們現在已經有了小小的根據地，那就是藝
> 專的戲劇科，我現在借晨副地位發行每週的劇刊，再下
> 去就盼望小劇院的實現，這是我們幾個夢人夢想中的花
> 與花瓶。我這裡單說我們這劇刊是怎麼回事。[101]

　　他們基於對國劇的熱愛，在《劇刊》上發表過十篇論文、八
篇評論、二篇論舊劇、七篇論劇場技術，此外，另有十幾篇不易
歸類的雜著及附錄。其實，新月派的「國劇運動」理想，缺少戲
劇創作人才，因此他們推展國劇便遭遇不少困難，所以他們的
「黃金時代」，只是一九二五至二六之間。[102]

---

[100]孫黨柏、袁謇正主編《聞一多全集·１２》（武漢，湖北人民出版
　　社，一九九四年一月），頁二二六。
[101]同註８８，《徐志摩全集·第六輯》，頁二六六。
[102]他們第一個希望落空了，如果中國那時政局不那麼混亂，可以得到一

《劇刊》一直到一九二六年九月二十三日，宣布停刊。《劇刊》名義上是由徐志摩主編，但眞正的執行編輯是余上沅。此外，趙太侔、聞一多和張嘉鑄等人，也幫不少忙。徐志摩在〈劇刊終期〉㈠一文中說：

> 劇刊的地位本是由詩刊借得，原意暑假後交還，但如今不但詩刊無有影蹤，就劇刊自身也到了無可維持的地步。……劇刊起初的成功全仗張君嘉鑄的熱心，……上沅的功勞是不容淹沒的，這十幾期劇刊的編輯苦工，幾乎是他獨抗著的。[103]

《劇刊》所以停刊，主要出在人事問題上。當初支持這個戲劇運動的核心人物，如聞一多、趙太侔，都受不了北京小校欠薪以及藝專風潮迭起的壓迫而離開了，而徐志摩和陸小曼也剛訂婚不久，正忙著籌備結婚和南下，自然也無暇兼顧了，不僅無暇兼顧《劇刊》，甚至連那篇〈劇刊終期〉的文章也沒寫完，留給余上沅作結尾。

㈢文學活動期

一九二七年春天，徐志摩與胡適、邵洵美、梁實秋等人在上海開設「新月書店」。翌年他糾集一般人創辦雜誌，希望雜誌名稱定作《新月月刊》。但創設書店和雜誌那班夥伴曾隸北京新月社的，只有徐志摩和胡適二人，可見「新月社」和「新月書店」以及《新月月刊》並沒有了不起的關係，徐志摩在〈新月的態度〉一文中解釋過：

> 我們這月刊題名新月，不是因爲曾經有過什麼新月社，

些經濟支援，那麼他們的「國劇運動」便可以成功地促成小劇院的產生。參見董保中〈新月派與現代中國戲劇〉《中外文學》（第六卷·第五期，台北，中外文社，一九七七年十月），頁四六至四七。
[103]同註８８，《徐志摩全集·第六輯》，頁二六九至二七〇。

> 那早已消散，也不是因爲有新月書店，那是單獨一種營
> 業，它和本刊的關係只是擔任印刷與發行。新月月刊是
> 獨立的。[104]

這是新月社雜誌題名的情形。《新月》月刊於一九二八年三
月十日創刊。由徐志摩主編，參與者計有：胡適、梁實秋、葉公
超、劉英士、聞一多、潘光旦、饒孟侃、余上沅、張禹九等人。
關於《新月》出版後給世人什麼印象呢？梁實秋在〈憶《新月》〉
一文中說：

> 新月出版了，它給人的印象是很清新。從外貌上看就特
> 別，版型是方方的，藍面貼黃籤，籤上橫書古宋體《新
> 月》二字。[105]

《新月》主要標榜健康與尊嚴兩大原則。不過，我們應當注
意，《新月》並非新月詩派的詩刊，而是一份由新月同仁合編的
綜合性刊物。

《新月》月刊的主編時常變動。第一卷第一期至第二卷第一
期，編輯人爲徐志摩、聞一多、饒孟侃等三人；第二卷第二期至
第五期爲梁實秋、葉公超、潘光旦、饒孟侃、徐志摩等五人；第
二卷六、七期合刊至第三卷第一期爲梁實秋；第三卷第二期至第
四卷第一期爲羅隆基；第四卷二至三期爲葉公超；第四卷三至七
期爲葉公超、胡適、梁實秋、余上沅、潘光旦、邵洵美、羅隆基
等七人。

由於《新月》月刊只是一份綜合性刊物，發表詩作的篇幅不
多，因此他們在一九三一年一月二十日在上海又創刊了《詩刊》，這
是一份專門刊登詩作和討論新詩的刊物。徐志摩在新月《詩刊》

---

[104]同註８８，《徐志摩全集·第六輯》，頁二七七。
[105]同註９０，頁一三。

創刊號的〈序言〉上，強調這一點：

> 我們在新月月刊的預告中曾經提到前五年載在北京晨報
> 副鐫上的十一期詩刊。那刊物，我得認是現在這份的前
> 身。[106]

創刊號上出現了新月詩派的全部核心人物：徐志摩、聞一
多、饒孟侃、朱湘，再加上新詩人陳夢家、方瑋德、邵洵美等
人，大有復活壯大的氣勢。因為徐志摩是主編，所以第一期的
〈序言〉和第二期的〈前言〉都由他執事，至於第三期的〈敘言〉
就未署名，第四期於一九三二年七月出版，〈敘語〉雖由陳夢家
作，但一九三二年十月出版的《新月》月刊第四卷第三期有《詩
刊》第一卷第四期的整幅廣告，有大號字印的「編輯者邵洵美」。

幾個月之後，徐志摩就把《詩刊》的編輯移交給陳夢家和邵
洵美。這時在《詩刊》上活躍的主要是陳夢家、邵洵美、方瑋德、
林微音、卞之琳等新詩人，他們被目為後期新月詩人。他們在詩
藝上雖然精研追求，但是思想極其消極頹廢，總之沒有多大建
樹。《詩刊》只能說是新月詩派一個長長的尾巴。在《詩刊》出
了第三期的時候，陳夢家編選了一冊《新月詩選》，於一九三一
年九月由新月書店出版，算是他們的代表作。他的〈序言〉裡所
敘述的理論，仍不出北京晨報詩刊時代的理論。他說明這冊詩選
的內容：

> 在這裡入選的共十八人，詩八十首。其中，有的人寫的
> 不多，只好少選。各詩的來處如下；一九二六年四月至
> 五月北京晨報副刊的詩刊共十一期，一九二八年三起新
> 月刊共三卷，一九三一年詩刊共三期，死水(聞著)，

---

[106]梁錫華編《徐志摩詩文補遺》(台北，時報文化出版社，一九八〇年
三月)，頁四七五。

> 志摩的詩，翡冷翠的一夜，猛虎集，（以上徐著）夢家
> 詩集（以上新月出版），草莽集，（朱湘著開明出版），
> 此外從別處選來的，為數極少。這些詩僅僅根自己的直
> 觀，選擇那些氣息相似的，有的曾和作者自己商談過，
> 揀各人詩中別具風格的。[107]

　　《新月詩選》的出版，對新月詩派來說，是很有意義的。陳
夢家在這時候編選《新月詩選》，是總結了新月詩派的成就，也
有界定新月詩派的含義。徐志摩一九三一年十一月十九日因飛機
失事去世，直接地影響了對於「新月」整個的合作及詩壇，然後
到一九三三年六月一日的四卷七期停刊。

二、新月派在中國新詩史上的地位與貢獻

　　新詩是「五四」新文學中最活躍，也最艱難的一種。但是有
些人，作新詩只是隨意表達他們的衝動、感觸，因此他們對詩歌
形式不甚留意。胡適在〈談新詩〉一文中便這麼說：

> 不拘格律，不拘平仄，不拘長短；有什麼題目，做什麼
> 詩，詩該怎麼做，就怎樣做。[108]

　　整體說來，初期新詩在藝術形式上是十分幼稚的。隨著新文
化統一的失敗，詩人們陷入了迷惘彷徨之中。這時新月詩派就是
在這種背景下崛起於詩壇的。他們不滿於新詩的放縱感傷與幼稚
粗糙，而要求詩歌的謹嚴。這主要是他們對新格律詩的倡導。聞
一多在〈詩的格律〉一文中，論述了格律對於詩歌的重要意義。
他說：

---

[107]劉心皇〈徐志摩與新月派〉《現代中國文學史話》（台北，正中書
　　局，一九七五年十月），頁六六九至六七○。
[108]胡適〈談新詩〉陳金淦編《胡適研究資料》（北京出版社，一九八
　　九年八月），頁三七六。

他們要知道自然界的格律，……不過自然的格律不圓滿
的時候多，所以必須藝術來補充它。……對於不會作詩
的，格律詩表現的障礙物；但對於一個作家，格律便成
了表現的利器。[109]

聞一多又主張新詩的格律應當具有：「音樂美、繪畫美、建
築美」。[110]這是從互相聯系的聽覺和視覺方面加以說明的。因
爲中國的文字是象形字，在視覺方面可以給人美感，這是歐洲文
字和詩歌所達不到的。所以他認爲在中國的新文學中，「增加了
一種建築美的可能性是新詩的特點之一」。[111]

新月派的倡導格律不是偶然的，純醉文學形式方面的文學現
象，並不是所謂「形式主義逆流」的批評能夠說明的。反過來說，
他們倡導格律，就是爲了提高新詩的藝術性。楊昌年先生說：

此派（指格律詩派——引者）由新月詩人倡導，採西洋
詩格律，形式整齊、音節鏗鏘，變淺近活潑的自由詩風
爲含蓄深刻，描寫對象推廣，詩的篇幅加長，長篇敘事
詩開始出現：風格的改變，使中國新詩史邁進了一個新
的里程。[112]

他們不但提出較爲完整的新詩格律理論，而且實際從事創作，
致使格律體的新詩可以與自由體的新詩等量齊觀，從而爲中國新
詩的藝術形式一條新的發展道路。

新月派比較重視客觀描寫，盡量避免主觀成分和感傷成分。
這個特徵在聞一多詩中最早出現。〈春光〉不作抒情的渲染，而

---

[109]同註１００，《聞一多全集・2》，頁一三八至一三九。
[110]同註１００，《聞一多全集・2》，頁一四一。
[111]同註１００，《聞一多全集・2》，頁一四一。
[112]楊昌年《新詩賞析》（台北，文史哲出版社，一九八二年九月），
　　頁一七五。

以對比的方式描繪。〈罪過〉以街頭對話寫成詩。〈天安門〉和
〈飛毛腿〉是戲劇化獨白體。透過主角的獨白和議論，將各個人
物的命運表露出來。後來卞之琳在新月刊物發表的〈酸梅湯〉，
運用口語，通篇獨白，他在〈雕蟲紀歷〉序中說這是「小說化、
典型化、非個人化」。[113]因此，聞一多認爲詩要做得不像詩，
而像小說戲劇，至少讓它多像點小說、戲劇，盡量採取小說戲劇
的態度，利用小說戲劇的技巧。卞之琳抒情詩的小說化、典型化、
非個人化的特徵，「受了也開始接觸到寫了《死水》以後的師輩
聞一多本人的薰陶」。[114]這些的來源中，可以看到新月派對新
詩的戲劇化和小說化的成就。

　　詩歌是文學中最具藝術性的一種，而眞正下功夫研究詩的藝
術性者並不多見。新月詩派可說是新詩史上第一個專心研究詩歌
藝術的流派，他們的詩歌結合歐美文學與中國古典文學。他們的
藝術特徵，有三個因素，一是格律的嚴，二是本質的醇正，三是
技巧的周密；從聞一多，徐志摩和梁實秋的論述中，大體可悟出
新月派詩歌的藝術特徵。

　　新月派對詩人的影響可不少。它在一定範圍內影響了詩歌的
風氣和新詩的歷史演變，它通過對詩人的影響，對詩歌的發展和
廣大讀者發生影響。可以說它是寫給內行看的詩，寫給詩人看的
詩。它的價值和地位，也在這裡。司馬長風在〈詩歌的歧途和徬
徨〉一文中說：

---

[113]卞之琳〈雕蟲紀歷・序〉《回憶與掉念》（中國現代作家資料選粹，
　　　春暉出版社，一九七九年四月），頁七四。
[114]同前註，頁七五。卞之琳是新月派中的聞一多系，而非徐志摩系，
　　　他甚受著聞一多這另一位新月健將的薰陶。卞之琳自己也在〈雕蟲紀
　　　歷〉中承認過。參見黃維樑〈新月派、現代派和卞之琳〉《國文天地》
　　　（一九九一年六月），頁二八。

其間雖有象徵派（李金髮、姚蓬子等）的興起，現代派
（以戴望舒爲首，《現代》月刊的一群詩人）的活躍，
以及左翼詩人《國防詩歌》（穆木天，楊騷，蒲風等組
織「中國詩歌會」）的呼號，但是直到抗戰前夕爲止，
多數詩人的風格和路向，仍受格律詩的籠罩，新月派的
詩風，仍是詩壇的主流。[115]

　　新月派沒有壟斷中國新詩壇。而且很重要的，作家的思想進
步了，他總尋求突破。抗戰以後，當初新月派的詩人，都逐步的
走向人民大衆。聞一多、卞之琳便是好例證，徐志摩如果能活得
久一點的話，也會如此做的。

　　總之，新月派在新詩史上有兩點成就：一、新月派的內容進
步、感情健康、藝術性高，確實提倡新詩的聲譽。二、新月派是
第一個提出完整新格律化理論的流派，且創作了大規模，富創意
的作品，爲新詩的藝術形式開闢了一條新的途徑。

三、徐志摩與新月派的關係

　　在「新月」這個鬆散的組織中，是因爲徐志摩才起了粘連作
用。早期北京的新月社，是徐志摩熱心籌建；後期的「新月書
店」、《新月》月刊和《詩刊》，也都是徐志摩積極接辦。我們
可以這麼說，沒有徐志摩，等於沒有新月派。胡適在〈追悼志摩〉
一文中，曾經以贊同的口氣引用陳通伯的話說：

尤其朋友裡缺不了他。他是我們的連索，他是粘著性
的，發酵性的。[116]

---

[115]司馬長風《中國新文學史》（下卷，古楓出版社，一九八六年），
　　頁一八一。
[116]同註８８，《徐志摩全集·第一輯》，頁三五七。

　　胡適這番話不是沒有道理。「新月」這一批同仁，如果沒有徐志摩在那裡聯繫通告，是難以聚在一起的。從早期「新月」同仁的聚會，到後來的《晨報副刊·詩鐫》、《新月》月刊、《詩刊》，都是徐志摩在積極推動。以新月書店而論，雖然徐志摩不負責書店的經營，但是書稿的審查方面，他是主要人物。他有封書信可作證明。他〈致趙景深〉一信中說：

　　　　寒先艾有一部詩集求印，新月審查會主張今年不出詩集。

　　　　寒詩想早見過，還算不錯；你可否替他向開明或是光華

　　　　問問？如能出版，也算了卻件心事……。[117]

　　從這類信件，可以看出徐志摩在新月書店編審業務上所起的作用。同時，徐志摩致力於新月派的派別活動以及詩歌創作，對新詩的體裁和形式的探討花過相當大的力氣，也有一定的價值和影響，使他因此成了一個著名的詩人。朱自清曾說：

　　　　現代中國詩人，須首推徐志摩和郭沫若。[118]

　　徐志摩雖然寫過各種文學形式的作品，但是以詩歌成就最大。他的詩歌代表了新月派詩歌的整個發展過程，這是有一定的道理的。從某個角度來說，徐志摩的詩歌內容到形式的演變過程，反映了新月派的某些特質。在《新月》創刊的時候，徐志摩認為「現代意識」是從「灰燼的底裡孕育」出來的，他在〈湯麥士哈代〉一文中說：

　　　　幻滅的感覺軟化了一切生動的努力，……人類忽然發見

　　　　他們的腳步已經誤走到絕望的邊沿，再不留步時前途只

　　　　是死與沈默。[119]

---

[117]同註１０６，頁三九。

[118]轉引自陳從周〈徐志摩年譜·序〉《徐志摩年譜》（上海書店印行，一九八一年十一月），頁八。

[119]同註８８，《徐志摩全集·第六輯》，頁二九六。

他開始轉向現代派文學。艾青認爲現代文學史上的現代派是由新月派與象徵派演變而成。[120]如果徐志摩不死，新月派將自己演變到現代派。[121]新月派重要成員葉公超如此說：

> 由他結成的新月，也因他的去逝而無法維持下去。[122]

雖然「新月」的終結並非只因徐志摩的機毀人亡；但是不可否認，他在其中所起的作用。徐志摩正是「新月派」的靈魂人物，創造許多膾炙人口的新詩。

四、小　結

在中國新文學史上，新月派是有較大的影響的。它先後存在了十一個年頭（一九二三至一九三三），它創辦過新月俱樂部，辦過新月出版社，出版過《新月》月刊。新月社的前身「聚餐會」原是文人雅士們聯誼交際的形式，此後又正式命名爲「新月社」，在北京開闢了新月社俱樂部。新月派從本質上說是個鼓勵個性、倡導大家「露棱角」[123]的開明團體。新月派的主要成員雖然都飽經歐美文化薰陶，但所接受的文化思想體系可謂五花八門，不可能在文化傾向上取得一致。他們只有在各自帶著特定的文化修養下，進入新月派。由於新月派的成員比較龐雜，不像文學研究會、創造社那麼單純，因此，儘管在總的藝術傾向上趨於一致，但在個人的選材，手法以及風格等方面，彼此會有較大的不同。

---

[120]艾青〈中國新詩六十年〉《明報》（香港，一七六期）。轉引自藍棣之《新月派詩選》（北京，人民文學出版社，一九八九年九月），頁三三。

[121]同註１２０，頁三三。事實上，新月派的一些詩人後來都在《現代》雜誌發表詩歌，而且一九三五年戴望舒編《新詩》雜誌時，就請了卞之琳、孫大雨參與主編。

[122]葉公超〈關於新月〉《聯合報》（台灣，一九八〇年八月六日）。

[123]同註７２，〈給新月〉，頁三〇〇。

在新月派的文學活動中，不僅有詩歌，還有散文、小說、文藝理論和戲劇，發表戲劇評論等。但在這些文學活動中，詩歌是最為活躍的，成績也最為突出，影響也最大。

新月派倡導格律詩，在理論和實踐上做了多方面的探索，對新詩的藝術表現形式發展起了一定的推動作用。他們不僅提倡新詩的格律，並且在接受外來影響過程中，用中文寫了一些無韻格律體和商籟體。[124]他們認為白話新詩的思想內容已經是不成問題了，新詩運動的任務就是如何創造新詩的新形式、新格律。徐志摩說：「藝術家為美的原則犧牲」。[125]不過實際上，為新月派詩歌理論做了最重要的貢獻的是聞一多，他曾發表〈詩的格律〉等論文，提出了有系統的新詩格律理論。

在新月派這個鬆散的流派中，起著黏連作用的是徐志摩。前面也已說過，若沒有徐志摩，就沒有新月派。這是強調他在新月派中所起的倡導和組織作用。胡適在〈追悼志摩〉一文中說：「誰也不能避開他的黏著性，……他總是朋友中間的『連索』」，[126]胡適的這段話其實有道理的。但是，反過來說，徐志摩在新月派同仁中，所起的黏著性和連索作用，那畢竟是有限的。因為新月派本來就是一個鬆散的社團和流派，所以徐志摩的「連索」作用也自然十分有限。因此，可以說他是新月派的代表詩人，甚至於可以說他是新月派的台柱，但是卻不能說他是新月派的領袖。

---

[124]無韻格律體如徐志摩的〈愛的靈感〉、〈我等候你〉和聞一多的〈奇蹟〉；商籟體如徐志摩的〈獻詞〉和聞一多的〈你指著太陽起誓〉。
[125]同註７２，〈海灘上種花〉《徐志摩全集・３》，頁八四。
[126]同註８８，〈追悼志摩〉《徐志摩全集・第一輯》，頁三五七。

第四節　徐志摩詩的主題探討

從詩的思想主題來看，徐志摩的詩有四個方面，比較值得提出討論；本節將：理想的追尋與挫敗，自然生命的抒詠，愛情的耽溺與思索以及社會現實的關懷。底下便詳略討論。

一、理想的追尋與挫敗

理想化的生活孕育詩人的理想主義意識，徐志摩被人稱爲理想主義者，陶孟和說：

> 徐志摩是一個理想主義者，他的理想曾受了希臘主義的影響……[127]

其實，徐志摩心目中的理想主義，是他在英國康橋時，就開始構想而成的，一個弱國子民與當時西方較先進的文化思潮不期而遇的結果。他在〈吸煙與文化〉一文中說：

> 我敢說的只是──就我個人說，我的眼是康橋教我睜的，我的求知慾是康橋給我撥動的，我的自我的意識是康橋給我胚胎的。[128]

康橋的理想奠定了他思想的基礎，也成爲他其後人生道路抉擇的重要思想基因。他的很多行爲，如離婚、戀愛、都難爲社會所接受，其原因便是爲了實現他的理想。徐志摩在散文〈迎上前去〉裏說：

> 我相信眞的理想主義者是受得住眼看他往常保持著的理

---

[127]蘇雪林《中國二三十年代作家》(台北，純文學出版社，一九八六年六月)，頁一〇七。

[128]蔣復璁、梁實秋編《徐志摩全集·第三輯》(台北，傳記文學出版社，一九八〇年八月)，頁二三八至二三九。

想萎成灰，碎成斷片，爛成泥，在這灰這斷片這泥的底
裏他再來發現他更偉大更光明的理想。我就是這樣的一
個。[129]

事實上，理想不斷破滅，使得徐志摩只能生活在夢幻之中。
在〈去罷〉一詩的第一節裏，可以看出他對理想，真情的謳歌追
求：

去罷，人間，去罷！

我獨立在高山的峰上；

去罷，人間，去罷！

我面對著無極的穹蒼。

這是他的理想主義，在現實面前碰壁後一種心境的反映，但
他仍然一個浪漫主義的激情表達理想世界。像這樣充滿自信，高
亢奮進的風發意氣，在他後來的詩作中已很難看見了。〈為要尋
一個明星〉中的那顆明星，也是一個理想的別名。這首詩不僅形
式完美，表現的手法亦極新穎，在全詩中描寫：

我騎著一匹拐腿的瞎馬，

向著黑夜裏加鞭；——

向著黑夜裏加鞭，

我跨著一匹拐腿的瞎馬！

我衝入這黑綿綿的昏夜，

為要尋一顆明星；——

為要尋一顆明星，

我衝入這黑茫茫的荒野。

---

[129]同註１２８，《徐志摩全集·第三輯》，頁四三四。

累壞了，累壞了我跨下的牲口。

　那明星還不出現；——

　那明星還不出現，

累壞了，累壞了馬鞍上的身手。

這回天上透出了水晶似的光明，

　荒野裏倒著一隻牲口，

　黑夜裏躺著一具屍首。——

　這回天上透出了水晶似的光明！

「為了尋一個明星」，這明星就是理想。那「天上透出了水晶似的光明」，是對明星尋求者靜穆莊嚴的祭典，也是他自己浪漫主義的標誌。可貴的是畫面如此靜穆，水晶似的光明只有天邊的一抹，因此，更顯得神聖而又高貴。他向著一個不可捉摸的創作意境作靈魂探險。這首詩深含哲理，不僅有崇高的精神，且對光明和真理充滿熱列追求。

在深入探討徐志摩的理想主義的時候，〈嬰兒〉這首詩也不能忽視的，在詩的其中一段描寫：

因為她知道這忍耐是有結果的在她劇痛的昏瞀中她彷彿聽著上帝准許人間祈禱的聲音，她彷彿聽著天使們讚美未來的光明的聲音；因此她忍耐著，抵抗，奮鬥著剙剙她抵拚繃斷她統體的纖微，她要贖出在她那胎宮裏動盪著的生命，在她一個完全美麗的嬰兒出世的盼望中，最銳利，最沉酣的痛感逼成了最銳利最沉酣的快感……。

徐志摩短短的一生，其實都在致力於自己理想的「馨香的嬰兒」的迎候。一九二四年秋，他在北京師大演講《落葉》中，引

用〈嬰兒〉之後說：

> 我們還要妄想希望的手臂從黑暗裡伸出來挽著我們。我
> 們不能不想望這苦痛的現在，只是準備著一個更光榮的
> 將來，我們要盼望一個潔白的肥胖的活潑的嬰兒出世。
> [130]

　　詩中可看出他的理想主義的藝術表現。他通過對一個即將臨
盆的產婦其內心的痛苦和歡樂心理描繪：現在的痛苦只是準備著
一個美好的將來。「我在〈嬰兒〉——那首不成形詩的最後一節
——那詩的後段，在描寫一個產婦在她生產的受罪中，還能含有
希望的句子」。[131]這較容易聯想到五四以來追求民主、自由的
悲壯曲折的歷史行程。

　　他的思緒上天入地，縱橫馳騁，想像浩渺，追求著一個目標，
一個方向。他自比是一朵雪花，就像〈雪花的快樂〉中第一、二
節：

> 假如我是一朵雪花，
> 　翩翩的在半空裏瀟洒，
> 我一定認清我的方向——
> 　飛颺，飛颺，飛颺，——
> 這地面上有我的方向。
>
> 不去那冷寞的幽谷，
> 不去那凄清的山麓，
> 　也不上荒街去惆悵——

---

[130]趙遐秋、曾慶瑞、潘百生編〈嬰兒〉《徐志摩全集·3》（廣西民
　　族出版社，一九九一年七月），頁一三。
[131]同前註，〈秋〉《徐志摩全集·3》，頁三〇八。

　　　　飛颺，飛颺，飛颺，——

　　　　你看，我有我的方向！

　　那輕盈地飛向美麗清幽的理想境界的雪花，正是他尋找理想歸宿充滿信心的歡樂情緒的自然流露。他在追求美的過程絲毫不感痛苦、絕望，反而，他充分享受著選擇的自由、熱愛的快樂。詩中每節重複出現的「飛颺，飛颺，飛颺」雖然有些降低詩的餘韻，但在主題的強調上，卻頗有增強的效果。

　　徐志摩認爲，人永遠注定要在追尋的理想路上走，理想像一面鏡子，社會上的千醜百怪，都會被這面鏡子照出原形。但是理想與現實的問題，往往引起無限的困惑。試看〈消息〉一詩：

　　　　雷雨暫時收斂了；

　　　　雙龍似的雙虹，

　　　　顯現在霧靄中，

　　　　天矯，鮮艷，生動，——

　　　　好兆明天准是好天了。

　　　　什麼！又（是一陣）打雷了，——

　　　　在雲外，在天外，

　　　　又是一片闇淡，

　　　　不見了鮮虹彩，——

　　　　希望，不會站穩，又毀了。

　　林徽音的出現，使徐志摩深陷情網而不能自拔。但誰知他理想的伴侶林徽音，竟成了老師梁啓超的未來媳婦。這一突然的打擊，使他兩眼發黑，雙手僵冷，命運之神，就這樣播弄人間，讓他嚐盡人生苦酒。但他並不因此就完全悲觀，他也曾插扎著要擺脫困境。有一首〈無題〉形象地描寫一個朝山人，他在人間已歷

盡滄桑，被折磨得遍體鱗傷，但他不退後，不倒地，決心前衝：

　　退後？——昏夜一般的吞蝕血染的來蹤，

　　倒地？——這懦怯的累贅問誰去收容？

　　前衝？啊，前衝！衝破這黑夜的冥凶，

　　衝破一切的恐怖，遲疑，畏葸，苦痛，

　　……

　　前衝；靈魂的勇是你成功的秘密！

　　這回你看，在這決心捨命的瞬息，

　　迷霧已經讓路，讓給不變的天光，

　　一彎青玉似的明月在雲隙裏探望，

　　依稀窗紗間美人啓齒的瓠犀，——

　　儘管現實嚴峻，道路多曲，但是，只要不畏艱難努力跋涉必能攀登那「最高理想的高峰」，這是徐志摩理想主義的生動寫照。然而，徐志摩的理想與現實生活不斷發生衝突，他預感到這個理想會變得越來越遙遠，「一個曾經有單純信仰的流入懷疑的頹廢」[132]占住了他的靈魂，他迷惘、慌亂、無所依傍，他失去了忍耐心，失去了自信力，在〈三月十二深夜大沽口外〉一詩中把自己比做困守在大沽口外的，絕海裏的俘虜，對著憂愁申訴：

　　你說不自由是這變亂的時光？

　　但變亂還有時罷休，——

　　誰敢説人生有自由？

　　今天的希望變作明天的悵惘；

　　星光在天外冷眼瞅，

　　人生是浪花裏的浮漚！

────────

[132]同註１２８，〈猛虎集·序文〉《徐志摩全集·第二輯》，頁三四六。

　　在徐志摩的心目中，是嚮往自由就是他的理想，但他也意識
到人生是永遠不會有自由的，永遠是不會有希望的，人生不過是
「浪花裏的浮漚」，猶如轉瞬即逝的一個「迷夢」。他對社會的
反抗，只是個人主義的反抗，是軟弱無力的。

　　徐志摩的詩一步一步走向懷疑悲觀的甬道裏去了。有一首
〈生活〉的短詩，反映了他這種心境：

　　　　陰沈，黑暗，毒蛇似的蜿蜒，

　　　　生活逼成了一條甬道：

　　　　一度陷入，你祇可向前，

　　　　手捫索著冷壁的黏潮，

　　　　在妖魔的臟腑內掙扎，

　　　　頭頂不見一線的天光，

　　　　這魂魄，在恐怖的壓迫下，

　　　　除了消滅更有什麼願望？

　　他把「生活」比喻成「甬道」，以這意象為出發點，把各種豐
富的人生經驗濃縮為各種生動的藝術形象，「陷入」、「掙扎」、
「消滅」揭示著主體不斷的努力；而「毒蛇」、「冷壁」、「妖
魔」、「天光」等等的意象就是「甬道」的具體特徵，這些都是
「生活」像「甬道」這一個大的背景下組合起來的，並強化了
「生活」的否定性性質。他對這種生活態度，自己剖析說：「個
人最大的悲劇是設想一個虛無的境界來謊騙你自己；騙不到底的
時候你就得忍受『幻滅』的莫大的苦痛」。[133]這是他卅五歲的
作品，也就是寫於逝世的前一年。他受到「實際的生活逼得越緊，

─────────────

[133]同註１３０，〈自剖〉《徐志摩全集·3》，頁一八四。

理想的生活宕□越空，……見著的只是一個悲慘的世界」，[134]
此詩悲觀的氣氛很濃，充滿了絕望和可怖，極可能是他對自己
「靈魂的冒險」和「單純的信仰」所做的結論。胡適在〈追悼志
摩〉一文中說：

> 志摩最近幾年的生活，他承認是失敗。他有一首〈生
> 活〉的詩，詩是暗慘的可怕……他的失敗是一個單純的
> 理想主義者的失敗。[135]

不過，「在恐怖的壓迫下」，他並沒有屈服，而是在悲觀與
懷疑中掙扎。詩人悲觀，大抵與其悲天憫人之胸襟有關，浪漫主
義型的詩人悲觀，則除了悲天憫人外，尚與他個人的生活遭遇發
生關聯。下面一首〈問誰〉中，很容易找到悲觀的痕跡：

> 因此我緊攬著我生命的繩網，
> 　像一個守夜的漁翁，
> 兢兢的，注視著那無盡流的時光──
> 　私冀有彩鱗掀湧。
>
>
> 但如今，如今只餘這破爛的魚網──
> 　嘲諷我的希冀，
> 我喘息的悵望著不復返的時光：
> 　淚依依的憔悴！

又在〈殘破〉一詩的最後一節裏也說：

> 深深的在深夜裡坐著，
> 　閉上眼回望到過去的雲煙；
> 啊，她還是一枝冷艷的白蓮，

---

[134]同註１２８，〈求醫〉《徐志摩全集·第三輯》，頁四二〇。
[135]同註１２８，《徐志摩全集·第一輯》，頁三六三。

　　　　斜靠著曉風，萬種的玲瓏；

　　　但我不是陽光，也不是露水，

　　　我有的只是些殘破的呼吸，

　　　　如同封鎖在壁橡間的群鼠，

　　　追逐著，追求著黑暗與虛無！

　　這些詩句，都顯示徐志摩內心陰暗的一面。因爲他的生活缺少「彩鱗掀湧」，所以覺得生命的理想已破，只能追逐黑暗和虛無，大有承認失敗之意，這當然是很悲觀的語調了。他選擇夜的意象，這不僅出於審美的安排，還體現了一種深層的文化無意識，就宿命論。時間宿命地把人限制在白天和夜晚的單調的交替循環中，若逃離時間就等於否定生命。他用了人與時間的關係注釋個體與社會環境的關係，這種認識便表現了他對個體無可選擇的悲哀、對社會的絕望。

　　悲觀到了極致便會否定早期的入世思想，轉向對死亡的仰慕，在一首長詩〈愛的靈感〉中描寫：

　　　我就望見死，那個

　　　美麗的永恒的世界；死，

　　　我甘願的投向，因爲它

　　　是光明與自由的誕生……

徐志摩的走向死亡象徵了當時所有感性至上的幻想者們的共同歸宿。就中國而言，超穩定的封建體系所釋放出的黑暗氛圍難以憑借自我主觀的激情和衝動來驅散，現實社會堅硬與強有力遠遠壓倒個人的理想。這首詩是他最長的一首詩，同時，也可以看做是，他自己一生的人生觀世界觀的另外一種體現。

　　在〈我不知道風是在那一個方向吹〉中，抒寫生活像夢幻一樣，雖然也曾令人迷醉過，但最後只是使人漸漸墮入了彷徨和消

沉，其中第五、六節描寫：

> 我不知道風
> 是在那一個方向吹——
> 我是在夢中，
> 在夢的悲哀裏心碎！

> 我不知道風
> 是在那一個方向吹——
> 我是在夢中，
> 黯淡是夢裡的光輝。

這首詩，典型地反映了他在思想上的徘徊和掙扎，是這時代知識分子苦悶、頹唐以至絕望的眞實寫照。無論是過去的生活理想，還是眼前讓他不滿的現實，對於他來說都是一場夢。夢一旦破滅，生活留給他的只是「在夢的悲哀裏心碎」。他在〈新月的態度〉一文中說的是，可做爲這首詩的注腳：

> 要從惡濁的底裡解放聖潔的泉源，要從時代的破爛裡規復人生的尊嚴——這是我們的志願。成見不是我們的，我們先不問風是在那一個方向吹。功利也不是我們的，我們不計較稻穗的飽滿是在那一天。……生命是一切理想的根源，它那無限而有規律的創造性給我們在心靈的活動上一個強大的靈感。……我們最高的努力的目標是與生命本體同綿延的，是超越死線的，是與天外的群星相感召的。[136]

茅盾評價徐志摩說：「志摩是中國文壇上傑出的代表者，志摩以

---

[136]同註１３０，〈新月的態度〉《徐志摩全集‧４》，頁五八六至五八七。

後的繼起者未見有能並駕齊驅，我稱他爲『末代的詩人』」。[137]

　　總之，徐志摩是理想主義者，時時不忘追求夢想，塑造美麗的人生；也正由於他的信仰單純，雖然品嘗一份痛苦而絕望，仍能維持他浪漫的作風。

二、自然生命的抒詠

　　在大自然中，徐志摩感受著自然的呼吸，窺視著自然的神秘。性靈是大自然賦予人類特有的感覺模式。他是一個以「生命爲詩」的詩人，他一生都在注視著人類永恒的生命題材，「我是一個生命的信徒」。[138]生命是他衡量一切的標準。人的生命應當是自然勃發的，任何壓抑人性的東西都是不合理的。他在〈我所知道的康橋〉一文中說：

> 我們的病根是在「忘本」。人是自然的產兒，就比枝頭的花與鳥是自然的產兒；但我們不幸是文明人，入世深似一天，離自然遠似一天。離開了泥土的花草，離開了水的魚，能快活嗎？能生存嗎？從大自然，我們取得我們的生命；從大自然，我們應分取得我們繼續的資養。[139]

　　徐志摩特別喜歡英國康橋，它環境幽靜，風光秀麗，在不同的季節呈現出不同的風采。因此康橋自然景致深深打動他的心靈，他在〈草上的露珠兒〉一詩中描寫：

> 草上的露珠兒
>
> 　顆顆是透明的水晶球，

---

[137]茅盾〈徐志摩論〉《新月派評論資料選》（上海，華東師範大學出版社，一九九三年六月），頁一四三。

[138]同註１２８，〈迎上前去〉《徐志摩全集・第三輯》，頁四三九。

[139]同註１２８，《徐志摩全集・第三輯》，頁二五五。

　　　新歸來的燕兒

　　　　在舊巢裏呢喃個不休；

　　　詩人喲！可不是春至人間

　　　　還不開放你

　　　　創造的噴泉，

康橋周圍鄉村的自然風光「草青人遠，一流冷澗」，是一個典型
的大自然溫床。這種超脫社會、田園式的寧靜環境，與他的心靈
世界深深相印，因此他在這裏怡情養性，做起春夢來了。

　　英國鄉野的風光，進一步孕育了他對大自然和人類的浪漫情
懷。〈夏日田間即景〉詩中的第一、二節說：

　　　柳條青青，

　　　南風薰薰，

　　　幻成寄峰瑤島，

　　　一天的黃雲白雲，

　　　那邊麥浪中間，

　　　有農夫農婦笑語殷殷。

　　　笑語殷殷——

　　　問後園豌豆肥否，

　　　問楊梅可有鳥來偷；

　　　好幾天不下雨了，

　　　玫瑰花還未曾紅透；

　　　梅夫人今天進城去，

　　　且看她有新聞無有。

「柳條青青，南風薰薰」的英國沙士頓，是他與張幼儀一同

居住過的小村莊，這裏有他不少親善的鄉鄰，有笑語殷殷的農夫農婦。他把物質的自我融入無限的自然生命之中，使人情與自然交互感應，而從心底裏流出詩來。在〈康橋再會吧〉裏，也可以看出這種人情與自然交融的意境：

> 康橋！山中有黃金，天上有明星，
>
> 人生至寶是情愛交感，即使
>
> 山中金盡，天上星散，同情還
>
> 永遠是宇宙間不盡的黃金，
>
> 不昧的明星；賴你和悅寧靜
>
> 的環境，和聖潔歡樂的光陰，
>
> 我心我智，方始經爬梳洗滌，
>
> 靈苗隨春艸怒生，沐日月光輝，
>
> 聽自然音樂，哺啜古今不朽
>
> ——強半汝親栽育——的文藝精英：

這首長達一百行的詩，是一篇較爲重要的早期詩作，它以一種近乎自傳獨白式的敘述抒情方式，記錄了康橋對他在精神上深遠的影響，從一個側面反映了他崇尙自然，體現了他的人生追求和美學追求。這是他在康橋的日子，沉緬於「帶一卷書，走千里路，選一塊清淨地，看天、聽鳥、讀書、倦了時，和身在草綿綿處尋夢去」[140]的生活。徐志摩熱愛大自然，因爲大自然有靈性，康橋也有康橋的靈性。

後來，他記下了重到英國〈再別康橋〉的感情體驗。這首詩一向被認爲是他的代表作。它無論從詩的格調或表現作者的個性來看，都充滿徐志摩的味道：

---

[140]同註１２８，〈我所知道的康橋〉《徐志摩全集·第三輯》，頁二六〇。

輕輕的我走了，

　　正如我輕輕的來；

我輕輕的招手，

　　作別西天的雲彩。

那河畔的金柳，

　　是夕陽中的新娘；

波光裏的豔影，

　　在我的心頭蕩漾。

軟泥上的青荇，

　　油油的在水底招搖：

在康河的柔波裏，

　　我甘心做一條水草！

（三至六節略去）

悄悄的我走了，

　　正如我悄悄的來；

我揮一揮衣袖，

不帶走一片雲彩。

　　這首詩共計七節。康橋時期可以說是他一生的轉折點。一九二八年，他故地重遊。這首優美的節奏像漣漪般蕩漾開來，就是一個學子尋夢的跫音，又契合著他感情的朝起朝落，一種獨特的審美快感。康橋如痴如醉的優美風景令徐志摩，依依不捨。詩中的康橋景色與他的心境融爲一體。

　　徐志摩所吟誦的自然，還包括老峰，西湖雷峰，江南風景。

他把它們理想化，謳歌它們的靈性。一詩〈五老峰〉的第四、五
段：

> 朝霞照著他們的前胸，
>
> 　晚霞戲逗著他們赤禿的頭顱；
>
> 黃昏時，聽異鳥的歡呼，
>
> 　在他們鳩盤的肩旁怯怯的透露，
>
> 不昧的星光與月彩：
>
> 　柔波裏緩泛著的小艇與輕舸。
>
> 聽呀！在海會靜穆的鐘聲裏，
>
> 　有朝山人在落葉林中過路！
>
> 更無有人事的虛榮，
>
> 　更無有塵世的倉促與靨夢，
>
> 靈魂！記取這從容與偉大，
>
> 　在五老峰前飽啜自由的山風！
>
> 這不是山峰，這是古聖人的祈禱，
>
> 　凝聚這『凍樂』似的建築神工，
>
> 給人間一個不朽的憑證——
>
> 　一個『崛強的疑問』在無極的藍空！

這是一首傑出的寫景詩，歌頌廬山五老峰的壯麗景致。以朝
霞、晚霞、黃昏、星光、月彩等景物來描寫山的多彩多姿，並以
鳥的歡呼、靜穆的鐘聲、與朝山人踏著落葉聲交織其間，顯示出
了山中不同的節奏。最後以「古聖人的祈禱」、「凍結的音樂」、
「崛強的疑問」這三種抽象的、時間性的形音詞來對具象的、空
間性的景色作總結性的讚美。

徐志摩的有些詩，感情很纖細，甚至帶有女性似的柔弱，顯

得玲瓏剔透。例如〈朝霧裏的小草花〉：

> 這豈是偶然，小玲瓏的野花！
>
> 　　你輕含著閃亮的珍珠
>
> 　　像是慕光明的花蛾，
>
> 在黑暗裏想念著燄，彩晴霞；
>
>
> 我此時在這蔓草業中過路，
>
> 　　無端的內感惆悵與驚訝，
>
> 　　在這迷霧裏，在這岩壁下，
>
> 思忖著淚忏忏的，人生與鮮露？

這首詩構思精巧，想像豐富：小草花在黑暗中等待燦爛的陽光。這美麗的畫面，不僅顯示對光明的嚮往，同時也包含對鮮露人生的哀嘆。

在描寫大自然和人們的生活相協調的〈鄉村裏的音籟〉裏，他傾聽鄉村的聲籟，又一度與童年的情景默契。這首詩共五節，缺看其中第一、五節：

> 小舟在垂柳蔭間緩泛──
>
> 　　一陣陣初秋的涼風，
>
> 吹生水面的漪絨，
>
> 吹來兩岸鄉村裏的音籟。
>
>
> 回復我純樸的，美麗的童心：
>
> 　　像山谷裏的冷泉一勺，
>
> 　　像曉風裏的白頭乳鵲，
>
> 　　像池畔的草花，自然的鮮明。

這首詩告訴我們，他如何從大自然中得到生命活力，而能夠回復

純粹毫無瑕疵的童心。「自然」，就像沙漠中的綠洲，賦與他新鮮的衝擊和生命的活力。因為農村比城市保存了更多自然原貌，因此徐志摩對農村的禮讚較多。

總之，從徐志摩謳歌自然與山水的這些詩歌中，可以看出尋找象徵，表現自我，寄托理想。因此，在他的想法裏，自然就是他所追求的眞善美理想的顯現。

三、愛情的耽溺與思索

愛情在徐志摩的生活和創作中佔有相當重要的地位。在徐志摩的前後三本詩集中，眞切地感受到了他十年間愛情的波折變化。他在〈致梁實秋的信〉一文中說：

> 我們靠著活命是愛情、敬仰心和希望。[141]

愛情在徐志摩的短暫人生中，一條粗蠻的感情線。胡適在〈追悼志摩〉一文中說：

> 他的一生是愛的象徵。愛是他的宗教，他的上帝。[142]

由此可見，在徐志摩的心目中，愛情的意義非常重要。事實上，他的詩人生活和愛情生活是同時開始的。在《志摩的詩》中，表現了他初期對愛情的憧憬。甚至於他在《愛眉小札》裏這樣說過：

> 戀愛是生命的中心與精華；戀愛的成功是生命的成功，
> 戀愛的失敗，是生命的失敗，這是不容疑義的。[143]

那麼，徐志摩嚮往到底什麼樣的愛情？他在〈這是一個懦怯

---

[141]徐志摩〈致梁實秋的信〉，轉引自朱德發等人編《中國現代文學史教程》（下冊，山東教育出版社，一九八四年五月），頁一四一。

[142]同註128，《徐志摩全集·第一輯》，頁三五七。

[143]同註128，〈愛眉小札八月十四日〉《徐志摩全集·第四輯》，頁二七三。

的世界〉第一、四節中描寫：

> 這是一個懦怯的世界；
>
>> 容不得戀愛，容不得戀愛！
>
> 披散你的滿頭髮，
>
> 赤露你的一雙腳；
>
>> 跟著我來，我的戀愛，
>
> 拋棄這個世界
>
> 殉我們的戀愛！

> 順著我的指頭看，
>
> 那天邊一小星的藍——
>
>> 那是一座島，島上有青草，
>
>> 鮮花，美麗的走獸與飛鳥：
>
> 快上這輕快的小艇，
>
> 去到那理想的天庭——
>
>> 戀愛，歡欣，自由——辭別了人間，永遠！

一九二五年徐志摩與有夫之婦陸小曼相愛，他們的戀愛遭到許多人的反對，他痛感傳統的道德觀念對人的束縛，深深感受到重荷壓制下的精神痛苦，他寫這首詩與當時的處境和心境有關。這首詩表現出他為了愛情而反抗舊世界的鬥志，究竟是為哪個女子而作，並不重要。重要的是他表現出歌頌戀愛自由、衝擊封建束縛的普遍意義，具有積極的浪漫精神。

當陸小曼愛情注進他的心頭時，他的眼前又亮起了一片光明。愛情加添了他的生命力，喚醒他的活力，從此生命重新的機兆。一詩〈天神似的英雄〉中描寫：

> 這石是一堆粗醜的頑石，

這百合是一叢明媚的秀色；
但當月光將花影描上了石隙：
這粗醜的頑石也化生了媚跡。

我是一團臃腫的凡庸
她的是人間無比的仙容；
但當戀愛將她偎入我的懷中
就我也變成了天神似的英雄！

這首詩表現的是，透過愛情的神奇力量，使平凡的自己獲得一種
新生，從而感到幸福和無限的自豪。他又在〈雪花的快樂〉一首
中描寫：

假如我是一朵雪花，
翩翩的在半空裏瀟灑，
　我一定認清我的方向——
　　飛颺，飛颺，飛颺，——
這地面上有我的方向。

　（第二節略去）

在半空裏娟娟的飛舞，
認明了那清幽的住處，
　等著她來花園裏探望——
　　飛颺，飛颺，飛颺，——
啊，她身上有硃砂梅的清香！

那時我憑藉我的身輕，
盈盈的，沾住了她的衣襟，
　貼近她柔波似的心胸——

　　　　消溶，消溶，消溶，──
　　　　溶入了她柔波似的心胸！

　　他假設自己是一朵雪花，飛向自己的愛人，消溶入她的心
胸。這首詩所表現的不受拘束追求愛情的願望。他在《猛虎集》
序文中說：

> 詩人也是一種癡鳥，他把他的柔軟的心窩緊抵著薔薇的
> 花刺，口裡不住的唱著星月的光輝與人類的希望，非到
> 他的心血滴出來把白花染成大紅他不住口。他的痛苦與
> 快樂是渾成的一片。[144]

　　「不是徐志摩，做不出這首詩！」[145]不過，愛情的滿足並
不能消除他因其社會理想不能實現而產生的苦惱。一詩〈再休怪
我的臉沉〉，就初步接觸到這個問題。且看這首詩怎麼描寫：

> 　　就說愛，我雖則有了你，愛，
> 　　　　不愁在生命道上
> 　　　　感受孤立的恐慌，
> 　　　　但天知道我還想往上攀！
>
> 　　　　（中略）
> 　　給我勇氣，我要的是力量，
> 　　　　快來救我這圍城，
> 　　　　再休怪我的臉沈，
> 　　　　快來，乖乖，抱住我的思想！

　　他熱切的希望愛人能夠成為志向道合，互相鼓舞的伴侶。但
也不少的愛情詩篇彌漫著一種傷感和失望的情緒。

　　泰戈爾離華之後，梁思成、林徽音也赴美去了，只留下除志

────────────
[144]同註１２８，《徐志摩全集·第二輯》，頁三四九。
[145]同註１３７，頁一四二。

摩一人感到很孤單寂寞，因此，也不禁向自己發出了疑問。一詩
〈戀愛到底是什麼一回事〉中，有這樣的詩句：

> 戀愛他到底是什麼一回事？——
>
> 他來的時候我還不曾出世；
>
> 太陽爲我照上了二十幾個年頭，
>
> 我只是個孩子，認不識半點愁；
>
> 忽然有一天——我又愛又恨那一天——
>
> ……
>
> 這來我變了，一隻沒籠頭的馬，
>
> 跑遍了荒涼的人生的曠野；
>
> ……
>
> 血！那無情的宰割，我的靈魂！
>
> 是誰逼迫我發最後的疑問？

戀愛可以使人墮落，也可以使人新生。徐志摩與林徽音的愛
情中止時，他感到眼前是無邊的黑夜，從此他「再不問戀愛是什
麼一回事」。

他沒有陷入一般情詩的纏綿悱惻的傾訴呻吟中。〈客中〉詩
由景及情，情思清澄：

> 今晚天上有半輪的下弦月；
>
> 　我想攜著她的手
>
> 　往明月多處走——
>
> 一樣是清光，我說圓滿或殘缺。
>
> 園裏有一樹開賸的玉蘭花；
>
> 　她有的是愛花瓣
>
> 　我愛看她的憐惜——

一樣是芬芳她說滿花與殘花。

濃陰裏有一隻過時的夜鶯；

　　她受了秋涼，

　　不如從前瀏亮——

快死了，她說，但我不悔我的癡情！

但這鶯，這一樹花，這半輪月——

　　我獨自沈吟，

　　對著我的身影——

她在那裏，阿，爲什麼傷悲，凋謝，殘缺？

這首詩前三段是寫他和陸小曼昔日在月光下，在花香鳥語中所感
受到的歡娛與癡情。詩的第四段，他由「下弦月」「玉蘭花」
「夜鶯」而想起他的情人，但是昔日的風情何在？他只能對月傷
懷、見花流淚了。

　　徐志摩在後期的現實生活中，愛情婚姻走向危機。因此在失
意灰心之餘，愛情詩大爲減少。茅盾曾經這麼說：

　　　我以爲志摩的許多披著戀愛外衣的詩不能夠把來當作單
　　　純的情詩看的；透過那戀愛的外衣，有他的那個對於人
　　　生的單純信仰。一旦人生的轉變出乎他意料之外，而且
　　　起過了他期待的耐心，於是他的曾經有過的單純信仰發
　　　生動搖，於是他流入於懷疑的頹廢了！[146]

　　是因爲婚姻的失敗，使得徐志摩單純的信仰發生動搖，漸漸
地使他走向失意頹廢的人生之路。他與陸小曼結婚之後，精神愈

---

[146]同註１３７，頁一五四。

來愈苦悶、愈來愈頹廢，幾乎到了崩潰的地步。所有這些思索，從下面三首詩看出其中端倪。第一首詩是〈活該〉最後一段說：

> 這苦臉也不用裝，
>
> 到頭兒總是個忘！
>
> 得！我就再親你一口；
>
> 熱熱的！去，再不許停留。

徐志摩對於婚姻愛情已經失望透頂，因此他對婚姻愛情毫不留戀。還有〈枉然〉這首詩也充滿酸溜溜的，全無當年的光彩，詩的全文描寫：

> 你枉然用手鎖著我的手，
>
> 女人，用口禽住我的口，
>
> 枉然用鮮血注入我的心，
>
> 火燙的淚珠見證你的真；
>
> 遲了！你再不能叫死的復活，
>
> 從灰土裏喚起原來的神奇：
>
> 縱然上帝憐念你的過錯，
>
> 他也不能拿愛再交給你！

從這首詩可以看出他與陸小曼之間曾有嫌隙，以致詩人發出抱怨之聲。他覺得，愛人已不再愛他，就算上帝也幫不上忙。

由於愛情的難堪，讓他感到無比空虛。一詩〈雲遊〉的第一段：

> 那天你翩翩的在空際雲遊，
>
> 自在，輕盈，你本不想停留
>
> 在天的那方或地的那角，
>
> 你的愉快是無攔阻的逍遙。

> 你更不經意在卑微的地面，
>
> 有一流澗水，雖則你的明艷，
>
> 在過路時點染了他的空靈，
>
> 使他驚醒，將你的倩影抱緊。

詩中雲游的特徵是空無一傍的自在逍遙，「你的愉快是無攔阻的
逍遙」。這一個逍遙的愉快帶有一些脫卻人間煙火味的清遠，並
具有抒情主體心靈呼應的瞬間感受。這首詩，敘述他爲愛消瘦，
希望愛人回頭，多情的他，愛情遭受挫折時流露的心聲。他在
《猛虎集》序文中說：

> 一切的動，一切的靜，重復在我的眼前展開，有聲色
>
> 與有情感的世界重復爲我存在，……顯示它的博大與精
>
> 微，要他認清方向，再別錯走了路。我希望這是我的一
>
> 個眞的復活的機會。[147]

這似乎是經歷了一生中苦難的人，才能體會到後能說出來的話，
其實，在此之後不久，他就永遠地離開了這個世界。

　　此外，徐志摩現實中追求的愛，已不是狹隘的男女之愛，而
成爲了一種「完美」的理想。如〈我有一個戀愛〉的第一、六節
說：

> 我有一個戀愛；——
>
> 我愛天上的明星；
>
> 我愛他們的晶瑩：
>
> 　人間沒有這異樣的神明
>
>
> 我袒露我的坦白的胸襟，

---

[147]同註1.2 8，《徐志摩全集·第二輯》，頁一〇至一一。

　　　　獻愛與一天的明星；

　　　任憑人生是幻是眞，

　　　地球存在或是消泯——

　　　　大空中永遠有不昧的明星！

他的戀愛對象是「天上的明星」。這明星就是人格化的明星，帶著強烈的主觀色彩。這首詩所歌詠的不是凡夫俗子之情，而是像星星一樣晶瑩純潔，令人心醉神往，在這愛情的光輝中，可以使人超脫了現實人性的一切悲涼。他是一個浪漫主義詩人，他以愛、美、自由爲人生信仰，對愛情、人生、社會都抱著美好的理想，這三者的理想永遠存在著追求的狀態中。

　　徐志摩寫過不少戀愛詩，在《志摩的詩》發表之後，他的戀愛詩不僅反映他對愛情的沉迷，也表現出他對肉欲的追求。像收入在《翡冷翠的一夜》中的〈兩地相思〉，就有不少詩句，給人追求肉欲的印象：[148]

　　　㈠他——

　　『今晚的月亮像她的眉毛，

　　　這彎彎的夠多俏！

　　今晚的天空像她的愛情，

　　　這藍藍的夠多深！

　　那樣多是你的，我聽她說，

　　　你再也不用疑惑；

　　給你這一團火，她的香唇，

　　　還有她更熱的腰身！

　　誰說做人不該多喫點苦？——

────────────

[148]胡炳光〈徐志摩——一個資產階級自由主義詩人〉《天津師大學報》
　　（一九八五年第一期），頁六五。

喫到了底才有數。

……

　　㈡她──

他來時要抱，我就讓他抱，

　　（這葫蘆不破的好，）

但每回我讓他親──我的唇

　　愛，親的是你的吻！

這首詩將彎彎的月亮比做少女的細眉，將藍藍的天空，比做深沉的愛情，具有詩情畫意。不過，「香唇」、「腰身」、「抱」、「吻」這些香豔字眼，破壞了整首詩的深度。

　　收入在《雲遊》中的〈別擰我，疼〉，更是把肉麻當有趣。詩的全文描寫：

「別擰我，疼，」……

你說，微鎖著眉心。

那「疼，」一個精圓的半吐，

在舌尖上溜──轉。

一雙眼也在說話，

晴光裏漾起

心泉的秘密。

夢

灑開了

輕紗的網。

「你在那裏？」

「讓我們死，」你説。

這首詩描寫男女之間的情調，顯得庸俗無聊。總之，愛情至上是徐志摩的信念，他只認爲愛情是「性靈美」的東西，而忽視愛情本身也有社會性，所以，他的愛情詩往往只是孤立地就愛情談愛情，不但缺乏社會的內容，而且有的流露出低級庸俗的情調。

四、社會現實的關懷

徐志摩認爲：「眞純藝術⋯⋯在於擴大淨化人道與同情」。[149]人道主義不僅是其世界觀的內核，也是他詩創作的一個起點。他的生活視野雖然不廣闊，但是他也不是鑽在象牙塔裏面，中國的社會現象也不是進入他的眼簾。因此，他對於當時社會現實中存在的黑暗與罪惡，是有所感覺的。再加上他熱愛「民主」、「自由」，因此他對封建社會，有不少抨擊。他在〈落葉〉一文中說：

> 讓我們痛快的宣告我們民族的破產，道德，政治，社會，
> 宗教，文藝，一切都是破產了的。⋯⋯我們周圍有一哭
> 聲，哭是我們的靈魂受污辱的悲聲，笑是活著的人們瘋
> 魔了的獰笑，那比鬼哭更聽的可怕，更悽慘。⋯⋯原因
> 於經濟的不平等，或是政治的不安定，或是少數人的放
> 肆的野心。這種種都是空虛的，欺人自欺的理論。[150]

在徐志摩的思想中，人道主義占有很重要的地位，現在從他的詩篇來探討，他如何關懷社會呢？寫於一九二四年九月的〈毒藥〉，是他對當時「惡毒」世界的盡情咒詛。關於這首詩的寫作

[149]同註１３０，〈得林克華德的《林肯》〉《徐志摩全集·４》，頁一二一。
[150]同註１２８，《徐志摩全集·第三輯》，頁二二至二四。

經過，他在散文〈自剖〉中有一段說明：

> 愛和平是我的生性。在怨毒，猜忌，殘殺的空氣中，我
> 的神經每每感受一種不可名狀的壓迫。記得前年奉直戰
> 爭時我過的那日子簡直是一團黑漆，每晚更深時，獨自
> 抱著腦殼伏在書桌上愛罪，彷彿整個時代的沉悶蓋在我
> 的頭頂——直到寫下了〈毒藥〉那幾首不成形的咒詛詩
> 以後，我心頭的緊張才漸漸的緩和下去。[151]

那麼，下面一詩〈毒藥〉的末段中描寫：

> 到處是姦淫的現象，貪心摟抱著正義，猜忌逼迫著同
> 情，懦怯狎褻著勇敢，肉慾侮弄著戀愛，暴力侵陵著人
> 道，黑暗踐踏著光明；聽呀！這一片淫狠的聲響，聽呀，
> 這一片殘暴的聲響；虎狼在熱鬧的市街裏，強盜在你們
> 妻子的床上，罪惡在你們深澳的靈魂裏……

這首散文詩中，理想主義者愛和平的生性，由於受黑暗沉悶環境
的壓迫，醞釀發酵成一種不可抑制的爆發，幾乎不可節制的渲泄
與詛咒。激怒、焦灼、失望等劇烈的情感，表現了他對社會黑暗
勢力的鞭笞。

再看〈太平景象〉一詩：

> 『說是，這世界！做鬼不幸，活著也不稱心；
> 誰沒有家人老小，誰願意來當兵拚命？』
> 『可是你不聽長官說，打傷了有卹金！』

這首詩借士兵的對話，反映了在齊盧戰爭中，廣大士兵對軍閥混
戰的不滿，以及在戰爭的殘酷下，不甘白白賣命的情緒。戰爭引
起混亂，破壞生活的根基與秩序。徐志摩目睹這些戰爭慘狀，他

---

[151]同註１２８，《徐志摩全集·第三輯》，頁三九六。奉直戰爭：北
　　洋軍閥奉直兩系在帝國主義支持下爭奪中央政權的戰爭。

激怒起來，熱血沸騰。如在〈大師〉中，揭露軍閥殘酷地虐待士兵，對前方戰士，「隨死隨掩，間有未死者，即被活埋」的情景；在〈人變獸〉中，揭露封建軍閥在戰爭中任意屠殺人民、強姦婦女的獸性罪行。

　　一詩〈梅雪爭春〉是為「紀念三一八慘案」而作的，他把在執政府門前被段祺瑞衛隊槍殺的十三歲兒童的鮮血，當作是嚴寒中的紅梅。全詩中描寫：

> 南方新年裏有一天下大雪，
> 我到靈峰去探春梅的消息；
> 殘落的梅萼瓣瓣在雪裏醃，
> 我笑說這顏色還欠三分艷！
>
> 運命說：你趕花朝節前回京，
> 我替你備下真鮮艷的春景：
> 白的還是那冷翻翻的飛雪，
> 但梅花是十三齡童的熱血！

顯然，〈梅雪爭春〉中的「春」，既是自然界的春天，更是詩人的春天。[152]這首詩，他通過比喻、象徵的手法，熱情地歌頌為自由為民主而灑熱血的愛國者。

　　另外，徐志摩也寫了一些反映民生疾苦的詩。在〈叫化活該〉中，他用對比的手法描繪嚴冬季節，大門內外截然不同的兩幅圖景，第二、三節中描寫：

> 『可憐我快餓死了，發財的爺，』
> 大門內有歡笑，有紅爐，有玉杯；

---

[152]陸耀東〈評徐志摩的詩〉《徐志摩評傳》（陝西，人民出版社，一九八六年七月），頁一五二。

『可憐我快凍死了，有福的爺，』
大門外西北風笑說，『叫化活該！』

我也是戰栗的黑影一堆，
蠕伏在人道的前街；
我也只要一些同情的溫暖，
遮掩我的剭殘的餘骸——

這首詩表現出苦樂的眾生相，炎涼的世態面以及對不平現實的控
訴。他在〈志摩日記〉中說：

我只是個乞兒，輕拍著人道與同情緊閉的大門，妄想門
內人或許有一念的慈悲，賜給一方便——但我在門外站
久了，門內不聯聲響，門外勁刻的涼風，卻反向著我褸
的軀骸狂撲——我好冷呀，大門內慈悲的人們呀！[153]

在這個反常的社會中，有誰來理睬向他這樣的乞求溫情的乞
丐呢？這個孤零零的人道主義呼嘯者能得到的依然只有「叫化活
該」的風聲。如果他沒有民主主義的精神，不渴望人道與同情布
於大地，那就恐怕不會有這種感情了。

〈古怪的世界〉一詩，就通過具體敘寫兩個貧苦老婦人悲哀
凄涼的情景。第一、三、五節中描寫：

從松江的石湖塘
上車來老婦一雙，
顫巍巍的承住弓形的老人身，
多謝（我猜是）普渡山的盤龍籐。

---

[153]同註１３０，一九一八年十月十五日〈志摩日記〉《徐志摩全集·
5》，頁三九八。

　　憐憫！貧苦不是卑賤，

　　　老衰中有無限莊嚴；——

　老年人有什麼悲哀，爲什麼悽傷？

　爲什麼在這快樂的新年，拋卻家鄉？

　　同車裏雜遝的人聲，

　　　軌道上疾轉著車輪；

　我獨自的，獨自的沈思這世界古怪——

　是誰吹弄著那不調諧的人道的音籟？

他感到這世界是如此地古怪和不人道。值得注意的是，他在詩中
吟出了「貧苦不是卑賤」的句子，他似乎從高高在上的同情中醒
悟過來，轉向了以人格平等爲基礎的尊重和理解。在快樂的新年
裏悲傷，在該團圓時離鄉背井，「是誰吹弄著那不調諧的人道的
音籟？」批判之意，溢於言表。

　　再看〈先生，先生〉一詩，也能以具體的形象關懷苦難的眾
生：

　鋼絲的車輪

　在偏僻的小巷內飛奔——

　『先生我給先生請安您哪，先生。』

　迎面一蹲身，

　一個單布裓的女孩顫動著呼聲——

　雪白的車輪在冰冷的北風裏飛奔。

　……

　『可憐我的媽，

　她又餓又凍又病，躺在道兒邊直呻——

　　　　您修好，賞給我們一頓窩窩頭您哪，先生！』

　　　　……

　　　　『先生！………先生！』

　　　　紫漲的小孫，氣喘著，繼續的呼聲——

　　　　飛奔飛奔，橡皮的車輪不住的飛奔。

　　　　飛奔……先生……

　　　　飛奔……先生……

　　　　先生……先生……先生……

詩中那個單衣破衫的小女孩，在風雪中緊追著坐在人力車中的一位先生，她乞求恩賜，想爲又餓又凍又病的媽媽討一頓窩頭。然而，車中的先生頭也不回，揚長而去。這首詩表達了徐志摩對貧病孤苦中的母女倆怜憫同情，和對爲富不仁者們的譴責。這首雖然不是寫得很深刻，沒有飄逸、空靈的意味，但貧富懸殊的描寫，反映出他對勞苦人民的同情。就表現手法而言，它以寫實見長。又因爲他運用反覆的手法，造成回環往復的效果，加深了印象。

　　徐志摩在〈灰色的人生〉中展現了民間衰老、病痛、貧苦、醜陋、罪惡和自殺的現象，其末段中描寫：

　　　　來，我邀你們到民間去，聽衰老的，病痛的、貧苦的，

　　　　殘毀的，受壓迫的，煩悶的，奴服的，懦怯的，醜陋的。

　　　　罪惡的，自殺的，——和著深秋的風聲與雨聲——合唱

　　　　的『灰色的人生！』

他看到下層人民被剝削被壓迫深深同情他們的處境。詩中的「我」是一個扯破衣服，袒露軀體，要披散長髮，跣足而行的形象。這個形象的出現是耐人尋味的，不論是外在或內在都充滿了一種奇特的意味。

他在〈這年頭活著不易〉中，借桂花被風雨摧殘作比興，提出了當時一個頗爲普遍的社會問題，其末段中描寫：

　　果然這桂子林也不能給我點子歡喜：

　　　　枝上只見焦萎的細蕊，

　　　　看著悽慘，唉，無妄的災！

　　　　爲什麼這到處是憔悴？

　　　　這年頭活著不易！這年頭活著不易！

他的心靈有如一面鏡子，反映時代的面影；在他的琴弦上，奏出人民的心聲。此外，徐志摩在〈拜獻〉、〈他眼裏有你〉、〈在不知名的道旁〉這類詩中，繼續表現出人道主義的熱情。

　　總之，徐志摩關懷現實社會的詩，雖然比關於理想、自然和愛情的詩少一些，但是這類詩充分顯示他對下層人民的關懷。他是一個浪漫主義者，對理想、自然、愛情的追求是理所當然，對現實的關懷就比較特殊，但他也因爲是浪漫型的詩人才使他的詩有點「凌空蹈虛」之感。

五、小　結

　　徐志摩在短暫的十年創作歷程中，他的詩歌經歷了三個不同的時期：其一、衝動期（一九二一至一九二二年）——以他留學英國期間寫作的二十多首爲標誌；其二、蛻變期（一九二三至一九二四年）——以《志摩的詩》爲標誌；其三、消沉期（一九二五至一九三一）——《翡冷翠的一夜》、《猛虎集》和他死後由親友所編的《雲游》等詩集爲標誌。

　　徐志摩「詩化生活」的理想的豐富人生的過程中，留下了一個美好的人生模式，留下了人類追求理想生活的美好感情，留下了純眞、執著、熱烈的追求。但是，理想和現實的問題中，往往

引起了無限的挫敗，於是導致他的詛喪和徬徨。他所追求的理想是什麼呢？這當然不會在詩中，做明確的回答，但仍然可尋到蛛絲馬跡。[154]他的理想只是一種幼稚的幻想，「圓熟的外形，配著談到幾乎沒有的內容」，[155]他的理想是離開大眾所需求的，他也沒有足夠的勇氣去追求。因此面臨現實問題時，他常常感到幻滅、失望，在他的詩中便經常流露這種情緒。

徐志摩包容空虛心態的自然。在他的許多自然詩裡，「人類的情感與自然美好的景象是相聯合的」，[156]他自然天性的縱向延伸，與康橋文化氛圍的橫向切入，匯成了一個交集點，他的浪漫氣質，很可能正是這一點之處形成的，這是一個神聖的遇合。「自然是最偉大的一部書」，[157]他確是濃墨重彩地抒寫出大自然的美麗和靈性，眞是一草一木，一徑一泉都有靈性和感情。從他謳歌自然與山水的詩歌中，可以看出與虛無人生對比的自然的面貌，在他的心目中，自然便是他所追求的眞善美理想的顯現。

徐志摩的愛情詩，在他的詩創作中，佔有比較重要的地位，「固然男女是文藝的一個大動機」。[158]他的詩歌唱純眞的愛情，委婉優美，表現對個性自由的追求。但是，這種自由思想使得他對現實不滿，尤其是愛情問題裡，更使得他痛苦，更需要前衝的。他在〈志摩日記〉中說：「愛的生活也不能純粹靠感情，彼此的了解是不可少的。愛是幫助了解的力，了解是愛的成熟，最

---

[154]如散文詩〈嬰兒〉中，他希望出現一個偉大的事實，希望她能生下一個寧馨兒。這就是一個理想的新中國的誕生。

[155]同註１３７，茅盾〈徐志摩論〉，頁一四二。

[156]同註１３０，〈湯麥司哈代的詩〉《徐志摩全集·４》，頁二一○至二一一。

[157]同註１３０，〈翡冷翠山居閑話〉《徐志摩全集·３》，頁一○一。

[158]同註１３０，〈得林克華德的《林肯》〉《徐志摩全集·４》，頁一二三。

高的了解是靈魂的化合,那是愛和圓滿功德」。[159]他的情詩是愛情追求的留痕。的確,他是個徹底的愛情至上主義者,他把愛情是做生命中的中心與精華,他是爲愛而生、爲愛而死、爲愛忍受一切、爲愛犧牲一切。這就是他的人格和風格的眞實袒露。

徐志摩一邊刻劃貧苦人的令人憐惜的外觀,一邊想像他們內心的秘密與痛苦,抒發出他的憐憫之情。他以下層民衆疾苦爲題材的詩作,在複雜的社會中,刻劃出人道主義理想在中國的現實處境。「他那一團的同情心,一團的愛」,[160]他將個人的情愛擴張到人類和現實社會以及疾苦的民衆。他表現了對社會黑暗勢力的鞭笞,揭露軍閥殘酷地虐待士兵,貧苦老婦人悲哀凄涼的情景,在風雪中緊追著人力車的小女孩,目擊了下層人民被剝削被壓迫的現場,這些都是反映了他對勞苦人民的無限同情。

總之,他透過文學的方式,認眞地追求現實的理想和性靈自由。不過,雖然他以詩歌,在反映時代課題上是成功的,但「他的失敗是因爲他的信仰太單純了,而這個現實世界太複雜了,他的單純的信仰禁不起這個現實世界的摧毀」。[161]因此,他個人的理想追求是失敗的,一旦實際接觸,幻想就立即破滅。

第五節　徐志摩詩的形式與技巧探討

徐志摩曾說:「宗教家爲善的原則犧牲,科學家爲眞的原則犧牲,藝術家爲美的原則犧牲」。[162] 因此,一切藝術家都應以

[159]同註１３０,一九二五年八月九日〈志摩日記〉《徐志摩全集·5》,頁三一六。
[160]同註128,胡適之〈追悼志摩〉《徐志摩全集·第一輯》,頁三六四。
[161]同註128,胡適之〈追悼志摩〉《徐志摩全集·第一輯》,頁三六四。
[162]蔣復璁、梁實秋編〈海灘上的種花〉《徐志摩全集·第三輯》(台北,傳記文學出版社,一九八〇年八月),頁一七八。

「海灘上種花的精神」去追求藝術之美。徐志摩十分重視詩的藝術表現，這的確是達到相當的成就。其中，他仍有不少詩歌僅追求形式之美，雖然技巧圓熟，但是內容難免空洞。本節所要探討的是：徐志摩在形式與技巧上的特色以及技巧上詩的文類滲透。

一、形式探討

徐志摩非常講究詩歌形式之美，在韻律上，他掙脫舊詩陰陽平仄的枷鎖，把西洋詩抑揚輕重的韻律靈活運用，融進新詩裏面；在語言上，以白話為主，並酌將文言、土語、歐化語摻雜使用，擴展了詩語範圍。以下分音樂美和建築美二大方向進行探討。

㈠音樂美

徐志摩的詩歌藝術最突出的成就在音樂美。他把音樂美放在詩美的重要位置上。他在〈詩刊放假〉一文中說：

> 一首詩應分是一個有生機的整體，都分與部分相關連、部分對全體有比例的一種東西；正如一個人身的秘密是它的血脈的流通，一首詩的秘密也就是它的內含的音節的勻整與動。……明白了詩的生命是在他的內在的音節（Internal rhythm）的道理，我們才能領會到詩的真的趣味；不論思想怎樣高尚，情緒怎樣熱烈，你得拿來澈底的「音節化」（那就是詩化）才可以取得詩的認識，……行數的長短，字句的整齊或不整齊的決定，全得憑你體會到得音節的波動性。[163]

徐志摩在這裏把詩的音樂美理論敘述得相當有系統。他的這些主

---

[163]同註１６２，《徐志摩全集‧第六輯》，頁二五九至二六○。

張相當符合有機結構的觀念，恐不能完全斥之爲「形式主義的」。

　　他有不少詩篇節奏鮮明，似乎樂曲一樣，具有相當完整的音樂旋律。如〈沙揚娜拉一首——贈日本女郎〉一詩，詩人生動地描繪了一個正在送別情景中的日本少女的形象。這首詩只有短短的五句。全詩中描寫：

　　　　最是那一低頭的溫柔，

　　　　　像一朵水蓮花不勝涼風的嬌羞，

　　　　道一聲珍重，道一聲珍重，

　　　　　那一聲珍重裏有蜜甜的憂愁——

　　　　　沙揚娜拉！

這首詩，節奏鮮明、音韻契合意境，具有完整的音樂旋律。如第一行寫日本女娘與朋友道別時的情態，節奏輕柔起伏偏於緩慢，音韻和諧，女娘形體姣美動人，甚至有一種舞蹈美的動感。除了明顯的押韻即造成的聲韻之外，一、三、五是短句，二、四是長句，用的是偶韻，長短交錯，具有旋律之美；詩中第三行詩句重復，又不同於第一行的旋律。第五行音節短，而且逸出押韻系統之外，表現出獨特的落空之感，餘音回蕩，頗能道出離別的慘咽之情。這一首詩，從音樂節奏上來說，簡直無法增減一個字，無法移動一個標點。

　　在〈半夜深巷琵琶〉裏，節奏、旋律與內容也結合的很好，在一、二節中描寫：

　　　　又被它從睡夢中驚醒，深夜裏的琵琶！

　　　　　是誰的悲思，

　　　　　是註的手指，

　　　　像一陣凄風，像一陣慘雨，像一陣落花，

　　　　　在這夜深深時，

　　　　　　在這睡昏昏時。

透過參差錯落的詩行，運用重疊和反復的手法，造成了一種急促
悲抑的節奏與旋律，以傳達悲涼的情緒。

　　徐志摩的作品音節與內容照應非常絲密，如果內容是愉快
的，音節就隨之輕快；如果內容悲傷，就音節也隨之淒涼。一詩
〈雪花的快樂〉第一、二節中描寫：

　　　　假如我是一朵雪花，

　　　　翩翩的在半空裡瀟灑，

　　　　　我一定認清我的方向——

　　　　　飛颺，飛颺，飛颺，——

　　　　這地面上有我的方向。

　　　　不去那冷寞的幽谷，

　　　　不去那淒清的山麓，

　　　　　也不上荒街去惆悵——

　　　　　飛颺，飛颺，飛颺，——

　　　　你看，我有我的方向！

音節之輕快與心境之愉悅，表裏相應，融合無間，眞有「雪花」
隨風迴舞的感覺。在第一節裡，一、二行每行三頓，每頓二至四
字，形成一種比較舒緩的節奏，並採用了「花」、「酒」這樣開
放而又柔和的韻腳，與「雪花」翩翩瀟灑的神韻相適應。這首韻
律的詩，具有啓承轉合的章法結構之美，不如說它體現了他激情
起伏的思路之奇。

　　他的詩有很強的音樂美。往往思想感情是靠那音節的諧和優
美得到加強的。如柔婉之情的造成，便與音節的柔婉有關。一詩
〈落葉小唱〉中描寫：

　　　一聲喟息落在我的枕邊

　　　（我已在夢鄉裏留戀；）

　　　『我負了你』你說——你的熱淚

　　　　燙著我的臉！

　　　這音響惱著我的夢魂

　　　（落葉在庭前舞，一陣，又一陣；）

　　　夢完了，阿，回復清醒；惱人的

　　　　卻只是秋聲！

徐志摩失戀的苦惱，也完全在這淒涼的音調中傳達出來。又一詩
〈滬杭車中〉這樣的排列：

　　　匆匆匆！催催催！

　　　一卷煙，一片山，幾點雲影，

　　　一道水，一道橋，一支櫓聲，

　　　一林松，一叢竹，紅葉紛紛：

描寫的是車子行進中，從車窗所看到的一路景色。景色的變幻，
表現了車的速度。而在音節上，從「匆匆匆」開始，到「紅葉
紛紛」，都有一種車聲隆隆的感覺。他的詩還採用特別的排行方
法，如一詩〈闊的海〉最後幾行：

　　　在一間暗屋的窗前

　　　　望著西天邊不死的一條

　　縫，一點

　　光，一分

　　鐘。

這把「縫」、「光」、「鐘」三個字與前邊的數量詞切開，單獨
排於行首，好像敲響了三聲鐘。又如〈盧山石工歌〉的「浩唉！

唉浩，浩唉！……」，用無數「浩唉」表出漢族耐勞苦愛平和的
心聲，都是聲韻與情感互相呼應的例子。

徐志摩所寫的詩，以押韻的居多。朱湘在〈評徐君志摩的
詩〉一文中說過：

> 我們只要就用韻一方面來看，便可看出徐君是作了許多
> 韻體上的嘗試的。他的這個詩彙裏面有〈毒藥〉這一類
> 的散文體詩，〈康橋再會罷〉這一類的無韻體詩，〈殘
> 詩〉這一類的駢句韻體詩，各種的奇偶韻體詩，〈雪花
> 的快樂〉這一類的章韻體詩，甚至於還有一篇變相的十
> 四行體詩，〈天國的消息〉。[164]

至於他押韻的方式，乃運用現代國音，而不拘古典詩的絕律
用韻，因此不拘平仄，類似元明散曲的用韻方式。試舉〈他怕他
說出口〉為例：

> （朋友，我懂得那一條骨鯁，
> 難受不是？——難為你的咽候；）
> 『看，那草瓣上蹲著一隻蚱蜢，
> 那松林裏的風聲像是箜篌。』
>
> （朋友我明白，你的眼水裏
> 閃動著你真情的淚晶；）
> 『看那一雙胡蝶連翩的飛；
> 你試聞聞這紫蘭化馨！』
>
> （朋友，你的心在怦怦的動：

---

[164]朱湘〈評徐君志摩的詩〉《朱湘文選》（台北，洪範書店，一九八一
年六月），頁一九一至一九二。

　　我的也不一定是安寧；）
　　『看，那一對雌雄的雙虹！
　　在雲天裏賣弄著娉婷；』

　　（這不是玩，還是不出口的好，
　　我頂明白你靈魂裏的秘密：
　　那是句致命的話，你得想到，
　　回頭你再來追悔那又何必！

　　（我不願你進火燄裏去遭罪，
　　就我──就我也不情願受苦！）
　　『你看那雙虹已經完全破碎；
　　花草裏不見了蝴蝶兒飛舞。』

　　（耐著！美不過這半綻的花蕾；
　　何必再添深這煩上的薄暈？）
　　『回走吧，天色已是怕人的昏黑，
　　明兒再來看魚肚色的朝雲！』

這首詩除了第二、三節重複韻外，每節換韻，「喉」、「篌」押
「ㄡ」韻；「晶」、「馨」押「ㄥ」韻；「寧」、「婷」押「ㄥ」
韻；「密」、「必」押「一」韻；「苦」、「舞」押「ㄨ」韻；
「暈」、「雲」押「ㄣ」韻。此詩剛好又是合乎國音，又是合乎
古韻，所以徐志摩的詩大部份的韻腳，以國音為準，兩句一韻。
他的詩有時是平上去入通押，如〈蓋上幾張油紙〉：

　　一片，一片，半空裏
　　　掉下雪片；

有一個婦人，有一個婦人，

　　獨坐在階沿。

虎虎的，虎虎的，風響

　　在樹林間；

有一個婦人，有一個婦人，

　　獨自在哽咽。

　　（中略）

今天果然下大雪，屋簷前

　　望得見冰條，

我在冷冰冰的被窩裏摸——

　　摸我的寶寶。

「沿」、「間」、「前」、「條」是平聲、「寶」是上聲，「片」
是去聲，「咽」則爲入聲，就國音而言，是第一、二、三、四聲
都可以通押了。連用疊句，有如獨坐在風雪孤墳旁的婦人哽咽。

　　另外，〈呻吟語〉一詩的押韻ＡＡ、ＢＢ、Ａ很有特色：

　　我亦願意讚美這神奇的宇宙，

　　我亦願意忘卻了人間有憂愁，

　　　　像一隻沒掛累的梅花雀，

　　　　清朝上歌唱，黃昏時跳躍；——

　　假如她清風似的常在我的左右！

這首詩「宙」、「愁」押「又」韻，「雀」、「躍」押「せ」韻，
以國音爲準。

　　從徐志摩的這些具有音樂美的詩篇中，可以得到一點啓示：
新詩還是要講究音樂美，而且，新詩的音樂美並不亞於古典詩
詞。他的音樂美理論和實踐，無疑是一個進步。

㈡建築美

徐志摩的詩不僅富於音樂性，而且具有建築美。他是重視形式創造的，他在〈詩刊弁言〉一文中說：

> 我們的責任是替它們構造適當的軀殼……我們信完美的形體是完美的精神唯一的表現。[165]

他致力於爲特定的內容去探求新的表現形式。他在章法上都比較整齊，特別講究「節的勻稱」和「句的均齊」，但又不是一成不變，機械呆板，而是在整齊中富於變化。試以一詩〈山中〉爲例：

> 庭院是一片靜，
> 　聽市謠圍抱；
> 織成一地松影——
> 　看當頭月好
>
> 不知今夜山中
> 　是何等光景；
> 想也有月，有松，
> 有更深的靜。
>
> 我想攀附月色，
> 　他一陣清風，
> 吹醒群松春醉，
> 　去山中浮動；

---

[165]同註１６２，〈詩刊弁言〉《徐志摩全集·第六輯》，頁二五四。

> 吹下一針新碧，
> 掉在你窗前；
> 輕柔如同難息——
> 不驚你安眠！

每節中的一、三和二、四行，字數相同。一、三行六個字；二、四行五個字；非常整齊。而第二節第三行的六字句，以逗點分開，成爲兩個音節單位，整齊中又有些變化。一詩〈望月〉也是他的詩中，形式非常完美的一首：

> 月：我隔著窗紗，在黑暗中，
> 望她從巉巖的山肩掙起
> 一輪惺忪的不整的光華：
> 像一個處女，懷抱著貞潔，
> 驚惶的，掙出強暴的爪牙；
>
> 這使我想起你，我愛，當初
> 也曾在惡運的利齒間捱！
> 但如今，正如藍天裏明月，
> 你已升起在幸福的前峰，
> 洒光輝照亮地面的坎坷！

全詩共兩節，每節五行，每行十字，非常整齊，但同爲十字句，卻又有以逗點合成一頓、二頓、乃至三頓的變化，仍然有其靈活運用，不至呆滯的彈性。這首詩成爲節的勻稱。然而，他爲了追求詩行的整齊，有時難免會忽略句形的完整。又如一詩〈翡冷翠的一夜〉中，就有這樣的排列：

> 這陣了我的靈魂就像是火磚上的
> 熟鐵，在愛的鏈子下，砸，砸，小花

　　　　四散的飛瀧……我暈了，抱著我，

接連的破句，使每行的詩意都不完整，也不押韻。這首詩雖然企圖完成建築美的形式，效果並不理想。他的詩在章法上都比較整齊，講究句與節的均齊和勻稱，追求形體美。一詩〈再別康橋〉就是如此：

　　　　輕輕的我走了，

　　　　　正如我輕輕的來；

　　　　我輕輕的招手，

　　　　　作別西天的雲彩。

全詩共七節，每節四行，一、三，二、四字數基本相等，一、三行是六個字，二、四行是七個字或八個字，符合比例與對稱的原則，在視覺印象上給人以一種整齊與和諧的美。

　　徐志摩不僅在詩節的排列和長短句的錯落做到多變化，而且在詩的體裁和格調上也種類繁多，深富變化。爲了這求形式上的整齊和變化，有時甚至將一句詩分成兩行來寫，如〈人變獸〉一首：

　　　　城門洞裏一陣陣的旋風

　　　　起，跳舞著沒腦袋的英雄，

他把上句末的「起」字移到第二行的開頭，從排列上看，詩是押韻的，全詩是整齊的，但依照標點去讀時，就不押韻了。這種弊病顯然是單純爲了追求形式美而出現的。特別是到了後來，他越來越講究詩的形體結構的整齊。《雲遊》集中的詩作大都如此。試舉〈火車禽住軌〉爲例：

　　　　火車禽住軌，在黑夜裏奔：

　　　　過山，過水，過陳死人的墳；

　　　　過橋，聽鋼骨牛喘似的叫，

　　　　過荒野，過門戶破爛的廟，

在他的全部詩作中，以兩行爲一節的詩並不多，這首詩算是較爲
突出的一篇了。詩的每節只有兩行，即使同是四行一節的形式，
也能做到節式多變，且講究韻腳的變化。

　　又如〈雁兒們〉一、四節：

　　　　雁兒們在雲空裏飛，

　　　　　看她們的翅膀，

　　　　　看她們的翅膀，

　　　　有時候紆迴，

　　　　　有時候匆忙。

　　　　雁兒們在雲空裏飛，

　　　　　爲什麼翱翔？

　　　　　爲什麼翱翔？

　　　　她們少不少旅伴？

　　　　她們有沒有家鄉？

全詩共六節，每節五行。這首詩於變化中見整齊，在視覺上都造
成一種美感。因此，形式的整齊成了他後期詩歌的特色。

二、技巧探討

　　詩不是一種「知」，而是一種「悟」。它不是情感體驗的
「外露」，而是情感體驗的「表現」。表現是需要技巧的。徐志
摩努力追求藝術美，特別重視詩的表現技巧。以下對他的詩技巧
中較有特色的比喻、象徵與意境三方面來加以探討。

　　㈠比喻

詩要寫得耐人尋味，發人深思，就必須運用比喻手法，以增強詩的藝術魅力。徐志摩的詩就常常運用這些手法，表現了他的想像和聯想。如〈我等候你〉寫「我」在等候她，而她終於在未來的過程中引起情緒的變化，用了一系列形象的比喻，在此詩最後幾行中描寫：

守候著你的一切；
希望在每一秒鐘上
枯死──你在那裡？
……
你的來臨，想望
那一朵神奇的優曇
開上時間的頂尖！
……
鳥雀們典去了它們的啁啾，
沉默是這一致穿孝的宇宙。
鐘上的針不斷的比著
玄妙的手勢，像是指點，
像是同情，像是嘲諷，
每一次到點的打動，我聽來是
我自己的心的
活埋的喪鐘。

在這裏，一切都化成了生動的比喻、具體的形象。死的東西、抽象的東西，變成了有生命力的、有感情的、有色彩的「動」的物。這種大膽的比喻，在詩中先後湧現，如把希望比做在每一秒鐘上榮枯的花朵，將想望愛人的來臨擬爲一朵神奇的優曇，極放於時間尖頂。而沉默的鐘又被賦予靈性，彷彿對「我」有一種同情與

嘲諷的意味。

　　徐志摩常常將情與景聯系在一起，善設比喻。運用比喻，他可將一般性的陳述、議論表現得鮮明生動。例如〈呻吟語〉一詩中描寫：

　　　　我亦想望我的詩句清水似的流，

　　　　我亦想望我的心池魚似的悠悠；

　　　　　但如今膏火是我的心，

　　　　　再休問我閒暇的詩情？——

　　　　上帝！你一天不還她生命與自由！

這首詩很明顯地含有比喻，「清水似的流」、「池魚似的悠悠」，伸手拈來，生動自然。另一詩〈她是睡著了〉的前兩節：

　　　　她是睡著了——

　　　　星光下一朵斜欹的白蓮；

　　　　　她入夢境了——

　　　　香爐裡裊起一縷碧螺煙。

　　　　她是眠熟了——

　　　　澗泉幽抑了喧響的琴絃；

　　　　　她在夢鄉了——

　　　　粉蝶兒，翠蝶兒，翻飛的歡戀。

在這兩節裡，他的情思不是通過現實的物象——「她是睡著了」、「她是眠熟了」來表現，而是用四個比喻構成四個不同的境界去體現。他睡態的安詳，用星光下的白蓮去比擬；她入夢後的靜謐，用裊起的淡淡的碧螺煙去比擬；他睡熟時輕柔的鼾聲；用山泉幽抑的聲響去比擬；她進入夢鄉後的歡快；用彩蝶成雙結對地飛舞去比擬。朱自清在〈《中國新文學大系》詩集導言〉一文中評價

徐志摩的詩說：

> 他是跳著濺著不舍晝夜的一道生命水。他嘗試的體制最
> 多，……最講究用比喻——他讓你覺著世上一切都是活
> 潑、鮮明的。[166]

的確，徐志摩是「嘗試的體制最多」、「最講究用比喻」的
詩人，他在〈再別康橋〉中描寫：「那河畔的金柳，是夕陽中的
新娘。」這是一句「比喻」。「那河畔的金柳」為喻體；「是」
為繫詞；「夕陽中的新娘」是喻體。如〈偶然〉：「我是天空一
片雲，偶爾投影在你的波心——你不必訝異，更無須歡喜——在
轉瞬間消滅了蹤影。」又如〈沙揚娜拉一首〉：「最是那一低頭
的溫柔，像一朵水蓮花不勝涼風的嬌羞。」等詩句，都是比喻佳
句。

㈡象徵

徐志摩往往採用象徵體，去表達他所要表達的思想感情。所
以他用象徵創造出來的藝術境界，並非現實中的真實存在，而是
他借助於想像，虛擬的一種精神上的升華。如〈消息〉一首：

> 雷雨暫時收斂了；
> 　雙龍似的雙虹，
> 　顯現在霧靄中，
> 　天矯，鮮艷，生動，——
> 好兆明天準是好天了。
>
> 什麼！又（是一陣）打雷了，——
> 　在雲外，在天外，

---

[166]朱喬森編〈《中國新文學大系》詩集導言〉《朱自清全集・4》(南
　京，江蘇教育出版社，一九九六年八月)，頁三七四。

　　　　又是一片闇淡，

　　　　不見了鮮虹彩，──

　　　希望，不曾站穩，又毀了。

在這首詩中，即用雷雨後「夭矯、鮮艷」的彩虹來象徵美好的理
想，用雷聲與闇淡的雲天象徵理想的毀滅。一詩〈蘇蘇〉的前三
節：

　　　蘇蘇是一個癡心的女子：

　　　　像一朵野薔薇，她的豐姿；

　　　　像一朵野薔薇，她的豐姿──

　　　來一陣暴風雨，摧殘了她的身世。

　　　這荒草地裡有她的墓碑

　　　　淹沒在蔓草裡，她的傷悲；

　　　　淹沒在蔓草裡，她的傷悲──

　　　阿，這荒土裡化生了血染的薔薇！

　　　那薔薇是癡心女的靈魂，

　　　　在清草上受清露的滋潤，

　　　　　到黃昏時有晚風來溫存，

　　　更有那長夜的慰安，看星斗縱橫。

詩中的「蘇蘇」、「暴風雨」、「薔薇」等都是象徵性的整體─
─夭折的少女變為薔薇，以歌頌美好事物被摧殘後的不屈。又如
〈秋蟲〉：

　　　秋蟲，你為什麼來？人間

　　　早不是舊時候的清閒；

　　　這青草，這白露，也是：

（中略）

你別說這日子過得悶，

晦氣臉的還在後面跟！

這一半也是靈魂的懶，

（下略）

表面上是在寫昆蟲，實際上是在寫人格，這是象徵的手法。又如
〈西窗〉也是象徵手法的詩作：

當然不知趣也不止是這西窗，

但這西窗是夠頑皮的，

它何嘗不知道這是人們打中覺的好時光！

拿一件衣服，不，拿這條繡外國花的毛毯，

　堵死了它，給悶死了它：

耶穌死了我們也好睡覺！

這首與詠物詩相類，詩的意象主體「西窗」顯然包含了多層意蘊，
並涉入象徵的領地。詩中充分表露「西窗」內涵的同時，完成對
詩象徵意味的導引。

　　另外，〈誰知道〉中深夜人力車夫不知道拉到哪去以及「誰
知道先生」的回答，象徵著他在黑暗現實社會中的迷茫的心理；
〈嬰兒〉中的產房、產婦和嬰兒，象徵著他理想中的新的社會；
〈丁當——清新〉以秋雨催問下摔破鏡框，象徵著他告別舊生活
時心靈的顫動以及複雜的心態，這些都是他象徵藝術的精到之處。

　　㈢意境

　　意境是詩人靈魂的產物，精神的升華。中國古代詩歌是很講
究意境的。它比現實更高超，更完美、更集中。這是詩人的一種
特殊自我表現形式和自我存在形式。徐志摩的詩所以膾炙人口，
就是因為他的意境美妙。如一詩〈我來揚子江邊買一把蓮蓬〉中

的一、二段：

> 我來揚子江邊買一把蓮蓬；
>
>> 手剝一層層蓮衣，
>>
>> 看江鷗在眼前飛，
>>
>> 忍含著一眼悲淚——
>
> 我想著你，我想著你，阿小龍！
>
>
> 我嘗一嘗蓮瓣，回味曾經的溫存：——
>
>> 那階前不捲的重簾，
>>
>> 掩護著同心的歡戀，
>>
>> 我又聽著你的盟言，
>
> 「永遠是你的，我的身體，你的靈魂」

徐志摩將蓮蓬的滋味與愛情的甘苦合而爲一，構思何等巧妙。他有時直接把自己融於景物之中。情景交融、意境優美，這是徐志摩詩歌的藝術特色。這種藝術特點與詩人對大自然的特殊嗜愛有關。一詩〈月下雷峰影片〉中描寫：

> 我送你一個雷峰塔影，
>
>> 滿天稠密的黑雲與白雲；
>
> 我送你一個雷峰塔頂，
>
>> 明月瀉影在眼熟的波心。
>
>
> 深深的黑夜，依依的塔影，
>
>> 團團的月彩，纖纖的波鱗——
>
> 假如你我盪一支無遮的小艇，
>
>> 假如你我創一個完全的夢境！

他在這裡創造的意境，是一個夢一樣美妙而又神秘的境界。「塔

影」、「白雲」、「月彩」、「波鱗」一齊入畫，而注入這些境
物的又是一腔憂鬱的深情。其中，「夢境」二字是全詩的靈魂。
又試例〈黃鸝〉中描寫：

　　　一掠顏色飛上了樹

　　　『看，一隻黃鸝！』有人說。

　　　翹著尾尖，他不作聲，

　　　艷異照亮了濃密——

　　　像是春光，火燄，像是熱情。

　　　等候它唱，我們靜著望，

　　　怕驚了它。但它一展翅

　　　衝破濃密，化一朵彩雲

　　　它飛了，不見了，沒了——

　　　像是春光，火燄，像是熱情。

這首詩描繪了一幅色彩艷麗，生機蓬勃寓情於景的畫面。透過美
景「春光、彩雲」，生物「黃鸝」，動景「一掠顏色飛上了樹」，
靜景「艷異照亮了濃密」的交織，成造優美的意境。意境的創造，
是基於他對外部世界的深刻認識和強烈感受。如〈渺小〉一詩的
哲理思考：

　　　我仰望群山的蒼老，

　　　　他們不說一句話。

　　　陽光描出我的渺小，

　　　　小草在我的腳下。

　　　我一人停步在路隅，

　　　　傾聽空谷的松籟；

> 青天裏有白雲盤踞——
>> 轉眼間忽又不在

這首詩誠如夏春豪的分析，須得仰望，可想像其高，是連峰去天不盈尺之聳撥。發現蒼老，可料其年歲，是爾來西方八千歲之恒久？「我」呢，則是陽光描出的一抹影子，一人停步在路隅，空谷的松籟，白雲盤踞，轉瞬無蹤，從時空兩維間，極言「人」處宇宙中渺若塵埃的地位，表達了現代人的自我意識和存在，寄託了一種哲理的深思。

　　以上都是意境的美，實際上又是一個詩的意象藝術的問題。在這方面，他刻意追求，悉心創新，創造了不勝枚舉的新穎而美妙的意象。

三、詩的文類滲透

　　在新詩文類滲透的新類型詩劇化獨白體，已在郭沫若的形式美探討中提及。因此，在徐志摩詩裡詳細探究的話，不難發現，在它語法方面，也有文類滲透的一些痕跡。換句話說，本質上確實是抒情詩，但由於它在用語方面採用戲劇的對話體，所以便創造出作品的一種新鮮美。這種體裁，是由十九世紀英國的白朗寧（Robert Browning）確立的。黃維樑〈詩中異品：戲劇化獨白〉一文中說：

> 戲劇化獨白的特色，是冶詩與戲劇於一爐。既是詩，它具有詩的精鍊經濟；又是戲劇，他具有戲劇的故事性和生動真實。名為獨白，詩中的話，自始至終，是由故事的關鍵人物單獨一人說出來的。……成功的戲劇化獨白，予人的感覺是：真事真話，由當事人現身說法，效果生動真實，與真正的生活無異。[167]

從這種觀點來看，不管獨白或是對話，徐志摩的新詩，其文類滲透是不妨有「戲劇化」。戲劇化偏向的文類滲透，其最種目標當然是通到劇詩（Dramatic poem）的階段。這是詩的陳述有對話體、行爲人物登台、提示有一些戲劇情況，所以，已經脫離傳統抒情詩的慣例。以下舉例戲劇化的對話可在〈卡爾佛里〉一詩裡看出：

> 喂，看熱鬧去，朋友！在那兒
>
> 卡爾佛里，今天是殺人的日子；
>
> 兩個是賊，還是一個──不知到底
>
> 是誰？有人說他是一個魔鬼；
>
> 有人說他是天父的親兒子，
>
> 米賽亞……看那就是，他來了！
>
> 咦爲什麼有人替他抗著
>
> 他的十字架？你看那兩個賊，
>
> 滿頭的亂法，眼睛裡燒著火，
>
> 十字架壓著他們的肩背！
>
> 他們跟著耶穌走著；唉，耶穌，
>
> 他到底是誰，他們都說他有
>
> 權威，你看他那樣子頂和善，
>
> 頂謙卑──聽著，他說話了！他說：
>
> 『父呀，饒恕他們罷，他們自己
>
> 都不知道他們犯的是什麼罪。』

這首詩，很難認定是傳統概念下的抒情詩。此詩描述的絕大部分，是以對話形式描寫在戲劇狀況下的人物行爲。以一旁觀者的

---

[167]黃維樑《怎樣讀新詩》（台北，五四書店，一九八九年八月），頁七三。

口吻，講述《聖經》中耶穌被釘十字架之前的情形。讀過此詩的人都會肯定，這首詩狀況並不是偏向抒情，而是接近戲劇化。在戲劇化的前提下，對於主角的反應，描述了一種行爲。如「喂」、「咦」、「唉」等都是戲劇中的對話句。又在一詩〈一條金色的光痕（硤石土白）〉末幾行中描寫：

　　　　我乘便來求求太太，
　　　　做做好事，我曉得太太是頂善心歐，
　　　　頂好有舊衣裳本格件把，我還想去
　　　　買一刀錠箔；我自己屋裡野是滑白歐
　　　　我只有五升米燒頓飯本兩個幫忙歐喫，
　　　　伊拉抬了材，外加收作，飯總要喫一頓歐，
　　　　太太是勿是？……噯，是歐！噯，是歐？
　　　　喔唷，太太認眞好來，眞體恤我拉窮人……
　　　　格套衣裳正好……喔唷，害太太還
　　　　難爲洋鈿……喔唷，喔唷……我只得
　　　　朝太太磕一個響頭，代故世歐謝謝！
　　　　喔唷，那末眞眞多謝，眞歐，太太……

這首詩，意在說明，人並不僅僅是一堆自私的肉，尚有人道、德性和高尚的精神。在這一事件中，徐志摩認爲美麗的人性透出了「一條金色的光痕」。就主題而言，這首平庸得很，但是鄉村寡婦的家境、死亡以及徐家太太的舉動，在獨白者的獨白中，都得到較爲清楚的交代，而獨白者的身份、善良而善良辭的個性也較清晰。

　　另外，〈太平景象〉、〈一宿有話：眞正老牌迦門〉、〈大帥（戰爭之一）〉、〈翡冷翠的一夜〉、〈她怕他說出口〉、〈俘虜頌〉、〈愛的靈感〉等都是戲劇化的對話或是獨白的詩。「這

種詩，不見於中國傳統文學，是由徐志摩和聞一多引進中土，成爲詩苑中罕見的異品花奔」。[168]徐志摩借用西方形式的體裁，把它移植到中國，這種文類滲透的實驗精神非常具有價值。

以上簡單的探討，徐志摩的一些詩可滲透的一種可能性。但是，由於新詩在本質上是抒情詩，這樣滲透應有限度。其限度就是說各文類之間緊湊關係及其調合之原理。

四、小　結

徐志摩對詩的形式表現手法，是十分講究的。「志摩的時代只是一個文學形式大摸索的時代」，[169]他能夠運用各種各樣的方法，表現詩才贍富。「律詩讓創作者跳入既定的框框，新詩的形式則由詩人自己構建」。[170]他由於手法多，因而詩的體制、格式也是多種多樣的。他頗重視音樂美，他在〈詩刊放假〉一文中說：「一首詩的秘密也就是它的內含的音節的匀整與流動」、「音節是血脈」。[171]可以說他把音樂美做爲建築美的靈魂來追求的。在此值得提出的是，他的詩在藝術上，與聞一多的詩一個區別，在於相對地不注意繪畫美，他很少堆砌色彩濃艷的詞藻。

他的詩雖然以四行一節式較多，但從整體上看，節式、韻腳、章法等都各有變化，並不成「豆腐干式」，一般說來，比起聞一多，他顯得不太拘泥，講究詩的形式能不爲其束縛。他說：「實際上字句間儘你去剪裁個整齊，詩的境界離你還是一樣的遠

---

[168]黃維樑〈五四新詩所受的英美影響〉《中國文學縱橫論》（台北，東大圖書，一九八八年八月），頁一〇三。
[169]楊牧編校《徐志摩詩選·導論》（台北，洪範書店，一九八九年十月第四版），頁三。
[170]龔師顯宗〈聞一多詩論初探〉《中國現代文學理論》（台北，中國現代文學理論季刊社，一九九六年三月第一期），頁一一六。
[171]同註１６２，〈詩刊放假〉《徐志摩全集·第六輯》，頁二六〇至二六一。

看」，他更進一步的解釋說：「正如字句的排列有恃於全詩的音節，音節的本身還得起原於眞純的『詩感』」。所以他認爲：「單講『內容』容易落了惡濫的『生鐵門篤兒主義』或是『假哲理的唯晦學派』；反過來說，單講外表的結果只是無意義乃至無意義的形式主義」。[172]他的詩，除了早期在語言、技巧上略顯生疏之外，形式和內容的結合上，可以說是成功的。他的詩歌顯然有照模仿外國詩歌形式和單純追求藝術技巧的弊病，「我在詩的『技巧』方面還是那楞生生的絲毫沒有把握」，[173]但是，他的詩歌講究音韻、節奏，富有音樂性和外觀的美，以及講求詩的比喩、象徵、意境和戲劇的對話體，確有他獨到之處的，從詩中得到某些啓發和借鑑。這樣，他的詩幾乎全是體製的輸入和試驗，他總在不拘一格的不斷試驗與創造中，追求美的內容與美的形式的統一，以其美的藝術珍品提高著審美力：他在新詩史上的獨特貢獻在此。

第六節　徐志摩在新詩史上的影響與評價

西方文學思潮湧進中國的最早階段，詩人們紛紛改革舊詩，建立一種符合時代需要的新體詩。其中影響較大，成就較高的當屬徐志摩。他開始寫詩的時候，他的世界觀和人生觀以基本形成。但是後來「我的思想──如其我有思想──永遠不是成系統的」，[174]他只是追求單純信仰的實現。胡適在〈追悼志摩〉一文中說：

[172]同註１６２，〈詩刊放假〉《徐志摩全集・第六輯》，頁二六○至二六一。

[173]同註１６２，〈猛虎集・序文〉《徐志摩全集・第二輯》，頁三四五。

[174]同註１６２，〈落葉〉《徐志摩全集・第三輯》，頁一七。

> 他深信理想的人生必須有愛，必須有自由，必須有
> 美；他深信這種三位一體的人生是可以追求的，至少是
> 可以用純潔的心血培養出來的。──我們若從這個觀點
> 來觀察志摩的一生，他這十年中的一切行爲就全可以了
> 解了。[175]

他這種基本的思想根底之下，以各種文學樣式進行創作，在詩歌的體制方面，他較早引進了外國詩體，進行了比較成功的實踐。朱自清在〈詩的形式〉一文中說：

> 徐先生試驗各種外國詩體，他的才氣足以駕馭這些形式，
> 所以成績斐然。而「無韻體」的運用更能達到自然的地
> 步。這一體可以說已經成立在中國詩裡。[176]

在詩歌的體制和創作的章法方面，他是變化最多的詩人之一，他接受外國詩歌的影響，又有所改造和創新。他寫過散文詩、自由詩，也寫過許多比較勻稱整齊、注意押韻的詩。他早期的西洋詩體，留下了明顯的生動摹仿的缺點。他後期的詩歌更有刻意追求形式的傾向，這試驗著多種情況下，他運用外國詩體相當純熟，似乎一種和諧、自然、流暢的感覺。

他的詩語言活潑、比喻奇特、想像豐富，在豐富和擴大詩歌的表現手法和形象體系方面取得了顯著的成績。他的抒情詩盡量避免，對自己的情緒做直接的記述，而是運用比喻、象徵、意境等手法，寓感情於形象之中。他在一些表達自己追求理想的詩篇中，他經常用太陽和月亮等大自然美好的景物，來寄托對美境界的向往，同時也表示對現實的消極的反抗。

---

[175]同註１６２，〈追悼志摩〉《徐志摩全集·第一輯》，頁三六二。
[176]同註１６６，朱喬森編〈詩的形式〉《朱自清全集·２》，頁三九
　　七。

　　徐志摩特別講究用比喻，在他數量多的愛情詩中，表現得特別突出。「格律詩派的愛情詩……也增高了我們的語言。徐志摩、聞一多兩位先生是代表」。[177]他的愛情詩中，以愛情爲描述對象或涉及男女之情的共有六十五首，「徐志摩的愛情詩，在藝術上取得了較高的成就」，[178]朱湘也在〈評徐君志摩的詩〉一文中說：

> 情詩正是徐君的本色當行。走過了哲理詩的枯寂的此巷不痛行的荒徑，走過了散文詩的逼仄的一條路程很短的小巷，走過了土白詩的陌生的由大街岔進去的胡同，到了最後，走上了情詩的大街。[179]

　　他不僅僅在中國新詩史上，可以說是最突出的愛情詩人，而且一般人的記憶中，他是浪漫又同時兼備悲劇的愛情詩人。如果徐志摩的所有詩作品當中，拿掉愛情詩，那恐怕他不大可能像今天此大詩人而出名。

　　新月派最爲顯著的特點和成就，是致力於新詩的創作和藝術表現形式的討，這是新月派興起的主要動因。徐志摩、聞一多等新月派的作家們首次比較完整、系統的建立新格律詩的理論，而且產生了較大的社會影響，形成了一個新詩流派，對於五四以後的新文學運動頗有貢獻。周作人在〈志摩紀念〉一文中說：

> 中國新詩已有十五六年的歷史，可是大家都不大努力，更缺少鍥而不舍地繼續努力的人，在這中間志摩要算是唯一的忠實同志，他前後苦心地創辦詩刊，助成新詩的

[177]同註１６６，〈新詩的進步〉《朱自清全集·２》，頁三一九至三二〇。
[178]馮光廉、劉增人主編《中國新文學發展史》（北京，人民文學出版社，一九九一年八月第一版），頁一八三。
[179]〈評徐君志摩的詩〉《朱湘散文·上》（北京，中國廣播電視出版社，一九九六年三月第二次印刷），頁一五九至一六〇。

生長，這個勞績是很可紀念的，他自己又孜孜矻矻地從
事於創作……。[180]

從新月社的成立及至新月派的形成和它的主要活動，徐志摩
在其中都起著主角的作用，他確實是新月派的代表人物。

徐志摩不但做爲格律詩派的代表詩人之一，而且他的新詩，
格律鮮明流動，充滿實驗色彩與開創精神，對中國新詩的發展，
有一定程度的貢獻。他在格律的成功之處，是能做到在整齊中有
變化，在變化中有整齊，講究形式而不拘泥於形式。在此整齊與
變化之中，充滿了實驗色彩，也顯示出他探索對新詩發展方向
的出力。沈從文說徐志摩是一個「不幸早死的詩人……他對新詩
在發展過程中的卓越貢獻，他的處理文字表達情感不同一般的風
格，還具有十分鮮明的青春活力，並不因時間而退色走樣。作品
持久存在，實理所當然」。[181]他模仿西方詩的外形，運用西方
詩的格律，做種種試驗。他在一九三一年十月五日〈《詩刊》敘
言〉中提出八個重點，擬對新詩綜合性的討論：

　　㈠作者個人寫詩的經驗

　　㈡詩的格律與體裁的研究

　　㈢詩的題材的研究

　　㈣「新」詩與「舊」詩，詞，曲的關係的研究

　　㈤詩與散文

　　㈥怎樣研究西洋詩

　　㈦新詩詞藻的研究

[180]同註１６２，周作人〈志摩紀念〉《徐志摩全集·第一輯》，頁三
　　六九至三七〇。

[181]沈從文《徐志摩全集·序》（香港，商務印書館香港分館，一九八三
　　年十月），頁三。

(八)詩的節奏與散文的節奏[182]

他提出的八個項目當中，他心目中的五個問題，這不但是他個人的問題，也是中國新詩發展面臨的基本問題：1.「寫詩的經驗」；2.「詩的內在和外在的研究」；3.「新與舊詩的研究」；4.「西洋詩研究的問題」；5.「詩與散文文類上的區別」。這五個問題涵蓋了，當時新詩發展的主要問題。反正「志摩本人愛好試驗的精神」，[183]如果他沒有那麼早死，他能夠在新詩上獲得更大的成就，是不難想像到的。

他在當代文壇的影響下，也有他自己獨特的詩歌方向發展。他致力於新格式與新音節的發現，尤其在「三美」中，新詩的音樂美方面所做的嘗試和取得的成就，令人注目。如果對他的藝術實踐做全面的考察，還是可以得到一點有益的啓示，那就是，新詩還是應該講究點音樂美，並新詩的音樂美，可以趕上舊體詩詞。他認爲：「一首詩的秘密也就是它的內含的音節的匀整與流動」，[184]他更多地注重音節的錘煉；在音節的運用上，又能求其自然，大體押韻，更強調韻律和節奏感。從這種意義上說，他的詩界探索在一定程度上起到了鞏固新詩陣地的作用，也爲中國新詩的發展提供了有意義的借鑑。另外，他嘗試一種新詩體的實際情況，就是新詩可滲透的可能性「戲劇化對話和獨白」，使我們對他的詩，有重新思考的可能。

徐志摩的文學生涯雖然短暫，卻是全心全力地投入文學的道路。他離開這個世界已經七十年頭了，雖說「成功的英國「無韻

---

[182]趙遐秋主編〈《詩刊》敍言〉《徐志摩全集・4》（南寧，廣西民族出版社，一九九一年七月第一次印刷），頁七一六。

[183]梁錫華《徐志摩新傳》（台北，聯經出版事業，一九八六年九月第三次印刷），頁一七六。

[184]同註１６２，〈詩刊放假〉《徐志摩全集・第六輯》，頁二六〇。

體」試驗者徐志摩君的詩，要是剝去他華麗的外衣，那簡直成了一副嚇人的骷髏了」，[185]但在當時文學形式大摸索的時代背景下，楊牧所說的：「論一個人在十年內所致力忮求於新詩的體裁格調，以及實際實驗之勤勉與豐美，六十年代以前的中國詩人中，無有出其右者」。[186]他回首新詩發展的道路，如果沒有他艱辛跋涉的足印，今日詩壇也就沒有穩固的基石，就新詩史發展而言，徐志摩確實是位值得我們隨時緬懷的詩人。

---

[185]同註１６６，〈關於「新詩歌」的問題 (給芙影的信) 〉《朱自清全集·４》，頁三三〇。
[186]同註６０，《徐志摩詩選·導論》，頁三。

第四章　聞一多的詩和詩論

第一節　生平述略

　　聞一多是一個標誌著新詩由初創期轉入成熟期的重要詩人。他以追求詩美爲驅動力，在新詩領域進行了一系列值得重視的改革，爲中國新詩的發展做出了多方面的貢獻。爲了解聞一多的詩歌，本節將先探討一下他的生平。

一、家世、幼年

　　聞一多(一八九九～一九四六)，湖北省浠水(古稱蘄水)縣巴河鎮人，[1]他的原名是聞亦多，按家族的排行取名叫家驊，[2]字益善，號友山、友三，[3]筆名一多、夕夕、風葉等。聞一多的故鄉，眞是魚米之鄉，這裡交通方便，物產富饒，文化發達，風景優美。[4]

---

[1]巴河位於長江中游的北岸。它發源於大別山南麓，靜靜地流過了二百多華里，注入長江。巴河鎮，就在巴河注入長江的會合處，介於武漢、黃石之間，與鄂城遙相斜望，爲浠水縣水路交通之要衝。

[2]聞一多的父親聞廷政有五個孩子，其中，聞一多行四。聞一多的大哥叫聞展民、二哥叫聞藜青、三哥叫聞巡周、弟弟叫聞家駟。

[3]聞一多和許多舊式讀書人家一樣，他的名與字號也出自治世經典的《論語·季氏篇》：「益者三友，損者三友：友直，友諒，友多聞，益矣；友便辟，友善柔，有便佞，損矣。」聞一多的父母，送孩子入學讀書時，就徑直用了「聞多」兩字。「一多」之名是後來聞一多自己改的。

[4]唐朝詩人杜牧在一首〈蘭溪〉中吟詠過浠水江邊的景色：「蘭溪春盡碧泱泱，映水蘭花雨發香」。另外，宋朝詩人蘇軾也寫過一首〈曉至

　　據家譜所言，蘄水聞氏一世祖爲良輔公，元代初年已來此
地。良輔公升四子，唯次子谷瑞公有後。谷瑞公威猛善謀，紅軍
起義時曾率衆保障鄉邑，因功被明王朝錄用，鎮守西蜀之衢州
節。任滿後，長子留蜀，次子遷江南英山，三子、四子隨父歸蘄。
聞一多便是谷瑞公三子眞三公的後裔。

　　他一歲多的時候，生了一場大病「熱症」，因爲病情危急，
他母親流著眼淚準備裝殮。但不久又化險爲夷，也許可能算一個
奇蹟；從此以後，他的身體一天一天好起來了。

　　對聞一多影響最大的是祖父佐淩公。他好讀紀事，嗜詞章，
在家中便建起「誘善齋學舍」，延師督子。不過世風已變，他讓
孩子專讀「各專門學諸書」，各「從其性之所近者習焉」。聞一
多後來一心涉獵喜愛科目，寧可放棄唾手可得的學位，不能說沒
有祖父的影響。[5]

　　聞一多的父親聞廷政是清末的秀才，對國學頗有造詣，治學
嚴謹，爲人忠厚。他接受梁啓超的改良主義思想的影響，贊同變
法維新；他經常對孩子講「勤儉持家，刻苦讀書」。當時的《時
務報》等新的報刊也傳到這個古老的大家庭，民主、自由等新名
詞，給此古老的家庭增添的新的色彩。[6]父親的好學、忠厚、認
眞也影響了聞一多。

　　巴河口迎子由〉中繪出了一幅詩意盎然的圖畫：「江流鏡面靜，煙語
　　輕冪冪，孤舟如鳬鷖，點破千頃碧」。
[5]聞黎明《聞一多傳》(北京，人民出版社，一九九二年十月)，頁三。
　　祖父一心「樹人」，專辟「綿葛軒」書房，內藏廣夠的經史子集達萬
　　卷之多，此外還收有字畫拓片。聞一多這輩出了不少人才，實得力於
　　此。
[6]一八九八年，聞一多出生前一年，康有爲、梁啓超等人發動戊戌維新
　　運動。聞廷政與兄弟們常聚在一起議論形勢。就是在這個時刻，聞一
　　多來了人世間。

　　聞家很重視啓蒙教育，聞一多五歲時，在嚴父的安排之下入私塾，讀《三字經》、《朱子家訓》等，還要讀當時洋學堂新編的修身課本；又背誦《幼學瓊林》和《四書》、《五經》等書。稍後，由於這大家庭孩子多，故祖父在新屋內辦起家塾後，請了畢業於師範學堂的王梅甫先生，聞一多與自家子弟便在此讀書。王先生在例課外，也教國文、歷史、博物、修身等新編課本。聞一多從幼小看書認眞專注，便受到家裡人的一致稱讚。白天，他在家塾念書，晚上還隨父讀《漢書》。他父親把《漢書》中有趣的，尤其是文人從小苦讀的故事，講給他聽。聞一多在〈聞多〉一文中說：

> 夜歸，從父閱《漢書》，數旁引日課中古事之相類者以爲比。父大悅，自爾每夜必舉書中名人言行以告之。[7]

　　這些基礎教育對人的一生都有價值，王梅甫先生也注重訓練孩子運用文字的能力，並不是搖頭晃腦地背書。這使聞一多打開眼界，念書的興趣也更濃厚，聞一多接觸新思潮，從此開始。[8]

　　聞一多喜歡看戲、繪畫，他對戲劇中的各種各式的古裝人物，最感興趣。舞台上的人物、古書中的繡像，都成他筆下的形象。他喜歡繪畫，日後對他有重大的影響。

二、求學過程

㈠在武昌受新式教育

　　鄉村畢竟比較閉塞，改良的家塾也非正式的學校。一九〇九年十一歲的聞一多和幾個嫡堂兄們一起到武昌新式學堂讀書，他

---

[7]孫黨柏、袁謇正主編〈聞多〉《聞一多全集・2》（湖北人民出版社，一九九四年一月），頁二九五。
[8]劉烜《聞一多評傳》（北京大學出版社，一九八三年七月），頁五。

考進武昌兩湖師範附屬高等小學，這所頗有名氣的學校，無論教材、方法，還是教師來源，都與舊式學校有很大不同。他勤奮學習，他不會浪費時間，課餘，他跟著叔父補習中文、英文和算學。[9]他在這所學校讀了兩年，武昌便發生了劃時代的辛亥革命（一九一一年），結束了兩千多年的封建帝制。一向埋頭念書的聞一多，也到街上去看熱鬧了，但因當時武昌受北軍威脅，他一度隨家長回故鄉。故鄉的親人看到聞一多時，都大爲驚奇：因爲，年小的他已經剪掉了辮子！他回巴河鎭約待一年的時間，除了念書外，繪畫是他最大的愛好。

㈡清華學校

　　聞一多的一生中有幾次重要機遇，考入北京清華學校（清華大學前身）就是其中之一。一九一二年春天，負回武昌上學，初入民國學校，不久又進了實修學校。在那裡念了一個月，又考取清華學校，時間大概是此年夏天。[10]清華學校的課程設置、管理制度等都是美國化。該校把考試當做卡學生的重要手段，只要一學期有兩門課不及格就留級。聞一多在此度過了九年半的學習生活。[11]他在清華學校期間，每年暑假回家，讀書兩個月，他把書房叫做「二月廬」。長兄聞展民回憶說：

　　　　雖值炎午，汗揮雨注，獲披覽不輟；蚊蚋襲人，以扇搖曳，油燈照影，伴汝書聲，母氏憫汝勞，命之輟，汝不應。一日傍晚，汝方立露井觀書，蜈蚣緣汝足而上，家

---

　[9]聞一多的叔父在武昌主持照料一批孩子念書的事。
[10]同註7，〈聞多〉，頁二九五。
[11]此校的學制爲八年，即高等科和中等科各四年。高等科四年級，相當於大學一年級的程度。聞一多正式錄取後，由於他的英文程度普遍不夠，校方決定先讓他在校補習，他從一九一三年秋天開始，才算正式入學。

> 人乍見呼汝，罔顧，代而驅之，汝反訝其擾。[12]

因而家裡人就叫他「書痴」，在此特別提出的是，他最早發表的
文章，就是〈二月廬漫記〉，這是從一九一六年四月到十二月，
共發表了十六則，刊載於《清華周刊》上。這些用淺近的文言文
寫的讀書札記，在五四運動前夕是一種流行的文體。後來，他在
一九一九年二月十九日的日記中說：「作英文二月廬記」[13]，
他還用英文寫過這類讀書札記。

　　與戲劇和美術相比，聞一多最熱心的還是文學。早在一九一
四年，他就擔任了《清華週刊》的編輯和集稿員。一九一七年，
主編級刊《辛酉鏡》，[14]題名為〈聞多〉[15]就是刊登在此級刊
上。〈聞多〉對青少年時代他的性格、志趣、待人處世與治學態
度，都做了概略而生動的描述。《清華學報》是一九一九年清華
學校師生合辦的一個刊物，他是在此刊物學生方面的編輯之一。

　　他在班上是一活躍的組織者。在中等科一年級的時候，便發
起成立「課餘補習會」，他被選為該會的副會長。該組織誕生後
不久，有人提出將入學以來的成績編輯成雜誌，此雜誌的名稱是
《課餘一覽》，它至少出過兩期，內容有包括言論、科學、文藝、
小說、雜俎、紀事六類。聞一多擔任了主編，這是他第一次編輯
的刊物。他在第二期上刊登了自己的四篇習作，其中，〈名譽談〉
可能是四篇中最重要的一篇。其主旨為反對知識分子獨善其身，
提倡讀書人不斷進取，為社會做貢獻。他在〈名譽談〉一文中說：

---

[12]聞展民〈哭四弟一多〉《人民英烈》，頁三七五。 轉引自同註7，
　　〈聞一多先生年譜〉《聞一多全集·12》，頁四六六至四六七。
[13]同註7，〈儀老日記〉《聞一多全集·12》，頁四二三。
[14]《辛酉鏡》是聞一多所在班級在中等科（相當於初級中學）畢業時編
　　印的一本紀念級刊，由他擔任總編輯。
[15]這一時期，評價聞一多的文字大都是零零碎碎的。比較完整的評述只
　　有〈聞多〉此篇。

> 而我清華士子，際此清年，旭日方東，曙光熊熊，叱吒
> 義論，放大光明以嚇耀寰中。[16]

此篇是迄今發現的他的第一篇論說文，記錄和反映了應當如何做
人的思考。這篇文章，是一個十八歲少年的習作，那當然還不很
成熟。不過，文中所表現的基本思想，如果了解對聞一多的某種
人生道路，具有一定的意義。

　　五四運動爆發後，這消息立刻傳到清華學校，五日清晨，食
堂門口上出現了一張大紅紙，上面抄寫了岳飛的〈滿江紅〉[17]
詞。這是聞一多在夜裡偷偷地去貼的。他借這首詞激勵著千古中
華民族的愛國心「待從頭、收拾舊山河」的壯志。七日清華學生
成立代表團，與城外學生取得聯絡，一致行動，他擔任的是文書
工作。他在五四運動中受到的思想影響，集中到一點，正如他自
己所說：

> 五四時代我受到的思想影響是愛國的，民主的，覺得我
> 們中國人應該如何團結起來救國。[18]

　　愛國的理想會產生巨大的動力，愛國的理想和他的熱情結合
起來，這是五四時期聞一多的特色。他有了愛國熱情，就要去實
踐自己救國的願望，進行各種探索。首先從改良學校做起，改革
社會的嘗試，這是他愛國熱情的體現，繼承五四運動的精神。他
在〈旅客式的學生〉一文中說：

> 我們的天性叫我們把這個世界造成如花似錦的，所以我

---

[16]同註7，〈名譽談〉《聞一多全集‧2》，頁二五〇。
[17]〈滿江紅〉：「怒髮衝冠，憑闌處、蕭蕭雨歇。擡望眼，仰天長嘯，
　　壯懷激烈。三十功名塵與土，八千里路雲和月。莫等閒，白了少年頭，
　　空悲切。靖康恥，猶未雪；臣子恨，何時滅！駕長車踏破，賀蘭山缺。
　　壯志飢餐胡虜肉，笑談渴飲匈奴血。待從頭、收拾舊山河，朝天闕。」
[18]同註7，〈五四歷史座談〉《聞一多全集‧2》，頁三六七。

們遇著事，不論好壞，就研究，就批評，找出缺點，就
改良。……我們把眼光放開看，我們是社會底一分子，
學校是社會裡一種組織，我們應該改良社會，就應從最
切進的地方。[19]

五四運動以後，聞一多在校內參加了社團，以便與志同道合
的友人共同改良社會，改良清華。五四以前的社團，一般都是學
術性的。這次成立「⊥社」，是一個改良社會爲目的的小小的團
體。此社成立於一九二〇年三月，這個名字，是聞一多取的。
「⊥」是「上」字的古文。以「⊥」字爲名，表示他們都積極進
取，力求上進。這個團體討論的內容很廣泛，涉及到美學、歷史、
文學、哲學、經濟等，他們還研究西方的宗教觀。

對於藝術的追求不能僅僅停留在呼籲上，聞一多希望有一個
社團來專門進行這方面的研究。這種想法，在一九二〇年十一
月，他與趣味相同的浦薛鳳、梁思成三人發起研究文學、音樂以
及各種具形藝術的組織。這個團體的名稱爲「美可斯」，是希臘
神話中九位文藝和科學女神 Muses 的音譯。它的宗旨是：研究藝
術及其與人生底關係。他刊登在《清華週刊》裡的〈美可斯宣言〉
一文中說：

質言之，我們既相信藝術能夠抬高、加深、養醇、變美
我們的生命底質料，我們就要實行探搜「此中三昧」，
並用我們自己的生命做試驗品。[20]

從這篇宣言中，可以看出他們認爲「相信藝術的抬高、加深、養
醇、變美我們的生命底質料」，這些都反映了他對藝術作用認識
上的另一個階段。

---

[19]同註 7，〈旅客式的學生〉《聞一多全集·2》，頁三〇七。
[20]〈美可斯宣言〉轉引自同註 5，頁二八。

聞一多在寫新詩之前，舊體詩已經寫得很熟練了，他在五四新文化運動的推動下，放棄了舊體詩的寫作，創作新詩。他在《古瓦集·序》中說：

> 一九二○年春，作了一首應課的白話詩。[21]

一九二一年聞一多在清華學校中高兩科已是整整八年，修業期滿，應該畢業出洋的他沒有猶豫，即決定學習西洋美術。同年六月學校公布學生赴美所習之學科與擬入學的學校，他的名下寫著「美術」，芝加哥美術學院(The Art Institute of Chicago)。他是清華學校畢業生中第一個攻讀美術的學生。

但正在準備放洋時，北京城裡發生了六·三慘案事件。這時候，北京市學生聯合會宣布罷課，抗議政府殘酷罪惡。聞一多所在的辛酉級也召開了兩次級會，堅持參加罷課罷考。後來聞一多等人受到校方「自請退學」的處分，但在同學們的力爭之下，校方被迫做出讓步，給他們「留級一年，推遲出洋」的處罰。他在〈致父母親〉信中說：

> 且從去年不肯赴考，已經光明磊落到現在，何必貪此小利，……所以我現在決定仍舊做我因罷課自願受罰而多留一年的學生，並不因別人賣人格底機會，佔一絲毫便宜，得一絲毫好處。[22]

他就自動留級，遲延一年出洋。他又在〈回顧〉一詩中描寫此時自己的感受：

---

[21]《古瓦集·序》，引自商金林《聞一多研究述評》（天津教育出版社，一九九○年十月），頁五。

[22]同註７，一九二二年四月十三日〈致父母親〉《聞一多全集·１２》，頁二八至二九。至一九二二年四月，外交部迫於校內外輿論的譴責，發布了一個通令，決定「將留級辦法暫緩執行，以觀後效」。聞一多等四名同學當即聯名在《清華周刊》上發表了〈取消留級部令之研究〉一文，對部令予以痛斥。這封家信就是在這個背景下寫的。

　　九年底清華底生活，

　　回頭一看——

　　是秋夜裡一片沙漠，

　　卻露著一顆螢火，

　　越望越光明，

　　四圍是迷茫莫測的淒涼黑黯。

　　　　（中略）

　　如今義和替我加冕了，

　　我是全宇宙底王！

如果「螢火」是他心靈中的一線光明，那麼「黑黯」則是象徵著陰沉冷酷的現實。他雖然失去了放洋的機會，但「如今義和替我加冕了，我是全宇宙底王！」他的自豪感卻沒有失去。

　　一九二一年秋後仍在學校上學，同年十一月，清華成立了文學社，聞一多也是社友之一。該文學社實際上是詩社。從此以後，他的興趣，轉向爲寫詩與研究詩的理論。他在清華曾經參加了很多社團，但文學社對他影響最大，取得的成績也最顯著。

　　一九二二年五月，九年的清華學校的學生生活終於結束，準備出洋留美。據大概的統計，他在清華求學期間，曾發表了文言文三十篇、白話文十八篇、舊體詩十六首、新詩十四首，自編了詩文合集《古瓦集》和詩集《眞我集》。當年評價他詩文的材料，僅有他的自述，以及老師的評語。

三、結　婚

　　對於思想開化的聞一多來說，對舊式的包辦婚姻，他起初是抵制的，婚姻大事應由自己做主，這是不難理解的。然而，他的父母卻固守陳習，一定要他在出國前回鄉結婚。他在〈十一年一

月二日作〉一詩中描寫吐露此時胸中的煩悶：

> 如今卻長滿了愁苦底荊棘——
>
> 他的根已將你的心越捆越緊，越纏越密。
>
> 上帝啊！這到底是什麼用意？

渴望自由、痛恨現實的他來說，卻是一次最痛快的發洩。

　　一九二二年二月，他回家與高孝貞[23]女士結婚。蜜月中，他很少出戶，而是埋頭著作，趕寫《律詩底研究》。三月中旬，他送妻子到武昌，在從這裡返北京清華學校。行前，他的心情似乎還沒解脫起來，帶著一種壓抑的感情給父母寫了封信，強調要讓妻子讀書：

> 如今我所敢求於兩大人者只此讓我婦早歸求學一事耳。
>
> ……我婦自己亦情願早歸求學，如此志向，爲大人者似亦不當不加以鼓勵也。[24]

信中的口氣較強硬，恐怕就是久鬱不樂的一種發泄。[25]他回到清華學校，兩個月以後，悶氣仍然不能消去，他在〈致聞家駟〉一封信中，毫不隱瞞地說：

> 我不肯結婚，逼迫我結婚……駟弟！我將什麼也不要了！宋詩人林和靖以梅爲妻，以鶴爲子。我將以詩爲妻，以畫爲子，以上帝爲父母，以人類爲弟兄罷！家庭式一把鐵鏈，捆著我的手，捆著我的腳……我將永遠沒有自由，永遠沒有生命！……老實講，一點也不掛念家

---

[23]本來，高孝貞是聞一多的姨表妹。幼小的時候，他們見過一次面，但彼此間沒有什麼印象。高孝貞後來改名爲高真。

[24]同註7，一九二二年三月十四日〈致父母親〉《聞一多全集·１２》，頁二五至二六。

[25]舊家庭的大家閨秀，不能出門上學校念書。聞一多結婚以後，就支持高孝貞上學校念書。由於他們兩人堅持，家裡也同意了。後來，高孝貞上了武漢的女子師範。

> 裡，所以也不想回來。駧弟！我知道環境已迫得我發狂
> 了；我這一生完了。[26]

這並不是他對妻子的不滿，是對封建習俗的控訴，又對封建主義的批判而已。其實，他們之間日後的感情是極其深厚的。他在〈國手〉一詩中描寫他婚後的感情：

> 愛人啊！你是個國手；
>
> 我們來下一盤棋；
>
> 我的目的不是要贏你，
>
> 但只求輸給你——
>
> 將我的靈和肉
>
> 輸得乾乾淨淨！

這是詩人在有意無意地溝通他與妻子的精神世界。他希望妻子與他都互相徹底地打開心扉，讓自由之風吹遍他們的生活，打破一切傳統觀念。

四、留　學

　　一九二二年七月十六日，聞一多登上了開赴美國的客輪，離開上海向太平洋。他在美國留學期間，先後在芝加哥美術學院、珂泉科羅拉多大學、紐約藝術學院學習美術，受到了系統的西洋美術教育，但他對於文學的興趣卻更為強烈，常選修英美近代詩的課程，並積極創作新詩。

　　單調的旅行使人感到枯燥、寂寞，他在〈孤雁〉一詩中描寫腦海中的失落感：

> 不幸的失群的孤客！

---

[26]同註7，一九二二年五月七日〈致聞家駧〉《聞一多全集·12》，頁三四。

> 誰教你拋棄了舊侶，
>
> 拆散了陳字，
>
> 流落到這水國底絕塞，
>
> 拼著寸磔的愁腸，
>
> 泣訴那無邊的酸楚？
>
> 　　（中略）
>
> 流落的孤禽啊！
>
> 到底飛往那裡去呢？
>
> 那太平洋底彼岸，
>
> 可知道究竟有些什麼？

孤雁就是他自己的投影，他想像自己就是一隻失群的孤雁，向著異國他鄉的陌生土地艱難的飛翔。他在這裡連續用了詞語：「不幸、流落、愁腸、泣訴、酸楚」等等，其感情色彩是相當明顯的，他為此感到孤獨和痛苦。

　　八月一日，他登上美國的土地西雅圖後，到了芝加哥。由於芝加哥是工業城市，故他對此城市的第一個印象並不是很好，這種自然環境引不起他的興趣。芝加哥美術學院所在的密西根大街上，房屋都被熏成黑色，他到學校註冊回來時，領子也變黑了。這樣的環境下，他到支加哥才一個星期，「我已經厭惡這種生活了」，他感到自己是「一個孤苦伶仃的東方老憨」。[27]

　　他雖然是到美國學美術的，但將來以美術為職業的想法好像並未成型，他想的還是文學，「我希望諸位能時時將中國文學界底現狀告訴我，以 keep up 我的文學的興趣」。[28] 他學習美術

---

[27]同註 7，一九二二年八月十四日〈致吳景超、翟毅夫、顧毓琇、梁實
　　秋〉《聞一多全集‧１２》，頁五三。
[28]同註 7，一九二二年八月十四日〈致吳景超、翟毅夫、顧毓琇、梁實
　　秋〉《聞一多全集‧１２》，頁五三。

只是爲以後研究中國文學做鋪墊。他在一九二二年八月寫的〈致
父母親〉信中說：

> 現已作就陸游、韓愈兩家底研究……我在此習者，美術
> 也，將或以美術知名於儕輩。歸國後孰肯延我教授文學
> 哉？[29]

他身在美國美術學院，心向文學，他經常有這個矛盾。開學上課
一個月，就對父母的信中說：

> 恐怕我對於文學的興味比美術還深。我在文學中已得的
> 成就比美術亦大。[30]

他又對朋友的信中說：

> 我到美以後，成績也出我冀料之外，近來的詩興尤其濃
> 厚；大概平均起來，一個禮拜也有一首。[31]

一九二二年十二月初，他經浦西夫人(Mrs.Bush)的搭橋下，
開始出入美國詩壇的社交界。此聚會中認識了著名女詩人海德夫
人(Eunice Titejens)，這時他取出〈火柴〉、〈玄思〉等幾首
自己比較得意的詩，向海德夫人請教，她頗爲欣賞，決定在她所
編輯的《詩》誌上發表。這對聞一多當然是莫大的榮幸，他這樣
與美國詩人的結交，能廣泛了解其他詩人的作品，以汲取有益的
精華。當然，他對繪畫也有興趣。有時候，他專心作畫，也能把
詩神征服。一九二三年五月十五日〈致梁實秋〉的信中說：

> 近來被畫征服了。詩神屢次振作思圖中興，然而毫無效

---

[29]同註 7，一九二二年八月〈致父母親〉《聞一多全集·１２》，頁四
　　九。
[30]同註 7，一九二二年十月廿八日〈致父母親〉《聞一多全集·１２》，
　　頁一〇九。
[31]同註 7，一九二二年十月三十日〈致吳景超、梁實秋〉《聞一多全集
　　·１２》，頁一一〇。

力。[32]

他在珂泉科羅拉多大學期間，除了學習繪畫以外，還選修《丁尼生與白朗寧》、《現代英美詩》兩門課。一九二四年，由於他不肯修數學，也不想向學術紀律底頭，同年夏天他始終未獲得正式大學畢業的資格，但他在珂泉一年，無論在藝術或文學方面獲益之多，對於英詩，尤其近代詩，他獲得了有系統的概念。

聞一多在美期間，目睹到留學生中的一些不良現象，十分反感。他在〈致家人〉信中說：

> 我處處看到些留學生們總看不進眼，他們的思想實淺陋得可笑。[33]

這時，他正在反復思考人生觀的問題，因而感到要改變留美學生不關心國事的傾向，必須盡快建立一個組織。這種背景之下，一九二三年六月，成立了清華學生為核心的「大江會」。[34]他積極參與發起的國家主義的此團體，是他人生道路中的一件大事，也代表了他思想發展的一個重要階段。

一九二四年九月，他到美國最大的城市紐約，轉入紐約藝術學院。本來到紐約繼續學畫的他，不料興趣的重心卻轉到戲劇方面。對於年二十五歲還沒有確定自己方向的他，這一興趣是因為認識了幾位學戲劇的朋友造成的。後來，按照清華的規定，他至少可以在美國學習五年，但是他抱著從事國劇運動的雄心，只待了三年，便提前結束了留學生活。

---

[32]同註7，一九二三年五月十五日〈致梁實秋〉《聞一多全集·12》，頁一七四。

[33]同註7，一九二三年五月七日〈致家人〉《聞一多全集·12》，頁一七一。

[34]大江會的宗旨即：「本大江的國家主義，對內實行改造運動，對外反對列強侵略。」

五、回　國

　　他回國以前，就有一個打算：鼓吹中華文化的國家主義。一九二五年六月，他終於踏上了祖國土地。他在家鄉寧靜的待了一陣子後，匆匆離別親人，來到北京。在北京，聞一多見到了楊振聲，他是北京大學新潮社的發起人之一，現在正擔任《現代評論》文藝編輯。聞一多回國後，最初的幾首詩，如〈醒啊！〉、〈七子之歌〉、〈我是中國人〉、〈愛國的心〉，便發表在《現代評論》上[35]。其中，〈我是中國人〉一詩裡描寫對中華民族的頌歌：

> 我是中國人，我是支那人，
> 我是黃帝底神明血胤，
> 我是地球上最高處來的，
> 帕米爾便是我的原籍。

從而點出了中華民族深厚的文化淵源，這是反映了當時他思想中存在的國家主義傾向。

　　聞一多和余上沅，為了開展國劇運動和建立藝術劇院，就積極奔走。他們把早已擬好的〈北京藝術劇院大綱〉發表在《晨報副刊》。但大綱畢竟只是計畫，解決資金求助政府是困難的，於是他把目光投向新月社。新月社的成員對編演劇也曾有過一番熱情，這樣的緣故，他希望得到新月社的支持，他一九二五年八月九日正式加入了新月社。[36] 新月社成員中最熱情的亦是徐志摩，

---

[35]這些詩本來已交給《大江季刊》，但由於五州慘案的發生，對帝國主義的仇恨促使他把它們提前發表在《現代評論》上。參見唐鴻棣《詩人聞一多的世界》（上海，學林出版社，一九九六年十月），頁二四〇。

[36]同註３５，頁二四〇。

不久，由徐志摩的介紹，決定在國立藝術專門學校擔任教務長。
這是一所培養藝術人才的重要學校，他抱著爲振興中華文化而培
養人才的雄心壯志，但其實，他並不長於行政工作。他在〈致梁
實秋〉一封信中說：

> 我近來懊喪極了，當教務長不是我的事業，現在騎虎難
> 下，眞叫我爲難。[37]

當時是政局動蕩的年代，有爲的志士很難實現宏大的理想。
政界對學校常常帶來了不必要的干擾，這種情況之下，他就教務
長不當了，國劇運動的幻想，就此徹底破滅了。這不只是個人的
悲慘遭遇，更是社會黑暗的必然結果。

六、與新月派的關係

㈠與新月社

一九二五年六月回國以前，當然不可能參加新月社的任何活
動。他回國之後的第一個工作是徐志摩替他介紹的，因朋友關係
在名義上參加了新月社。事實上，他參加的只是新月社後期的一
些活動。他在〈致聞家駟〉的信中說：

> 我等已正式加入新月社，前日茶敘時遇見社員多人……
> 新月社已正式通過援助我輩劇院之活動。徐志摩頃從歐
> 洲歸來，想見如故，且於戲劇深有興趣，將來之大幫手
> 也。[38]

的確，他加入新月社的目的是希望取得該社的援助，以建立
劇院。他雖然參加了新月社，但對它的實際態度始終是若即若

---

[37]同註7，一九二六年一月廿三日〈致梁實秋〉《聞一多全集·12》，
頁二三〇。
[38]同註7，一九二五年八月十一日〈致聞家駟〉《聞一多全集·12》，
頁二二六。

離，並不熱誠的。這主要原因是，他對該社的印象不太好，因爲他是比較富於「拉丁區趣味的文人，而新月社的神士趣味重些」，[39]梁錫華先生也說：

> 爲了給恩人面子，聞一多曾以外客的身分參加過新月社的活動……對新月社的高級氣味並不欣賞，所以很快就絕跡不前。[40]

其實，他不欣賞徐志摩本身的氣質和做人的態度，聞一多是個嚴肅苦幹的標準學者，他眼中的徐志摩是華而不實的二三流文士。尤其要指出的是，「新月社只是一個一般性的社交集合體，它並不是一個文學流派」。[41]

(二)與《晨報副刊·詩鐫》

《晨報副刊·詩鐫》並不是新月社的社刊。它是一群有志於新格律詩的文學園地，每週出一次，專載創作的新詩與關於詩學、詩藝的批評研究文章。《詩鐫》的主編是聞一多，而不是徐志摩。針對主編的問題，梁錫華先生說：

> 現在一般人都認爲徐志摩是詩鐫主編。志摩自己也的確的這樣說過，但聞一多也自稱是主編。到底誰主編詩鐫？問題應作這樣的解答：詩鐫選稿由聞一多負責，所以他當然是主編。……其中實權是在聞手上而不是在徐手上。[42]

因此，聞一多熱情甚高，親自爲詩鐫設計了刊頭，他的文藝

---

[39]梁實秋〈憶新月〉方仁念選編《新月派評論資料選》（上海，華東師範大學出版社，一九九三年六月），頁一三。
[40]梁錫華《徐志摩新傳》（台北，聯經出版事業，一九八六年九月第三次印行），頁一五一。
[41]余嘉華、熊朝雋《聞一多研究文集》（雲南教育出版社，一九九〇年十一月），二三二。
[42]同註４０，頁一五三。

思想傾向，顯然要比徐志摩明朗得多，也進步得多。《詩鐫》雖然只出了十一期，它對中國新詩的貢獻和影響，卻是不可低估的。在理論方面，聞一多的〈詩的格律〉，饒孟侃的〈新詩音節〉、〈再談新詩的音節〉，都是很有創見的文章。

㈢與《新月》月刊[43]

這個刊物並不是一種詩的刊物，也非純文學刊物，而是兼容各類文章的綜合性刊物。梁實秋在〈談聞一多〉一文中說：

> 《新月雜誌》於十七年三月十日首刊，編輯人員徐志摩、饒子離、聞一多三人。事實上，饒子離任上海市政府秘書，整天的忙，一多在南京，負責主編的只是徐志摩一人。[44]

聞一多只掛名為《新月》編輯人之一，他當然也在雜誌上寫了一些稿，並幫助拉稿。他一九二七年秋便去了南京，一九二八年秋離開南京到武漢大學，所以他自然不可能在北京編稿。他的創作高峰是在一九二八年秋以前，此時他基本上已退出了詩壇，對《新月》月刊的態度，遠不如對晨報《詩鐫》那麼出力。他發表在《新月》上的創作詩只有〈答辯〉和〈回來〉兩首而已。

㈣與《詩刊》和《新月詩選》

上海的《詩刊》是季刊，是一份純粹性的詩歌刊物，一九三一年創刊，只出了四期便停刊。聞一多因為已經沉浸在中國古代文學的研究之中，所以他未參加《詩刊》的籌辦，並只有寫了一首〈奇蹟〉，發表在《詩刊》第一期上。《新月詩選》是由陳夢家編選，他在此本選集的〈序言〉中說：

---

[43]《新月》月刊於一九二八年三月十日創刊，一九三三年六月一日第四卷第七號終刊，歷史五個年頭，共出四十三期。

[44]〈談聞一多〉《傳記文學》（台北，傳記文學出版社，一九六七年一月），頁二七。

這詩選，打北京晨報詩鐫數到新月月刊以及最近出書的詩刊並個人的專集中，挑選出來的。……在這裡入選的共十八人，詩八十首。其中，有的人寫的不多，只好少選。[45]

聞一多的詩被選了六首，其中，除〈奇蹟〉先載於上海《詩刊》外，其餘五首均從詩集《死水》中選出來。[46]

七、學者生涯

㈠在中央大學

一九二七年南京第四中山大學(一九二八年春改爲中央大學)設有十個學院，聞一多是第一批被聘的副教授，並被任命爲文學院外國文學系主任。他在該大學待的時間只有一年，就培養了陳夢家、方瑋德等青年詩人。

㈡在武漢大學

一九二八年秋天，聞一多到武漢大學就任文學院長，同時在外國文學系講授《現代英美詩》和共同選修課講授《西洋美術史》[47]。當時，該大學是剛成立，他在這裡開始，有系統的研究中國古代文學。他在此三年的時間裡，研究杜甫、楚辭、詩經，同時打下了研究古代文學的基礎，也得到了不少成果。

他當時的情緒很好，希望有一個平靜的做學問的環境，但大革命失敗以後，國民黨對武漢加強控制，這時與當權者勾結的

---

[45]陳夢家《新月詩選》(詩社出版，新月書店發行，一九三一年九月)，頁八至九、二〇。
[46]分別有：〈死水〉、〈你指著太陽起誓〉、〈夜歌〉、〈也許〉、〈一個觀念〉。
[47]〈本科一年級課程表〉《武漢大學周刊》(一九二八年十二月三日)。轉引自同註5，頁一二五。

「現代評論派」執掌學校大權，開始排斥聞一多等人。這種情況下，他沉浸在古代文學之中，根本不理會他們的人事關係，只是埋頭從事研究。在一九三〇年四月聲明辭職離校，後來學校挽留，但他毫不理睬。

㈢在青島大學

他心情苦悶的時候，在上海遇到了正在籌備青島大學的老友楊振聲。由楊氏的協助和介紹下，一九三〇年秋天，聞一多帶著妻子和孩子，從武漢到青島大學就任文學院長兼中文系主任，並在該校講授《中國文學史》、《唐詩》、《名著選讀》，還給外文系開《英詩入門》課。

他在青島大學過著一個學者的生活，但他詩人的名聲還是比他的學者的名聲大。一九三〇年年底，由徐志摩的幾番催稿，完成了較長的一首抒情詩〈奇蹟〉。他〈致朱湘、饒夢侃〉一信中提到，寫完〈奇蹟〉一詩之後興奮的心情：

> 畢竟我是高興，得意，因爲我已證明了這點靈機雖荒了許久沒有運用，但還沒有生銹。寫完了這首，不用說，還想寫。說不定第二個「叫春」的時期快到了。[48]

他還關心詩壇的變化，對陳夢家、方瑋德合著的《悔與回》做個評論，寫成〈論悔與回〉。在學生中，發現了臧克家，便精心培養他而推薦在《新月》上發表幾首詩。

一九三二年夏天，青島大學因爲山東省府、青島市府、膠濟路和教育部諸派勢力的分化與摩擦，爆發了學潮。當時的他，一心搞學問，只得再次離開學校。

㈣在母校清華大學

---

[48]同註7，一九三〇年十二月十日〈致朱湘、饒夢侃〉《聞一多全集·12》，頁二五三。

一九三二年八月，他帶著壓抑的心離開生活兩年的青島，又到了北京，就任清華大學中文系教授。他開始授課爲《大一國文》、《王維及其同派詩人》、《杜甫》、《先秦漢魏六朝詩》。他的研究方法，顯示了一個詩人進入學術領域的特色。他研究的項目，從唐詩開始，深入到詩經、楚辭，又到神話；就對甲骨文、金文興趣越來越濃了。

他在清華五年期間，得到了一生中最安定的工作環境，在古代文學方面打下了堅固的基礎，開始取得了具有獨創性的研究成果。

八、死　亡

一九四四年起廣泛的接觸愛國民主人士，還自覺的接受馬克斯主義，思想正處在大轉變的前夕。他的思想轉變是因爲政治上的黑暗與實際生活的逼迫。[49]他從愛國主義出發，對現實有了越來越多的懷疑和不滿。[50]同年四月他正式加入民主同盟。翌年九月他出任民主同盟中央執行委員、民主同盟雲南省支部宣傳委員兼《民主週刊》社社長。這一時期，他研究傳統文化的文章和其他一些雜文，都放射出新思想馬克斯主義。一九四六年七月十一日晚上，民盟中央執行委員李公朴，便遭特務暗殺。深夜一點鐘，兩個青年匆匆敲響聞一多住的西倉破宿舍大門，報告了李公朴遇刺消息。事件發生之後，街上的消息又傳來了，說暗殺的第二號人就是聞一多。朋友勸他少外出，因爲什麼意外都可能出現。聞一多理解大家的心情，卻止不住自己的行動，並他主張這

---

[49]〈談聞一多教授生平〉朱喬森編《朱自清全集·4》（江蘇教育出版社，一九九六年八月），頁四六二。

[50]可能的原因是由於物價上漲，他不得不業餘治印，並在昆華中學兼任國文教員，以補貼生活。

是國民黨所為。[51]幾天來,恐怖已經降臨到西倉破教職員宿舍。

　　十五日清晨,有人來說黑名單的是絕對可靠,讓聞一多千萬小心。當天上午,聞一多在雲南大學至公堂召開李公朴夫人張曼筠報告李先生死難經過大會上的演講。其實,此天朋友們為了安全的考量,不讓他出席。可是,他不放棄伸張正義的責任就出席了,隨後做了最後一次演講:

> 這幾天,大家曉得,在昆明出現了歷史上最卑劣、最無
> 恥的事情!李先生究竟犯了什麼罪?竟遭此毒手,他只
> 不過用筆寫寫文章,用嘴說說話,而他所寫的,所說
> 的,都無非是一個沒有失掉良心的中國人的話!大家都
> 有一枝筆有一張嘴,有什麼理由拿出來講啊!有事實拿
> 出來說啊!為什麼要打要殺,而且又不敢光明正大的來
> 打來殺,而偷偷摸摸的來暗殺!(鼓掌)這成什麼話?
> (鼓掌)今天,這裡有沒有特務!你站出來,是好漢的
> 站出來!你出來講!憑什麼要殺死李先生?[52]

整個大會和疾言厲色的演講約經兩小時散會,下午一時半,他午睡剛醒,楚圖南先生來,便同出席記者招待會。五時散會,他由長子立鶴伴隨回寓。這時西倉破路上都沒人,不料走到教職員宿舍僅十步左右,前面有兩個人,忽然槍聲一作,但第一槍是從後面打來,擊中聞一多的後腦,那麼兇手至少有三個人。受重傷的聞立鶴指出,當時看見後面也有兩個人,這樣,兇手就至少有四個人。兇手是跳上吉普車逃走的,這表示有開車的人,還有封鎖這條街的人。兩個人絕對辦不了這個暗殺事件。這是有預謀的瘋

---

[51]張子齋〈聞一多頌〉《思想戰線》(一九七九年第五期)。轉引自同
　　註5,頁四一三。
[52]同註7,《聞一多全集·12》,頁五二二。

狂暗殺事件。向聞一多開槍的，就是雲南警備情報第六行動組的
特務李明山、崔寶山、劉錫林、何毅。[53]聞一多的傷是致命的，
躺在行軍床上的聞一多，被抬到一間小平屋門前。這裡很安靜，
四十七年前，他也是如此平靜地來到這個世界，現在，他又心底
無私地走了。聞一多就這樣被國民黨的特務暗殺死。得年四十八
歲。[54]

九、作　品

聞一多出版的詩集計有：

一九二三年九月上海泰東圖書局出版的《紅燭》。

一九二八年一月新月書店出版的《死水》。

一九二八年三月與葉崇智合選，由新月書店出版的《近代英
美詩選》。

作者自編的早年所寫詩作的手抄稿，從未公開出版的《眞我
集》。包括新詩二十七首的《集外詩》。包括舊體詩、賦二十四
首的《舊體詩》。生前未公開出版的《現代詩抄》，後收入一九
四八年上海開明書店出版的《聞一多全集》。

短篇的文藝評論有：〈詩的格律〉、〈詩與批評〉等，共四
十七篇。

一九二二年與梁實秋合著，由清華文學社出版的《冬夜草兒
評論》。

---

[53]《雲南公安報》記者喻芳根據有關檔案，寫了〈李公朴聞一多蒙難眞
相〉《雲南文史叢刊》（一九八八年第二期）。轉引自同註５，頁四
二二。

[54]已經二十多年沒寫新詩的朱自清，此次卻忍不住寫下〈挽一多先生〉
一首詩：「你是一團火，照徹了深淵；指示著青年，失望中抓住自我。
你是一團火，照明了古代；歌舞和競賽，有力如猛虎。你是一團火，
照見了魔鬼；燒毀了自己，遺燼裡爆出個新中國。」參見同註４９，
《朱自清全集·５》，頁一一七。

散文・雜文有：〈名譽談〉、〈二月盧漫紀〉等，共六十二篇。

十、小　結

　　聞一多是詩人、學者，他堅守著自己的工作：創作、研究、教學。他要的是熱情和力量以及火一樣的生命。新文學運動以來，許多作者都認識了文學的政治性和社會性而有所表現，可是聞一多認識得特別親切，表現得特別強調。後來他更進一步的注意集團的歌舞藝術，此也是政治社會和生活打成一片的藝術。

　　一般認爲在新月派詩人當中最具代表性的人物是徐志摩，但實際上能表現出了新月派詩歌的特徵的傾向，並且影響力最大的還是聞一多。新月派詩歌的生命是美的抒情，這種特徵表現在他們各種抒情題材的作品中發展和變化，反映了對新詩美學原則的深化和開拓。

　　他短暫的四十八年生涯中，除了求學和後期投身民主運動外，絕大部分時間和精力都傾注在學術研究與教書。尤其是他的學術工作就很有特色，他不但繼承了前人的寶貴傳統，也吸取了現代的觀點與方法，所以能夠在學術領域中獲得成功。他是個教授，是個受過西方科學文化教育成長起來的新式知識分子。他教育青年，又爲青年所鼓舞！他的一生中，有一個一貫的精神，這就是他的愛國精神。[55]

---

[55]同註４９，〈談聞一多教授生平〉，頁四六二。

第二節　聞一多的詩所承受的影響

聞一多是中國現代詩壇上獨樹一幟的大詩人，也是博古通今，學貫中西的學者。「他不僅聯結著中國古代詩、西洋詩和中國現代詩」。[56]他早年在家讀書，就愛讀史書和詩集。他在清華讀書期間，除了涉獵古代的史書、各種詩集、詩話、筆記之外，還念過西方的有關書籍。到美國留學時，拜倫（Byron）、雪萊（Shelley）、濟慈（Keats）、丁尼生（Tennyson）等人的作品也多所涉獵。可見他對中外詩歌已有博覽。本節即探討從中國古典文學與西方文學對聞一多詩創作是如何發生影響的角度，加以尋根探源。

一、中國古典文學的影響

生於十九世紀末一個書香門第的聞一多，像那個時代這種出身的大多數的中國少年一樣，在私塾裡接受了中國傳統文化的啟蒙教育。據他的一位親戚聞振如在〈憶多兄二三事〉一文中說：

他十二歲時就能夠寫出像樣的時論文章，能做舊體詩。[57]

聞一多早有傳統文學詩賦古文的基礎，從他早年自訂的《古瓦集》中可以看出其青少年時代的傳統文學的修養是頗深厚和富於才能。他在一九一九年二月十日的日記中所寫：

---

[56]喬木〈哀聞一多先生〉，吳小美等著《中國現代作家與東西方文化》（蘭州大學出版社，一九九〇年五月），頁一六一。

[57]一九七九年十一月二十五日《湖北日報》，轉引自江錫銓〈聞一多：照亮新詩壇和故紙堆的紅燭〉《清華大學學報，一九八六年第一卷第二期》，頁二一。

枕上讀《清詩別裁》。近決治學詩。讀詩自清明以上，
溯魏漢先秦。讀《別裁》畢，讀《明詩綜》，次《元詩
選》，次《宋詩鈔》，次《全唐詩》，次《八代詩選》
期於二年內讀畢。[58]

這是他清華讀書期間寫的，可說他對中國古典文學多年素養
蓄積，是他後來研究、編選中國古典文學做了很好的準備。

一九二三年三月三十日寫給朋友的信中說：

有時理智的慾火燒起來，我又想繼續我那唐代六大詩人
底研究或看看哲學書。[59]

又在一九四三年十一月二十五日〈致臧克家〉的一信中說：

我始終沒有忘記除了我們的今天外，還有那二三千年的
昨天，除了我們這角落外還有整個世界。[60]

新文化運動帶來了中國詩的空前的巨大變革，根據這個歷史
發展過程來推斷中國詩將來會變成什麼樣子。他認為，當時的新
詩與自己民族的傳統離得太遠，缺乏中國文學的特質和民族風格。
他經常思考的問題「當存之中國藝術之特質則不可沒」，[61]故
他始終不會忘記古典詩，是為了新詩的健康發展。

朱自清在《中國新文學大系·詩集》導言中強調聞一多對典
故的熱愛：

喜歡用別的新詩人用不到的中國典故，最為繁麗，真教
人有藝術至上之感。[62]

---

[58]同註7，《聞一多全集·12》一九一九年二月十日〈日記〉，頁四
二一。
[59]同註7，〈致翟毅夫、顧毓琇、吳景超、梁實秋〉《聞一多全集·
12》，頁一六五。
[60]同註7，〈致臧克家〉《聞一多全集·12》，頁三八一。
[61]同註7，〈律詩底研究〉《聞一多全集·10》，頁一六六。
[62]蔡清富等人編選《朱自清選集·第二卷》（河北教育出版社，一九八

　　聞一多的詩中典故的主要作用是再現中國色彩。詩集《紅燭》裡的一些詩中可以看出中國式的典故，如一詩〈李白之死〉裡描寫：「把我謫了下來，還不召我回去？」；[63]「謝將軍，詩既做的那麼好——真好！——但是那裡像我這樣地坎坷潦倒？」；[64]又如一首〈憶菊〉詩題下有一句「——重陽前一日作」。這種典故恐怕會造成民族主義的局限性。

　　還有詩集《紅燭》中的詩〈紅燭〉、〈李白之死〉、〈雨夜〉、〈青春〉等詩前的開端引句裡，便可以發現，李商隱、李白、黃庭堅、杜甫和王維等人的詩句。

　　聞一多對中國舊詩詞曲所反映的民族語言中「音節」、「中國式的」、「均齊底美」，[65]這些民族詩學的審美原則，仍應繼承。這是將成為他的新詩格律詩理論的一個重要基礎。

　　他接受的中國古典文學影響較明顯的作品，是一九三一年寫的一首詩〈奇蹟〉，便受到《楚辭》的影響，他表達自己內心的痛苦：

> 天知道，我不是甘心如此，我並非
> 倔強，亦不是愚蠢，……誰不知道
> 一樹蟬鳴，一壺濁酒，算得了什麼？
> ……誰曉得，我可不能不那樣：
> 這心是真餓得慌，我不得不節省點
> 把藜藿當作膏粱。

　　《死水》出版後，聞一多很少寫詩了。這首〈奇蹟〉是他沉默三年之後，對自己的詩歌生涯深刻的真誠的總結。他是一個認

　　九年十二月），頁四九五。
[63]賀知章稱李白為「謫仙人」。
[64]李白生平最服膺謝朓，詩中屢次稱道。
[65]同註7，〈律詩底研究〉《聞一多全集·10》，頁一四八、一六〇。

眞的人，這樣認眞的人爲了詩，偏偏要頑固的迷信「奇蹟」，把
自己陷入苦待奇蹟的煩亂當中。

　　屈原在〈離騷〉中描寫煩悶、憂慮、哀痛人生的心情：

　　　　荃不察余之中情兮，反信讒而齎怒。

　　　　余固知謇謇之爲患兮，忍而不能舍也；

　　　　指九天以爲正兮，夫唯靈脩之故也！……

　　　　雖萎絕其亦何傷兮，哀眾芳之蕪穢！……

　　　　朝飲木蘭之墜露兮，夕餐秋菊之落英，

　　　　苟余情其信姱以練要兮，長顑頷亦何傷！

　　聞一多是屈原人格的熱情的推崇者，也是屈原作品的精深的
研究者。他像屈原一樣爲著祖國的前途上下求索，他像屈原一樣
把自己的生命獻給祖國；當然他們所處的時代不同了，但他的個
性比屈原更積極。

　　陳丙瑩在〈聞一多的新詩建設觀〉一文中說明，舊詩歌對聞
一多的影響：

　　　　聞詩筆法謹嚴，多用象徵、暗示、寄托，風格含蓄、內
　　　　斂，凡此種種明顯地得力於舊詩藝術的傳統。他的這一
　　　　創作路子豐富了新詩的表現力。[66]

　　聞一多寫《死水》的時候，對舊詩已有深厚的修養、長期的
薰陶所產生的影響，以及他在音律上的精心追求。這是中國新詩
史上第一本具有新格律的詩集，聞一多從中國舊詩學習，又向外
國詩借鑑。中國的舊詩民歌，頓數大多劃一，新格律詩的頓詩大
致上也要整齊些。詩集《死水》中相疊的形式有兩種：一種是每
節的首句與末句相疊以及字數也有一定的規格，如〈你莫怨我〉

---

[66]陳丙瑩〈聞一多的新詩建設觀〉《聞一多研究四十年》（北京，清華
　　大學出版社，一九八八年八月），頁三〇三。

爲例：

　　　你莫怨我！
　　這原來不算什麼，
　　人生是萍水相逢，
　　讓他萍水樣錯過。
　　　你莫怨我！

　　　你莫問我！
　　淚珠在眼邊等著，
　　只須你說一句話，
　　一句話便會碰落，
　　　你莫問我！

每節都五行，字數爲四、七、七、七、四。又如〈忘掉她〉也是
同樣的情形：

　　忘掉她，像一朵忘掉的花！
　　　　像春風裡一出夢，
　　　　像夢裡的一聲鐘，
　　忘掉她，像一朵忘掉的花！

　　忘掉她，像一朵忘掉的花！
　　　　聽蟋蟀唱得多好，
　　　　看墓草長得多高；
　　忘掉她，像一朵忘掉的花！

每節都四行，字數爲十、七、七、十。另外，一種是一首詩的首
節與末節相疊，以〈祈禱〉爲例：

　　請告訴我誰是中國人，

> 啓示我，如何把記憶抱緊；
> 請告訴我這民族的偉大，
> 輕輕的告訴我，不要喧嘩！
>   （中略）
> 請告訴我誰是中國人，
> 啓示我，如何把記憶抱緊；
> 請告訴我這民族的偉大，
> 輕輕的告訴我，不要喧嘩！

還有〈死水〉和〈洗衣歌〉也是同樣情形。舊詩中《詩經》裡的風、雅、頌裡的大多也是劃一的疊詠的作品，如國風中的一詩〈桃天〉爲例：

> 桃之天天，灼灼其華。之子于歸，宜其室家！
> 桃之天天，有蕡其實。之子于歸，宜其家室！
> 桃之天天，其葉蓁蓁。之子于歸，宜其家人！

這是祝賀新婚的詩。以茂盛的桃樹比方新嫁娘，桃花艷麗，果實肥碩，桃葉繁茂，形容妻子之美，婚後必能使夫家興盛。每句字數都爲四、四、四、四，每首句與第三句是固定的相疊。這些都是聞一多所受到的中國式的均齊底美。他說，完全切斷傳統是不可能的，「因爲我們不能開天闢地（事實與理論上是萬不可能的），我們只能夠並且應當在舊的基石上建設新的房屋」。[67]

二、西方文學的影響

　　聞一多不是虛無主義者，他對外來的文化具有相當的識別能力，而且勇於接受其中的精華。一九二一年十二月他在清華文

---

[67]同註 7，聞一多〈《女神》之地方色彩〉，《聞一多全集・2》，頁一二三。

學社報告英文稿本《詩的音節底研究》（A Study of Rhythm In Poetry），這篇文章可以說，他的格律理論奠定了基礎。聞一多對英詩開始了解是讀過帕爾格雷夫（F. T. Palgrave）《英詩精選寶庫》（Golden Treasury)以後的事。[68]但他在早期學習的西方詩歌中，最讚賞的是英國詩人濟慈的作品。一九二〇年七月，他在《清華周刊》上發表第一首新詩〈西岸〉，在此詩裡，就引用了英國詩人濟慈的兩行詩做引子：

> He has a lusty spring，when fancy clear
> Takes in all beauty within an easy span.
> 他有一個快活的春季，當明澈的鑑賞力
> 在安適的瞬息將一切美盡收眼底。

又在一詩〈藝術底忠臣〉裡，他直接描寫濟慈：

> 其中只有濟慈一個人，
> 是群龍拱抱的一顆火珠，
> 光芒賽過一切的珠子。

這是在他一些詩的內容上顯示濟慈所說過的「美即是眞，眞即美」的審美觀念。他雖受西方詩的影響下作新詩的，但他並不是只有吸收西方理論，喬木在〈哀一多先生之死〉一文中說：

> 要在中國現代詩人中，找出能像他這樣聯結著中國古代詩、西洋詩和中國現代詩，並不很容易的。[69]

這一點，聞一多自己也在一九二三年三月三十日寫給朋友的信中提到：

---

[68]薛誠之〈聞一多和外國詩歌〉，武漢大學聞一多研究室編《聞一多研究叢刊·第一集》（武昌，武漢大學出版社，一九八九年四月），頁一六七。

[69]延安《解放日報》一九四六年七月十八日，轉引自同註６８，薛誠之〈聞一多和外國詩歌〉，頁一六六。

> 在學校裡做了一天功課，做上癮了，便想回來就開始
> illustrate我的詩；回來了，Byron，Shelley，Keats，
> Tennyson，老杜，放翁在書架上，在桌上，在床上等著
> 我了。我心裡又癢著要和他們親熱了。[70]

他先把中國古典文學弄好，然後再接受西方文學，主要受十九至
二十世紀初的英美詩歌，尤其是浪漫派詩的一些影響。

他赴美留學時與美國詩人結交，這是在他的學詩的生活中一
個轉折點。他開始讀了美國意象派的主要詩人佛來琪（John G.
Flctcher）的詩，尤其一首〈在蠻夷的中國詩人〉後，「快樂燒
焦了我的心臟，我的血燒沸了，要漲破了我周身的血管……佛來
琪喚醒了我的色彩的感覺」。[71]他著手描寫一首〈秋林〉（編
入《紅燭》時改名〈色彩〉）中對生命意義的探求：

> 生命是張沒價值的白紙，
>
> 自從綠給了我發展，
>
> 紅給了我情熱，
>
> 黃教我以忠義，
>
> 藍教我以高潔，
>
> 粉紅賜我以希望，
>
> 灰白贈我以悲哀；
>
> 再完成這幀採圖，
>
> 黑還要加我以死。
>
> 從此以後，
>
> 我便溺愛於我的生命，
>
> 因為我愛他的色彩。

---

[70]同註7，〈致翟毅、顧毓琇、吳景超、梁實秋〉，頁一六五。
[71]同註7，一九二二年十二月一日〈致梁實秋〉，頁一一七至一一八。

　　該詩是對生命意義的探究。他在生命與色彩、色彩與意義、生命與意義的三重關係中思考人生的意義。生命的意義存在於現象之中，正式因爲有了各種生活的現象，才使生命具有了具體的內涵，而生活的現象就是直觀中的各種色彩。他在美國是專攻繪畫的，該詩中他運用了繪畫理論解釋生命的意義。沈從文在〈論聞一多的《死水》〉一文中說：

> 同樣在畫中，必需的色的錯綜的美，《死水》詩中也不缺少。作者是用一個畫家的觀察，去注意一切事物的外表，又用一個畫家的手腕，在那些儼然具不同顏色的文字上，使詩的生命充溢的。[72]

　　自己是一個畫家的身分，使《死水》中具備了剛勁的樸素線條的美麗。這裡再加上，佛來琪喚醒他色彩的感覺，他曾寫一首長詩〈秋色〉，詩中描寫：

> 我要借義山濟慈底詩
>
> 唱著你的色彩！

　　濟慈是善於描繪自然景色和事物外貌，色彩絢麗的詩人，而且是聞一多最認同和激賞的西方詩人。他的這首詩以美術家的審美視野來攝取自然的色彩，並濟慈與唐詩人李商隱相提並論：

> 我想我們主張以美爲藝術之核心者定不能不崇拜東方之義山，西方之濟慈了。[73]

　　他自得也承認「〈憶菊〉、〈秋色〉、〈劍匣〉具有最濃綰作風。義山、濟慈的作風在這裡」。[74]因爲在他看來，義山詩

---

[72]〈論聞一多的《死水》〉《沈從文文集·第十一卷·文論》（廣州，花城出版社，一九八四年七月），頁一四八。
[73]同註7，一九二二年十二月二十七日〈致梁實秋〉《聞一多全集·12》，頁一二八。
[74]同註7，一九二二年十二月二十七日〈致梁實秋〉《聞一多全集·12》，頁一二四。

鮮明地體現著中國藝術精神——意象的濃麗、蘊借和圓滿。這裡
使他又聯想到的可能是濟慈的〈秋頌〉：

　　　　誰不經常看見你伴著谷包？

　　　　　在田野裡也可以把妳找到，

　　　　你有時隨意坐在打麥場上。

　　　　　讓髮絲隨著簸谷的風輕飄；

　　　　有時候，為罌粟花香所沉迷，

　　　　你倒臥在收割一半的田壟，

　　　　　讓鐮刀歇在下一畦的花旁；

沐浴著夕暉的秋天是收穫的季節，在兩位筆下的秋天都是有生命
的。聞一多到美國後第一個秋天，也是豐收的季節，有一首〈秋
之末日〉是像一幅畫，詩中描寫：

　　　　奢豪的秋，自然底浪子哦！

　　　　春夏辛苦了半年，

　　　　能有多少的積蓄，

　　　　來供你這般地揮霍呢？

　　　　如今該要破產了罷！

詩描繪一幅輝艷生動的秋景圖，它不僅傳達了自然生物的神秘，
並且接觸到生命力本體極度爆發後毀滅的奧秘。

　　英美詩歌對聞一多創作的影響主要體現在總體方面。一九二
三年秋，他轉學到丹佛珂羅拉多大學時，還修了現代詩，並專門
學習了丁尼生（Tennyson）和白朗寧（Browning）的詩。這幾門
課除了更擴大他的視野外，還奠定了他回國後教現代英詩的重要
基礎。他還在詩集《紅燭》裡的一詩〈劍匣〉開端中引用了丁尼
生的一詩〈藝術的宮殿〉原文：

　　　I built my soul a lordly pleasure—house，

Wherein at ease for aye to dwell.······

　我爲我的靈魂築起一棟巍峨的別館，

　好讓它在裡面優游歲月直到永遠。······

丁尼生的詩句顯然激勵了他去創作這首〈劍匣〉長詩，它仿佛是
那引句的發展。

　　如果說《紅燭》是較早的好作品，那《死水》就是古爲今用、
洋爲中用的精美的範本。這本《死水》的創作態度，便是引用了
麥克孫姆（Hiram Maxim）所說的一句話：「做詩永遠是一種創造
莊嚴的動作」。聞一多在美國學詩時，欣賞現代女詩人蒂絲黛爾
（San Teasadale）的詩，他的一詩〈忘掉她〉是悼念他女兒立瑛
的，這是受了蒂絲黛爾的〈忘掉它〉（Let It Be Forgotten）的
影響下寫的。先看蒂絲黛爾的〈忘掉它〉一詩：

　　忘掉它，像忘掉一朵花，

　　像忘掉，燃過黃金的火焰，

　　忘掉它，永遠永遠。時間是良友，

　　他會使我們變成老年。

　　如果有人問起，就說正忘記，

　　在很早，很早的往昔，

　　像花，像火，像靜靜的足音

　　在早被遺忘的雪裡。　　　　　（余光中譯）

再看他的〈忘掉她〉：

　　忘掉她，像一朵忘掉的花！

　　　年華那朋友眞好，

　　　他明天就教你老；

　　忘掉她，像一朵忘掉的花！

忘掉她，像一朵忘掉的花！

　　如果是有人要問，

　　就說沒有那個人；

忘掉她，像一朵忘掉的花！

這兩首詩在基本思想和情緒趨向上都大體相同。只是聞一多詩中不難看出，不是他個人的獨創作，且模倣蒂絲黛爾的詩外，還描寫情緒上親密無比的父女之情。「詩家的主人是情緒，智慧是一位不速之客，無須拒絕，也不必強留。」[75]

　　當時的新詩作家喜歡標明十四行(又稱為：商籟體Sonnets)的詩題，嚴格的十四行詩聞一多自己也在〈談商籟體〉一文中提到：

　　　最嚴格的商籟體，應以前八行為一段，後六行為一段；八行中又以每四行為一小段，六行中或以每三行為一小段，或以前四行為一小段，末二行為一小段。總計全篇的四小段（我講的依然是商籟體，不是八股！）第一段起，第二承，第三轉，第四合。……總之，一首理想的商籟體，應該是個三百六十度的圓形；最忌的是一條直線。[76]

　　他也創作格律謹嚴的一首中國式的十四行詩（Sonnet），他曾譯為「商籟體」。他早在一詩〈風波〉[77]中，就試驗過這種詩體：

　　　我戲將沉壇焚起來祀你，

---

[75]同註 7，〈泰果爾批評〉《聞一多全集‧2》，頁一二六。
[76]同註 7，〈談商籟體〉《聞一多全集‧2》，頁一六八。
[77]本來的作題為〈愛的風波〉，後來收錄《紅燭》時改為〈風波〉。

那知他會燒的這樣狂！

他雖散滿一世界底異香，

但是你的香吻沒有抹盡的

那些渣滓，卻化做了雲霧

滿天，把我的兩眼障瞎了；

我看不見你，便放聲大哭，

像小孩尋不見他的媽了。

立刻你在我耳旁低聲地講：

（但你的心也雷樣地震蕩）

「在這裡：大驚小怪地鬧些什麼？

一個好教訓哦！」說完了笑著。

愛人，這戲禁不得多演；

讓你的笑焰把我的淚曬乾！

他對此試驗在〈評本學年《週刊》裡的新詩〉一文中說：

> 介紹這種詩體，恐怕一般新詩家縱不反對，也要懷疑。
> 我個人的意見是在贊成一邊。……我作〈愛的風波〉，
> 在想也用這個體式，但我的試驗是個失敗。恐怕一半
> 因為我的力量不夠，一半因為我的詩裡的意思較為複
> 雜。[78]

他對自己的創作，要求嚴格。他又在〈律詩底研究〉一文中
說：

> 中詩之律體，獲之英詩之「十四行詩」（Sonnet）不短
> 不長實為最佳之詩體。……律詩實是最合藝術原理的抒
> 情詩文。英文詩體以「商勒」為最高，以其格律獨嚴

---

[78]同註 7，〈評本學年《週刊》裡的新詩〉《聞一多全集・2》，頁四
二至四三。

也。[79]

他認爲解剖中國的律詩與外國的十四行詩，是研究詩形式的最好的方法。一詩〈你指著太陽起誓〉也參照西方十四行詩的格律進行的試驗。這首傳達了他對個體生命的體悟和對人生、對宇宙的追問：

　　　　你指著太陽起誓，叫天邊的寒雁
　　　　說你的忠貞。好了，我完全相信你，
　　　　甚至熱情開出淚花，我也不詫異。
　　　　只是你要説什麼海枯，什麼石爛……
　　　　那便笑得死我。這一口氣的功夫
　　　　還不夠我陶醉的？還説什麼「永久」？
　　　　愛，你知道我只有一口氣的貪圖，
　　　　快來箍緊我的心，快！啊，你走，你走……

　　　　我早算就了你那一首——也不是變卦——
　　　　「永久」早許給了別人，秕糠是我的份，
　　　　別人得的才是你的菁華——不懷的千春。
　　　　你不信？假如一天死神拿出你的花押，
　　　　你走不走？去去！去戀著他的懷抱，
　　　　跟他去講那海枯石爛不變的貞操！

人類就是在生與死的永恆動態中掙扎著，人就要把握現在，可以創造人生應有的幸福和價值。這首就是他對生命哲學觀的形象化和象徵性的體現。這首詩，他在十四行體方面試驗的最佳的詩。

---

[79]同註7，〈律詩底研究〉《聞一多全集·10》，頁一四五、一五八至一五九。

另外，一詩〈收回〉為例，這首詩乍看起來像十五行，但末段的「拾起來，戴上」是為上半行，「你戴著愛的圓光」為下半行，這是用西方詩「停頓（Caesura）」[80]的辦法處理：

> 拾起來，戴上。
>
> 　　　　你戴著愛的圓光，
> 　　我們再走，管他是地獄，是天堂！

這種靈活運用，恐怕在其他人的詩裡少見或看不到的。這樣，頗廣泛的努力運用西方的詩體對他而言，實際上是擬探索新的詩體。

三、小　結

五四新文學運動中做為新詩人的聞一多，也是從舊詩的營壘中出來的。新詩的前途，這是他全部詩歌美學理論的終極旨歸。他立足於中國古典文學精神去篩選西方詩藝和詩學，使之中國化，並從而給予中國古典文學精神更明確和科學的解釋。「我們的新詩人若時時不忘我們的『今時』同我們的『此地』，我們自會有了自創立，我們的作品自既不同於今日以前的舊藝術，又不同於中國以外的洋藝術」。[81]

聞一多是五四時代文化對外開放的風氣中成長起來的新詩人，他到美國學習西方的文學藝術，但他與別的留美的詩人不同，在留學前已對英美詩歌很有興趣。他便是非常認真的從英美詩人那裡吸取藝術和美學的營養來提高自己新詩創作的思想和藝術水平的人。他在美國住了三年，一方面受著賤視中國人的西方種族主義的深刻刺激，另一方面得到懷著中國熱的詩人學者們對他的鼓

---

[80]一行詩中中間停頓的地方。
[81]同註7，〈《女神》之地方色彩〉《聞一多全集·2》，頁一一八。

勵，這不僅激發了他新詩創作中的強烈的愛國主義詩情，同時也堅定了他後來深入研究中國古典文學的信心。

他甚至於有意識地去做新詩創作中，中西方藝術結合的工作。他在〈女神之地方色彩〉一文中說：

> 我總以爲新詩徑直式「新的」，不但新於中國固有的詩，而且新於西方固有的詩；換言之，他不要做純粹的本地詩，但還要保存本地的色彩，他不要做純粹的外洋詩，但又要盡量地吸收外洋詩底長處；他要做中西藝術結婚後產生的寧馨兒。[82]

外來影響與悠久的民族傳統在一位文學家的作品中成功地結合的事實，對以後中國新詩發展有重大的影響。他接受外國詩歌的嘗試，豐富了他自己的創作實踐，同時促進了整個中國新詩更迅速和順利的發展。

第三節　聞一多的詩歌美學觀

聞一多創作新詩的同時，還重視詩歌理論的探討，故提出過「爲藝術而藝術」，即「以美爲藝術的核心」的主張。此「爲藝術而藝術」是法國哲學家庫辛於一八一八年首次提出的，而確定它的概念的是詩人兼小說家戈蒂耶[83]這是唯美主義的主張，一九二六年四月一日，《晨報・詩鐫》的創刊，是新月派活動的開始，也是唯美主義力量的第一次聚集。聞一多的一些作品中顯

---

[82]同註 7，〈《女神》之地方色彩〉《聞一多全集・2》，頁一一八。
[83]戈蒂耶(Theophile Gautier，1811—1872)法國的浪漫主義詩人，作家。初期的作品，比較多爲反映自由放縱的藝術家的幻想的生活。後期主張藝術的自律性和非功利性，就提倡了「爲藝術而藝術」。

示唯美主義，但實際上他描寫藝術與現實或是社會關係的作品較多。他的美學體系，並不是只有唯美主義的傾向，他從自己的經驗，把它過濾後，再結合上理論和實踐，創造獨樹一幟，開拓著新詩前進的路向。

一、前期的詩歌美學觀

此時期是由一九二〇年清華時期至一九二二年底美國留學初期的時段。五四以後西方的各種文藝思潮紛紛傳入中國。聞一多在此開放的時代，任意地接受了這種或那種影響。「藝術是改造社會底急務」[84]他這種愛國的民主精神，使他反復考慮：如何把藝術來救國。他前期的美學觀由唯物論的基礎下產生的，他強調：

> 人類從前依賴物質的文明，所得的結果，不過是一場空前地怵目驚心的血戰，他們於是大失所望了，知道單科學是靠不住的，所以現在都傾向於藝術。[85]

他經常批判美國式的物質主義。他在〈美國化的清華〉一文中說：

> 據我個人觀察清華所代表的一點美國化所得來的結果是：籠統地講，物質主義；……物質的昌盛，個人的發達……[86]

「物質文明底結果便是絕望與消極……這樣便是二十世紀，尤其是二十世紀底中國」[87]他把世界和中國的黑暗都歸因於物

---

[84]孫黨柏、袁謇正主編〈徵求藝術專門的同業者底呼聲〉《聞一多全集‧2》（湖北人民出版社，一九九四年一月），頁一四。

[85]同註８４，〈徵求藝術專門的同業者底呼聲〉，頁一四。

[86]同註８４，〈美國化的清華〉，頁三四〇。

[87]同註８４，〈「女神」之時代精神〉，頁一一四。

質文明。五四運動前後的愛國青年，探索各種救國的途徑。藝術
救國的思想曾經激動過不少人的心。聞一多也接受這種思想，他
前期是個愛國主義者，強調文藝要與時代精神和愛國運動結合，
此使他的「為藝術而藝術」未能發展到極致，而主要原因集中在
藝術美的探求。他認為「利用人類內部的、自動的勢力來促進人
類的友誼，抬高社會的程度——這才是藝術的真價值」。[88]他
的目的把藝術的作用來，改造藝術化的社會。

　　聞一多提出詩歌應當緊緊地把握住現實，他在〈泰果爾批評〉
一文中說：

　　　　詩人若沒有將現實好好地把捉住，他的詩人的資格恐怕
　　　　要自行剝奪了。[89]

　　這說明他在思想上並沒有把詩歌當成逃避現實，脫離社會
的。他正是這樣地立足於現實來追求真正的藝術美。這表示他積
極浪漫主義的真實內質。五四時期是一個精神覺醒、思想開放的
時代，整個時代與社會瀰漫著一股強烈的浪漫氣氛，故浪漫主義
離不開現實的情況下，聞一多在〈電影是不是藝術？〉一文中說：

　　　　藝術家過求寫實，就顧不到自己的理想，沒有理想就
　　　　失了個性，而個性是藝術底神髓，沒有個性就沒有藝
　　　　術。[90]

　　顯然，他認為藝術最根本的是要表現自己的理想，沒有理想
就沒有藝術。他的詩歌所體現出來的是理想觀念與現實存在的不
可調和的對照，是一種崇高的精神渴求與社會現實的對照。他把
理想與現實對立起來，要從醜惡的現實中創造出美好的東西。

---

[88]同註８４，〈徵求藝術專門的同業者底呼聲〉，頁一五。
[89]同註８４，〈泰果爾批評〉，頁一二六。
[90]同註８４，〈電影是不是藝術？〉，頁三〇。

　　聞一多第一篇新詩評論是一九二一年六月發表的〈評本學年《週刊》裡的新詩〉，他表露了對早期新詩的看法。但是，這篇文章批評的對象是學生的習作，在早期新詩創作中並不是最有代表性。新詩剛誕生時，由於當時的新詩人，還來不及在理論上做充分的準備，又沒有很多成功的範例。〈《冬夜》評論〉是聞一多到美國留學之前的評論，這代表著他對早期新詩有了系統的看法。他主張，是新詩要革新，新詩要前進，目標是創造藝術質量高的新詩。他提倡文學批評中，注意到俞平伯《冬夜》自序裡講的一段話：

> 我只願隨隨便便的，活活潑潑的，借當代的語言，去表現出自我，在人類中間的我，爲愛而活著的我。至於表現的……是詩不是詩，這都和我的本意無關，我以爲如要故念到這些問題，就可根本上無意於作詩，且亦無所謂詩了。[91]

　　對於如此的看法，聞一多做了強烈的批評：

> 俞君把作詩看做這樣容易，這樣隨便，難怪他作不出好詩來。[92]

　　由此可知，他對早期的新詩持有否定的態度，他認爲這種毛病早在胡適的《嘗試集》裡就有了，胡適說：

> 從那些很接近舊詩的詩變到很自由的新詩，——這一個過渡時期在我的詩裡最容易看得出。[93]

　　當時的文壇裡，胡適的主張頗有影響力，但這種主張很容易導致新詩寫得隨隨便便。聞一多批評他說：

---

[91] 同註８４，〈《冬夜》評論〉，頁八一至八二。
[92] 同註８４，〈《冬夜》評論〉，頁八二。
[93] 胡適〈《嘗試集》再版自序〉陳金淦編《胡適研究資料》（北京十月文藝出版社，一九八九年八月），頁四○六。

很自鳴得意，其實這是很可笑的事。[94]

他認爲，新詩與舊詩的區別，除了形式上的不同外，新詩在內容上有時代精神。另外，新詩也應該講究形式美。他希望以藝術的詩來表達繁密的思想。

其實，聞一多在清華時期，由於相當有限的生活環境下，對各方面社會現實的正確判斷，是恐怕經驗不足或還不夠成熟。但他經歷了五四時期，成爲一個愛國青年，這是經過他所創作的新詩或是文學批評，可以證實的。此後，在他的詩論和創作上一直顯示出的最大的特徵，就是愛國思想。這種思想恰好一致於他的美學的本質。

二、中期的詩歌美學觀

此時期由一九二三年美國留學初期至一九三三年七月爲臧克家詩集《烙印》作序爲止。聞一多在美國留學時期，由於接受西歐的文學理論，受到唯美主義的影響，再加上接觸美術，具備了詩人和畫家的敏感，自然而然高度重視詩歌創作中的情感問題。[95]這些在前期中，正是與西方詩對照從而受到的啓示。他在〈《冬夜》評論〉裡，引用奈爾孫[96]的觀點來立論。聞一多說：

「像友誼、愛加、愛國、愛人格，對於低等動物的仁慈的態度一類的情感，同類的尋常稱爲『人本的(humani-

---

[94]同註８４，〈《冬夜》評論〉，頁六四。
[95]吳詮元〈論得益於唯美主義的聞一多〉，同註６６，《聞一多研究四十年》，頁三一五。
[96]奈爾孫（Semijon Jakovlevich Nadson，１８６２－１８８７）：俄羅斯的詩人，因太沒入詩作，二十五歲死亡。一八八五年出版的《詩集》受到超人氣的歡迎，就直到一九一四年出版了二十七版。

tarian）之情感』……這些都屬於情操」。我們方才編匯《冬夜》底作品所分種類，實不外奈爾孫所述的這幾件。[97]

他認定《冬夜》裡大部分情感是用理智方法強迫的，是第二流的情感。他又在〈評本學年《週刊》裡的新詩〉一文中說：「詩底真價值在內的原素，不在外的原素……首重幻象、情感，次及聲與色底原素」[98]所謂的內的原素，就是「幻象、情感」；外的原素，就是「聲與色」。因此，「『奇異的感覺』便是ecstasy，也便是一種熾烈的幻象；真詩沒有不是從這裡產生的」。[99]浪漫主義者強調詩的情感和想像，浪漫主義本來是一種巨大的精神力量，聞一多認為：

詩底真精神其實不在音節上，音節究屬外在的質素……幻象，情感——詩底其餘的兩個更重要的素質。[100]

詩歌富有情感才有骨力，富有幻象（此概念接近於想像）才有筆力。「文學本出於至性至情」，[101]他強調的情感是真實的情感、獨特的情感，他把情感與理智對立起來。獨特的情感來自詩人內心深處，因而他強調詩人要表現「自我」，要有獨特的主觀情感的灌注。他認為真正的美，是從實際生活中選擇美的材料與自己靈魂中的理想的感情及情操（sentiment）相結合，並附於美的形體。一般浪漫主義者在接受強烈的感觸時，把他的情感立即流露和傾瀉。但聞一多卻與一般浪漫主義者有所不同，他在〈致左明〉的信中說：

---

[97]同註８４，〈《冬夜》評論〉，頁八八至八九。
[98]同註８４，〈評本學年《週刊》裡的新詩〉，頁四〇。
[99]同註８４，〈評本學年《週刊》裡的新詩〉，頁四〇至四一。
[100]同註８４，〈《冬夜》評論〉，頁七六。
[101]同註８４，〈《冬夜》評論〉，頁八七。

> 我自己作詩，往往不成於初得某種感觸之時，而成於感
> 觸已過，歷時數日，甚或數月之後，到這時瑣碎的枝節
> 往往已經遺忘了，記得的只是最根本最主要的情緒的輪
> 郭。然後再用想像來裝成那模糊影響的輪郭。[102]

　　他在情感濃烈時不作詩，等著一段時間，感觸只剩下輪郭，
再以想像加工、提煉、創作為詩。情感與想像是不可分的，聞一
多自己創作時，追求實現想像的美。他說：

> 幻象在中國文學裡素來似乎很薄弱。新文學──新詩裡
> 尤其缺乏這種質素，所以讀起來，總是淡而寡味。[103]

　　一個文學家的任務，就是要努力克服這方面的困難。他想像
的詩篇如〈紅燭〉、〈憶菊〉、〈死水〉、〈太陽吟〉等都是對現
實的景物、場面、感情的反映，尤其是〈太陽吟〉，可稱得上是
富於想像的絕唱。在這首詩中，他由地球繞太陽每天轉動一周，
聯想到太陽每天都能看到自己日夜想念的祖國，因此，他向太陽
問訊家鄉的情況，訴說思戀祖國的心情。他從實際存在的具體事
物的描寫中聯想開去，創造出含蓄的意境，因此，這種想像具有
強烈的現實感。他使用的概念和方法，顯然受到了西方文藝理論
的影響，但也和中國傳統的詩學有密切的聯繫。對於這種聯繫，
他希望探求建立新的詩論，方法有獨到處。

　　聞一多在重視理想、強調情感、推崇想像的同時，十分重視
藝術形式的規律性。俄羅斯的評論家B．T．蘇霍魯科夫在〈聞一
多的詩風特色〉一文中說：

> 聞一多已不是往日自發的、不守章法、在形象和色彩的
> 大海裡浮沉的浪漫詩人，而是一個成熟的、技巧精湛巨

---

[102]同註８４，〈致左明〉《聞一多全集·１２》，頁二四五至二四六。
[103]同註８４，〈《冬夜》評論〉，頁七七。

匠，一個決心限制自己的色彩表現手法，在格律上道循
應有的規則的詩人。[104]

這些評論完全是從格律和技巧來肯定的。新詩剛誕生時，有
些人認爲寫新詩很容易，似乎分行寫的就是詩，其實不少連散文
還不如。當時的新詩人喜歡打破一切規律的鐐銬。但是，聞一多
不同，他說：「誰知在打破枷鎖鐐銬時，他們竟連你底靈魂也
一齊打破了呢！」。[105]這裡所說的，「靈魂」指詩的美，就是
說，新詩的藝術質量差。其實，初期的新詩，正爲朱自清所說的
「那便是已描寫實生活爲主體，而不重想像」[106]聞一多強調新
詩應提高藝術質量，就是時代精神、愛國運動相結合，要立足現
實生活，表現理想美、情感美、想像美和探求藝術形式美等，這
特徵反映在詩歌美學思想上，便形成了積極的浪漫主義。這表示
美的客觀的實際下，更重視向美的主觀的變化。他在〈詩的格律〉
一文中說：

> 「自然的終點便是藝術的起點」，王爾德說的很對。自
> 然並不盡是美的。自然中有美的時候，是自然類似藝術
> 的時候。最好拿造形藝術來證明這一點。我們常常稱讚
> 美的山水，講他可以入畫。的確中國人認爲美的山水，
> 是以像不像中國的山水畫做標準的。[107]

這種對美本質的認識，可以說唯美主義的色彩相當濃厚。這

[104]B・T・蘇霍魯科夫〈聞一多的詩風特色〉轉引自夏運勤〈有如一團
　　熔金的烈火〉《聞一多研究文集》（昆明，雲南教育出版社，一九九
　　〇年十一月），頁一一三至一一四。

[105]同註８４，〈《冬夜》評論〉，頁七七。

[106]朱自清〈中國新文學大系・詩集導言〉朱喬森編《朱自清全集・４》
　　（江蘇教育出版社，一九九六年八月），頁三六八。

[107]同註８４，〈詩的格律〉，頁一三八。

是前期思想中所說的「世界本是一間天然的美術館」[108]的觀點
有相當程度的差異。這很可能受到王爾德[109]理論的影響。他又
在〈先拉飛主義〉一文中,引證了他所受「藝術為藝術」美學思
想的影響。他說:

> 柏爾(Clive Bell)在他的《藝術論》裡,辨別美感和
> 實用觀念的區別,……藝術家只知道一件東西是產生一
> 種情緒的工具。[110]

他批評了一些詩人沒有創造文藝的誠意,當時文壇上的感傷
主義和自我表現。他所受西方美學理論的啓發而提出了文藝創作
中的審美特徵問題,有利於提高創作和批評的水準。

聞一多在藝術領域裡把美擺在首要地位,這個思想放在社會
此大的範疇裡,必然會垮大美和藝術的功利作用。雖然他的前、
中期詩歌美學觀主要是積極的浪漫主義,但其中也包含著現實主
義的因素,他的浪漫主義形成於清華和留學時期,「五四」時期
青年的覺醒,賦予《紅燭》以高昂的熱情,回國後他拿自己的詩
篇來面對現實社會生活逼得他改變自己,也探索新的藝術領域。
他的熱情在時代的鐵砧上錘煉得更深厚,《死水》的出版,不斷
深入的發展他在不同時期寫的詩,運用了不同的象徵物。透過比
喻、暗示、想像等手法把象徵物與自己的思想情感聯繫在一起。
其實,在色彩的追求上或是意象的創造上,《死水》並不是一般
中期的詩作,而是更顯示出後期詩風沉鬱雄渾的特色。尤其是,
描寫二十年代整個衰敗頹廢的中國的縮影的〈荒村〉;描寫愛國

---

[108]同註84,〈建設的美術〉,頁三。
[109]王爾德(Oscar Wilde,1856—1900):英國唯美主義作家。
　　曾在牛津大學學習古希臘文學藝術,並開始文學活動。一八九一年發
　　表長篇小說《陶連‧格雷的畫像》表現了「藝術至上」的觀點。
[110]同註84,〈先拉飛主義〉,頁一五七。

主義思想的〈一個觀念〉、〈祈禱〉、〈一句話〉、〈洗衣歌〉；
描寫民生疾苦的〈罪過〉、〈飛毛腿〉等作品，都是他眞誠的愛
國憂民的呼號和悲歌，也是他心中的火焰燃燒到白熱化的表現。
使詩歌的抒情更接近現實生活，這是他對於新詩抒情美學領域的
一種新的探求。

三、後期的詩歌美學觀

　　此時期由一九三三年七月至一九四三年發表〈時代的鼓手〉
爲止。他詩歌美學觀念的發展也與當時文藝思潮的影響密切相
關。三十年代以後，俄羅斯的社會主義現實主義理論，已成爲當
時一些作家的主要關切對象，這樣，現實主義成爲時代主流的情
況下，對聞一多詩歌美學觀的發展而言，起了很大的推動作用。
這證明他在一九三三年爲臧克家《烙印》作序時，他的詩歌美學
觀有了一些變化。他在這篇序裡說：

　　　　一種極頂眞的生活的意義……咬緊牙關和磨難苦鬥……
　　　　我們只要生活，生活磨出來的力……那怕是毒藥，我們
　　　　更該吃，只要它能增加我們的抵抗力。[111]

　　臧克家詩深刻地反映了三十年代中國農民的苦難，聞一多在
這裡，極力推崇著現實主義的精神。他的學者生涯可以在一九三
七年七・七事變爲界，分爲前後兩個時期。此事變在他的思想上
是一個巨大的震動，以後逐步接觸了些馬克斯主義，他又向唯物
史觀靠近，這可以說，他走出書齋，走向社會與民眾的開端。這
種情況下，他拋棄了「爲藝術而藝術」的主張，他在〈戰後文藝
的道路〉一文中說：

---

[111]同註８４，〈《烙印》序〉，頁一七四至一七六。

> 中國過去的文學史卻抹殺了人民的立場,只講統治階級
> 的文學,不講被統治階級的文學,今天以人民的立場來
> 講文學。[112]

他確立了「爲人民而藝術」的主張,這不僅要求詩歌把人民
生活和現實題材做爲表現對象,而且提供使民眾閱讀和欣賞的。
他在一九四三年發表的〈時代的鼓手〉可以說是它的美學觀發生
根本轉變的標誌。他指出:「需要鼓手的時代,讓我們期待著更
多的時代的鼓手出現」,[113]他稱頌田間是時代的鼓手,「是詩
的先決條件——那便是生活欲,積極的,絕對的生活欲」。[114]
這樣,他基本上確定了現實主義的美學觀。他在新的歷史條件下,
離別了情感和幻想的浪漫主義,他在一九四三年寫的〈致臧克家〉
一信中說:

> 我眞看不出我的技巧在那裡,……我只覺得自己是座沒
> 有爆發的火山,火燒得我痛,卻始終沒有能力(·就是技
> 巧)。[115]

他在情感和現實生活與美學觀發生了矛盾,這種矛盾隨著社
會歷史的發展,顯得越來越突出,被發展的現實合乎規律地推到
前面,而走上了現實主義的道路。

在詩歌形式的創造方面,他更重視從時代內容出發來尋求適
當的形式。他在〈詩與批評〉一文中說:

> 我以爲詩是應該自由發展的。什麼形式什麼內容的詩我
> 們都要。……歷史是循環的,所以我現在想提到歷史

---

[112]同註8 4,〈戰後文藝的道路〉,頁二三六。
[113]同註8 4,〈時代的鼓手〉,頁二〇一。
[114]同註8 4,〈時代的鼓手〉,頁二〇一。
[115]同註8 4,〈致臧克家〉《聞一多全集·1 2》,頁三八一。

來幫助我們了解我們的時代，了解時代賦於詩的意義。
[116]

　　由此可知，他關於新詩發展的方向，是完全順應了時代生活
潮流的。這是他要適應新時代的需要，擺脫純詩的束縛，內容上
追求現實主義深化。聞一多後期主要致力於文學史的研究，很少
寫詩。但他仍然關注詩歌問題，重視新詩的理論建設。他雖然沒
有標榜自己是現實主義者，但他關於詩歌的基本觀點實質上屬於
現實主義的美學範疇。他的詩歌美學的發展，雖然沒有生產豐碩
的結實，但在培養文學新人、評價詩人詩作、編選新詩的業績
中，初步顯示了他的新的美學觀的價值。當然，不可否認的事，
他在文學史上眞正產生影響的還是他前、中期那些充滿愛國激情
的而富有藝術個性的浪漫主義詩作。

四、小　結

　　聞一多曾批評過「《冬夜》裡情感底質素也不是十分地豐
富」；[117]他曾以奈爾孫立論，認爲反映社會思潮不可能在藝術
上取得成功；他的唯美主義和「藝術爲藝術」，以及把王爾德的
「自然的終點便是藝術的起點」做爲批評的尺度；比較起以上的
前、中期文學觀點，他的詩歌美學觀是隨著社會和時代對文學的
要求下轉而的。[118]這些轉而過程中呈現出了如此的特點：前、
中期爲適應新詩建設的需要，比較著重詩歌的內部規律，這時，
使其美學觀的獨立性格得到充分的展開和發揮，因此具有較高的
美學理論價值。後期要適應政治和社會現實的需要，比較著重詩

[116]同註８４，〈詩與批評〉，頁二二〇。
[117]同註８４，〈《冬夜》評論〉，頁八四。
[118]藍棣之《現代詩的情感與形式》(北京，華夏出版社，一九九四年九
　　　月)，頁二六。

歌外部規律，這如果從純文學的角度來看，在一定程度上削弱了詩歌美學理論的價值。

他前、中期的詩歌美學觀中浪漫主義與唯美主義佔主導地位，但到後期現實主義逐漸突現出來，這一直到三十年代初，其浪漫主義減弱而消失，而其現實主義上升爲主導地位。如果說，詩歌是反映現實、批判黑暗、表現時代精神和愛國觀念，聞一多前、中期和後期是互相連續的；不過，其前、中期的某些消極因素到後期都徹底否定了。他前、中期的詩歌創作，無疑豐富了美學寶庫，後期的美學觀雖然達到了一個新的高度，但歷史的政治性和社會性增強的情況下，缺陷了藝術規律的美學觀。

第四節　聞一多詩的主題探討

聞一多的詩歌創作經歷了三個時期：一、五四時期在清華學校讀書期間；二、一九二二年七月至一九二五年五月在美國留學期間；三、一九二五年五月從美國歸國後。本節將分爲四個方面來進行探討：對祖國的熱愛，對同胞苦難的關懷，理想的追尋，愛情的痛苦和甜蜜。底下便詳略探討。

一、對祖國的熱愛

聞一多的詩，愛國主義十分突出。他在一九一九年五月十七日〈致父母親〉信中說：

> 今日無人做愛國之事，亦無人出愛國之言，相習成豐，至不知愛國爲何物，有人稍言愛國，必私相驚異，以爲不落實於狂妄，豈不可悲！[119]

---

[119]同註８４，〈致父母親〉《聞一多全集·１２》，頁一八至一九。

　　他的愛國詩也很有特色。詩集《紅燭》裡的部分詩作，正體現了愛國主義跟懷念祖國之情相融合，而在《死水》時期，便對祖國現實的失望、憤激相聯繫，感情都很濃烈、深摯。他在五四運動中，「受到的思想影響是愛國的，民主的，覺得我們中國人應該如何團結起來救國」，[120]這是熱血沸騰的愛國青年的口號。他的愛國詩，有的寫於留學美國期間。他在一九二三年三月二十五日〈致聞家駟〉一信中說：

　　　　現在春又來了，我的詩料又來了。我將乘此多作些愛國思鄉的詩。這種作品若出於至性至情，價值甚高，恐怕比那些無病呻吟的情詩又高些。[121]

　　他在美國本來所學的是繪畫，但覺得專憑顏色和線條是不足表現自己的思想和感情，這不能傳達他對於祖國與人民火一般的熱愛！於是他改習了文學。[122]他在留學期間，親歷耳聞目睹過，中國留學生常受歧視而輕蔑。他經常說：「詩人主要的天賦是「愛」，愛他的祖國，愛他的人民」。[123]這種情形下，自然會激起寫下了愛國主義詩篇。他的愛國作品數量較多，但就嚴格意義上真正以愛國為主題的作品而言便有「他歌詠愛國的詩有十首左右」。[124]

　　他在一詩〈太陽吟〉中直接抒發對祖國熾熱的感情。詩中的十一、十二節描寫：

　　　　太陽啊，也是我家鄉底太陽！

---

[120]同註８４，〈五四歷史座談〉《聞一多全集・２》，頁三六七。
[121]同註８４，〈致聞家駟〉《聞一多全集・１２》，頁一六二。
[122]同註８４，〈聞一多先生年譜〉《聞一多全集・１２》，頁四八一。
[123]同註８４，〈致聞家駟〉《聞一多全集・１２》，頁四八一。
[124]同註１０６，〈愛國詩〉《朱自清全集・２》，頁三五七。

此刻我回不了我往日的家鄉，
便認你爲家鄉也還得失相償。

太陽啊，慈光普照的太陽！
往後我看見你時，就當回家一次；
我的家鄉不在地下乃在天上！

故鄉的文化、故鄉的溫情必定在旋轉的太陽中有所顯現，他心目中的故鄉凝聚成某種精神的化身投射到了太陽身上。於是，每次當太陽升起時，也仿佛就是故鄉的來到。他心目中所想的並不是狹義的「家鄉」，就是「我所想的是中國的山川，中國的草木，中國的鳥獸，中國的屋宇──中國的人」。[125]這首詩中，值得指出的事，在中國的傳統詩歌裡，「太陽」大多做爲自然背景中的一個有機元素存在，是自然整體性質的一個符號而已。聞一多拋棄了這個傳統，將「太陽」從宇宙中抽出來，再加上他人格化的色彩，與他平等位置上互相對話。與此相一致的，〈憶菊〉一詩也充滿了愛國的深情。這首詩寫於重陽節前一天，借菊花細緻入微地寄託了對祖國的讚美。詩的最後兩節有這樣的描寫：

習習的秋風啊！吹著，吹著！
我要讚美我祖國底花！
我要讚美我如花的祖國！
請將我的字吹成一簇鮮花，
　　　（中略）
秋風啊！習習的秋風啊！
我要讚美我祖國底花！

---

[125]同註８４，〈致吳景超〉《聞一多全集·１２》，頁七七。

我要讚美我如花的祖國！

他反覆地吟唱著：「我要讚美我祖國底花！我要讚美如花的祖國！」。他說：「『萬里悲秋常作客』，這裡的悲不堪言狀了！」，[126]這首就是這種心情下寫成的。做為一個知識分子，他設想透過自己的文化活動來創造祖國的未來。他在〈《女神》之地方色彩〉一文中說：

> 我愛中國固因他是我的祖國，而尤因他是有他那種可敬
> 愛的文化的國家。[127]

知識分子的自由創造融匯成民族文化的一部分，古老的中國到處都是智慧和思想。他這時候，詩歌的主要特點便是抒情的成分變濃厚了，主題的參與度提高了，感情的力度也增大了。

一詩〈園內〉在他的詩歌創作中有獨特的地位。它不僅僅在思想內容上表現了他深沉的愛國熱情，而且又是他的詩歌風格發展的一個標幟。[128]他在〈致聞家駟〉信中說：

> 我近來的作風有些變更。……現在則漸趨雄渾沈勁，有
> 些像沫若。你將來讀〈園內〉時，便可見出。[129]

全詩由「序曲」共三節，及分為八個部分共四十九節，共三一四行組成。詩的第十六、十七節中描寫：

> 啊！「自強不息」的少年啊！
> 誰是你的嚴師！
> 若非這新生的太陽？

---

[126]同註８４，〈致梁實秋〉《聞一多全集·１２》，頁一○三。

[127]同註８４，〈《女神》之地方色彩〉《聞一多全集·２》，頁一二一。

[128]劉烜《聞一多評傳》(北京大學出版社，一九八三年七月)，頁八一。

[129]同註８４，一九二三年三月二十五日〈致聞家駟〉《聞一多全集·１２》，頁一六二。

於是夕陽漲破了西方，

赤血喋染了宇宙──

不是賠償罪惡的代價，

乃是生命澎漲之溢流。

　　所謂的「園內」就是指清華學校。聞一多在此第一次正式地
接受了現代教育，激發了未來的雄心壯志，開始長嫩芽了愛國的
第一步。他們少年已經茁壯成長，胸懷大志，振興民族愛國的重
任將落在他們的肩上。他寫這首詩，可能花了很大力氣。他在
〈致梁實秋〉信中說：

　　兩個多月沒有作詩，兩個多月的力氣都賣出來了，恐怕
　　還預支了兩個月底力氣。[130]

　　這首詩在當時便博得好評，甚至於「都紛紛寫信來稱讚，…
…發狂似的讚美我」，[131]〈園內〉是他的最長的詩，「〈園內〉
恐怕是新詩中第一首長詩」[132]朱自清在〈短詩與長詩〉一文中
說：

　　在幾年來的詩壇上，長詩底創作實在太少了；可見一般
　　作家底情感底不豐富與不發達！……我很希望有豐富的
　　生活和強大的力量的人能夠多寫些長詩，以調劑偏枯的
　　現勢！[133]

　　朱自清又說：「詩人是時代的前驅，他有義務先創造一個新
中國在他的詩裡」。[134]一詩〈一句話〉的第二節描寫：

[130]同註８４，一九二三年三月六日〈致梁實秋〉《聞一多全集・12》，
　　頁一五○。
[131]同註８４，一九二三年三月二十日〈致家人〉《聞一多全集・12》，
　　頁一五七。
[132]同註８４，一九二三年三月廿五日〈致聞家駟〉《聞一多全集・12》
　　頁一六二。
[133]同註１０６，〈短詩與長詩〉《朱自清全集・4》，頁五六。
[134]同註１０６，〈愛國詩〉《朱自清全集・2》，頁三五九。

有一句話説出就是禍，

有一句話能點得著活。

別看五千年沒有説破，

你猜得透火山的緘默？

説不定是突然著了魔，

突然青天里一個霹靂

　　爆一聲：

　「咱們的中國！」

用「禍」來比喻「一句話」的危險性，用「火」來比喻「一句話」
的力量，「只有少數跟我很久的朋友（如夢家）才知道我有火，
並且就在《死水》裡感覺出我的火來」。[135]這些都是他自己的，
是他心理意義上的，這實際上是源於他自我的矛盾和衝突。愛國
這一概念，透過「火山」意象頓時熠熠生輝，「火山」具有明顯
的暗示性，這是能的總量，力的象徵，顯示了人民力量的偉大。
這裡他不斷地凝聚著愛國主義的能量，有時似乎升騰或直立起
來，逼著他轉化爲某種驚世駭俗的行動。尤其，此「咱們的中國」
一句，是對祖國的熱愛和凝結，這在某種程度上，恐怕轉移對中
國同胞的憤懣和抨擊。愛國自強，救亡圖存是那個時代的主題，
他在〈愛國之心〉一詩中傾訴自己的心聲：

　　我心頭有一幅旌斾

　　沒有風時自然搖擺；

　　我這幅抖顫動的心旌

　　上面有五樣的色彩。

---

[135]同註８４，一九四三年十一月二十五日〈致臧克家〉《聞一多全集
　・１２》，頁三八一。

> 這心腹裡海堂葉形
>
> 是中華版圖底縮本；
>
> 誰能偷去伊的版圖？
>
> 誰能偷得去我的心？

他並沒有直接把筆觸伸向時代或社會的外部特徵，而是向內發掘，愛自己國家的一份宣言。「五樣的色彩」，它在作者心目中是祖國的象徵，這代表著那塊海堂葉形的土地。「誰能偷去伊的版圖？誰能偷得去我的心？」，是他對國家民族的愛，顯示了超常的硬度。朱自清在《中國新文學大系·詩集導言》中評論聞一多說：

> 他又是個愛國詩人，而且幾乎可以說是唯一的愛國詩人。[136]

聞一多歌頌中國悠久與燦爛的歷史來表達愛國之情的〈祈禱〉一詩，其一、二節中這樣描寫：

> 請告訴我誰是中國人，
>
> 啓示我，如何把記憶抱緊；
>
> 請告訴我這民族的偉大，
>
> 輕輕的告訴我，不要喧嘩！
>
>
> 請告訴我誰是中國人，
>
> 誰的心裡有堯舜的心，
>
> 誰的血是荊軻聶政的血，
>
> 誰是神農黃帝的遺孽。

題目〈祈禱〉就是為中國前途而祈禱的意思。他歷數了中國歷史

---

[136]同註１０６，《朱自清全集·4》，頁三七四。

上無數的仁人志士、英雄豪傑，有德高望重、治國有方而成為萬世景仰的堯舜，有血性豪俠、反抗強暴的荊軻聶政，有中國農業文明的先師神農，還有中國民族的遠祖黃帝等等，這些都是中國人引以為榮的楷模。在這樣一個文化的背景下，聞一多在熱烈地讚頌中國文化的同時依然保持著清醒的頭腦和敏銳的現實主義意識，盼望過去的燦爛的中國文化能夠復活。「這首詩的真和美，是任何一個心智正常的中國人所不能抗劇的」。[137]他背負著歷史，要走向未來的一詩〈我是中國人〉也是對中華民族，對華夏文化的愛的頌歌。詩的第七節描寫：

> 我是中國人，我是支那人，
>
> 我的心理有堯舜底心，
>
> 我的血是荊軻聶政底血，
>
> 我是神農黃帝底遺孽。

這首詩情緒是激昂的，大部份詩行都以「我」或「我們」開頭，抒情主題得到反覆強化，主觀色彩濃郁，充滿自信昂揚的情緒。

　　一八四〇年鴉片戰爭的炮聲，轟毀了天朝大國的千年迷夢。此後東西方列強步步進逼，國家民族在危機存亡的邊緣掙扎。一詩〈醒呀！〉是將愛國情緒與反帝意識融化在一起，這詩的最後兩節中描寫：

> （眾）讓這些禱詞攻破睡鄉的城，
>
> 　　　讓我們把眼淚來澆醒你。
>
> 　　　威嚴的大王呀，你可怜我們！
>
> 　　　我們的靈魂兒如此的戰栗！

---

[137]司馬長風著《中國新文學史·上卷》（台灣中和市，古楓出版社，一九八六年），頁二〇〇。

　　　　　　　醒呀！請扯破了夢魘的網夢。

　　　　　　　神州給虎豹豺狼糟蹋了。

　　　　　　　醒了罷！醒了罷！威武的神獅！

　　　　　　　聽我們在五色旗下哀號。

聞一多正是感受到民族危機的深重，領會到自強救亡的事業的艱難、神怪，以借用了詩劇的形式，向人民呼喚了「醒了罷！醒了罷！」，這首詩的氣氛被推向激動人心的高潮。他在以後的〈五四歷史座談〉一文中說：

　　　　　五四以後不久，我出洋，還是關心國事，提倡Nationa-

　　　　　lism。[138]

　　中國近代史可以說是一部屈辱的歷史，那一次被撕裂祖國的版圖，任何一個覺醒的中國人都會有切膚之痛。他在一詩〈七子之歌〉中唱出了國土淪喪的切膚之痛，張揚了中華民族不屈不撓的優秀品質，在喚起民眾。

　　歷史的悲劇讓人不堪回首，現實的苦難更是觸目驚心。有一詩〈長城下之哀歌〉中的第一、十九節這樣的描寫：

　　　　　啊！五千年文化底紀念碑喲！

　　　　　偉大的民族底偉大的標幟！……

　　　　　哦，那裡是賽可羅坡底石城？

　　　　　那裡是貝比樓？那裡是伽勒寺？

　　　　　這都是被時間蠹蝕了的名詞；

　　　　　長城？肅殺的時間還傷不了你。

在中國保存至今的規模最大的、歷史最長的古建築，就是長城。在這個意義上，長城向來都被視為中國人的驕傲，民族意識的表

────────────

[138]同註８４，〈五四歷史座談〉，頁三六七。

征。當時，封閉已久的國門終於打開，外部世界高度文明的現實
刺激著中國，帝國主義列強虎視耽耽的逼視著中國，古老的中華
甚至有亡國的危險。在這樣的現實中，聞一多的心情是多麼的複
雜呀！他對長城的思考引向了對歷史、對民族的思考，思考的沉
重於沉痛讓人情緒激動，以致有點不能自控的味道。〈醒呀！〉、
〈七子之歌〉、〈長城下之哀歌〉、〈愛國的心〉、〈我是中國
人〉，是一九二五年爆發的「五卅運動」引起的創作衝動的產物，
在當時起了現實作用，但是，這些詩都寫於留美期間，歸國之前，
對國內的人民群眾的反帝愛國鬥爭，恐怕缺乏必要的了解。

　　一九二五年夏天，帶著強烈的愛國熱情的聞一多重返回到了
他日思夜想的祖國，可是，展現在他眼前的是軍閥混戰、內憂外
患，這時，中國的現實社會生活使他感到難以忍受了。他在〈發
現〉全詩中描寫：

　　　　我來了，我喊一聲，迸著血淚，
　　　　「這不是我的中華，不對，不對！」
　　　　我來了，因為我聽見你叫我；
　　　　鞭著時間的罡風，擎一把火，
　　　　我來了，那知道是一場空喜。
　　　　我會見的事靈夢，那裡是你？
　　　　那是恐怖，是惡夢掛著懸崖，
　　　　那不是你，那不是我的心愛！
　　　　我追問青天，逼迫八面的風，
　　　　我問，拳頭擂著大地的赤胸，
　　　　總問不出消息；我哭著叫你，
　　　　嘔出一顆心來，你在我心裡！

這在他出國之前和美國留學期間的詩歌中，是沒有感受到的。他

歸國後所見到的不是「我的中華」，也不是「我的心愛」，而他
理想中的祖國就是「在我心裡」他沒有因失望而沉淪，相反卻又
在失望和憤懣中升騰起一種對祖國的執著和忠貞的愛。他寫詩，
盡量少用虛字，用他自己的話來言，這是他的詩精煉的一個原
因。他在〈怎樣讀九歌〉一文中說：

> 本來「詩的語言」之異於散文，在其彈性，而彈性的獲
> 得，端在虛字的節省。[139]

做為祖國最忠誠的他，直接面對著慘淡的現實，以驕傲、亮麗的
詩句來讚美祖國，反抗帝國主義列強對中國的踐踏蹂躪。

〈死水〉一詩是他最重要的代表之一，當一九二八年他把第
二本詩集出版時，就是以《死水》做為詩集的名稱。〈死水〉實
際上是聞一多的主觀情緒形象的外化，是他對當時現實生活深沉
思索的表現，它反映了一代青年對醜惡現狀絕望的心情。全詩中
描寫：

> 這是一溝絕望的死水，
> 清風吹不起半點漪淪。
> 不如多扔些破銅爛鐵，
> 爽性潑你的剩菜殘羹。
>
> 也許銅的要綠成翡翠，
> 鐵罐上銹出幾瓣桃花；
> 再讓油膩織一層羅綺，
> 霉菌給他蒸出些雲霞。

---

[139]同註８４，〈怎樣讀九歌〉《聞一多全集·５》，頁三八一。

讓死水酵成一溝綠酒，

飄滿了珍珠似的白沫；

小珠們笑聲變成大珠，

又被偷酒的花蚊咬破。

那麼一溝絕望的死水，

也就誇得上幾分鮮明。

如果青蛙耐不住寂寞，

又算死水叫出了歌聲。

這是一溝絕望的死水，

這裡斷不是美的所在，

不如讓給醜惡來開墾，

看他造出個什麼世界。

他在此詩中借一溝死水，抒發自己對半封建半殖民地中國的憤恨和失望。「一溝死水」是客觀腐敗現象的概括，他就透過對這一個象徵物的描寫，暴露象徵實體的醜惡。「這是一溝絕望的死水……這裡斷不是美的所在」，就表達了自己對這一象徵實體的徹底否定。顯然，〈死水〉的氣氛是沉鬱的，這和他的思想有關，他感到「死水」的腐敗，他能揭露「死水」，詛咒「死水」，但卻無力結束「死水」這醜惡的統治。這首詩，除了主體突出，耐人尋思之外，其描寫手法的細膩也值得注意。如在第二節裡，用「翡翠」、「桃花」、「羅綺」、「雲霞」來描寫一溝死水；又在第四節裡，不但把又臭又髒的死水說為「鮮明」的，或讓青蛙「叫出了歌聲」。這兩節裡，極力把美和醜的意象並列在一起，以產生強烈對照的效果，尤其用鮮明的色彩與聲音來反襯死水的

黯淡與死寂，眞是留下了深刻的印象。[140]儘管他埋藏著愛國主義的火種，但由於還沒有能夠和當時的人民反帝反封建的聯繫在一起，所以他的愛國主義思想，只不過是具有其狹隘性和侷限性。

一詩〈一個觀念〉是他用自己的感情，再加上他理想的愛國觀念以血肉，努力把它表現的形象話。詩中描寫：

> 你雋永的神秘，你美麗的謊，
>
> 你倔強的質問，你一道金光，
>
> 一點兒親密的意義，一股火，
>
> 一縷縹緲的聲音，你是什麼？
>
> （中略）
>
> 五千多年的記憶，你不要動，
>
> 如今我只問怎樣抱得緊你……
>
> 你是那樣的橫蠻，那樣美麗！

朱自清對這首詩評論說：「這裡國家的觀念或意念是近代的；他愛的是一個理想的完整的中國，也是一個理想的完美的中國」。[141]這首詩聞一多對祖國悠久歷史文化的禮讚，其中溶注著他對祖國深沉的愛，對民族眞摯的情。他運用擬人化的手法，將祖國稱爲第二人稱的「你」，產生了一種難以言說的藝術效應，這自然而親切，使人感到熱情激蕩。從「你雋用的神秘」到「一縷縹緲的呼聲」，這七個不無朦朧含蓄的隱喻，勾起了人以無限的遐想，從而把中國源遠流長的歷史文化面貌做了淋漓盡致的刻寫。這裡的「一個觀念」究竟是他對祖國的一往深情。觀念本來是抽象的「五千多年的記憶」，點染成具體生動的意像，仿佛是一個

---

[140]林明德、李豐楙、呂正惠、何寄澎、劉龍勳編著《中國新詩賞析》
　　（台北，長安出版社，一九九二年三月七版），頁七五至七六。
[141]同註１０６，〈愛國詩〉《朱自清全集·2》，頁三五七。

極美麗的橫蠻。抗日戰爭期間，朱自清寫了《新詩雜話》，其中一篇〈愛國詩〉一文中強調：

> 我們願意特別舉出聞一多先生，抗戰以前，他差不多是唯一有意大聲歌詠愛國的詩人。[142]

詩人時期的聞一多，就是一個眞誠的愛國主義者兼民主主義者。「是那些愛國詩。在抗戰以前他也許是唯一的愛國新詩人」[143]當然，他的愛國詩有特色，他直接以自己的祖國做爲歌頌的對象，他在留美時以熱愛的感情想念祖國，以眞摯感情盼望對於民族的復興和祖國的未來充滿信心。這種熱愛祖國的感情，在他返國之後，親身體驗到祖國現實的苦難和混亂，這不管他晚年在思想上怎樣與共產黨來往，但是，無法否認他是成爲一個眞誠的愛國主義者。

二、對同胞苦難的關懷

聞一多代表一種人類的心靈的吶喊，他像撐立在鐵塔上的公雞，以微弱的叫喊，喊著時代的苦悶和人民的痛苦。尤其，黑暗社會的殘酷現實不斷向他襲來的時候，更使他無法在書房裡平靜自己的心情。他的眼光首先是從一個人的角度，然後轉向了祖國的同胞，他對醜惡的現實確實感到失望和不滿，故對他個人生活圈外的社會不能不關切，這就構成他內心的痛苦。他就如此的情況下，喊出一系列的對同胞苦難的關懷的聲音。

詩集《紅燭》中的一詩〈印象〉裡，出現了農民勞動的形象，詩的第二節中描寫：

---

[142]同註１０６，〈愛國詩〉《朱自清全集·2》，頁三五七。
[143]同註１０６，〈中國學術界的大損失──悼聞一多先生〉，《朱自清全集·3》，頁一一九。

> 綠楊遮著作工的——神怪的工作！
>
> 骍紅的赤膊搖著枯澀的轆轤，
>
> 向地母哀求世界底一線命脈。
>
> 白楊守著休息的——天上的代價！——

這首詩，用一種特殊的人生感受去體悟世界，苦苦糾纏人與自然、人與社會現實的矛盾關係，陷入了心靈的痛苦和焦灼。勞動！這是人類做為智慧生物獨有的行動，一下子打破了聞一多淒涼靜默的心境，勞動神怪——這一嶄新的平等的時代進步思想，給他戰勝現實困境的精神原動力。這是五四退潮後的茫茫暗夜中，畢竟帶來了一線光明。

他在〈心跳〉一詩裡，做一個關心社會的人，不顧惜一切優厚的生活待遇，對四牆以外發生慘劇的製造者們表示憤怒和抗議。詩中描寫：

> 這神秘的靜夜，這渾圓的和平，
>
> 我喉嚨裡顫動著感謝的歌聲。
>
> 但是歌聲馬上又變成了咒詛，
>
> 靜夜！我不能，不能受你的賄賂。
>
> 誰希罕你這牆內尺方的和平！
>
> 我的世界還有更遼闊的邊境。
>
> 這四牆既隔不斷戰爭的喧囂，
>
> 你有什麼方法禁止我的心跳？
>
> （中略）
>
> 就聽不見了你們四鄰的呻吟，

他經過了漂泊動盪的生活已經結束，和家人團圓相聚的願望也實現，「渾圓」的形容詞，就說明了這種生活的美滿了。因此，面對此情景，「我喉嚨裡」很自然的要「顫動著感謝的歌聲」，感

謝命運對他這樣安排。可惜的是,「靜夜」又總是讓他驚懼不安,讓他思慮重重,因為他追求的不是這種「尺方的和平」,而是關心著「更遼闊的邊境」。在那種戰亂、飢餓、黑暗的時代,詩中可以看得出他在靜夜裡聽到人民在痛苦的呻吟,這引起他的心跳。

一詩〈荒村〉是詩集《死水》中最長的一首詩,共五十行。這是他身邊的現實,也是中國舊農村的巨大不幸直接抒寫了他對社會、對世事的不平和憤懣。詩的前面,摘引了一九二七年五月十九日《新聞報》上的報導內容:

> ……臨淮關梁圓鎮間一百八十里之距離,已完全斷絕人煙。汽車道兩旁之村莊,所有居民,逃避一空。農民之家具木器,均以繩相連,沉於附近水塘稻田中,以避火焚。(下略)

他據此描繪這首詩:

> 他們都上哪裡去了?怎麼
> 蝦蟆蹲在甑上,水瓢裡開白蓮;
> 桌椅板凳在田裡堰裡飄著;
> 蜘蛛的繩橋從東屋往西屋牽?
> 門框裡嵌棺材,窗櫺裡鑲石塊!
> 這景象是多麼古怪多麼慘!
> 　　(中略)
> 玫瑰開不完,荷葉長城了傘;
> 秧針這樣尖,湖水這樣綠,
> 天這樣青,鳥聲像露珠樣圓。
> 這秧是怎樣綠的,花兒誰叫紅的?
> 這泥裡和著誰的血,誰的汗?

（下略）

這首詩要表現的是農民無法生產、無法正常生活的苦難情形。荒涼悽慘的景象和美麗的境界形成鮮明的對比，仿佛一幅慘淡的素描和一幀清新的彩照。這是寄情於景，託物詠人是最集中的表現手法。「他們都上哪裡去了？」，那些土地爲生命的貧苦莊家竟拋下依賴以生存的土地去流浪，那還有什麼比這件事更能解釋一切的呢？這是對舊中國軍閥混戰，人民不聊生的慘狀的集中描寫，體現了他與人民休戚與共的感情。

　　魯迅在〈我怎麼做起小說來〉一文中說：

　　　　我的取材，多採自病態社會的不幸的人們中，意思是在揭出病苦，引起療救的注意。[144]

　　當然，現實主義小說透過描寫人物或事件等生活材料來反映社會生活。「五四」時期，中國人民徹底反帝反封建的革命精神下，便要求新詩用接近日常用語的白話做爲工具，去表現、普及那種思想內容。當然，以口語入詩，並不是從聞一多開始。他注重從中國古典詩歌，也認真學習外國詩歌的表現手法，並且注意勞動人民的口語。他在〈詩的格律〉一文中說：

　　　　我並且相信土白是我們新詩的領域裡一塊非常肥沃的土壤，……我們現在要注意的只是土白可以「做」詩；這「做」字便說明了土白須要經過一番鍛煉選擇的工作然後才能成詩。[145]

　　〈罪過〉、〈天安門〉、〈飛毛腿〉等詩作，正體現了聞一多「鍛煉選擇」的認真。一詩〈罪過〉是純用了下層人民的口語

[144]〈我怎麼做起小說來〉《魯迅全集·4》（北京，人民文學出版社，一九九五年第二版），頁五一二。

[145]同註84，〈詩的格律〉《聞一多全集·2》，頁一三八。

入詩，明白如話，眞實生動。於是，一支控訴現實社會的哀歌，它剝去了詩境中一切美的外景，使和血淚的人間苦難強烈而清晰地凸現。詩中描寫：

> 老頭兒和擔子摔一交，
>
> 滿地是白杏兒紅櫻桃。
>
> 老頭兒爬起來直哆唆，
>
> 「我知道我今日的罪過！」
>
> 「手破了，老頭兒你瞧瞧。」
>
> 「唉！都給壓碎了，好櫻桃！」
>
> （中略）
>
> 「這叫我怎麼辦，怎麼辦？
>
> 回頭一家人怎麼吃飯？」
>
> 老頭兒拾起來又掉了，
>
> 滿地是白杏兒紅櫻桃。

生活的打擊是如此殘苦，暮年的歲月又如此苦澀，別人提醒過他手破了，但這位老頭兒卻把水果看的比自己的身體還要緊，老頭兒把這一切苦難，一切宰禍都歸於自己，在滿是傷痕的心靈上在開一道瘡口。這首詩，簡潔精確地表現了勞動者的感情思想和心理狀態。

　　一詩〈天安門〉是在藝術方法上別出心裁的詩，他透過一個人力車夫的自訴描述了在天安門「遇鬼」的故事。詩中描寫：

> 好傢伙！今日可嚇壞了我！
>
> 兩條腿到這會兒還哆唆。
>
> 　　（中略）
>
> 你沒有瞧見那黑漆漆的，
>
> 沒腦袋的，蹩腳的，多可怕，

　　　　還搖晃著白旗兒說著話……

　　　　　　（中略）

　　　　先生，聽說昨日又死了人，

　　　　管包死的又是傻學生們。

　　　　這年頭兒也真有那怪事，

　　　　那學生們有的喝，有的吃，——

　　　　咱二叔頭年死在楊柳青，

　　　　那是餓的沒法兒去當兵，——

　　　　誰拿老命送白白的閻王！

　　這是一個沒有文化，當然也沒有多少社會意識的一般的北京人，依靠拉車維持生活，屬於典型的下層人民，人力車夫是那個時代典型的中國工人。這首詩，透過人力車夫的感受，揭露封建軍閥製造「三‧一八」慘案的罪行。當時的北京城，多次發生具有全國性影響的示威請願活動，但專制腐敗的政府當局卻一向血腥鎮壓，天安門就這樣成了一個屠殺的現場，這首詩的真正的目的為屈死的學生鳴冤，又為他們凜然正氣樹碑立傳。

　　〈天安門〉和〈飛毛腿〉都是聞一多透過「獨白」這一特殊的詩歌藝術形式，對北京的人力車夫，在苦難中的掙扎表示關切，並為其不幸發出深沉的嘆息。在〈飛毛腿〉一詩中，描寫了透過一位普通車夫的口吻表達某一人生故事。詩的全文描寫：

　　　　我說飛毛腿那小子也真夠別扭，

　　　　管包是拉了半天車得半天歇著，

　　　　一天少了說也得二三兩白幹兒，

　　　　醉醺醺的一死兒拉著人談天兒。

　　　　他媽的誰能陪著那個小子混呢？

　　　　「天為啥是藍的？」沒事他該問你。

還吹他媽什麼蕭，你瞧那副神兒，

窩著件破棉袄，老婆的，也沒准兒，

在瞧他擦著那車上的倆大燈罷，

擦著擦著問你曹操有多少人馬。

成天兒車燈車把且擦且不完啦，

我說「飛毛腿你怎不擦擦臉啦？」

可是飛毛腿的車擦得真夠亮的，

許是得擦到和他那心地一樣的！

嗐！那天河裡飄著飛毛腿的尸首，……

飛毛腿那老婆死得太不是時候。

「我」是與「飛毛腿」互相認識的一個北京的普通小市民，有可能像「飛毛腿」一樣也是一個人力車夫。「飛毛腿」是一個外號，這一外號生動地表現了他做為車夫的精力與能量，「飛毛腿」一定是「別扭」就是特別，因為在那個時代裡，生活緊迫而找不到別的出路，所以他就感到苦悶煩惱。於是他「拉了半天車得半天歇著，一天少了說也得二三兩白幹兒」，這就是較特別地一個相當辛苦的工作。他是一個並不滿足於普通勞動生活，善於幻想的青年，喜歡拉著人「談天兒」，喜歡問「天為啥是藍的」、「曹操有多少人馬」等等，對黑暗的現實生活不大理解。他雖然貧窮不堪，但依然生活得有滋有味，尤其是精神充實，心地明亮。但是，突然出現了巨大的轉折「嗐！那天河裡飄著飛毛腿的尸首，……／飛毛腿那老婆死得太不是時候。」這似乎出人意外，得到的卻是如此可悲的下場。如此樂觀，精神充實的飛毛腿怎麼就死，因他老婆的死亡，生活無著，等待他的，可能只好選擇死亡這一條路。他們的死因，在詩中雖然沒有交代，但也許，是他所有這些不切實際的幻想永遠都不能實現的情況之下，與他自己相

依爲命的妻子去世，這的確是使他喪失了人生的依托。這首詩，留下了追索不盡的思問以及抒發不完的悲憤。[146]

　　一詩〈洗衣歌〉是抗議帝國主義國家的種族歧視，同情勞動人民，並近於一種告白式的白話詩。[147]聞一多在留美期間，深切地感受到弱小民族成員，因爲同胞在美國大多洗衣爲生，受人凌辱和輕視，禍及留學生，這使他十分痛心。梁實秋在〈談聞一多〉一文中曾對〈洗衣歌〉一詩說：

> 在藝術方面我們可以看出模仿吉伯林甚至Vachel Lind-
> say 的意味。更重要的是詩裡的涵意。一多是一個極敏
> 感的人，看到中國人在外國受人歧視便憤不可遏。…
> …洗衣爲業的華僑所受的待遇給一多以極大的刺激。他
> 對外國人的優越態度之反抗，是在這種情形下培植起來
> 的。[148]

該詩的前面有一個小序說：「洗衣是美國華僑最普遍的職業。因此留學生常常被人問到「你的爸爸是洗衣裳的嗎？」許多人忍受不了這侮辱。然而洗衣的職業確乎含著一點神秘的意義。至少我曾經這樣的想過。作洗衣歌。」這種痛切的民族情節積聚在他靈魂中，終於借歌詠華僑洗衣的悲苦生活得以火山般的爆發。詩的三、四、六節描寫：

> 銅是那麼臭，血是那樣腥，
> 髒了的東西你不能不洗，

---

[146]任愫《現代詩人風格論》（四川，文藝出版社，一九八七年四月），頁四五。

[147]周伯乃〈論新月派的詩〉《中國新詩之回顧》（台北，廣文書局，一九六九年九月初版），頁七七。

[148]方仁念選編《新月派評論資料選》（上海，華東師範大學出版社，一九九三年六月），頁一〇四。

洗過了的東西還是得髒，

你忍耐的人們理它不理？

　替他們洗！替他們洗！

你說洗衣的買賣太下賤，

肯下賤的只有唐人不成？

你們的牧師他告訴我說：

耶穌的爸爸做木匠出身；

　你信不信？你信不信？

（中略）

年去年來一滴思鄉的淚，

半夜三更一盞洗衣的燈……

下賤不下賤你們不要管，

看那裡不乾淨那裡不平，

　問支那人，問支那人。

誰為高貴，誰為下賤？他直白淺近的語言如犀利的匕首，直指他們隱蔽的痛處。因為帝國主義者，才需要用勞動者的辛苦工作加以掩飾，「洗過了的東西還是得髒」你們罪惡的行為還是如此。他對勞動人民的同情，對不公正待遇的抗議，對正義的確信，就大膽地提出以耶穌的身世做為反駁的論據。他站在被壓迫人民的一員，與他們「年去年來一滴思鄉的淚，半夜三更一盞洗衣的燈……」一起體驗著同樣的凌辱和苦難，並在他們的聲音中，浸透著自己的深切感受。這首詩，除了低抑的語調之外，各節的特殊形式也有助於憤怒情緒的表達。然則，每節的前四行是較平緩的波浪，末行卻是突然而起的大浪，這樣一平一陡的反覆下去，最後在第六節末行「問支那人，問支那人」達到最高潮，底下又漸漸的平緩了下去，以至於結束。[149]臧克家對〈洗衣歌〉的評論

說：

> 它表現的情感更深刻，洗鍊，這種表現不是直接的個人
> 的熱情的奔騰，而是通過給美國人洗衣服的中國僑民的
> 遭遇和感受表現出來的。[150]

　　他在美國時，只是學習他們先進的技術，並不覺得他們的什
麼都比中國好。他毫無崇洋之意，卻是很有民族自尊心的。他在
〈致父母親〉信中說：

> 一個有思想之中國青年留居美國之滋味，非筆墨所能形
> 容。俟後年年底我歸家度歲時當與家人圍爐絮談，痛哭
> 流涕，以泄餘之積憤。我乃有國之民，我有五千年之歷
> 史與文化，我有何不若彼美人者？將謂吾國人不能制殺
> 人之槍炮遂不若彼之光明磊落乎？總之，彼之賤視吾國
> 人者一言難盡。[151]

　　他熱愛自由、民主，反對民族歧視和壓迫，也批判美國人看
不起華僑同胞，並對勞動視為下賤的事，持著強烈不平的態度。
他在〈文藝與愛國──紀念三月十八日〉一文中說：

> 我並不要詩人替人道主義同一切的什麼主義捧場。因為
> 講到主義便是成見了。理性鑄成的成見是藝術的致命傷；
> 詩人應該能超脫一點。詩人應該是一張留聲機的片子，
> 鋼針一碰著他就響。他自己不能決定什麼時候響，什麼
> 時候不響。他完全是被動的。他是不能自主，不能自救

[149]同註１４０，頁八二。

[150]臧克家〈聞一多的愛國主義詩篇〉《文藝學習》（一九五六年七月
　　　號）。轉引自《聞一多》（台北，海風出版社，一九九三年十二月二
　　　版），頁一二八。

[151]同註８４，一九二三年一月十四日〈致夫母親〉《聞一多全集·１
　　　２》，頁一三八。

的。換句話說，這就是所謂偉大的同情心——藝術的眞源。[152]

他如此對社會現實正確的表示，詩人應該「想得用一點外力，我們以社會使詩人負責」，[153]因爲「社會價值是重要的，我們要詩成爲「負責的宣傳」」，[154]事實上，這些功能反映了他對同胞苦難的關懷。換句話說，就是所謂偉大的同情心。

三、理想的追尋

　　聞一多是個至情至性的人。他對愛國的熱情與對人生和藝術的理想追尋並存，二者在他心態上的重量處於不平衡時，向愛國或是向人生和藝術傾斜。他的藝術感覺是被濟慈喚醒的，因此在《紅燭》中留下了濟慈式的浪漫主義和唯美主義相混合的痕跡。最初發表於一九二〇年七月的處女詩作〈西岸〉中，就體現了這種傾向。詩中描寫：

　　　　他有一個充滿慾望的春天，

　　　　此刻明晰的幻覺包容了所有的美。

　　　　　　　　　　　　　　——濟慈

　　　　他見了這寬深的大河，

　　　　便私心喚醒了些疑義：

　　　　分明是一道河，有東岸，

　　　　豈有沒個西岸底道理？

　　　　啊！這東岸底黑暗恰是那

　　　　西岸底光明底影子。

[152]同註８４，〈文藝與愛國——紀念三月十八日〉《聞一多全集・2》，頁一三四。

[153]同註８４，〈詩與批評〉《聞一多全集・2》，頁二一八至二一九。

[154]同註８４，〈詩與批評〉、《聞一多全集・2》，頁二二二。

以濟慈的詩為題辭，抒發了他對美的理想的追尋。對求學於清華學校的聞一多而言，西岸是光明的象徵，是真善美的所在地。在這樣的象徵意義上，這似乎就是對中國社會走向現代化歷程的藝術表現，一條長河把世界分隔開來，這邊古老的東方世界（東岸）生活在封建的苦霧之中，西方世界（西岸）是什麼樣子還不知道。從這首詩裡可以看得出他對理想的追尋。二十年代他的文藝思想，典型的表現出唯美主義的特質，這源於他的人生觀和生活態度。放射出唯美主義光彩的詩〈劍匣〉是在時代的濤聲和心靈的激盪過去之後，他在藝術的象牙塔裡寄託自己的理想。詩的第一、十六和最後一節中描寫：

> 在生命的大激戰中，
> 我曾是一名蓋世的驍將。
> 我走到四面楚歌底末路時，
> 並不同項羽那般頑固，
> 定要投身於命運底羅網。
>
> （中略）
>
> 我將抽出我的寶劍來──
> 我的百煉成鋼的寶劍，
> 吻著他，吻著他……
> 吻去他的銹，吻去他的傷疤；
> 用熱淚洗著他，洗著他……
>
> （中略）
>
> 哦！我自殺了！
> 我用自製的劍匣自殺了！
> 哦哦！我的大功告成了！

這首詩，描述了一個虛構的歷史故事，一名蓋世驍將，歷經幾個

春秋製造精美絕倫的劍匣，爲使自己的寶劍有一個永久的歸宿。
詩中的「驍將」持有獨特的厭世情緒，這一厭世導致了他的「自
殺」，但這種厭世的獨特性，接著決定的自殺是與衆不同。劍匣
是與現世的意識領域無關的東西，是來自別世界的超凡的事物，
它就是爲詩人自己靈魂構築的一座藝術之宮，而把一切世俗的功
利主義摒棄在外。這一人生、藝術的理想就是所謂的唯美主義。
唯美主義是對現實世界反感厭棄的情緒中產生的，它反對人爲任
何現世的功力目的，而有意義的存在於藝術的美中。面對自殺，
不同的藝術理想也自有不同的表情，唯美主義提出著死的問題，
又好像並沒有太多的痛苦。絕望，這一切都是自以爲贏得了新的
人生理想就是美。艾青在〈愛國詩人聞一多〉一文中對〈劍匣〉
評論說：

　　　　是用盡雕鏤的技巧而磨琢成景泰藍似的作品。[155]

此外，這首詩具有雙重象徵意義。它的第一層象徵比較直白，容
易把握，就象徵著藝術與他的內心世界，劍匣象徵藝術之宮，劍
象徵他的靈魂。第二層象徵具有潛隱性，這象徵的意義存在他對
劍與匣兩者關係的接示之中。[156]

　　〈李白之死〉乃就學清華學校時所作，是與〈西岸〉、〈劍
匣〉一起編入詩集《紅燭·李白篇》的早期創作的長詩之一。他
以李白騎鯨捉月而終的傳說，表達了自己爲美獻身的願望，以及
追求自由和理想的眞誠。詩的第三節中描寫：

　　　　驕傲的月兒，你怎麼還不出來？

　　　　你是瞧不起我嗎？啊，不錯！

---

[155]轉引自唐鴻棣著《詩人聞一多的世界》（上海，學林出版社，一九九
　　六年十月），頁四八。
[156]余嘉華、熊朝雋主編《聞一多研究文集》（昆明，雲南教育出版社，
　　一九九〇年十一月），頁一一七至一一八。

> 你是天上廣寒宮裡的仙娥，
>
> 我呢？不過那戲弄黃土的女媧
>
> 散到六合裡來底一顆塵沙！[157]
>
> 啊！不是！誰不知我是太白之精？
>
> 我母親沒有在夢裡會過長庚？[158]

顯然，純淨的月亮已經成了他孤寂中唯一的慰籍和情感寄托，所以他才不會把月亮的出沒與世界的清濁尊卑聯在一起，也不會盼月不得而心緒煩亂。使聞一多引起興趣的是李白身上的一種孤獨。他的這種孤獨來自他個人生活的經歷和對中國傳統文化的崇拜以及在清華學校期間對西方文化氣氛接觸的原因。所以，他的「孤獨」在中國大詩人李白的「孤獨」中得以轉化、釋放。

在第九節中，他長時間的對月凝思，他的幻覺就出現了：

> 如同一隻大鵬浮游於八極之表。[159]
>
> 哦，月兒，我這時不敢正眼看你了！
>
> 你那太強烈的光芒刺得我心痛。……
>
> （中略）
>
> 啊，大膽的我喲，還不自慚形穢，
>
> 竟敢現於伊前！──啊！笨愚呀糊塗！──

是在中國傳統的老莊哲學裡，乘自然之氣，做逍遙之游，這是人生之化境。他的慚愧是由於他心中的理想境界太完美。在第十節中，他獻身於自己的理想，而這一理想恰恰又是虛幻的假想：

---

[157]「女媧戲黃土，團作愚下人，散在六合間，濛濛如沙塵」──《上雲樂》。

[158]「驚姜之夕，長庚入夢，故生而明白，以太白字之」──李陽冰《草堂集序》。

[159]「余昔於江陵，見天台司馬子微，謂余有仙風道骨，可與神游八極之表。因著《大鵬遇希有鳥賦》以自廣」。──《大鵬賦序》。

難道天有兩個月，我有兩個愛？

難道剛才伊送我下來時失了腳，

掉在這池裡了嗎？——這樣他正疑著……

　　（中略）

　　「哎呀！愛人啊！淹死了，已經叫不出聲了！」

月亮永遠不會掉入水中，它高高在上，可望而不可及。聞一多的
孤獨體驗顯然認為這樣的瀟灑並不和諧，李白的一生是孤獨寂寞
的總結。在這首詩的最後幾行如此的描寫：

他掙扎著向上猛踴，在昂頭一望，

又見圓圓的月兒還平安地貼在天上。

他的力已盡了，氣已竭了，他要笑，

笑不出了，只想道：「我已救伊上天了！」

　　李白就這樣的透過自己的犧牲而去追求理想。這首詩的前序
中說：「讀者不要當做歷史看就好了」，這是假託歷史來抒發現
實的體驗。他有意強化了「詩境」與「塵境」的對立，由理想與
現實的鮮明對照，來體現自己強烈的理想情緒。由此可見，美本
來就是詩人生命的真諦和宇宙存在的理由。

　　一詩〈藝術的忠臣〉是他追隨著十八世紀英國浪漫主義詩人
濟慈的腳步，就全心地在藝術的理想中翔翱的產物。詩的第二、
三節中描寫：

詩人底詩人啊！

滿朝底冠蓋只算得

些藝術底名臣，

只有你一個人是個忠臣。

「美即是真，真即美。」

　　（中略）

啊！「鞠躬盡瘁，死而後已」：

眞個做了藝術底殉身者！

忠烈的亡魂啊！

你的名字沒寫在水上，[160]

但鑄在聖朝底寶鼎上了！

他引用了濟慈的名言「美即是眞，眞即是美」。他將濟慈奉上藝術峰頂的寶座，這是因爲他心目中濟慈是最完美的體現了詩人的藝術理想。在第三節中引用了諸葛亮的名言「鞠躬盡瘁，死而後已」。這種中國傳統君臣的觀念，聞一多解釋說藝術與藝術家的關係，認爲藝術要陶冶人的靈魂，將社會引導純美的理想世界，這就必須以美爲核心，而藝術之美來源於藝術家的創造。濟慈的理想影響了他的理想，而他以青春的活力喚醒了濟慈，使他顯出了「藝術底忠臣」的本色。

　　一九二二年二月，聞一多奉父母之命，回家完婚。蜜月過後，他回到清華學校，他在〈致聞家駟〉一信中說：

到校後，做詩，抄詩，閱同學所作詩，又同他們講詩，忙得個不亦樂乎，所以也沒有功夫寫信給你。我的《紅燭》（我的詩集）以滿四十五首，計到暑假當可得六十首。同學多勸我付印問世者，我亦甚有此意。[161]

　　在清華時期起，他就已經以《紅燭》來當做他詩世界的里程碑，留學美國後，這些就更加鮮明了。他在〈致聞家騄、聞家駟〉信中說：「在國的朋友們屢次寫信來催我將詩集（指《紅燭》）付印。……我決定歸國後在文學界做生涯，故必需早早做個名聲

---

[160]作者原注：水上見濟慈底 "Ode to grecian urn"。濟慈自撰的墓銘曰：「這兒有一個人底名字寫在水上了！」。

[161]同註８４，一九二二年三月二十八日〈致聞家駟〉《聞一多全集·１２》，頁二七。

出去以爲預備」。[162]他把《紅燭》當做一個出發點，做爲詩集
的序詩，此序詩堪稱爲詩集《紅燭》的總綱。詩中分九個詩節來
抒寫他對紅燭的感受，他主要抓住了紅燭的兩個顯著特徵，便是
自焚與流淚。詩的第四節中描寫：

> 紅燭啊！
> 既制了，便燒著！
> 燒罷！燒罷！
> 燒破世人底夢，
> 燒沸世人底血──
> 也救出他們的靈魂，
> 也搗破他們的監獄！

燃燒的「紅燭」不再是單純的自我奉獻的象徵，它是力量、是英
雄、是他的理想。這是他對紅燭的殷勤寄語，也是他的自勉自勵。
匠人製造出紅燭的目的，是爲了讓它燒出來，那麼，一個人來到
這世上，如果他持著純眞理想和遠大抱負的人，一定會讓自己青
春之火燃燒。「燒破世人底夢，燒沸世人底血」，「救出他們的
靈魂」，「搗破他們的監獄」，這幾句可以說是他的堅定信念。

　　他寫《紅燭》序詩時，引用了唐朝詩人李商隱（義山）的一
首〈無題〉的名句「蠟炬成灰淚始乾」[163]做爲引子。聞一多早
年熱愛李商隱的詩，他把第一部詩集題名《紅燭》，是在構思時
受到李商隱詩中「蠟炬」等句的啓發。他在〈致梁實秋〉信中說：

---

[162]同註８４，一九二二年十月十五日〈致聞家駟、聞家駵〉《聞一多
　　全集‧１２》，頁一〇〇。

[163]李商隱有一部分詩稱爲〈無題〉，這些詩寫得很隱晦，內容或寫愛
　　情，或表面寫愛情而別有寄託。「相見時難別亦難，東風無力百花殘。
　　春蠶到死絲方盡，蠟炬成灰淚始乾。曉鏡但愁雲鬢改，夜吟應覺月光
　　寒。蓬山此去無多路，青鳥殷勤爲探看。」。

> 《紅燭》寄來了。……義山、濟慈的影響都在這裡；但
> 替我闖禍的，恐怕也便是他們。……我想我們主張以美
> 爲藝術之核心者定不能不崇拜東方之義山，西方之濟慈
> 了。[164]

聞一多發現義山和濟慈的詩歌中都具有理想的唯美主義。他
從當代文化的體驗到古典文化的憧憬，當他執著於當代文化的生
存感受時，傳統文化的光芒不時召喚著他；當他選擇著傳統文化
的理想時，當代文化的品格又照樣顯示著自己的力量。一個詩人
爲了達到他的理想，也必須對此理想來盡最大的努力，這正好適
合紅燭的形象。

青春是美好的，它是生命的化身，也是生生不息流轉的宇宙
之力的象徵。聞一多在〈青春〉一詩中，面對自然和人生的無限
春光，他的理想激情沸騰到了頂點。全詩中描寫：

> 青春像只唱著歌的鳥兒，
> 已從殘冬窟裡闖出來，
> 駛入寶藍的穹窿裡去了。
>
> 神秘的生命，
> 在綠嫩的樹皮裡膨漲著，
> 快要送出帶著鞘子的
> 翡翠的芽兒來了。
>
> 詩人啊！揩乾你的冰淚，
> 快預備著你的歌兒，

---

[164]同註８４，一九二二年十二月二十七日〈致梁實秋〉《聞一多全集
・１２》，頁一二四、一二八。

> 也讚美你的蘇生罷！

他的心經歷了五四洗禮，正以蓬勃向上的生長姿態，向舊世界的一切提出挑戰，他的芽兒是「綠嫩的」，但那百折不屈的掙脫姿態，卻表現了一個古老民族的青春活力，開創了文學和文化的未來。這是時代精神的嫩芽，是自由理想的一種時代氣息。

他在一詩〈時間底教訓〉中，主要是因時間的刺激而展開自我剖析，闡述了人生的理想追求。詩的第二節描寫：

> 此時時間望我盡笑，
>
> 我便合掌向他祈禱：「賜我無盡期！」
>
> 可怕！那笑還是冷笑；
>
> 那裡？他把眉尖鎖起，居然生了氣。

他大受鼓舞，合掌的向「時間」渴求，「賜我無盡期！」無盡期的當然是此時此刻的快樂，他盼望這種生命力旺盛，並毫無煩惱降臨的時刻能夠無限地保持下去。他又在〈快樂〉中，抒寫著他對青年時代爽朗的心境，體現了這位執著真實一生的人，在他剛踏詩壇尚未成熟時的審美理想和生活觀念。詩中描寫：

> 快樂好比生機：
>
> 生機底消息傳到綺句，
>
> 群花便立刻
>
> 披起五光十色的繡裳。

以鮮花的色彩傳達了生命的消息。他此時的創作，很自然地形成了一種以生命快感為爽朗的旋律，這些都使人覺得充滿亮色的理想之美。

聞一多出版《死水》之後，對於新詩不熱心，卻對中國古典文學的研究日漸增加，一九三一年經過長期沉默、思考的他，寫出一首長詩〈奇蹟〉。徐志摩說：「我們要說〈奇蹟〉是一多

『三年不鳴，一鳴驚人』的奇蹟」。[165]梁實秋說：「《詩刊》復活的消息傳來，三年不寫詩的一多也鼓起興致寫了一首〈奇蹟〉」。[166]這首是他藝術創作的理想型態。詩中響亮地喊出：

> 我只要一個明白的字，舍利子似的閃著
>
> 寶光；我要的是整個的，正面的美。
>
> （中略）
>
> 我等著，不管得等到多少輪迴以後——
>
> 既然當初許下心願時，也不知道是多少
>
> 輪迴以前——我等，我不抱怨，只靜候著
>
> 一個奇蹟的來臨。
>
> （中略）
>
> 傳來一片衣裙的綷縩——那便是奇蹟——
>
> 半啓的金扉中，一個戴著圓光的你！

他所追求的「明白」和「正面」是藝術取向上的，他在嚴肅的自我剖析中，「我要的是整個的，正面的美」，這表示了他反省與清算唯美主義藝術觀的決心。[167]他已經等了許多「輪迴」，但又毫無抱怨，靜靜地等著一個「奇蹟」的降臨。這「奇蹟」本來是他理想的對象，「半啓的金扉中，一個戴著圓光的你」終於出現了。他憑著感覺的經驗，創造出一種理想的生活，這些產生一種向上的精神。

---

[165]〈《詩刊》序語〉趙遐秋主編《徐志摩全集·4》（南寧，廣西民族出版社，一九九一年七月），頁六九六。

[166]梁實秋〈新詩的格調及其他〉轉引自同註84，〈聞一多先生年譜〉《聞一多全集·12》，頁四九〇。

[167]邵伯周著《中國現代文學思潮研究》（上海，學林出版社，一九九三年一月），頁一九二。

四、愛情的痛苦和甜蜜

聞一多的愛情詩，並不是對實際愛情生活的瑣屑的描寫，不是經驗的 ，而是憧憬和哲理性的，也可以說，是有關愛情的頌歌。他在〈致聞家駟〉信中說：

描寫戀愛是合法的，只看藝術手腕如何。[168]

朱自清一九三六年說：

格律詩派的愛情詩，不是紀實的而是理想的愛情詩，至少在中國詩裡是新的。[169]

在舊社會，歌頌人生最熱烈的愛情，有著深刻的反封建的內容。聞一多出國留學後，每到一個地方，寫給妻子的信，詩〈紅豆〉共四十二首當中，第四十一首描寫：

有酸的，有甜的，有苦的，有辣的。

豆子都是紅色的，

味道卻不同了。

辣的先讓禮教嘗嘗！

苦的我們分著團圖地吞下。

酸的酸得像梅子一般，

不妨細嚼著止止我們的渴。

甜的呢！

啊！甜的紅豆都分送給鄰家做種子罷！

這是他對愛情進行評估，其中，酸甜苦辣，五味俱全，但都充滿了愛情，相思是紅色的，他盼望辣、苦、酸都到此為止。甜的呢？「鄰家」的後代應該享受甜蜜的愛情。他說明了愛情的五味，暗

---

[168]同註８４，〈致聞家駟〉《聞一多全集１２》，頁一六二。
[169]同註１０６，〈新詩的進步〉《朱自清全集·２》，頁三一九。

指的卻是當年的青年吞咽的人生五味。

一詩〈幻中的邂逅〉，是他表示對愛情憧憬的詩，描寫夢幻
中的愛與幻滅。詩的第四節寫道：

> 忽地裡我想要問他到底是誰，
>
> 抬起頭來……月在那裡？人在那裡？
>
> 從此猙獰的黑暗，咆哮的靜寂，
>
> 便攪得我輾轉空床，通夜無睡。

這是青春期所萌芽的愛情幻想，夢幻的消逝，到處充滿著猙獰與
咆哮，讓人不得安身，他就央逐了。他在黑暗裡輾轉反側，他的
央逐卻是個人的無意識衝動，個人情感的需要。在形式上「誰」、
「睡」保持了音韻和諧，這把夢幻效果更提高了。他在〈《冬夜》
評論〉一文中說：

> 嚴格地講來，只有男女間戀愛底情感是最烈的情感，所
> 以是最高最眞的情感。[170]

在〈美與愛〉一詩中描寫了心鳥對理想的美與愛的苦苦追求。
他認爲熱烈的愛是透過自己獻身才完成的，這種愛的形象是完全
充滿而奉獻的熱誠。詩的最後一節中如此的反問：

> 可憐的鳥兒，他如今回了了，
>
> 嗓子啞了，眼睛瞎了，心也灰了；
>
> 兩翅灑著滴滴的鮮血──
>
> 是愛底代價，美的罪孽

他那呼喚著美的心聲已經嘶啞，那心靈的眼睛「瞎了」，對美的
心也灰了，他的心靈傷痕累累、鮮血淋漓，難道這就是「愛底的
代價」，追求美的結果嗎？在淒暗的人生旅途中，年輕的他是一

---

[170]同註８４，〈《冬夜》評論〉《聞一多全集·2》，頁八九。

個熱烈、執著的探險者，他苦苦尋覓著生命的彩夢。雖然失敗是
人生中的不幸，它使人頹傷、沉淪；但對於聞一多這樣的強者來
說，失敗是一種催化劑，他在一詩〈失敗〉第一節如此的描寫：

> 從前我養了一盆寶貴的花兒，
>
> 好容易孕了一個芭子，
>
> 但總是半含半吐的不肯放開。
>
> 我等發了急，硬把他剝開了，
>
> 他便一天萎似一天，萎得不像樣了。
>
> 如今我要他再關上不能了。
>
> 我到底沒有看見我要看的花兒！

花兒凋謝了，它象徵著美好理想愛情的破滅。在此失敗後的痛苦
中，他更冷靜的回顧和反思，使自己變的更加成熟。如〈花兒開
過了〉一詩中，表達了追求雖失敗，但仍然追求不息對愛的執
著。詩的第五、六節中描寫：

> 所以不怕花殘，果爛，葉敗，枝空，
>
> 那縝密的愛底根剛總沒一刻放鬆；
>
> 他總是絆著，抓著，咬著我的心，
>
> 他要抽盡我的生命供給你的生命！
>
>
> 愛呀！上帝不曾因青春底暫退，
>
> 就要將這個世界一齊搗毀，
>
> 我也不曾因你的花兒暫謝，
>
> 就敢失望，想另種一朵來代他！

愛在生命發展的意義上，是以互相間的依存，「那縝密的愛底根
剛總沒一刻放鬆」；當某一個生命結束，它生命的基本能量將轉
化為其他生命形式的基礎。花兒開過了，他自有充分的思想，

他不會因「花兒暫謝」而「就敢失望」，卻「想另種一朵來代他！」。這就是獲得了眞正的永恆。雖然有高遠理想的他的內心孤寂，但在他的實際生活上，愛的道路是比較平坦的。結婚之後，他對妻子的愛是人們所共知的，而妻子對他也懷著敬愛的心。

　　他在〈愛之神〉一詩中描寫完美得令人迷惑的女人畫像。詩的第二節這樣的表現：

　　　　啊！那潭岸上的一帶榛薂，

　　　　好分明的黛眉啊！

　　　　那鼻子，金字塔式的小邱，

　　　　恐怕就是情人底塋墓罷？

這是一首題畫詩，並是一幅西洋畫，畫的就是維納斯（Venus）「愛之神」。一個清華學校時的青年，面對古希臘羅馬時代的神祇，在他的眼中，愛神充滿了女人的特徵，他現實生活中產生出來的對愛情和女人，都恐怕轉移到此愛神身上。這些都是理想的愛，青春和人生於一身的形象，他所發出的幻滅感乃至恐懼感，因而也便是善良、純情而浪漫的五四青年對於理想人生的迷惘和矛盾。

　　他沉醉在愛情的幻想中，將試圖以詩來傳達自己的愛，一詩〈詩債〉是充滿了對愛情的渴望。詩的第二節描寫：

　　　　愛啊！慷慨的債主啊！

　　　　不等我償清詩債

　　　　就這麼匆忙地去了，

　　　　怎樣也挽留不住。

這種把愛情與詩相連接，以藝術的方式來解釋愛情，愛就是「慷慨的債主」，他只應用詩來表示愛，「詩債」是愛的另一面，或者是愛情本身，將詩奉獻給愛的對方，但「就這麼匆忙地去了」、

「怎樣也挽留不住」，愛情卻已經匆忙遠去了，便未能做到，這好像就是欠下了「債」。

　　離別是具有悲劇色彩的一幕，它把一切的戀愛和友情被時空隔斷，逐漸消散。在一詩〈別後〉第一節中描寫：

> 啊！那不速的香吻，
>
> 沒關心的柔詞……
>
> 啊！熱情獻來的一切的贊禮，
>
> 當時都大意地拋棄了，
>
> 於今卻變做記憶底乾糧，
>
> 來充這旅途底飢餓。

失去了之後，才會知道那愛情的寶貴，別離後才覺得那「香吻」、「柔詞」的份量，以前輕率地拋棄了溫柔的情意，現在都變爲記憶裡的乾糧，他痛苦的忍受著心理上的孤獨，並自己也無法理解這種靈魂的騷動下，追尋著愛情的歸宿。

　　如果詩集《死水》與《紅燭》相比，到《死水》時，聞一多的感情恐怕已經冷靜了一點，就是沒有浪漫的氣氛，卻有著一層黑暗現實的陰影。沈從文在〈論聞一多的《死水》〉一文中說：

> 以清明的眼，對一切人生景物凝眸，不爲愛欲所眩目，不爲污穢所惡心。[171]

　　一詩〈收回〉中表現了對理想愛情的追求。詩的第三節中描寫：

> 可憐今天苦了你——心渴望著心——
>
> 那時候該讓你拾，拾一個痛快，

---

[171]〈論聞一多的《死水》〉《沈從文文集·１１》（廣州，花成出版社，生活·讀書·新知三聯書店香港分店聯合出版，一九九二年五月第三次印刷），頁一四六。

拾起我們今天損失了的黃金。

那斑斕的殘瓣，都是我們的愛，

拾起來，戴上。

你戴著愛的圓光，

我們再走，管他是地獄，是天堂！

這首詩，沒有明確的背景，也沒有鮮明的主體，只有意象背後一層朦朧的意在言外。他執著地渴望未來，堅定地認為只要不懈追求，美好時光就會再來。詩中體會到他就不會停止對愛的渴望，並懷著拯救現實的渴望寫了這首愛情詩。

在〈你指著太陽起誓〉一詩中，描寫因不可能有永久的愛而產生的心理上的輕陽細雨。詩的第一節表達：

你指著太陽起誓，叫天邊的寒雁

說你的忠貞。好了，我完全相信你，

甚至熱情開出淚花，我也不詫異。

只是你要說什麼海枯，什麼石爛……

那便笑得死我。這一口氣的功夫

還不夠我陶醉的？還說什麼「永久」？

愛，你知道我只有一口氣的貪圖，

快來箍緊我的心，快！啊，你走，你走……

雖然「你指著太陽」說：「海枯」、「石爛」而起誓的「永久」的愛情，但這些都不能佔有他的全部生命，他已經完全拋棄了往昔的情意，超越了對愛情夢幻似的激情，而是沉著冷靜地面對一切人生，一口氣清醒了，就向更高的理性境界。沈從文在〈論聞一多的《死水》〉一文中，針對〈收回〉和〈你指著太陽起誓〉兩首詩如此的評價：

在〈收回〉，在〈你指著太陽起誓〉，這一類詩中，以

　　詩爲愛情二字加以詮解，……作者在詩上那種冷靜的注
　　意，使詩中情感也消減到組織中，一般情詩所不能缺少
　　的一點輕狂，一點蕩，都無從存在了。[172]

　　對聞一多的愛情詩，沈從文又說：「仍然能保持到那冷靜而
少動搖的恍惚的情形的」。[173]總之，雖然他底生命是充滿了熱
情，但對現實的黑暗，他追求一種眞理和酷愛正義的理智力量，
這給他底熱情指示了一個明確的方向。

五、小　結

　　聞一多從小起，就喜歡讀梁啓超的「筆鋒常帶感情」的文章，
對梁任公那篇鼓舞青年人愛國上進的〈少年中國說〉，給他留下
很深刻的印象。這種愛國感情，就在他心中滋長，逐步鞏固起來。
一九一三年考取清華學校，仍然保留著對中華民族文化的濃厚興
致。在五四運動的熱潮中，寫了岳飛的〈滿江紅〉，表達熱愛祖
國的感情。在美國留學期間，他更是對祖國懷念與留戀。一九二
五年夏天，帶著「愛他的祖國，愛他的人民」的愛國主義的激情
回國，「五州」大慘案期間，他在《現代評論》上發表愛國主義
爲主題的作品。「後來的他卻開了『民主』的『方單』，進一步
以直接行動的領導著的鬥士姿態出現了」。[174]朱自清在〈聞一
多先生怎樣走著中國文學的道路——《聞一多全集》序〉一文中
說：

　　　　跟他的青年們很多　，他領著他們作詩　，也領著他們從
　　　　「絕望」裡向一個理想掙扎著，那理想就是「咱們的中

[172]同註１７１，頁一五〇。
[173]同註１７１，頁一五〇。
[174]同註１０６，〈聞一多先生怎樣走著中國文學的道路 ——《聞一多
　　　全集》序〉《朱自清全集・3》，頁三二一。

國」。[175]

他的愛國詩直抒胸臆，奔放熾烈，有濃郁的浪漫主義風格。愛國詩，往往並不細緻地說明愛國道理，主要是以愛國感情感人。以三十年代的聞一多來說，不管他怎樣變成一個馬克斯主義者，實際上，他還是做為強烈的愛國者。

他強烈的愛國主義情緒所致，他就渴望能找到一條救國救民的路。但他的願望不能實現的情況下，不得不去尋找新的出路。他開始從狹隘的愛國主義走向社會，關懷同胞和黑暗的現實生活當中，他更多反映了對農民、車夫等勞動人民的疾苦生活，表現了他對於人民的深切同情。卞之琳說：

> 《死水》表現的愛國情懷是突出的，社會正義感是一貫的，雖然還沒有深入的認識，僅僅表現爲對於街頭小人物之類的人道主義同情。[176]

聞一多自己也說：

> 同情心發達到極點，刺激來得強，反動也來得強，也許有時僅僅一點文字上的表現還不夠，那便非現身說法不可了。[177]

他站在現實的角度，反映了當時社會下層人民的真實面貌，表達了他真摯關懷同胞的思想感情。

他進入清華學校後，參加了校內的各種文藝活動，成為清華園內一位詩人和藝術家。在此學習中，進一步的對藝術和理想美的認識。他懷著青春和浪漫情調，有突破封建暗夜的勇氣和向往

---

[175]同前註，頁三二二。
[176]卞之琳〈完成與開端：紀念詩人聞一多八十生辰〉《文學評論，一九七九年，三月》，頁七二。
[177]同註８４，〈文藝與愛國──紀念三月十八〉《聞一多全集·2》，頁一三四。

光明的人生理想。他在〈電影是不是藝術？〉一文中說：「沒有理想就失了個性」。[178]因此，在他的詩歌中，不難發現一個人對他的理想獻身的最終表現。

他追求理想的愛情，這愛情同時是青春和人生的感懷。一種感情主體的加入，並成為詩歌反映的對象，感情的真實性，主觀感情的對象化及詩人個性與普遍性的融合等，這些都是聞一多愛情詩創作的特殊要質。他的愛情詩，主要是描寫愛情的痛苦和別離的悲哀以及極少數的甜蜜。

總之，從詩集《紅燭》到《死水》，他詩歌的藝術風格有了很大的變化。其中，最顯著的是《死水》中極少有單純的感情的抒發，尤其不再有《紅燭》中那些幼稚的感想。在《死水》中逐漸地反映出的，就是擺脫了眼前厚重的事實和紛繁的鏡頭，而進入感觸的深處，抓住了情緒最主要的特徵。

第五節　聞一多詩格律探究

一、新詩格律理論

中國詩歌從「詩經」到「楚辭」、「漢魏晉南北朝樂府」以及「唐詩」、「宋詞」、「元曲」；雖然它們格律化的情況和構成格律的因素各有不同，但是，它們畢竟都是有一定格律的詩歌（當然句式和押韻不同）。這就是詩歌的民族形式和人民的傳統習慣問題上，新詩必然走向格律化的原因。胡適在〈談新詩〉一文中說：

---

[178]同註８４，〈電影是不是藝術？〉《聞一多全集・2》，頁三〇。

中國近年的新詩運動，可算得是一種「詩體大解放」。[179]

五四新文學運動初期，就在一九二三年陸志偉出版了詩集《渡河》，在該詩集前的序和文章中，對於格律詩的問題，尤其是詩歌「音節(指：節奏‧Rhythm)」的問題做了研究，主張「有節奏的自由詩」和「無韻體」，[180]但那時還在對有格律的舊詩和嘗試的自由詩爭論的時候，所以《渡河》並沒有引起頗大的回應。後來，劉半農也在《揚鞭集》自序中說：

> 我在詩的體裁上是最會翻新鮮花樣的。當初的無韻詩，散文詩，後來的用方言擬民歌，擬「擬曲」，都是我首先嘗試。至於白話詩的音節問題，乃是我自從一九二○年以來無日不在心頭的事。雖然直到現在，我還不能在這上面具體的說些什麼，但譬如是一個瞎子，已在黑夜荒山中摸索了多年了。[181]

他自己也承認還沒有為新詩摸索出一條適當的道路。他只在白話詩的「音節」問題上稍微嘗試。[182]由此可知，聞一多以前，已經有些人進行過新詩格律化的嘗試，但有系統全面地提出詩的形式美的理論，並產生了重大影響的，就是聞一多。他是新格律詩派的實踐者和倡導者。此派的詩人當中，除了他之外，並沒有

---

[179]陳金淦編〈談新詩──八年來一件大事〉《胡適研究資料》(北京十月文藝出版社)，頁三七一。

[180]《渡河‧自序》轉引自朱自清〈《中國新文學大系》詩集導言〉朱喬森編《朱自清全集‧4》(南京，江蘇教育出版社，一九九六年八月)，頁三七三。

[181]轉引自唐弢〈從民歌體到格律詩〉《文學評論》(一九五九年第三期)，頁四○。

[182]藍棣之〈論新月派在新詩史上的地位〉(北京師範大學學報，一九八二年二月)，頁三一。格律方面還有，劉夢葦、俞平伯、饒孟侃；有人對聞一多有啓發，有人對他實在的支援，但畢竟做出了最有影響的成績就是聞一多。

對於新詩的格律做真正富有建設性和具有實際操作意義的構想和
設計；他們雖然有多少地在新詩格律化方面做出了某種探索，但
除聞一多所提出的「音節」「音尺」以外，都沒有提供某種相對
穩定的章法，或是評價的基準。[183]他在〈詩的格律〉一文中，
提出了格律對於詩歌的重要意義，他說：

> 我們盡可以拿下棋來比作詩；棋不能廢除規矩，詩也就
> 不能廢除格律。（格律在這裡是form的意思）。[184]

詩的格律本身是一種藝術美，如果失去了格律也失去了美。
他說：「要知道自然界的格律」，不過「自然界的格律不圓滿的
時候多，所以必須藝術來補充它」。[185]

他在〈律詩底研究〉一文中引用白理(Bliss Perry)說的話：

> 差不多沒有詩人承認他們真正受縛於篇律。他們喜歡帶
> 著腳鐐跳舞，並且要帶著別個詩人底鐐跳。[186]

他提出了，這「帶著腳鐐跳舞」的觀點來說明格律的重要性：

> 恐怕越有魄力的作家，越是要帶著腳鐐跳舞才跳得痛
> 快，跳得好。只會不會跳舞的才怪腳鐐礙事。只有不會
> 作詩的才感覺得格律的縛束。對於不會作詩的，格律是
> 表現的障礙物；對於一個作家，格律便成了表現的利
> 器。[187]

在中國，固定的限字說法，從唐詩支配了千年之久，直到
五四時期才開始起了變化，聞一多限字的「腳鐐」，樂意舉著它

[183]另外，朱湘就堅持認為他討論的僅僅就是「音節」，此不過是一些
　　　詩人，都已經遇到過的問題而已。
[184]孫黨柏、袁謇正主編〈詩的格律〉《聞一多全集・2》(武漢，湖北
　　　人民出版社，一九九四年一月第一次印刷)，頁一三七。
[185]同前註，頁一三八。
[186]同註184，〈律詩底研究〉《聞一多全集・10》，頁一五八。
[187]同註184，〈詩的格律〉《聞一多全集・2》，頁一三九。

「跳舞」。但目的不在腳鐐，甚至不在跳舞本身，而是在其中的規範精神。可知「格律是藝術必須的條件。實在藝術自身便是格律」。[188]聞一多十分重視詩歌的形式美，他主張詩論的核心是「三美」。他在〈詩的格律〉一文中說：

> 詩的實力不獨包括音樂的美(音節)，繪畫的美(詞藻)，
>
> 並且還有建築的美（節的勻稱和句的均齊）。[189]

他就強調「格律就是節奏」，節奏是「詩的內在的精神」，主張屬於聽覺方面有格式的就有「音尺、韻腳」。屬於視覺方面的格律有「節的勻稱、句的均齊」，這個問題「比較佔次要的位置」，[190]但不可忽視的。因爲中國的文字是象形的，它在視覺方面給人的美感是西方文字和詩歌所做不到的。所以他說：

> 如果有人要問新詩的特點是什麼，我們應該回答他：增
>
> 加了一種建築美的可能性是新詩的特點之一。[191]

新詩格律的表現方法，完全依靠了字句的位置和詩行的安排，才能達到最佳的效果。格律是詩生命的一部分，每首詩都有自己的格律；但每首詩的格律都不一致。這是新詩的特點。他對於格律的重要主張，符合新詩發展的規律。

　　他對中國古典藝術，尤其是古典詩的審美特徵，有廣泛而深入的研究，他的結論是說：「中國藝術最大的一個特質是均齊，而這個特質在其建築與詩中尤爲顯著。中國底這兩種藝術底美可說就是均齊底美——即中國式的美」。[192]那舊詩的格律和新詩的格律有什麼不同？聞一多提出以下三個不同之點：

[188]同註１８４，〈律詩底研究〉《聞一多全集・１０》，頁一五八。
[189]同註１８４，〈詩的格律〉《聞一多全集・２》，頁一四一。
[190]同註１８４，〈詩的格律〉《聞一多全集・２》，頁一四〇。
[191]同註１８４，〈詩的格律〉《聞一多全集・２》，頁一四一。
[192]同註１８４，〈律詩底研究〉《聞一多全集・１０》，頁一六〇。

一、律詩永遠只有一個格式，但是新詩的格式是層出不
　　窮的。

二、律詩的格律與內容不發生關係，新詩的格式是根據
　　內容的精神製造成的，就是相體裁衣。

三、律詩的格式是別人替我們定的，新詩的格式可以由
　　我們自己的意匠來隨時構造。[193]

　　這是借西方與中國傳統規律，根據現代白話的特點，所進行的新的創造。這樣的分別中，就可以理解，新詩的這種格式並不是復古的而是創新的，更不是要退化的而是要進步的。這種分別只是在格律的表達方式。舊詩的格律，是靠字句、平仄和押韻表現出來，它本身產生的效果決定了它的格律。但是，新詩就不能在同樣的情形下表現出來，因為他沒有了可以模仿的固定格式。新詩格律是依賴性的；它依靠了紙版的空間上所填上的字句的安排。嚴格地說：新詩採用白話文，此口語的基本單位是詞不是字，而且兩個以上的詞頗多。因此，新詩格律的基本單位並不是「字」，而是「音尺」。他的新格律詩擺脫了以字數做為單位的束縛，突出了「頓」數做為單位的意識，就適應了口語化的需要，又符合新的格律要求。[194]卞之琳在〈完成與開端：紀念詩人聞一多八十生辰〉一文中肯定他的成果說：

　　　　基本規律而來的新詩格律的基本單位「音尺」或「音組」
　　　　或「頓」之間相互配置關係上，聞先生實驗和提出過的
　　　　每行用一定數目的「二字尺」（即二字「頓」）「三字
　　　　尺」（即三字「頓」）如何適當安排的問題，我認為直

[193]同註１８４，〈詩的格律〉《聞一多全集・2》，頁一四一至一四
　　二。

[194]商金林〈聞一多的新格律詩〉季鎮准《聞一多研究四十年》(北京，
　　清華大學出版社，一九八八年八月），頁二五四至二五五。

到現在還是最先進的考慮。[195]

　　聞一多提倡的新詩格律的理論核心「音尺」（又稱「音組」、「頓」），也是植根於現代白話中，佔優勢的基礎。另外，陳夢家在〈《新月詩選》序言〉中，像聞一多一樣肯定，新詩需要格律。他說：

> 格律是圈，它使詩更顯明，更美。形式是官感賞樂的外助。格律在不影響於內容的程度上，我們要它，好像畫不拒絕合式的金框。[196]

　　更重要的，他比聞一多更明確和自覺地意識到格律是一種規範，注重格律「並不是在起造自己的鐐鎖，我們是求規範的利用」。[197]聞一多講求詩歌格律的目的，與其說在規範本身，莫如說證明自己對規範的注重。他的新詩格律主張，當然難免沒有缺點，但他是建立了新詩的堅實基礎，並讓它的容納性更為廣泛，同時也指點自由詩的出路。其實，他從來不反對寫自由詩體，只是自由詩體至少有廣義的節奏問題。[198]

　　關於詩的形式美，現代詩的建立，是「從詩體解放下手」的。[199]底下將從「三美」來探討聞一多的詩歌。

二、音樂美

　　「音樂必須為詩歌服務」。[200]中國詩歌增強音樂性的手段，

[195]同註１７６，〈完成與開端：紀念詩人聞一多八十生辰〉《文學評論》，頁七四。

[196]陳夢家〈《新月詩選》序言〉方仁念選編《新月派評論資料選》（上海，華東師範大學出版社，一九九三年六月），頁二五。

[197]同前註，頁二五。

[198]同註１７６，頁七四。

[199]同註１０６，〈《中國新文學大系》詩集導言〉，頁三六七。

[200]蔣一民《音樂美學》（北京，東方出版社，一九九七年四月第二次印刷），頁一一三。

要克服五四以來新詩音樂性不強的弱點，當然只有採取格律化的方法。音樂美，是聞一多新詩格律理論的中心，其中尤以節奏問題最爲突出。他在〈詩歌節奏的研究〉一文中提出節奏的功能：

　　一、做爲美的一種手段。

　　二、做爲表達情感的手段。

　　三、做爲憑借想像加以理想化的一種手段。[201]

　　他從反對舊詩格律的立場出發，指出音尺的排列次序可以不規則；把新詩傾向於無度的「自然音節」著手，又提倡新詩每行的音尺數應大致相等。音尺交錯排列，重音有規則地安置，造成了詩的抑揚頓挫。他在〈說舞〉一文中說：

　　實則節奏與動，並非二事。世間決沒有動而不成節奏的，如果沒有節奏，我們便無從判明那是動。通常所謂「節奏」是一種節度整齊的動。[202]

　　這種對「節奏」音節的根底之下，他又在〈詩的格律〉一文中說：

　　格律可以兩方面講：㈠屬於視覺方面的，㈡屬於聽覺方面的。[203]

這裡所謂的「聽覺方面」，就是構成音樂美的要素。音樂美主要指的是音節和韻腳的和諧，一行詩中的音節、音尺的排列組合要有規律。「音尺」由音節組合而成，又稱「音組」，這是他在繼承中國古典詩詞中的「頓」，借用西方十四行詩中「音步」的基礎上，這是根據現代白話的特點提出來的。代表了他自己詩風的力作〈死水〉，是他認爲「第一次在音節上最滿意的試驗」。[204]

---

[201]同註184，〈詩歌節奏的研究〉《聞一多全集·2》，頁五六至五七。
[202]同註184，〈說舞〉《聞一多全集·2》，頁二一〇。
[203]同註184，〈詩的格律〉《聞一多全集·2》，頁一四〇。
[204]同註184，〈詩的格律〉《聞一多全集·2》，頁一四四。

這首詩，節奏感（音樂美）極強，請看詩的第一節：

    這是／一溝／絕望的／死水，

    清風／吹不起／半點／漪淪。

    不如／多扔些／破銅／爛鐵，

    爽性／潑你的／剩菜／殘羹。

每個詩行的音組數目都相等，它們都有四個音組構成，並每一行都是九個音節（九個字），這九個音節均由一個「三字尺」和三個「二字尺」構成，最後都以雙音節詞結尾。雖然音尺的排列順序不完全相同，但其總數卻完全一致（四個音尺），在變化當中又保持著整齊。

在實際創作中，有時音組數目相同，字數不等，又有時注意了字數相等，音組的數目又不相等，這種矛盾經常會發生。因為此目的是要使節奏和諧，所以，更重要的是注意音組數目的整齊。[205]聞一多提出整齊的句法同調和的音節：

    孩子們｜驚望著｜他的｜臉色

    他也｜驚望著｜炭火的｜紅光

    這裡每行都可以分成四各音尺，每行有兩個「三字尺」（三個字構成的音尺之簡稱，以後仿此）和兩個「二字尺」，音尺排列的次序是不規則的，但是每行必須還他兩個「三字尺」兩個「二字尺」的總數。這樣寫來，音節一定鏗鏘，同時，字數也就整齊了。[206]

這強調音組對於構成節奏的重要性，並不等於說每行的音組的數目務必一律。同時把對立因素聚到一起的方式提高效果，音樂風格就連同相伴的或和諧的旋律一道，進一步成功地利用優點。

---

[205]同註184，〈詩的格律〉《聞一多全集·2》，頁一四二至一四三。

[206]同註184，〈詩的格律〉《聞一多全集·2》，頁一四三。

[207]其實，他在理論上沒有很多說明，但在具體創作中做了多方面的探索。像〈忘掉她〉使用復沓的形式，是單字尾的，並詩行都不長，富於變化：

> 忘掉她，像一朵忘掉的花，——
>
> 　那朝霞在花瓣上，
>
> 　那花心的一縷香——
>
> 忘掉她，像一朵忘掉的花！

第一行和第四行的「忘掉她，像一朵忘掉的花！」是重複，中間兩句押韻。還像〈我要回來〉、〈你莫怨我〉也是詩的開頭和結束採用復沓的形式，中間幾行都是押韻：

> 　我要回來，
>
> 　乘你的拳頭像蘭花未放，
>
> 　乘你的柔髮和柔絲一樣，
>
> 　乘你的眼睛裡燃著靈光，
>
> 　　我要回來。　　　　〈我要回來〉

第一和第五行的「我要回來」就反覆，中間的「放」、「樣」、「光」都是押韻。

> 　　你莫怨我！
>
> 　不要想灰上點火，
>
> 　我的心早累倒了，
>
> 　最好是讓它睡著，
>
> 　　你莫怨我！　　　　〈你莫怨我〉

第一和第五行的「你莫怨我」就反覆，中間的「火」、「了」、「著」都是押韻。這幾首詩，音調與復沓的形式相配合，就不會

---

[207]〔德〕瑪克斯·德索著《美學與藝術理論》(中國社會科學出版社，一九八七年十二月)，頁二八四至二八五。

有這種缺陷，卻使節奏更為鮮明。《死水》這本詩集的押韻方式，經過多方面的試驗。他在〈致吳景超〉信中說：

> 現在我極喜歡韻。本來中國韻極寬；用韻不是難事，並不足以妨害詞義。既是這樣，能多用韻的時候，我們何必不用呢？用韻能幫助音節，完成藝術；不用正同藏金於室而自甘凍餓，不亦愚乎？〈太陽吟〉十二節，自首至尾皆為一韻，我並不覺吃力。這是我的經驗。[208]

他對押韻肯定的態度。還有，像〈你看〉，基本上每行都是押韻；像〈荒村〉，就偶數詩行押同一個韻。但這些方法並不是常用的。

英國詩運用輕重音的有規律的交替構成詩行的節奏。聞一多也曾試驗過以這種方法來寫中國詩。像〈罪過〉中的開頭兩行：

> 老頭兒和擔子摔了一交，
>
> 滿地是白杏兒紅櫻桃。

第一行的「老」、「擔」、「摔」和第二行的「滿」、「白」、「紅」是重音，重音後面有輕音。這兩行念起來，的確是音調鏗鏘。但他用這種方法構成格律，恐怕不能連接相通。雖然英語中一般的詞都有重音，但漢語中的大量的詞卻沒有輕重音的區別。這種方法，在他以後極少運用，在理論上也沒有加以強調。

新格律詩應該具有高度的音樂的美，也就是要求韻律上和節奏上有高度的和諧。音樂的巨大作用構成了格律詩的美學的因素。[209]聞一多的詩作來看，《紅燭》較多偏向自由體，只有《死水》中的二十餘首詩，才符合於音樂和建築的美，這顯示出他詩風的變化。

---

[208] 同註１８４，一九二二年九月二十四日〈致吳景超〉《聞一多全集・１２》，頁七八。

[209] 王力〈中國格律詩的傳統和現代格律詩的問題〉《文學評論》（一九五九年第三期），頁七。

三、繪畫美

　　繪畫美主要指的是詩的「詞藻」要追求美麗、富有色彩，構成圖畫般的境界。聞一多強調詩歌的繪畫美絕不是偶然的，這不僅由於他懂得詩歌的藝術特徵，同時他又是一個畫家。他在清華讀書時熱愛文學，留美時學的是繪畫，回國之後又回到了文學。從聞一多的詩歌創作來看，繪畫美應主要指的是「色彩美」，並由這種色彩美造成一種「詩中有畫」的審美效果。他在〈先拉飛主義〉一文中說：

> 美術和文學同時發展，在歷史上，本是常見的事。最顯著的文藝復性，便是一個偉大的美術時期，同時又是偉大的文學時期。[210]

他又在〈致吳景超〉信中說：

> 我以前說詩有四大原素：幻象、感情、音節、繪藻。……「其色奪目」是繪藻。[211]

可見他歷來重視詩歌的繪畫美。他的詩歌，本身就像一幅圖畫，「我是受過繪畫的訓練的，詩的外表的形式我總不忘記」。[212]他當《紅燭》出版時，本來打算加上插圖，後來因為經濟困難未做到。這說明他的許多詩歌是可以用繪畫描寫的。

　　如〈初夏一夜底印象〉中，描寫一九二二年五月直奉戰爭時

---

[210]同註１８４，〈先拉飛主義〉《聞一多全集・２》，頁一五二。拉斐爾前派：十九世紀中葉出現於英國的一個畫派。他們認為真正（宗教）藝術存在於拉斐爾之前，企圖發揚拉斐爾以前的藝術來挽救英國繪畫而得名。參見徐桂峰《藝術大辭典》（台北，華視出版社，一九八四年六月初版），頁七二一。

[211]同註１８４，一九二三年（此信具體年代不詳）〈致吳景超〉《聞一多全集・１２》，頁一五六。

[212]同註１８４，〈先拉飛主義〉《聞一多全集・２》，頁一六六。

他所目擊的景象：

> 嚼火漱霧的毒龍在鐵梯上爬著，
>
> 馱著灰色號衣的戰爭，吼的要哭了。

這是一幅糟蹋世界，製造死亡的軍閥混戰的淒厲圖景。這幅圖畫，圖像清晰，表現了他對軍閥統治的強烈不滿。表現同樣題材的〈荒村〉是由三幅畫組成：

> 蝦蟆蹲在甑上，水瓢裡開白蓮；
>
> 桌椅板凳在田裡偃裡飄著；
>
> 蜘蛛的繩橋從東屋往西屋牽？
>
> 門框裡嵌棺材，窗櫺裡鑲石塊！

接著他的目光移向遠方的村外，出現了第二幅淒厲的圖畫：

> 玫瑰開不完，荷葉長成了傘；
>
> 秧針這樣尖，湖水這樣綠，
>
> 天這樣青，鳥聲像露珠樣圓。
>
> 這秧是怎樣綠的，花兒誰叫紅的？

這裡幅畫，在兵火之災的情況下，農民們拋棄了自己用血汗建造的家園。然後他又繪畫出一幅更爲悲慘的圖景：

> 豬在大路上游，鴨往豬群裡攢，
>
> 雄雞踏翻了芍藥，牛吃了菜——

這三幅圖畫，以有力的整體形象揭露了軍閥混戰給人民帶來的災難。他採用像畫面似的單幅或多幅的圖景，增強了詩歌的直覺性。他讚賞王維的「詩中有畫，畫中有詩」，而反對和批評「先拉飛派」的「詩中有畫，畫中有詩」，他在〈先拉飛主義〉一文中說：

> 王摩詰的「詩中有畫，畫中有詩」，做個結束。……恭
> 維王摩詰的人，在那八個字裡，不過承認他符合了兩個

起碼的條件。「先拉飛派」的「詩中有畫，畫中有詩」
可不同，那簡直是「張冠李戴」，是末流的濫觴；猛然
看去，是新奇，是變化，仔細想想，實在是藝術的自殺
政策。[213]

前者保持詩與畫的各自優點，而後者喪失了詩與畫的各自特點。

　　他對於自然界的色彩表示過濃厚的興趣，他運用富於色彩，
富於形象的詞藻構思畫面，創造生動、感性的藝術形象。他的一
詩題名為〈色彩〉全詩中描繪：

　　　　生命是張沒價值的白紙，

　　　　自從綠給了我發展，

　　　　紅給了我情熱，

　　　　黃教我以忠義，

　　　　藍教我以高潔，

　　　　粉紅賜我以希望，

　　　　灰白贈我以悲哀；

　　　　再完成這幀彩圖，

　　　　黑還要加我以死。

　　　　從此以後，

　　　　我便溺愛於我的生命，

　　　　因為我愛他的色彩。

他在三重關係中思考人生的意義：生命和色彩、色彩和意義、生
命和意義。他在〈致梁實秋〉信中說：

　　　　佛來琪喚醒了我的色彩的感覺。我現在正作一首長詩，

---

[213]同註１８４，〈先拉飛主義〉《聞一多全集・２》，頁一六三。

名〈秋林〉——一篇色彩底研究。[214]

他對色彩不僅敏感，而且善於選擇，精心配置，使畫面更為協調更富有美感。並且他對某些色彩的選擇和運用，是具有確定的象徵意義和表達情感的意義。〈秋色〉就是繪畫美的表現，副題為——芝加哥潔閣森公園裡。

> 白鴿子，花鴿子，
>
> 紅眼的銀灰色的鴿子，
>
> 烏鴉似的黑鴿子，
>
> 背上閃著紫的綠的金光——
>
> 　　（中略）
>
> 笑出金子來了——
>
> 黃金笑在槐樹上，
>
> 赤金笑在橡樹上，
>
> 白金笑在白松皮上。

這首詩，做於他在芝加哥美術學院就讀之時寫的。詩中的「白鴿子」、「花鴿子」、「紅眼的銀灰色的鴿子」、「烏鴉似的黑鴿子」、「紫的綠的金光」；還有「黃金」、「赤金」、「白金」等詩語中，就會想起〈秋色〉圖畫。他〈致梁實秋〉信中說：

> 芝加哥結克生公園底秋也還可人。熊掌大的橡葉滿地鋪著。親人的松鼠在上面翻來翻去找橡子吃。[215]

他運用了各種顏色的詞藻，描繪了大自然的景色。這首最大的藝術成就對「色彩」的渲染和調制。如〈憶菊〉也是他對於色彩研究的詩，它透過五彩繽紛、賞心悅目的各種菊花的描繪：

[214]同註１８４，一九二二年十二月一日〈致梁實秋〉《聞一多全集·１２》，頁一一八。後來，改為〈秋色〉。

[215]同註１８４，一九二二年十月廿七日〈致梁實秋〉《聞一多全集·１２》，頁一○三。

　　　鑲著金邊的絳色的雞爪菊；

　　　粉紅色的碎瓣的繡球菊！

　　　懶慵慵的江西臘喲；

　　　倒掛著一餅蜂窠似的黃心，

　　　彷佛是朵紫的向日葵呢。

　　　長瓣抱心，密瓣平頂的菊花；

　　　柔艷的尖瓣攢蕊的白菊

　　　　　　（中略）

　　　剪秋夢似的小紅菊紅兒；

　　　從鵝絨到古銅色的黃菊；

　　　帶紫莖的微綠色的「眞菊」

他用艷麗的色彩描繪各種菊花，從菊花中想起了民族人格之高潔，他那沈重的心似乎放鬆了許多，他的心中充滿了溫暖和希望。

　　另外，聞一多詩歌的繪畫美的主要特點是把抽象的思想、感情、意念，透過可感的事物來表現。「較大部分以自然界物象爲題材的繪畫（山水風景、花鳥靜物），應歸入抽象的形式」。[216]這些具體事物不一定構成一幅或多幅圖畫，也不一定著上顏色，只要能夠抒發他的情感就行。如〈口供〉一詩就表現抽象意念：

　　　我不騙你，我不是什麼詩人，

　　　總然我愛的是白石的堅貞，

　　　青松和大海，鴉背馱著夕陽，

　　　黃昏裡織滿了蝙蝠的翅膀。

　　　你知道我愛英雄，還愛高山，

---

[216]徐書城《繪畫美學》（北京，東方出版社，一九九七年四月第二次印刷），頁一二二。

> 我愛一幅國旗在風中招展，
>
> 自從鵝黃到古銅色的菊花。
>
> 記著我的糧食是一壺苦茶！

這裡「白石」、「青松」本身具有明顯的色彩，其他「大海」、「夕陽」、「英雄」、「高山」等，未在字面上著色，而僅是具體的景物和形象。他透過這種具體可感的形象來表現自己思想感情的複雜性，留下鮮明的印象，這正是他的詩歌「繪畫美」的重要特色。如〈愛國的心〉是一首意境深邃的詩：

> 我心頭有一幅旌旆
>
> 沒有風時自然搖擺；
>
> 我這幅抖顫的心旌
>
> 上面有五樣的色彩。
>
> 這心腹裡海棠葉形
>
> 是中華版圖底縮本；
>
> 誰能偷去伊的版圖？
>
> 誰能偷得去我的心？

這裡有「旌旆」、「海棠葉形」、「中華版圖」等可感物體，他把「心」比喻成祖國地圖，雖然帝國主義侵佔了祖國土地，但挖不出他心中的祖國，這是意境深邃。亞里士多德說：「心靈沒有意象就永遠不能思考」。[217]他使抽象的思想、感情、意念轉化為具體的可感觸的形象，這是達到詩作的「意象奇警，而且思想雋遠，耐人咀嚼」，[218]從此體現出繪畫美。不過，他的一些詩

---

[217]轉引自魯道夫・阿恩海姆著，滕守堯譯《視覺思維》（光明出版社，一九六八年），頁二七。

[218]同註１８４，〈《冬夜》評論〉《聞一多全集・２》，頁八〇。

作，由於過分追求意境含蘊，流於隱晦、艱澀，像早期的〈風波〉、〈美與愛〉、〈失敗〉和後來寫的〈奇蹟〉等都有這種弊病。

四、建築美

眼睛是心靈的窗口，建築是視覺的藝術。建築美感機制自始至終離不開視覺機能的導引。[219]如果音樂美是從聽覺方面強調了節奏，那麼，建築美是從視覺方面強調了節奏。聞一多所說的建築美，也就是節的勻稱和句的整齊，他認為漢字是象形的，欣賞文學，他根據漢字的特點出發，造成詩歌結構的美。他說：

> 至少有一半的印象是要靠眼睛來傳達的。原來文學本是佔時間又佔空間的一種藝術。……增加了一種建築美的可能性是新詩的特點之一。[220]

他雖然主張節的勻稱和句的均齊，但是，並沒有主張把詩行列成千篇一律的豆腐塊，他在〈論《悔與回》〉一文中說：「句子似應稍整齊點，不必呆板的限定字數，但各行相差也不應太遠，因為那樣才顯得有分量些」，[221]他主張大體的整齊。他強調建築美，是與追求詩的音節美相聯繫的，當然建築美也有相對的獨立性，就可以造成視覺上的美感。「這種音節的方式發現以後，我斷言新詩不久定要走近一個新的建設的時期了」。[222]他將「三美」聯繫起來，同時確立了詩的建築美，這是他對格律說最主要的貢獻。

---

[219]汪正章《建築美學》（北京，東方出版社，一九九七年四月第二次印刷），頁二一六至二一七。
[220]同註１８４，〈詩的格律〉《聞一多全集·2》，頁一四一。
[221]同註１８４，〈論《悔與回》〉《聞一多全集·2》，頁一六五。
[222]同註１８４，〈詩的格律〉《聞一多全集·2》，頁一四四。

　　拿《死水》詩集中的二十八首詩來說，「幾乎一篇一篇都是新的形式」：[223]

　　每行九個字，如〈死水〉、〈罪過〉等：

　　　　這是一溝絕望的死水，

　　　　這裡斷不是美的所在，

　　　　不如讓給醜惡來開墾，

　　　　看他造出個什麼世界。〈死水〉

　　　　老頭兒拾起來又掉了，

　　　　滿地是白杏兒紅櫻桃。〈罪過〉

　　每行十個字，如〈黃昏〉、〈天安門〉等：

　　　　黃昏是一頭神秘的黑牛，

　　　　不知他是那一界的神仙——

　　　　天天月亮要送他到城裡，

　　　　一早太陽又牽上了西山。〈黃昏〉

　　　　還開會啦，還不老實點兒！

　　　　你瞧，都是誰家的小孩兒，

　　　　不才十來歲兒嗎？幹嗎的？

　　　　腦袋瓜上不是使槍軋的？〈天安門〉

　　每行十一個字，如〈一個觀念〉、〈發現〉等：

　　　　我不疑，這因緣一點也不假，

　　　　我知道海洋不騙他的浪花。

　　　　既然是節奏，就不該抱怨歌。〈一個觀念〉

---

[223]茅盾，引自林植漢〈聞一多詩歌的建築美芻議〉《中國現代、當代文學研究》（一九八六年九月），頁二三七。

　　我來了，我喊一聲，進著血淚，

　　「這不是我的中華，不對，不對！」

　　我來了，因爲我聽見你叫我；〈發現〉

每行十二個字，如〈春光〉等：

　　靜得像入定了的一般，那天竹，

　　那天竹上密葉遮不住的珊瑚；

　　那碧桃；在朝暾裡運氣的麻雀。

每節四行，各節的字數爲4、7、7、7、4，如〈你莫怨我〉：

　　　　你莫問我！

　　淚珠在眼邊等著，

　　只須你說一句話，

　　一句話便會碰落，

　　　　你莫問我！

每節四行，各行的字數爲10、7、7、10，如〈忘掉她〉：

　　忘掉她，像一朵忘掉的花！

　　　　聽蟋蟀唱得多好，

　　　　看墓草長得多高；

　　忘掉她，像一朵忘掉的花！

每節四行，各行的字數爲9、11、9、11，如〈末日〉：

　　雞聲直催，盆裡一堆灰，

　　　一股陰風偷來摸著我的口，

　　原來客人就在我眼前，

　　我咳嗽一聲，就跟著客人來。

每節四行，各行的字數爲11、11、7、10，如〈什麼夢〉：

　　一排雁字倉皇的渡過天河，

　　寒雁的哀呼從他心裡穿過，

「人啊，人啊」她嘆道，

　「你在那裡，在那裡叫著我？」

第一節和最後一節各四行，各行字數為6；其他的各節五行，各行的字數為10、10、10、10、8，如〈洗衣歌〉：

我洗得淨悲哀的濕手帕，

我洗的白罪惡的黑汗衣，

貪心的油膩和欲火的灰，

你們家裡一切的髒東西，

　交給我洗，交給我洗。

每節五行，各行的字數為4、10、10、10、4，如〈我要回來〉：

　我該回來，

乘你的眼睛裡一陣昏迷，

乘一口陰風把殘燈吹熄，

乘一隻冷手來撥走了你，

　我該回來。

每節八行，各行的字數為9、9、9、9、9、9、3、5，如〈一句話〉：

這話教我今天怎麼說？

你不信鐵樹開花也可，

那麼有一句話你聽著：

等火山忍不住了喊默，

不要發抖，伸舌頭，頓腳，

等到青天裡一個霹靂

　爆一聲：

　「咱們的中國！」

聞一多雖然主張建築美，但沒有提出固定的形式，只是創造了與詩的內容較適合的多種形式。他在〈泰果爾批評〉一文中說：

> 我們要打破一種固定的形式，目的是要得到許多變異的
> 形式罷了。[224]

這表示他對建築美寬廣地接受的態度。他對建築美的追求與實驗，特別是所創的框架式結構，不但本身具有和諧的視覺美，而且強化了節奏美和詩意美。

五、小 結

聞一多對新詩格律化的倡導，無疑是積極的；他有力地糾正了早期新詩創作過於散漫自由、創作態度不嚴肅造成的一定程度的混亂局面，使新詩趨向精練與集中，具有了相對規範的形式，鞏固了新詩的地位。

他從增強詩的「音樂美」著手，提出了建立新格律的主張。他認爲主要是音節——節奏之美，「形式之最要部分爲音節」，就一定音節組成音尺，音尺有規律出現構成節奏。這是對新詩音樂美的貢獻。繪畫美，他認爲主要是詞藻美。這是不指漂亮而與詩意無涉的詞語，而指爲塑造某種必須採取的修辭手段及想像方式，造出的畫面及色彩之美。建築美，他當時出發點是漢字的視覺效果應和諧勻稱。這是有道理的，漢字本身既然是形、音、義的統一體，在文學尤其詩中，當然不應忽視由文字排列的勻齊或雖不勻齊，但整體卻和諧所造成的造型之美。然而對於詩歌而言，這種美終究是次要的，它的價值還是爲音節——節奏服務，換言之，某一內部雖然不整齊，卻在全詩中反覆呈現這種結構的

---

[224]同註184，〈泰果爾批評〉《聞一多全集·2》，頁一二八至一二九。

詩節，這本身就形成一種節奏，也造成一種音樂美。

　　無論如何，由於他企圖在外國格律的基礎上建立中國的新格律，便是「要創造中國的新詩，但不知不覺寫成西洋詩了」。[225]他雖然重視格律，尤其揭櫫「建築美」的特點，「利用中國文字的特性，擴大了視覺之美的範疇，增加了新詩的繁複之美」，[226]並加以提倡、實驗，影響當時的詩人與後來的文人，但可不同意犧牲詩中的感情與生命去遷就格律；而且他強調新詩要「相體裁衣」、「格律是根據內容的精神製造的」，可見他重視內容與形式。

第六節　聞一多在新詩史上的影響與評價

　　聞一多是二十年代具有強烈愛國主義思想的詩人，也是新詩理論的積極倡導者和實踐者。從詩人和學者到民主戰士，他是走過獨特的人生道路。朱自清在〈聞一多先生怎樣走著中國文學的道路——《聞一多全集》序〉一文中說：

> 他是一個鬥士。但是他又是一個詩人和學者。這三種人格集合在他身上，因時期的不同而或隱或現。大概從民國十四年參加《北平晨報》的詩刊到十八年任教青島大學，可以說是他的詩人時期，……學者的時期最長，鬥士的時期最短，然而他始終不失爲一個詩人；而在詩人和學者的時期，他也始終不失爲一個鬥士。[227]

---

[225]劉夢葦，一九二五年十二月十二日《晨報副刊》轉引自同註１０６，〈《中國新文學大系》詩集導言〉，頁三七四。

[226]龔師顯宗〈聞一多詩論初探〉《中國現代文學理論研究》(台北，中國現代文學理論季刊社，一九九六年三月第一期)，頁一一六。

[227]同註１０６，《朱自清全集·3》，頁三二○。

　　他以愛國主題，建立新詩的民族風格，變革新詩的藝術形式，開拓新詩的表現手法，創立中國的新詩美學等，便是革新詩歌的價值觀。他熱情而摯著地在推動著新文學的發展，尤其是新詩的發展。他在〈敬告落伍的詩家〉一文中說：

> 你們要鬧玩兒，便罷，若要眞作詩，只有新詩這條道走。[228]

他關注新詩的成長，對早期新詩中存在的不良傾向，提出了意見說：「隨著興會，寫了幾句，借以消遣。……滿紙空話，索然無味。……新詩決不是這樣做的」。[229]他雖然提倡詩體革新，但並不排斥從中國古典詩歌中吸取營養。這是他與當時的詩人和評論家不同的地方，他沒有忘記中國文學和「時時刻刻想著我是個中國人」[230]的基本原則。新詩要以嶄新的面貌出現，這也是他的一個基本觀點，因此，他批評了沒有脫出舊詩窠臼的，對兪平伯的《冬夜》和其他詩人。他對新與舊，中與西，是有他獨特的見解，他認爲文學的革新，離不開自己的根底。

> 我們只能夠並且應當在舊的基石上建設新的房屋……東方的文化而且又是人類所有的最徹底的文化。哦！我們不要被叫囂獷野的西人嚇倒了！[231]

他認爲古今中外的東西，應該要鑑別的吸收而加以發展創造，決不是盲目西化。他強調創造新詩的審美價值時，最先發出的呼喊

---

[228]同註１８４，《聞一多全集·２》，頁三八。
[229]同註１８４，〈評本學年《週刊》裡的新詩〉《聞一多全集·２》，頁四九、五一。
[230]同註１８４，〈《女神》之地方色彩〉《聞一多全集·２》，頁一二〇。
[231]同註１８４，〈《女神》之地方色彩〉《聞一多全集·２》，頁一二三。

是「注意形式，漸納詩與藝術之軌」，[232]他參考中國古詩形式
的優良傳統，汲取西方詩歌格律建設的有益經驗，總結了五四
以來新詩創作的教訓，提出了系統的新詩格律理論和從事實際創
作。

　　他提倡的格律說，從新詩發展的角度看，是有某種積極意義
的。各種形式，無論是自由體或格律體，也會產生好壞的作品，
因為詩的好壞不是決於形式。不過，五四文學革命後，自由體詩
中，不少作品都遵循胡適的作詩如說話的原則，助長了詩的散文
化。抗戰時期，不少詩論家認為詩的宏觀走向是散文化。朱自清
說：「抗戰以來新詩的一個趨勢，似乎是散文化。……這個時代
是個散文的時，中國如此，世界也如此」，[233]聞一多格律說的
倡導，正是散文化弊端的糾正。因為不少人終於明白詩壇混亂的
根源就是新詩的過於散文化。聞一多在中國新詩史上，第一次提
出了較完整的新詩格律化的構想，並自己創作實踐，這對促進新
詩的發展是有重要貢獻的。論及新詩格律，必想到「三美」（音
樂美、繪畫美、建築美），他是十分重視詩歌的形式美，因為這
是他詩歌形式改革的主要美學內涵。他提出了新詩的前途必然是
小說戲劇化的論點。他在〈文學的歷史動向〉一文中說：

> 在這新時代的文學動向中，最值得揣摩的，是新詩的前
> 途。……除非它真能放棄傳統意識，完全洗心革面，重
> 新做起。但那差不多等於說，要把詩做得不像詩了。也
> 對。說得更確點，不像詩，而像小說戲劇，至少讓它
> 多像點小說戲劇，少像點詩。……在一個小說戲劇的時

[232]同註１８４，一九二六年四月十五日〈致梁實秋、熊佛西〉《聞一多
　　全集・１２》，頁二三三。
[233]同註１０６，〈抗戰與詩〉《朱自清全集・２》，頁三四五。

代，詩得盡量採取小說戲劇的態度，利用小說戲劇的技巧，才能獲得廣大的讀眾。[234]

他對新詩的發展前途的看法是很有代表性的。關於新詩的發展前途，他還提出了「要真正勇於『受』」的原則，指示了「『受』的方向」。[235]他認為新詩的發展方向必然是接受外來影響。這外來影響和民間影響，是做為新詩發展的兩大原則。他可貴的是，熱愛中國的傳統文化，同時又積極重視外來影響。他廣泛地吸取了愛國主義、唯美主義、浪漫主義、象徵主義等各種流派的藝術手法，加以改造和革新，以開拓自己獨特的文學領域。俄國的漢學家蘇霍努科夫說：「從理論上闡明他自己和別人的創作事件中提出的種種問題，這也是聞一多的一大特點」，[236]並且還有在創作中努力實踐自己的詩歌理論。

　　他對新詩的貢獻，其一，是發展了一種嚴整的新形式，在中國字的新格律的風格中，熔合了中西意象、西方技巧、與中國古典詩中的修辭。其二，是他多量發揚愛國主義精神的詩篇，實際上，二十年代其他詩人詩作中所少見。他一九二三年初步脫離了模仿西方詩歌的階段，一九二五年以後，基本上形成了明顯的民族風格。此在《死水》詩集中有著具體顯現。對他的詩歌成就和影響，沈從文在〈論聞一多的《死水》〉一文中說：

　　　　《死水》不是熱鬧的詩，那是當然的，……這是近年來一本標準詩歌！在體裁方面，在文字方面，《死水》的影響，不是讀者，當是作者。由於《死水》風格所暗示，

---

[234]同註１８４，《聞一多全集・１０》，頁二〇。
[235]同註１８４，〈文學的歷史動向〉《聞一多全集・１０》，頁二一。
[236]〈聞一多的生平和創作〉轉引自林植漢〈論聞一多對新詩發展的貢獻〉季鎮准主編《聞一多研究四十年》（北京，清華大學出版社，一九八八年八月），頁二三三。

現代國內作者向那風格努力的，已經很多了。[237]

《死水》的出現，不僅標誌著聞一多詩歌藝術的成熟，也標誌著中國新詩由初創期轉入了成熟期。[238]因此，《死水》比《紅燭》題材擴大了，進一步接觸到中國的社會生活和現實，貫穿兩本詩集中的愛國主義思想，也是不斷地發展。如果說，《紅燭》中的愛國主義更多地表現出唯美主義和浪漫主義氣質的話，那《死水》中的愛國主義就更執著於現實主義的了。在藝術表現形式上，從《紅燭》到《死水》也有一個發展變化的過程。《紅燭》是自由體，與五四時期要求詩體解放相一致。《死水》就是新格律詩，結構謹嚴，形式整齊，音節和諧。他是一個正直的、嚴肅認真的，並具有深沉激情的人。苦煉是聞一多寫詩的精神，他的詩是在不斷的鍛煉、不斷的雕琢後的結晶。[239]

一九二八年以後，他埋頭於國學研究，過者學者生活，學術上取得了較高的成就。抗戰以後，隨著時代的變化，他的思想發生了重大的轉變，成為著名的民主戰士。這時對詩歌的見解，也發生了變化，他明確的指出：「詩是與時代同其呼吸的，……詩是社會的產物」。[240]這種認識，恐怕已經接近了馬克斯主義有關觀點。他在〈新文藝和文學遺產〉一文中說：

新文學之所以新就是因為它是與思想，政治不分的，假使脫節了就不是新的。……新文學是要和政治打通的。[241]

---

[237]《沈從文文集・１１》（廣州，花成出版社與生活・讀書・新知三聯書店香港分店聯合編輯出版，一九九二年五月第三次印刷），頁一四八。
[238]同註１９４，頁二三四至二三五。
[239]劉心皇《現代中國文學史話》（台北，正中書局，一九七七年十月第三版），頁六七一。
[240]同註１８４，〈詩與批評〉《聞一多全集・２》，頁二二一至二二二。
[241]同註１８４，〈新文藝和文學遺產〉《聞一多全集・２》，頁二一六。

　　這種觀點是比較激進的。朱自清說：「他的態度是一貫訴諸大眾的，幫助大眾進步的。……他始終願意做一個人民的詩人」。[242]這表示聞一多的高尚品質和風骨，這當然對國家歷史的責任感，對民族的最高道義和良知。

　　總之，他詩中的思想內容，感情色彩以及表現形式的多姿多樣，在新詩史上，具有重要價值。不管他提出的新詩理論，或是實際創作如何，都對新詩史上的貢獻是不可否認的事實。另外，不管意識形態如何，他的愛國主義精神值得學習。

---

[242]同註１０６，〈聞一多先生與新詩〉《朱自清全集・4》，頁四六八。

第五章　三大詩人的作品
與其理論比較

不管承不承認郭沫若、徐志摩、聞一多是新文學詩壇的三大詩人，他們都因其詩壇上取得卓越成就，在中國現代文學史上佔有了突出的地位；那麼，他們的詩歌和文學理論是有相同的地方嗎？他們的不同之點表現在哪些方面呢？他們的文藝思想有許多相通之處，但他們對一些問題的看法存在著差別，所以文藝思想也不可能完全一致。底下將從郭沫若──徐志摩的詩歌與其理論比較、徐志摩──聞一多的詩歌與其理論比較、聞一多──郭沫若的詩歌與其理論比較來探討。

第一節　郭沫若─徐志摩的詩歌與其理論比較

郭沫若和徐志摩，是代表一九二〇年代中國新詩壇的詩人。他們的文學和思想，顯示在多方面的相似和差異。尤其他們的文學活動初期的創作中，強調對感情和主觀的角色一致。但他們的文學和思想，出現明顯的差異是一九二五年以後，此時，徐志摩的理想主義遭到挫折，沉溺了悲觀和失意；而郭沫若已承認馬克斯主義，認真地創作社會主義文學。

一、詩中對「死亡的美學」

在浪漫主義文學中，經常會顯現的重要題材之一就是死亡的

美學。中國古代哲學對於倫理道德、人生問題的探討極爲重視，
對死亡問題的哲學思考當然包括其中，先秦哲學中的儒和道兩家
對於死亡就有很多論述。這經過後世的師承發揮，他們的許多見
解就深入人心。死亡從詩人屈原開始，中國歷代的詩詞曲賦，都
將它反覆吟唱。在五四新文學家中，那些傑出的，有智慧的作家
都曾思考過和表現過生與死的問題。其中，恰好在郭沫若和徐志
摩的詩中，顯現這種浪漫主義的死亡的美學。首先，郭沫若詩裡
顯現的死亡的美學。郭沫若在他留學初期，唱出死的哀歌，一詩
〈尋死〉期望了結生的痛苦：

> 魂散魄空存，
>
> 苦身死未早。
>
> ……
>
> 有生不足樂，
>
> 常望早死好。

在這背慟的哭訴中，竟至於「出門尋死去」。把死亡做爲結束痛
苦生活的手段，一種不幸的、無可奈何的手段。這樣的死亡是被
迫的，是人間最悲慘的。郭沫若追求死亡，以死爲歡樂的解脫之
道的觀點，可能來自印度古代哲學《奧義書》。[1]郭沫若從泰戈
爾的詩集《吉壇迦利・九一》中，「我」的全部存在，全部生活，
全部熱情都奔向死亡：

> 啊，你這生命的最後完成——死亡，我的死亡，
>
> 來同我說悄悄話吧。
>
> 我日復一日地守候你；我爲你忍受了生活中的樂
>
> 和苦。

---

[1]請參考本書第二章第三節註８５。

　　　　……你的眼睛朝我看上最後一眼，我的生命就永

　　遠是你的了。

死亡就是如此美麗動人，郭沫若在留學初期時陶醉泰戈爾的《吉
壇迦利》。他在〈死〉全詩中描寫：

　　噯！

　　　要得真正的解脫嚇，

　　　還是除非死！

　　死！

　　　我要幾時才能見你？

　　　你譬比是我的情郎，

　　　我譬比是個年輕的處子。

　　　我心而很想見你，

　　　我心而又有些怕你。

　　我心愛的死！

　　　我到底要幾時才能見你！

這裡把死看做「真正的解脫」，也就是人生旅程最高的、最終的、
最圓滿的境界，因此要以全部的生命、全部的熱情去追求，宛如
年輕的處女去追求他心愛的情郎！這思想似乎是《奧義書》。而
「情郎」、「處子」的形象似乎是《吉壇迦利·九一》的點化。這
樣，就弄清楚了郭沫若關於死即生命解脫的觀點的意蘊及淵源。
他的死亡觀做為結束痛苦生活的手段，但有時把死亡當做生命的
解脫，這種解脫是人生之最後，在一詩〈死的誘惑〉中描寫：

　　　一

　　我有一把小刀

　　倚在窗邊向我笑。

　　她向我笑道：

沫若，你別用心焦！

你快來親我的嘴而，

我好替你除卻許多煩惱。

二

窗外的青青海水

不住聲地也向我叫號。

她向我叫到：

沫若，你別用心焦！

你快來入我的懷兒，

我好替你除卻許多煩惱。

郭沫若在死的誘惑面前不只是表達了心中的彷徨苦悶、迷亂消沉的情緒，他還在生與死的困惑中思考著對「無限」與「永恆」的精神追求。這種追求既是形而上的，也是迫近人生現實的。應該說，在他的死亡觀中，長期起著主要做用的是：死是壯烈的犧牲，是爲正義、爲眞理、爲祖國、爲人民而英勇獻身。

他在國難的深重，社會的黑暗，歸國學子的生活沒有保障，他經常得爲一家人的生活發愁。一詩〈瘦死的春蘭〉中描寫：

囚牢般居室的庭前，

瘦死了兩盆春蘭；

春風吹不到它們的命根了，

只剩著槁敗的殘葉兩三。

眼前之景，是寫實。春蘭置身於「囚牢般居室的庭前」，春風吹不到，陽光又絕少，缺乏陽光雨露滋潤的蘭花，在此惡劣的生存條件下怎能不逐漸枯萎下去，最後落得個「瘦死」的下場呢？眼前只剩下毫無生機的兩三莖枯枝敗葉。他以現實爲出發點，從現

實去入夢，去想像，但是幽夢醒來，眼前仍是慘淡的社會人生。在郭沫若初期詩裡，顯現的這種對死亡的描寫，是反映了對生活的悲劇和絕望中，生存的無意義及苦痛。他從一九一九年至二三年之間，如此的致力描寫死亡的是，對他的個人而言，恐怕有很多複雜的因素。他本身是已結婚的有婦之夫，但新的女人，就是與日本女人同居的自責感；在日本生活期間，由支那人的身分受到的屈辱；醫學和文學之間的彷徨；經濟上的生活壓力等的原因，「有時候想去自殺，有時候又想去當和尚」。[2]

　　藝術是現實的補充和升華，現實中不能實現的美好理想，正可以在藝術中實現、補充。這便是浪漫主義的創作理論。徐志摩的詩裡也顯現，與郭沫若類似的死亡的美學。他透過死亡的空間，想要實現真的理想。但徐志摩不幸的是，新的希望剛剛產生，還沒有實現，那憂人的煩悶還在死死地糾纏著他。他是一個總想飛的詩人，這自然在一定程度上反映了他脫離實際的空想性和面對現實的軟弱性。在一詩〈最後的那一天〉中描寫：

> 在春風不再回來的那一年，
>
> 在枯枝不再青條的那一天，
>
> 　那時間天空再沒有光照，
>
> 　只黑蒙蒙的妖氣瀰漫著
>
> 太陽，月亮，星光死去了的空間。

　　基督教認為在「世界末日」到來之際，所有的世人，都要接受上帝的審判。「最後的那一天」所出現的黑暗恐怖的情景：春風不在回來，枯枝也不再泛青，太陽、月亮、星星等發光體都失

---

[2]郭沫若著作編輯出版委員會編〈太戈爾來華我見〉《郭沫若全集·文學編15卷》(北京，人民文學出版社，一九八二年十月第一次印刷)，頁二七〇。

去了光芒，整個天空黑茫茫渾沌一片。這種浪漫主義的創作，像《孔雀東南飛》中男女主角死後化為「連理枝」，都會膾炙人口。徐志摩是個「生命誠可貴，愛情價更高」的個性主義者。他在一詩〈半夜深巷琵琶〉中描寫：

> 完了，他說，吹糊你的燈，
>
> 在墳墓的那一邊等，
>
> 等你去親吻，等你去親吻，等你去親吻！

詩中充分體現出他為追求自由的愛情受盡磨南、深感絕望又仍要苦苦掙扎的痛苦心情。愛人甜美的親吻卻隔著標誌生死界限的墳墓，「墳墓」與「親吻」這情感色彩強烈反差的事物構成一種巨大的張力。

他對死亡觀念的根源可能追溯到印度的泛神論思想。徐志摩與泰戈爾交往甚深，泰戈爾在《繽紛集》裡提出「生命之神」的概念，他也是像郭沫若一樣，對印度古代哲學經典《奧義書》所做的精湛研究。一詩〈愛的靈感〉中描寫：

> 現在我
>
> 真真可以死了，我要你
>
> 這樣抱著我直到我去，
>
> ……
>
> 啊苦痛，但苦痛是短的，
>
> 是暫時的；快樂是長的，
>
> 愛是不死的：
>
> 我，我要睡……

以死為絕局時，死亡本身也就被賦予了另外一種意義。那就是，死在詩中體現的是一種更為理想的愛情的再生，是真正生命永恆的延續。從情感的角度看，死是愛的最高形式，從哲學的角度

看，死是生存的唯一實在。他在一九二五年三月十日〈致陸小曼〉
的一信中說：

> 我有時眞想拉你一同情死去，去到絕對的死的寂滅裡去
> 實現完全的愛，去到普通的黑暗裡去打球唯一的光明。
> ──咳！今晚要是你有一杯毒藥在近旁。此時你我竟許
> 早已在極樂世界了。説也怪，我眞的不沾戀這形式的
> 生命；我只求一個同伴，有了同伴我就情願欣欣的瞑
> 目。[3]

「我眞的不沾戀這形式的生命」，這表示他對現實極端的絕望，
認爲把現實是半生命的空間。因此，死亡就到「極樂世界」，在
那有「快樂」，並愛是不死的觀念。這種情況下，他很自然地說：
「我就情願欣欣的瞑目」、「我，我要睡」。那麼，徐志摩爲什
麼從一九二五年以後，對死亡的美學如此地讚美呢？這恐怕是追
求「單純信仰」的破裂，想不到他的現實和理想，是就相反的進
行，所以到了悲觀和絕望的地步。

　　在此值得注意的是，郭沫若和徐志摩詩裡顯現的，這種浪漫
主義的死亡的美學，都不同的創作時期出現。如郭沫若，集中在
詩歌創作初期，就是一九一九年至一九二三年《星空》時期。而
徐志摩，都集中在他人生的最後五、六年。郭沫若的後期詩，尤
其在他轉向馬克斯主義以後的詩，都描寫對現實戰鬥的熱情，而
再也看不到死亡的美學。但卻徐志摩剛好相反，他初期的詩，充
滿理想的熱情，而看不到對死亡的美學。由此可知，郭沫若是創
作初期，而徐志摩是創作後期中，顯現浪漫主義的死亡的美學。
換句話說，郭沫若轉向馬克斯主義者時，徐志摩死亡的美學將要

---

[3]趙遐秋主編〈致陸小曼〉《徐志摩全集・5》（南寧，廣西民族出版
　社，一九九一年七月），頁三五。

開始了。

二、自我表現和文學本質論

穆木天在〈徐志摩論〉一文中說：

> 如果說五四時代的代表詩人是郭沫若，王獨清和徐志摩
> 的話，那麼代表初期的狂飆時代的，是小市民流浪人
> 的浪漫主義著郭沫若，……而代表中間期的，則是「新
> 月」詩派的最大的詩人徐志摩。[4]

郭沫若來說，他在留日期間也接受了一種哲學思想的影響，
那就是泛神論。如果說徐志摩接受的浪漫主義是西洋貨的話，那
麼郭沫若接受的泛神論就是中西合璧的。一是受莊子的影響：
「我愛我國的莊子，因爲我愛他的 Pantheism」。[5]二是他受外
國文學的影響，尤其是斯賓諾沙的和歌德的影響。而徐志摩而
言，康橋是詩人誕生之地。比起浙江硤石來，康橋才是做爲徐志
摩的一生眷戀的眞正故鄉。這時給他影響最大的是羅素：「徐先
生是一個有很高文化修養的中國籍大學肄業生，也是一個能用中
英兩種文字寫作的詩人」，[6]這是羅素在二十世紀五十年代分類
編輯他的手稿時，在徐志摩的書信中寫的一段話。

郭沫若在日本留學時接近了泰戈爾的作品，「從此我便成爲
了泰戈爾的崇拜者」，[7]而徐志摩回國之後陶醉泰戈爾，「讀了
他的詩，只是深深的感到他的偉大的人格，熱烈的愛情，超越的

---

[4]穆木天〈徐志摩論〉《新月派評論資料選》（上海，華東師範大學出
　　版社，一九九三年六月），頁一五八。

[5]同註２，〈三個泛神論者〉《郭沫若全集・文學編１卷》，頁七三。

[6]引自梁錫華〈徐志摩海外交游錄〉《文學史話》（台北，聯合報社，
　　一九八一年十二月），頁一○一。

[7]〈創造十年〉《郭沫若選集・第三卷》（北京，人民文學出版社，一
　　九九七年八月），頁一八七。

思想，和小孩子一般的純潔精神」，[8]泰戈爾給徐志摩在創作上
的影響是詩化的語言。由此可知，郭沫若和徐志摩都受到泰戈爾
的影響。但實際上，他們欣賞泰戈爾的角度不同，郭沫若只有矚
目泰戈爾的泛神論，「我覺得：他是一個貴族的聖人，我是一個
平庸的賤子，他住的是一個世界，我住的是另一個世界」。[9]他
現在覺悟了自己和泰戈爾的精神是不可能維持在一起的。而徐志
摩欣賞他文學上的革命精神。

　　郭沫若的詩歌創造了鮮明的抒情主體的形象。他說：

> 我是一個偏於主觀的人，我的朋友每向我如是說，我
> 自己也承認。我自己覺得我的想像力實在比我的觀察力
> 強。我自幼便嗜好文學，所以我便借文學來以鳴我的存
> 在，在文學之中更借了詩歌的這隻蘆笛。[10]

　　他是一個富有獨創性的詩人。以他的《女神》中的自我，形
象高大，創造一切的威力。此「代表著黎明期的浪漫主義運動」，
[11]主觀性文學，並不是世界或是讀者的關係，便是表現自我、
張揚個性、美化感情的結晶。他在〈文藝的生產過程〉一文中引
用，德國朗滋白曷(Landsberger)教授的論斷：「藝術是現，不
是再現(Kunst ist Gabe，nicht Widergabe)……什麼是現？這
是從內部發生，這是由種子化而為樹木，由雞卵化而為雞雛」，
[12]「藝術是現」，這句話是代表二十年代初期郭沫若文學論的

---

[8]同註3，〈詩人泰戈爾〉《徐志摩全集・4》，頁一四三。
[9]同註2，〈太戈爾來華的的我見〉《郭沫若全集・文學編15卷》，
　　頁二七一。
[10]同註2，〈論國內的評壇及我對於創作上的態度〉《郭沫若全集・文
　　學編15卷》，頁二二五。
[11]一九三五年五月二八日〈瞿秋白致郭沫若〉。轉引自黃侯興《郭沫若
　　——青春型的詩人》（濟南，山東人民出版社，一九九六年三月第二
　　次印刷），頁八二。
[12]同註2，〈文藝的生產過程〉《郭沫若全集・文學編15卷》，頁二

基本內容。他認為「把藝術的精神概括無遺了」，[13]他對「藝術是現」一句如此的解釋：

> 藝術是從內部發生。它的受精是內部與外部的結合，是靈魂與自然的結合。它的營養也是仰諸外界，但是它不是外界原樣的素材。蠶子嚙桑柘而成絲，絲雖是植物的纖維所成，但它不是桑柘的原葉。[14]

自我表現，就是詩人要表現和發展自己的個性，要反映主觀的內心生活，要抒寫自己的情緒和情感。他在強調「自我表現」的基礎上，進一步強調浪漫主義文藝美化感情的作用。

而徐志摩重視感情的人，「我是一個信仰感情的人，也許我自己天生就是一個感情性的人」。[15]對他而言，理性和思想並沒有很高的地位，「我的思想……永遠不是成系統的」，[16]所以「我的思想，也是與落葉一樣的無用」。[17]他還認為：「理性的地位是一定得回復的。但單憑理智，我們的路還是走不遠」，[18]這起碼是一種缺乏社會實踐的鍛鍊和理論上的無知。這便有時代的局限，也反映了他缺乏面對現實的勇氣。於是，他逐步轉向精神世界的探索，主要不是從現實社會的激烈變革和時代的革命風暴中吸取營養，而是在思想家和哲學家中間尋找著自己崇拜的偶像。因此，他對浪漫主義和尼采的評價很高的原因，就是崇

一七。
[13]同前註，〈文藝的生產過程〉《郭沫若全集‧文學編15卷》，頁二一七。
[14]同前註，〈文藝的生產過程〉《郭沫若全集‧文學編15卷》，頁二一七至二一八。
[15]同註3，〈落葉〉《徐志摩全集‧3》，頁6。
[16]同前註，〈落葉〉《徐志摩全集‧3》，頁6。
[17]同前註，〈落葉〉《徐志摩全集‧3》，頁6。
[18]同註3，〈湯麥士哈代〉《徐志摩全集‧4》，頁五九四。

尚感情。他反對抑制感情：

> 感情，真的感情，是難得的，是名貴的，是應當共有
> 的；我們不應該拒絕感情，或是壓迫感情，那是犯罪的
> 行為。[19]

徐志摩是一個容易感情用事的人，在事先沒有與羅素取得任
何聯繫的情況下，就毅然「擺脫了哥倫比亞大學博士頭銜的引
誘」。[20]如果說他早年留英時的詩作，都具有浪漫主義的想像、
熱情和對愛情的歌詠，那麼回到中國，五四運動已經低潮，這裡
不但沒有英國那樣的貴族社會氣氛，而且呈現雜亂的狀態下，他
浪漫的理想主義碰了壁。他的感情波瀾隨著理想明星的閃現、消
失而起伏變化。他的一生的歷史，只是他追求這個單純信仰的實
現的歷史。愛、自由、美三者合一的單純信仰，確實是他的人生
理想。他對自己早期的詩說：

> 那時是絕無依傍，也不知顧慮，心頭有什麼鬱積，就付
> 託腕底胡亂給爬梳了去，救命似的迫切，那還顧得了什
> 麼美醜。[21]

他的這些話無意之中，透露了他的詩歌觀念和詩的一些重要特徵。
「絕無依傍」，就是不知道任何詩的傳統與規範，他真正關注的
是詩裡的感情。所以，他反對詩人「不經心的一任題材的支配」，
而堅信「藝術的涵義是當事人自覺的運用某種題材」，[22]就自
覺地表現某種題材的結果。他的判斷是：「作品成功的秘密就在

---

[19]同註 3，〈落葉〉《徐志摩全集·3》，頁7。

[20]同註 3，〈我所知道的康橋〉《徐志摩全集·3》，頁一〇六。

[21]蔣復璁、梁實秋主編〈《猛虎集》序文〉《徐志摩全集·第二輯》
　　（台北，傳記文學出版社，一九八〇年八月再版），頁三四三。

[22]同註 3，〈《詩刊》放假〉《徐志摩全集·4》，頁五二三至五二四。

能夠滿足他那特定形式本體所要求滿足的條件」。[23]他還認爲
「不論思想怎樣高尙，情緒怎樣熱烈，你得拿來徹底的詩化……
要不然思想自思想，情緒自情緒，卻不能說是詩」。[24]他要判
別好詩或壞詩的「最後的標準」是個人的眞實性。這表示作品和
作家之間的關係，便最重要的是作家感情的眞實與否。他認爲藝
術「最重要的是對內心意念的忠實，與適當的表現」。[25]徐志
摩是一個充滿感情的人，穆木天對他的詩評價說：「他的感情，
使他在苦痛中在時代悲哀中實現他自己。他的感情的生產，就是
他的詩歌」。[26]他如此的主觀的感情，與郭沫若的主觀性相同。
「他的東西，始終是反映著他的個人，始終是他的忠實的主觀的
產物」。[27]

　　對文學視著主觀的態度以及主觀主義和主情主義的文學觀而
言，這兩位詩人的文學觀剛好一致。郭沫若自己承認，詩形不美
的事實，強調感情的自然表現。但他的自由詩太充滿了火山爆發
似的感情，而且自由鬆散的作品較多，所以散文分行及歐化傾向
更濃厚。早在一九二〇年，敏銳的詩人就會感覺到了，像郭沫若
那樣不考慮形式的新詩。如宗白華就呼籲要重視詩的音樂和繪畫
的作用；劉半農也主張破壞舊韻，創造新韻；趙元任還主張以北
京音爲標準。[28]這種情況之下，引起了以聞一多爲領導的新的
詩形式運動，並徐志摩也呼應此運動。在這裡值得提出的一點，
是徐志摩也像郭沫若一樣，當初具有表現論的文學觀而強調自然

---

[23]同註３，〈湯麥司哈代的詩〉《徐志摩全集・４》，頁二〇八。
[24]同註３，〈《詩刊》放假〉《徐志摩全集・４》，頁五二四。
[25]同註３，〈落葉・話〉《徐志摩全集・３》，頁三八。
[26]同註４，〈徐志摩論〉，頁一六六。
[27]同註４，〈徐志摩論〉，頁一七七。
[28]趙遐秋《徐志摩傳》(北京，中國人民大學出版社，一九九九年四月)，
　　頁一九四。

感情的表現　，但他從一九二六年以後　，　爲什麼重視詩的形式美呢？這大概有這樣的動機：因爲他對於一九二〇年代在中國詩壇過分顯現的散文化現象的反感，所以自然產生有音樂性傳統詩的復古現象。

三、小　結

在死亡面前，不僅閃現著崇高品質的光輝，還孕育出關於死亡的深刻的新觀念。死亡，同樣使郭沫若和徐志摩激動不已，成爲他們創作的主題之一。死亡的美學是郭沫若和徐志摩最重要的內容，在他們的死亡美學觀中，更耐人尋味的是，提出死亡是理想人格實現的觀點。爲理想生，爲理想死　，就自然看重死的價值，看重死對於國家 、社會和愛情的作用。郭沫若唱過死的哀歌，也唱過死的情歌，他還寫過死的壯烈，也寫過死的平靜。而徐志摩大部分唱了死的情歌，也唱一些哀歌，因此，從他們的歌唱中，不僅能看出他們對死亡的思考，還能體會到其中深刻的中外文化意蘊。這也許是他們關於死亡的歌唱，所以能夠特別動人的原因。

文學既是作家的自我表現　，也是一種社會意識形態 ；既言志，也載道；既表現作家的才情氣質，又擺脫不了時代潮流和文學潮流的影響。詩是情的別名。所謂「詩言志」，「志」者，情也，懷抱也。詩人的感情是不能做僞的，感情不眞，絕對出不了好詩。郭沫若和徐志摩對詩創作方面，重視感情和主觀。他們認爲詩創作，就是眞摯地向外表現出自己的感情。如此看來，他們持有浪漫主義表現論的文學觀。但是，詩的形式方面，他們的差異，是徐志摩後來提倡新格律詩運動，重視詩本身的音節的勻整與流動。

第二節　徐志摩——聞一多的詩歌與其理論比較

　　做爲新文學詩壇的兩顆巨星，做爲新月派的兩員主將，徐志摩和聞一多，至少帶領著新月派前行，是藝術觀念上唯美主義的信徒。他們因著力於在新詩藝術上矯正五四白話詩粗糙、直白和過於散文化的弊病，提倡並實踐中國新詩的格律，故有新格律詩派之稱。「格律派詩人——新月派詩人，聞一多和徐志摩是不爭的領袖，也是中國現代詩壇兩個巨峰」。[29]他們的文藝思想會是相似的嗎？他們的不同之點表現在哪些方面？其實，徐志摩和聞一多的詩歌和文藝理論有一些相通之處，反過來說，他們也對一些看法不同之處。

　　這兩大共同取向，不僅解釋了聞一多之所以能夠與徐志摩長期攜手合作；一起主辦《晨報副刊・詩鐫》、《新月》月刊等刊物，他們一起致力於新詩歌的「新的建設」，就內在原由，而且也展示了整個新月詩派的兩個群體標誌。

一、詩歌創作上相似點

　　他們都是留學歐美的，他們的眼界比較開闊，思想上不同程度受到西方影響。兩人在詩歌創作上有相同之處。胡展認爲聞一多與徐志摩兩個走著同一的路：

　　　　在取材上，在構思上，在形式的嘗試上，在語調的運用上，都非常相似。聞有〈聞一多先生的書桌〉，徐有

---

[29]司馬長風《中國新文學史・上》(台北，古風出版社，一九八六年)，頁一九七。

〈石虎胡同七號〉，聞有〈荒村〉，徐有〈太平景象〉。[30]

　　其實，由於詩評家們的審美觀不同，在對徐志摩和聞一多的評述時免不了各有所愛，或重聞輕徐，或譽徐抑聞。

(一)講究詩歌形式美的相似

　　由於他們深受西方唯美主義藝術影響，因此，在審美追求上，就有大致相同的審美標準和情趣。不過，徐志摩接近自然，他追求的是人與人之間的人生情愛，聞一多偏向典雅。聞一多因其典雅，所以講究格律，他是詩歌格律派的首創者，主張詩的音樂美，如〈忘掉她〉、〈我要回來〉；繪畫美，如〈荒村〉、〈色彩〉；建築美，如〈黃昏〉、〈春光〉等。徐志摩也重視詩的格式，講究節的勻稱、句的整齊，但重在音韻，追求一種自然的具有內在旋律的音樂美，如〈雪花的快樂〉、〈滬杭車中〉、〈闊的海〉等。

(二)暴露黑暗社會現實相似

　　他們都寫過暴露封建軍閥統治下黑暗現實的詩。一九二二年，徐志摩從英國回國後，面對著黑暗的社會現實，站在人道主義立場上，曾寫過部分反映底層社會勞動人民痛苦生活，詛咒軍閥混戰及其屠殺愛國青年罪行的詩歌。像〈先生！先生！〉、〈叫化活該〉、〈太平景象〉、〈毒藥〉、〈大師〉、〈這年頭活著不易〉等。聞一多在一九二五年，留美歸國後，從關心祖國前途命運出發，寫了不少暴露當時國內黑暗的詩歌，像〈心跳〉、〈荒村〉、〈罪過〉、〈天安門〉、〈飛毛腿〉、〈洗衣歌〉等，深刻揭露了軍閥統治的罪惡，傾訴了人民的疾苦。聞一多的詩透過

---

[30]胡展（葉聖陶）〈新詩零話〉，刊《開明》第 2 卷 4 號「詩歌批評號」一九二九年十月十日出版，轉引自商金林《聞一多研究述評》（天津教育出版社，一九九〇年十月），頁九〇。

對現實的關注，表達了一種眞摯的愛國之情。

事實上，徐志摩和聞一多的詩相較，徐志摩的詩眞正嚴重的局限，不在於他的詩是否有愛祖國的內容——他的詩中不乏對祖國的熱愛，徐志摩的局限是，詩中找不到一絲一毫反帝的影子。

㈢歌唱美好的愛情詩相似

他們都對封建制度，封建禮教表現了一定程度的不滿和抗爭，抒發了個性解放，婚姻自由的強烈要求。這種前提之下，聞一多的愛情詩，並不是對實際愛情生活的描寫，而是憧憬和哲理性的，「他雖然也歌頌戀愛，可是並不多」。[31]如〈幻中的邂逅〉、〈美與愛〉、〈花兒開過了〉等；愛情在徐志摩生活和創作中的一個重要的地位，如他的〈這是一個懦怯的世界〉、〈戀愛到底是什麼一回事〉、〈再休怪我的臉沉〉等，但也有消極的一面，就都存在「主情主義」傾向，徐志摩的詩更有明顯流露。如〈兩地相思〉、〈別擰我，疼〉等。

二、詩歌風格上不同點

徐、聞在詩歌方面，當然具有各自不同的地方。聞一多是面對現實，深沈憤激，徐志摩是追求理想，熱情天眞。他們兩人的確是很不相同的一對詩人。如果說新月派詩人聞一多，是在思想方面向左轉典範的話，那麼，徐志摩就是一個向右轉的代表人物。他們畢竟是風格不同的兩位詩人。

㈠人生態度不同

徐志摩是超世的，聞一多是入世的，彼此的氣質、風格不一樣。徐志摩達到的，聞一多就達不到；聞一多達到的，徐志摩就

---

[31]朱喬森編〈聞一多先生與新詩〉《朱自清全集·4》（南京，江蘇教育出版社，一九九六年八月），頁四六六。

達不到。徐志摩回國後，面對黑暗的現實，卻盡力想超脫出來，他那所謂「理想主義」和「詩化生活」便是證明。他〈致梁啓超〉信中描述：「我嘗奮我靈魂之精髓，以凝成一理想之明珠，涵之以熱滿之心血，明照我深奧之靈府」。[32]這種性格氣質也到了《雲游》而終。聞一多卻不同，留學回來，同樣看到現實的苦難和死水，他有勇氣的走向現實，最後勇敢地站在時代前列，吶喊高呼，將成為心和血與現實攪和的人格。聞一多是個嚴肅苦幹的標準的學者型人物。其實，徐志摩罹難後，對他的意外早逝許多人同聲哀悼，紛紛撰文紀念，聞一多卻報以緘默，得出的答案是：「聞一多不喜歡徐志摩」。但徐志摩對聞一多一直滿懷熱情和友善。

㈡思想傾向及發展趨向不同

徐志摩自稱「我是一個不可教訓的個人主義者。這並不高深，這只是說我只知道個人，只認得清個人，只信得過個人。我信德謨克拉西的意義只是普遍的個人主義」[33]他把英國的溫和色彩的民主制度做為他的理想，並視為改造社會的根本途徑。但他的思想創作隨著政治形式和生活環境的變化，流入懷疑的頹廢，又不滿現實，自然陷入了難以自發的矛盾和苦悶之中。他哀嘆地說：

> 我的思想是惡毒的，因為這世界是惡毒的，我的靈魂是黑暗的，因為太陽已經滅絕了光彩，……我不能抵抗，我再沒有力量。[34]

---

[32]同註3，〈一九二三年一月致梁啓超〉《徐志摩全集・5》，頁一四三。

[33]同註3，〈列寧忌日──談革命〉《徐志摩全集・3》，頁六五至六六。

[34]同註3，〈秋〉《徐志摩全集・3》，頁三〇八。

這種情況，儘管使他想超脫，但他與現實隔絕開來，不免感到「枯窘」與孤寂。因此，到後來，他的詩越失去了早期的清朗。由於生活風塵使他尋處找而無法逃避，「詩化生活」的理想幻滅，因而後期詩歌陷入苦吟，他在《猛虎集》序文中說：

> 不說詩化生活一類的理想那是何容易實現，就說平常在實際生活的壓迫中偶爾掙出八行十二行的詩句都是夠艱難的。尤其是最近幾年，有時候自己想著了都害怕♪[35]

無論他寫追求或者表現失望，都還是眞摯的，這是他的詩能打動人的原因之一。隨著時代的發展，他的懷疑、彷徨、頹廢更加重了。不僅使他到後來生活上惶惑，而且在藝術上，他同樣「不知道風是在哪一個方向吹」。因此，他後期的詩不如早期的詩好。他那複雜微妙的心曲也未能在他後期詩中獲得充分表現。

聞一多卻不同，他是一位愛國詩人，他一生所追求的是一個獨立富強的新中國，他愛祖國，愛人民的天賦，就決定了在詩歌創作中，具有鮮明而穩定的愛國主義特色。他的詩歌，由於與現實結合，使他那浪漫主義爲基調的整體風格裡，帶有濃重的現實主義色彩。他在燃燒的紅燭上發現淋漓的血淚，善於對現實生活做典型的藝術概括，又目擊民生疾苦，時時激動他的詩心，以至在無聲的死水裡叫出歌聲，並且創造性地賦於現代格律詩以充實的現代社會內容。

從徐志摩和聞一多一生的創作思想傾向及發展趨勢來看，徐志摩是在崇拜歐美文明的思想情緒中從事創作的，其具有積極傾向之作，多集中在歸國初年，但後來隨著理想的破滅，就他的思想改變了其創作主流。而聞一多不同，他儘管在早期受到國家主

---

[35]同註２１，〈猛虎集·序文〉《徐志摩全集·第二輯》，頁三四一。

義的影響，但他畢竟能把握住時代的脈搏，與祖國同呼吸，愛國主義的導向，促使他的詩歌創作一步一步地前進。

㈢藝術主張不同

徐聞二人都同屬於深受西詩傳統薰染的一路新詩人，但其接受中，聞一多的詩「有個東方的靈魂」，[36]更頻繁地流露出中國文化傳統的痕跡，而徐志摩的詩「不是平常的歐化」，[37]就更多一些歐洲文化的特徵。不過，這並不是說聞一多的詩中，就毫無西詩的滋養；徐志摩的詩中，就毫無中國詩藝的蹤跡。聞一多就從中國新詩的創作實際出發，認爲應突破傳統詩嚴謹格律，但不是由此而自由得無邊無際，新詩既然是詩就不能像散文一樣，仍應有一定的限制，即新詩必須「帶著鐐銬跳舞」，必須參照中西詩韻和格律嘗試，並建立中國新詩自己的格律。這就是他在〈詩的格律〉一文中提到的「三美」理論。與此同時，徐志摩雖未提出過有系統的新詩格律理論，[38]在詩歌創作上與聞一多也不盡相似，但就其創作實踐所取得的成就看，卻相當成功地實踐了聞一多提出的「三美」理論，形成了整齊對稱又錯落有致的詩藝風格。尤其，他注重詩的音樂美，但他不像聞一多那樣要求節奏的嚴謹整飭。他主張節奏要隨著詩情的流動而變化，一首〈再別康橋〉就是節奏的典範之作。

---

[36]蘇雪林〈聞一多的詩〉《中國二三十年代作家》（台北，純文學出版社，一九八六年六月第二版），頁一一八。

[37]同註３１，〈中國新文學大系·詩集導言〉《朱自清全集·４》，頁三七四。

[38]新詩主張用白話寫詩，由於白話本身就欠缺文言的凝鍊、壓縮性，所以想用一個字一個音來表達一個獨立的意思就很難，所以必須兩三個字成一組，套用西洋詩的重音節，才能在一個詩行中表現音韻，這原是徐志摩努力的方向，不過中國的單音字與西洋的複音字究竟不同，語調也有根本的差異，新詩的音節，豈可完全西洋化？故從中國語言中，找出眞正的中國新詩的音節，徐志摩並未實現他的理想。

在意象選擇上，聞一多偏愛著中國風采的物象——紅燭、劍
匣、秋菊、紅豆、李白等；徐志摩的嗜好就暴露出鮮明的外來影
響——玫瑰、產婦、教堂、鐵軌、骷髏等。徐志摩的詩歌藝術偏
重於吸收西方現代詩的長處，尤其是十九世紀英國浪漫派詩藝。
儘管他在理論上附和過聞一多「格律說」，但他自己在創作上是
走了另外一條路子。而聞一多在倡導和實踐現代格律詩的過程
中，強調同時汲取中國古代詩歌的優點與西方詩歌的長處，主張
二者並重，不可偏廢。他的詩歌確實體現了，中外之長的精神，
此《死水》就是證明。在章句的調理上，聞一多更專心於煉字煉
句，這樣的富有中國傳統詩學特色的修辭推敲；徐志摩就強調曼
殊斐爾式的，[39]把形式化入內容的整體效果。司馬長風說的好：

> 聞一多的篤實懇摯，緊緊抓住中國的土壤，使人想起詩
> 聖杜甫；徐志摩的輕靈飄逸，身上帶著牛油麵包氣味，
> 使人想起詩仙李白（李白也滿身異國風情）。[40]

聞一多曾專門研究過中國古典藝術，尤其是古典詩歌的審美
特徵，但他既崇拜東方之義山、陸放翁的詩，與此同時有讚美西
方之濟慈、雪萊、拜倫等人，這表示他注重兼採中外之處。蘇雪
林說：

> 有一位抱著杜甫『語不驚人死不休』和『頗學陰和苦用
> 心』作新詩的詩人，使讀者改變了輕視新詩的看法，那
> 便是聞一多。[41]

---

[39]英國浪漫派女詩人曼殊斐爾，幾乎是做為英國浪漫主義藝術風格的代
　　表，她培養了徐志摩的浪漫詩風與審美趣味。
[40]同註２９，頁一九七。司馬長風還說：「在詩的成就上。聞徐當然
　　不能比擬李杜，但是在詩和人的風格上確是這般近似，近似得叫人
　　驚奇！」
[41]同註３６，頁一一五。

如果說徐志摩所說的：「我的筆本來是最不受羈勒的一匹野馬」，[42]那麼，聞一都的筆就是一匹經過馴服的配上了鞍彎和韁繩的家馬；如果說徐志摩那些柔麗清爽的詩句是流出來的，而聞一多那些燃燒著憤怒之火的詩句就是煉出來的。蘇雪林又說：

> 總之徐天才較高，氣魄較大，而疵病亦較多，如長江大河挾泥沙而並下，聞則如逼陽之城，雖小而堅不可破。[43]

「徐氏詩的體裁極為繁雜，作風也多變化，但聞一多的作品，便沒有這些毛病」。[44]不管是徐志摩還是聞一多，他們在創作中，對詩體進行了多種試驗。有的直接繼承傳統，有的從外國輸入，有的是五四自由詩的發展，有的是本人的創造。他們的詩歌理論和詩歌創作是一種歷史現象，是一個動態體系。

三、小　結

如果說聞一多的詩基本上是陽剛的，則徐志摩的詩近於陰柔。如果說，聞一多的唯美主義傾向於他學者型的理論評述與詩作風格上兼重的話，那麼，在徐志摩身上表現出來的，僅僅是詩人型的對「單純的信仰」和美與愛的藝術的追求。他缺乏聞一多的嚴謹、深沉，而顯得蕭灑、舒展；並不講究理論的營造，而追求一份心靈的隨意。徐志摩的筆不受羈勒，如一匹野馬；他素性落拓，想遵守嚴謹的格律，而有所不能。這就是真實的徐志摩。

新月詩派的具體貢獻主要是在新詩的藝術領域。徐志摩和聞一多在新詩創作方面進行卓有成效的探索，在理論建設上，提出

---

[42]同註２１，〈猛虎集·序文〉《徐志摩全集·第二輯》，頁三四四。
[43]引自張大明、陳學超、李葆琰《中國現代文學史·上冊》（北京十月文藝出版社，一九九五年十一月），頁四一七至四一八。
[44]同註３６，頁一一六。

了系統的新詩格規律化的主張；在創作實踐上，從內容、形式到語言等方面做出了努力，如追求詩歌形式美；大規模地移植外國的主要是英國的詩體；進行「土向入詩」的試驗等等。他們同對新詩的藝術美，做不懈的追求和認眞的實踐，但由於創作思想與藝術追求有差異，使他們的詩歌語言風格分別呈現出沉鬱濃麗、柔美伶俐的不同特徵。辨析其詩風之差異，在研討創作思想和創作藝術之聯繫，總結藝術創作的規律。徐志摩與聞一多在藝術探索上的成敗得失，對於今天新詩的發展，無疑是有重要的貢獻。

第三節 聞一多──郭沫若的詩歌 與其理論比較

在中國聞一多和郭沫若是五四以來新文學中的佼佼者，他們雖然不同流派，一個是新月詩人，一個是創造社詩人。做爲中國進步的青年知識分子，聞一多與郭沫若都是從留學中，尋找到了各自所鐘情的思想武器，此也強化了他們在留學之前已經初步形成的文化氣質：聞一多因接受現實主義思想方法下，增加了愛國主義詩人的氣質，郭沫若就透過接受泛神論而加濃了浪漫主義詩人的氣質。後來，他們成了中國新詩發展史上第一個十年的代表人物。他們對於時代的切入、對於新詩的變革、對封建意識的反叛，以及對人的肯定、對生活的探索、對美的追求、對自由的歌頌、對愛情的向往等等，構成了這個時期中國新詩的完整風貌。但由於審美理想與審美方式的差異，終於形成了兩種不同的美學風格，劃出了新詩發展的兩個不同階段。

一、詩歌慷慨高歌的情調和憂鬱氣氛

　　聞一多和郭沫若在各自的一生中，都廣泛從事了文學活動和學術研究活動，尤其二人所取得的文學成就和學術成就也十分突出的。他們是情感的絕端推崇者，此他們相互之間獲得了某種同調的親切感；但二人對情感內涵的理解顯然有著一定的差異，這種觀念上的差異直接影響著他們在詩歌創作思想的趨向。

　　聞一多的詩，如《死水》和《紅燭》中所包含的，在追求和諧與平衡態的美學詩思中吟詠自然，無論是天上的太陽，還是波涌的大海，無論是簇簇的楊樹林，還是清清的紅荷池，這時他都是以自然的摯友出現的，而郭沫若的詩，當然是指《女神》和《星空》中的那些，吟詠自然，總激揚著對於自然的一種赤子般的情感，充盈著將自我化歸於自然的意志力；這可以說爲一種詩思的差異。文學不僅是一種生命現象，並且是一種社會現象和文化現象。郭沫若在〈致宗白華〉信中說：

　　　　詩人雖是感情底寵兒，但也有他的理智，也有他的宇宙觀和人生觀的。[45]

　　郭沫若在五四前夕，心靈被塗上了深深的孤苦、悲哀和絕望的色彩。五四時期，他被理想支撐著，創造了具有時代精神和現代意識的詩篇。五四潮退後，他又陷入深沉的悲哀和失望之中。他以追懷太古，仰望《星空》，來對現實做不屑的睥睨，以獲得心靈的慰藉；以愛情的抒寫《瓶》，在現實之外去營造一個理想，以求得補償的心理平衡。這些詩看似平靜，但卻充滿了上下求索而不得的痛苦。後來，他走進了革命洪流，從而爲共產黨發出了喇叭聲的詩篇。

　　文學做爲一種生命現象，同時聯結著社會的內容，澱積著文

---

[45]同註2，一九二〇年一月十八日〈致宗白華〉《郭沫若全集·文學編15卷》，頁二三。

化的因子。聞一多在〈女神之地方色彩〉一文中說：

> 藝術……總是從生命產生出來的，而生命又不過時間與
> 空間兩個東西底勢力所遺下的腳印罷了。[46]

聞一多在五四時期，充滿了正直美好的願望的熱情。一到國外，因受盡歧視，而深感失望和孤獨，於是他描寫失群的〈孤雁〉，讚美祖國的菊花〈憶菊〉，歌頌神速的金鳥〈太陽吟〉。回國之後，他對祖國的美夢肥皂泡似的破滅了，〈死水〉、〈一個觀念〉等就是他智慧的痛苦和焦灼的眞誠之結晶。

聞一多和郭沫若就包含了豐富的社會內容，又凝聚著豐厚的文化內涵。他們的詩歌清醒地表現了現代文化思潮，文化傳統和文化心理，這種文化現象從深層上決定了他們作品的永久魅力。郭沫若的詩中，充滿著痴情纏綿和哀怨嗟嘆，可聞一多的詩中，凝結著一定程度上的理性的冷雋。郭沫若詩最明顯的特徵是著意創造詩的情感氛圍。在創作中，他讓心靈處於無所束縛的狀態下，讓潛意識層多種心智機能共同參與對生命的感受和情境的體驗，他不重視甚至排斥理性，而強調直觀、直覺和靈感。他的詩風傾向於將他的內心做無保留的開放於無關闌的宣泄，這是他深受五四時代精神影響和外國近代個性主義思潮激勵的結果。聞一多詩注重創造詩的意象，這種意象是心境與物境的相互作用。他是在生活經驗的基礎上，長期冥思苦想後，把一種觀念和一種情緒投射到物象上，以創造了深邃的意境。他傾向於傳統式的溫柔敦厚、哀而不傷、相對著郭沫若而言凝練含蓄的詩歌風格。這從詩人的本能來看，郭沫若喜歡高潮和熱烈；聞一多喜歡冷靜和沉思。

---

[46]孫黨柏、袁謇正主編〈《女神》的地方色彩〉《聞一多全集·2》（武漢，湖北人民出版社，一九九四年一月），頁一一八。

　　聞一多和郭沫若在詩學觀念、詩思感興和詩風格上的基本差異性的原因是多方面的，包括他們個人文化環境的差別、接受文學營養的各異、性格氣質的懸殊、生活際遇的不同等等；不過體現在基本的文化類型傾向上，主要是郭沫若的平民文化與聞一多的嚴肅文化習性之間的齟齬。聞一多的詩歌創作便較多地固守著自我的圈子，平民生活與群體意識充其量有時只是他關照的對象。他的藝術方法正屬於浪漫派的。不過他確不取赤裸裸地宣泄自我之路，而是將自己的感情附著於選擇過某一對形象，托物寄情，這是他的主要方法。如〈紅燭〉中，他選擇了燃燒自己照亮他人的蠟燭，用以表達自己的為了創造光明，甘願流乾了類的情懷，〈死水〉中的那一潭臭水，都不是他自己。他就主體在客體之外，透過對客體的描述、評價，來表現主觀感情。但郭沫若有所不同，他選擇象徵性的形象，把抒情主體與形象客體合二而一，他筆下的〈天狗〉、〈爐中煤〉同時就是他自己。他的詩歌創作顯現出難以遏抑的歌頌群體和歸向群體以及主體詩思。如〈鳳凰涅槃〉中的鳳凰顯然不是個性化的寄托，而是一個國家、民族群體的象徵，〈女神的再生〉中冷眼旁觀共工與顓頊爭帝鬧劇的女神們就是最富有創造力的群體。

　　聞一多的詩就其外在形式來看，與郭沫若的《女神》顯然不同的。《紅燭》、《死水》二集大多數詩是淡然的，儘管其中有熱情，也似乎沒有爆發，再加上聞一多比較重視技巧。因為聞一多爽直、剛強，卻又不願出風頭的性格，決定了他的熱情將孕育在心中，所以他的詩就其外在形式來說，總體上是淡然的。他們二人表現的方式不同的主要原因是，郭沫若受泛神論思想影響，詩中強烈的鎔鑄了「自我」。而這個「自我」的意義並不十分確定，可做多種理解。這種意義，用開闊、奔放的形式表現出來，

使詩雄渾、豪放之中更爲粗獷。聞一多受陸游、李商隱等的影響，詩中的「我」是襟懷開闊，操守正大，自信不移的形象，其意義是確定的。

聞一多浪漫主義氣質的詩，也與郭沫若不相同，這是因爲他詩的眞實性比較強，畫面眞切。從表面的方法而言，假如郭沫若《女神》中的許多詩，像一隻自由飛翔的鳥，此可以不受地面的拘束，而聞一多的詩卻像一隻風箏，儘管可以和鳥一樣的飛翔，但有時要受地面的拘束。聞一多詩秀麗沉雄的風格是他剛強氣概的凝聚，是濃烈愛國心的鑄造，是中外和詩以及繪畫等多種藝術陶冶的結晶。

二、詩歌理論不同

五四時期，以郭沫若《女神》爲代表的「極端的自由、極端的自主」的徹底破壞精神，衝激了傳統的舊詩詞的舊形式，創作了大量不拘音節的白話詩，但大家注重的是白話而不是詩，他們並沒有確立什麼有規律的詩的形式，這種新詩極端散文化的傾向，就放棄了對詩歌藝術形式和技巧美的探索，也降低了詩的藝術。這時，新詩呼喚著新的藝術形式和新的美學原則，聞一多爲領袖的前期新月派肩負著這一重要的歷史使命而登場了。他的詩集《死水》是新詩格律的成功示範。他在一九二二年就提出「建立新體中國詩」的主張，並在自己的創作中進行實踐。

聞一多和郭沫若的詩歌理論對新詩的建設來說，其本質是相同的。他們都主張用白話寫詩，並都強調詩歌的節奏。聞一多說：「詩的所以能激發情感，完全在它的節奏；節奏便是格律」。[47]郭沫若也認爲：「以節奏爲其生命」。[48]但是，二人的主張在不少方面又畢竟存在著不同。郭沫若認爲，詩不是「做」出來

的，而是「寫」出來的，即思緒如何流動，手便如何寫，訴諸於文字，便是眞詩，他強調的是內在感情的自然流露。聞一多在〈《女神》之地方色彩〉中對《女神》的批評集中在兩點：一是「過於歐化」，因而提出要寫「中國的新詩」；二是反對郭沫若關於詩只是一種「自然流露」、「不是『做』出來的，只是『寫』出來的」的主張，提出「自然的不都是美的，美不是現成的。其實沒有選擇便沒有藝術，因爲那樣便無以鑑別美醜了」，因而強調要「誠心誠意的試驗作新詩」。[49]這就是說，在新詩已經基本上立足以後，新月派所要做的，是「在舊詩與新詩之間，建立了一架不可少的橋梁」。[50]郭沫若提倡打碎詩歌形式上的鐐銬，在形式方面「主張絕端的自由，絕端的自主」，[51]他的詩是不拘一格的自由體詩。聞一多就要保持詩歌形式上的鐐銬，認爲「越有魄力的作家，越是要戴著腳鐐跳舞才跳得痛快，跳得好」，[52]因此，他創作的詩是整飭嚴謹的新格律詩。

　　聞一多在〈《女神》之時代精神〉一文中說：

> 他是近代文明之細胞核。郭沫若底這種特質使他根本上異於我國往古之詩人。……在這裡我們的詩人不獨喊出人人心中底熱情來，而且喊出人人心中最神聖的一種熱情呢！[53]

---

[47]同註４６，〈詩的格律〉《聞一多全集·２》，頁一三八至一三九。

[48]同註２，〈論節奏〉《郭沫若全集·文學編１５卷》，頁三六〇。

[49]同註４６，頁一二〇。

[50]石靈〈新月詩派〉《中國現代詩論·上篇》（廣州，花成出版社，一九九一年五月第三次印刷），頁二九一。

[51]同註２，一九二〇年二月十六日〈致宗白華〉《郭沫若全集·文學編１５》，頁四九。

[52]同註４６，〈詩的格律〉《聞一多全集·２》，頁一三九。

[53]同註４６，〈《女神》之時代精神〉《聞一多全集·２》，頁一一一至一一七。

　　他強調《女神》在新詩史上的成就和貢獻，而〈《女神》之
地方色彩〉一文中，又十分嚴肅地針砭《女神》之不足，這似乎
有其矛盾的地方。他說：

> 當然《女神》產生的時候，作者是在一個盲從歐化的日
> 本，他的環境當然差不多是西洋的環境，而且他讀的書
> 又是西洋的書；無怪他所見聞，所想念的都是西洋的東
> 西。但我還以爲這是一個非常的例子，差不多是個畸形
> 的情況。若我在郭君底地位，我定要用一種非常的態度
> 去應付，節制這種非常的情況。[54]

　　郭沫若的作品，不但運用西洋典故，竟致行行嵌用西洋文
字，使成爲中西合璧之怪物，聞一多於此事非常反對。這有對的
一面，但也許聞一多對《女神》的隔膜，或受國粹主義的影響較
深吧，這篇批評《女神》「不獨形式十分歐化，而且精神也十分
歐化」，[55]並說這是由於「《女神》底作者……定不是對於我
國文化眞能了解」[56]所致，似有偏頗。聞一多的意思很清楚，
他不像郭沫若對古詩採取破壞的態度。他提倡新詩，是爲了詩體
的大解放，應該比舊詩更進一程，他的詩評上的很多意見，是針
對著初期白話詩存在的偏頗而提出的一種匡正，是以一種積極的
態度來對待新詩運動。如果說，郭沫若對舊的社會規範和美學標
準的衝決和突破，其藝術特徵是內容溢出形式，不受形式的任何
束縛拘限，是一種還沒有確定形式，無可仿效的天才抒發，那麼，
聞一多對新的藝術規範、美學標準的確立，其特徵是講究形式，
要形式與內容的嚴格結合和統一，以樹立仿效的格式和範本。[57]

---

[54]同註４６，〈《女神》之地方色彩〉《聞一多全集・２》，頁一二〇。
[55]同註４６，〈《女神》之地方色彩〉《聞一多全集・２》，頁一一八。
[56]同註４６，〈《女神》之地方色彩〉《聞一多全集・２》，頁一二一。
[57]李澤厚《美的歷程・盛唐之詩》（中國社會科學出版社，一九八四年

不管如何他們二人相互尊重對方的作品。聞一多的第一本詩集《紅燭》就是由郭沫若介紹給泰東書局出版的。並他還積極支持聞一多從事文藝評論。[58]他們五四以後幾年之間的文字之交，說明他們是文學上的知音，後來郭沫若在〈悼聞一多〉一文中說：

　　當他在美國留學的期間，曾經寫過很多有規律的新詩，

　　他的成就遠超過徐志摩的成就。[59]

這是因爲他們的根底上，都具有著強烈的愛國主義的思想感情。郭沫若的《女神》和聞一多的《紅燭》都表現了對祖國深切的懷念，這是他們共同的思想基礎。事實上，文藝理論和觀點方面，聞一多和郭沫若早期的見解有些相似。他們都認爲文藝有很大的社會作用，郭沫若認爲藝術可以統一人類的感情，提高人的精神，使人們內在的生活美化。[60]聞一多認爲藝術是社會需要的，能促進人類的友誼，抬高社會的程度，是改造社會的根本方法。[61]郭沫若一九二三年發表的〈文藝之社會使命〉中證明了藝術起源的遊戲說。[62]聞一多一九二六年發表的〈詩的格律〉中也同意了「『遊戲本能說』能夠充分的解釋藝術的起源」，[63]

　　七月），轉引自李鎮淮主編《聞一多研究四十年》（北京，清華大學出版社，一九八八年八月），頁二三九。

[58]一九二二年，郭沫若翻譯了波斯詩人莪默迦亞謨的《魯拜集》。對此譯作的缺點，聞一多提出了嚴肅的批評，並對某些誤譯，他還訂正。郭沫若讀了這篇文章後，立即寫信給聞一多，表示「誠摯的謝意」。

[59]同註2，〈悼聞一多〉《郭沫若全集·文學編20卷》，頁一一五。

[60]同註2，〈文藝之社會的使命〉《郭沫若全集·文學編15卷》，頁二〇三至二〇四。

[61]同註46，〈徵求藝術專門的同業者底呼聲〉《聞一多全集·2》，頁一五。

[62]同註2，〈文藝之社會的使命〉《郭沫若全集·文學編15卷》，頁二〇〇。

[63]同註46，〈詩的格律〉《聞一多全集·2》，頁一三七。

聞一多的這些觀點，與郭沫若一九二四年以前[64]的文藝觀差不多。但另一種觀點來看，一九二六年〈詩鐫〉時的聞一多，大致上還停留在郭沫若已經自我否定的那些觀點上。

三、小　結

郭沫若和聞一多早期的詩而言，郭沫若的詩更多地充滿了慷慨高歌的情調，而聞一多的詩就多憂鬱氣氛。如郭沫若在〈棠棣之花〉一詩中，表現了一種犧牲自己爲他人服務的精神，此與聞一多在〈紅燭〉中所表現得很類似。可是，郭沫若的詩充滿了慷慨高歌的氣氛，聞一多的詩卻籠罩著一層薄紗似的憂鬱。換句話說，郭沫若喜歡高潮，喜歡熱烈；聞一多喜歡冷靜，喜歡沉思。在詩歌的自律運轉中，一段時間非理性的衝動可能強一些，或是弱一些；一段時間理性的束縛可能強一些，或是弱一些。

郭沫若所奠定的自由詩，在五四詩壇具有巨大的藝術魅力，但也因爲詩人們自由無度，越到後來越露出了他的弊端，就散文化和歐化傾向的泛濫。聞一多面對詩壇流弊，以十分焦灼的心情關心新詩的前途和命運，他關於新詩建設的意見，反映出詩人文學觀念，已經由初期新詩的注重新舊的對立轉入注重美醜的藝術追求，從「藝術的自由」向「自由的藝術」的邁進。藝術選擇就是對美的創造。郭沫若的自由體詩和聞一多的新格律詩，是新詩歌的兩種不同的表現形式，但它們又是可以相互融合的。在以後的新詩發展史上，如臧克家等人的創作中體現了這種發展傾向。

《女神》在藝術上，與舊詩詞相去最遠，固然使它從另外接

---

[64]本書第二章第一節〈三、回國〉部分已提過。郭沫若的文藝觀點在一九二四年以後有了大的轉變。他創作生活的轉變最適當的是，即回國以前的詩人時代和回國以後的經濟苦悶時代。

近了以近現代民族思潮為代表的時代精神，但也因此導致了他在藝術上的歐化傾向，帶來了一個時代的早產兒。其實，聞一多能夠認識與他的詩歌風格不大相同的《女神》的價值，這就說明他是一個有見解的詩人。值得注意的是，聞一多並不是一開始就很講究形式和格律，並以此論詩的。他從一九二八年出版《死水》時，才實踐了他的「戴著鐐銬跳舞」的主張。聞一多對當時流行的詩歌主張及其作品的評論，就不只是一個詩的形式問題，其中還涉及了作詩的態度，語言的運用，作品的表現等多一些的問題。表面上雖多言其形式，但實際上是和詩的內在精神密切相關的。聞一多與郭沫若一樣，有著無羈的自由精神與想像力，他們共同使新詩真正衝出早期白話詩平實、沖淡的狹窄境界，飛騰起想像的翅膀，獲得濃烈、繁富的詩的形象；聞一多又以更大的藝術力量將新詩詩神收回到詩的規範之中，這顯示了聞一多的詩在新詩發展第一個十年，其他詩人所不能替代的獨特做用於貢獻。另外，如果他們二人在五四期間的友誼，主要只有在文學上的互相幫助和促進，那麼，抗日戰爭以後，他們就成為共同的革命鬥爭的親密戰友了。

第六章　結　論

一九一七年一月發生的文學革命，在新文學史上樹起一個鮮明的界碑，標示著古典文學的結束，現代文學的起始。本研究當初對中國早期的新詩如何看待的問題爲出發點。無論如何，詩自然不會消亡，一方面新詩本身還會發展，也許它失去了充當文學主潮的資格；另一方面，詩還要以它豐富的乳漿哺育新興的文學藝術，不少小說家和散文家不同程度地追求他們作品的詩意，就是一個有力的證明。反過來說，詩爲了免於「老化」的厄運，也要汲取其他藝術的長處。其實，文學現代化所最深刻的發生，且具有根本意義變化的是文學語言和形式，以及與此相聯的美學觀念和品格的變化。

一九二一年五月，周作人在〈新詩〉一文中說：

> 現在的新詩壇，眞可以說消沉極了。……大家辛辛苦開闢出來的新詩田，卻半途而廢的荒蕪了，……詩的改造，到現在實在只能說到了一半，語體詩的眞正長處，還不曾有人將他完全的表示出來，因此根基並不十分穩固。[1]

周作人這裡提出的是，新詩發展前途的戰略性任務。而響應召喚的，恰恰是一批年輕詩人。一九二三年開始，郭沫若以明確

---

[1]王仲三箋注〈新詩〉《周作人詩全篇箋注》（上海，學林出版社，一九九六年一月第二次印刷），頁四二七。

的語言概括了他的詩歌觀：「詩的本職專在抒情」。[2]早期白話詩不重想像的平實化傾向也受到了創造社詩人的挑戰。郭沫若在〈論詩三札〉裡把詩的藝術概括爲一個公式：「詩＝（直覺＋情調＋想像）＋（適當的文字）」。[3]他的《女神》正式充分地體現了上述的理論主張，從而使中國的新詩眞正合於時代的拍節，有了足夠代表自己的時代發言。郭沫若在開闊新詩的天地，開拓新詩的領域方面所做的貢獻。

五四以來的中國作家大多都走過了充滿變化的文學道路和人生道路。變化對於郭沫若的文學生涯和政治生涯來說具有重要的意義。善變成爲郭沫若思想發展與文學發展的重要特色。郭沫若很善於依照時代的需要調整自己的感情、思想、行爲和審美趣味。當文學趨勢和政治形勢起大變化的時候，他善於做出和潮流的選擇。他的文學價值與生命價值依賴自己的時代而存在。他的大部分人生是在歷史舞台上，在受人注目的明處過的。他不但具有文學家與政治活動的雙重身分，當然還有其他身分。反正，誰也不能否認：他的精神世界始終那麼強烈地傾向於文學，傾向於詩。他的心靈被藝術氣質統攝著。

郭沫若在五四時代所寫的《女神》，就是眞切的表現自我。包括自我感情當時難免的眞實的局限和弱點，但確實又同時是眞切地表現了當時的時代精神。他以《女神》爲代表的早期詩歌創作，以其高度的藝術獨創性，以及對這種時代精神的準確把握，爲中國新詩矗立了第一塊豐碑，並開啓了新詩創作中的浪漫主義

---

[2]田壽昌、宗白華、郭沫若著者，一九二〇年二月十六日〈沫若致白華〉《三葉集》（上海，亞東圖書館，一九二三年九月三版），頁四六。

[3]〈郭沫若致宗白華〉《郭沫若全集·文學編１５卷》（北京，人民文學出版社一九九〇年七月），頁一六。

潮流。在他的浪漫主義形象中，包含著意味深長的象徵意蘊。所以，他的早期詩歌豐富多彩的藝術表現力，並不是單純的浪漫主義就能道盡的，他還融會了更多的藝術方法。因此，《女神》就是一部蘊含象徵主義和表現主義及印象主義等多種藝術元素的浪漫主義詩集。在他早期詩歌的許多名篇當中，由於詩人的自我精神主體進入詩歌的內在本質，從自然和社會的總體上體會到那種涵蓋一切的宇宙間事物的發展規律，在這種情況下，他對時代和對人生的感受就提升到哲理的高度，從而使詩歌具有了一種可以無限領略的內在生命。這是突破傳統的一次藝術覺醒，是破格的藝術冒險。郭沫若的這種創造精神，在中國詩壇硬闖出一條成功之路。不過，他的創造性卻往往是透過仿效性實現的。朱湘說：

> 郭君在詩的工具上的求新的傾向有兩種：一是西字的插
> 入，一是單調的結構。不幸這兩種傾向都是不好的。[4]

　　他寫於《女神》時期的那些仿效性比較強的作品，竟成為他的詩集。但他並沒有為了摹仿進而去有意地揣摩誰。處於專注的、熱狂的情緒狀態下，他所寫出的作品，恐怕自然地具有與閱讀對象很接近的特點。一個作家的創作具有仿效性，仍然不太容易理解為是對他的文學才能的誇讚。因此，郭沫若竟未能獨立自由地實現自己的藝術個性，不過他並不是風格單一的詩人，他作品的若干階段的思想變化中，其色調有過種種變化。他的思想從泛神論發展到馬克斯主義，在接受馬克斯主義以後，對其過去所信奉的泛神論哲學就拋棄了。如果把《女神》到《恢復》這五本詩集，算做是他的前期作品的話，那麼，他轉變為馬克斯者以後所寫下的詩作，便可算做是後期的作品。郭沫若的後期詩作，品

---

[4]〈郭君沫若的詩〉《朱湘散文・上》（北京，中國廣播電視出版社，一九九六年三月第二次印刷），頁一九一。

質下降的主要原因，簡單而言，歸結於他思想的轉變和政治地位
的提高，還從思想和藝術對立起來等等。一代詩人所走過的道路
給人留下了無盡的思考。

　　徐志摩在英國時，形成了自己個人生活的理想。他的詩生活
和愛情生活，幾乎是同時開始的，可以說他那「詩化生活」的理
想，就是要把愛、美和自由完美的結合在一起，這是他的「單純
信仰」，確實是他的人生理想。所謂他的人生理想便是他個人性
靈得到最大自由的發展。然而成為對現實並沒有特別重視的浪漫
詩人，他彩虹似的夢，給他的情詩塗上了傷感的情調。他的詩風
受英國詩的影響很大。卞之琳對此做過評論：

> 儘管徐志摩在身體上、思想上、感情上，好動不好靜，
> 海內外奔波「雲游」，但是一落到英國、英國的十九世
> 紀浪漫派詩境，他的思想感情發而為詩，就從沒有能超
> 出這個籠子。[5]

　　徐志摩吸收和繼承了英國浪漫派的詩歌藝術，為自己樹立了
理想目標。詩集《志摩的詩》把愛、自由、個性及理想聯在一起
抒寫，顯得較為含蓄蘊籍。《翡冷翠的一夜》是，他感情生活中
一次波折的留痕，其情詩顯得過分傷感。《猛虎集》和《雲游》
除了訴失戀的痛苦之外，還有庸俗的情調。他的詩在內容上，恬
閒淡雅而常有淡淡的感傷或頹廢的色彩，仿佛他把自我解放與空
靈的飄忽安放在柔麗清爽的詩境裡，是給人舒適的感覺，不過
他那些個人哀怨的愛情詩其憂鬱悲傷甚至頹廢色彩越到後來越濃
烈；在藝術美的追求上，他的詩節奏輕快、旋律和諧、講究技巧，

---

[5]卞之琳〈徐志摩詩重讀之感〉《詩刊》（一九七九年九月號）。轉引
　　自謝冕主編《徐志摩名作欣賞・序一》（北京，中國和平出版社，一
　　九九四年八月第三次印刷），頁一五。

受到《死水》的影響。

　　他所追求的完整的藝術形式，是爲了表現自己的彷徨和煩悶的情緒，以及輕煙似的淡淡的哀愁。對詩的表現手法，盡量能夠運用各式各樣的方法，表現詩才富贍。由於手法多，因而詩的體制、格式也是多種多樣的。但他不像聞一多那麼重視對中國傳統詩詞格律的繼承，他更多地採取西方格律詩的形式。另外，他的詩在藝術上與聞一多詩的一個區別，在於相對地不注意繪畫美。

　　徐志摩的愛情詩，在他詩作中最重要的地位，這些詩歌唱純眞的愛情，委婉優美，表現對個性解放的追求。他的詩，在藝術上也具有了唯美主義的傾向，但並不是鑽到象牙之塔中去的爲藝術而藝術者，他傾心於英國式的民主理想。但這種理想的追求和幻滅，貫穿他短暫的一生，也滲透在他詩歌和散文的創作之中。

　　中國傳統文化性格的閉鎖性，限制了許多與西方文化有過直接接觸人們的充分發展。徐志摩在這個交流中的某些特點，可能是我們期待的。他的西方化，從另一面看，卻正是徐志摩有異於他人的地方。在新詩史上，像他這樣全身心溶入西方文化而攝取其精髓的人是不多的。他的這種表現，從文學史上的貢獻與地位而言，都是值得肯定的。遺憾的是，他的生命過於短暫，他還來不及充分地施展。如果他活得更長一些，隨著他年齡的增長，就會影響的擴大，他一定會在促進東西方的交流中，引起更爲顯著的角色。

　　聞一多的詩歌便接受了西方詩歌的影響，又吸取了中國古典詩歌的營養，在藝術上較有高的成就。他的詩集《紅燭》是，在清華和留美初期的作品組成，其中，交織著不滿現實的苦悶和對純眞愛情的渴望，瞻望前途迷惘和獻身藝術報效祖國的熱情。尤其是現代生活情調與典雅的東方美的融合，初步實現了中西藝術

結婚的美學思想。他的《死水》，要多少精力去推敲，對其他詩
人的影響是很大，連徐志摩也受到影響。其實，在《死水》中，聞
一多追求的是正面的美，在當時對他來說是十分抽象的。他一方
面對共產主義抱著偏見；另一方面，又否定了資本主義制度。這
就使他所追求的美缺乏實際的內容，以至往往只能從中國悠久的
文明，漫長的歷史中去尋找。這些雖然超脫於現實，游離於社會，
但他持有強烈的愛國主義激情，這成爲他正面的美永恆的嚮往。

聞一多爲了要創建自己的新詩，不但對新詩的歐化提出了意
見，而且當時對中國詩壇上的泰戈爾熱，在《泰果爾批評》中也
發表了意見。認爲學習成功的藝術家的時候，有他人的長處或短
處，應要有明察的鑑賞，不要盲目的崇拜。[6]他的詩作中，愛國
主義色彩的最爲突出，《死水》表現的愛國情懷最突出的愛國詩
直抒胸臆，奔放熾烈，有濃厚的浪漫主義風格。

在詩歌理論方面，聞一多的《詩的格律》影響最大。他針對
五四以來，新詩自由鬆散的弊病，提出創造新格律詩的主張。臧
克家在《克家論詩》一書中說：

> 在這一時期裡，聞一多的《死水》給了新詩以好的影
> 響，他的格律論自有他主張的理由，可以不必反對，因
> 爲在新詩沒有正確方向的時候，有人創造理論只要言之
> 成理便是可以參考的。聞一多的好處，是要在內容上表
> 現一種健康的姿態，同時還想試驗著創造自己的詩（這
> 就是說，脫開外國的圈子），雖然功夫沒做到成功的地
> 步。[7]

---

[6]孫黨柏、袁謇正主編〈泰果爾批評〉《聞一多全集·2》（湖北人民
出版社，一九九四年一月），頁一二五。
[7]引自於可訓著《新詩體藝術論》（武漢大學出版社，一九九五年八月），
頁一○三。

其實，他的新詩格律理論在新詩史上的意義是重大的。從一九一七年以來的中國新詩，經歷了兩個階段的發展。其一，初期以胡適爲代表的白話詩人打破了文言與舊詩詞格律的束縛，嘗試著用白話寫作自由體詩，這是以新的內容來衝破舊的形式，他們的意義主要在對舊形式的破壞。其二，浪漫主義自由體詩的代表郭沫若的《女神》，就充滿了火山爆發式的精神，從而成爲突進五四精神的集中體現。它已經突破了早期白話詩僅僅以白話替代文言，把新詩寫成分行的散文，使新詩創作又往前推進了一步的作用。但在體制上雖然大體擺脫了舊詩詞的影響，卻又出現了過分歐化的傾向。

事實上，無論是胡適、劉半農、劉大白等早期白話詩人，還是郭沫若等自由體詩人，都還沒有認識到形式和技巧美的重要性。因爲這時候，新詩過於散文化，所以眞正擁有具體化、系統化，並把它付出新詩創作的，還是到了聞一多主張新詩格律理論之後，才眞正開始的。

聞一多特別重視新詩的形式美。他曾將對抒情詩與繪畫做過比較，強調了形式美的重要性。他提出的「三美」，在探討新詩藝術形式美中起重要的作用是，他對中國傳統藝術特質的認識，此特質就是「均齊」。關於新詩藝術形式的三美論，就是建立在這個宏觀認識基礎之上的。沈從文在〈新詩的舊賬〉一文中說：

> 新詩的命運恰如整個中國的命運，正陷入一個可悲的環境裡。想出路，不容易得出路，困難處在背負一個「歷史」，面前是一條「事實」的河流。……新詩要出路，也許還得另外有人找更新的路，也許得回頭，稍稍回頭，認眞從近十多年得失上作些具體分析。[8]

新舊交替的五四時代，郭沫若、徐志摩和聞一多都衝破了封

建儒家詩教的束縛，自由地追求心中的詩藝，無拘無束地抒寫他們的生趣和情懷，充分地顯示了主體意識的高度自覺性。他們在詩歌內容的抒寫上都有著極大的自由性，而在詩歌藝術形式的創造上就走了不同的路。

郭沫若、徐志摩和聞一多所精心構築的詩歌藝術秩序，自有其持久的生命力，並且對於當今詩壇，也有著某種溝通和聯繫。更重要的是，他們對新詩的探索與革新的精神，已經喚醒了一代又一代人去考慮新詩藝術的基礎，去考慮它在每個階段的推進和發展，由此而產生的影響是長久的。有時尋求真理乃是比真理本身更為重要的事，郭沫若、徐志摩和聞一多對新詩藝術的探索精神遠比他們所貢獻的詩歌藝術更有意義，發生的影響也更為重大深遠。

詩人是跨越歷史的人物，語言是存在文字的本家，而詩人則是語言的「守護家」，他用一個詞把生命從有限中釋放出來，趨向無限；在通往無限的大道上，詩滌蕩著黑暗、悲慘、罪惡和褻瀆，象徵著「生命不怕死，在死的面前笑著跳著，跨過滅亡的人們向前進」。[9]總之，儘管新詩還存在著許多問題，尤其是所付出的代價和收穫的不成比例，但它已經在現代海峽兩岸深深地紮根，這卻是一個不爭的事實；而它所創造的文學創作實績，已經形成了現代文學領域中的新傳統。以上的探討，在藝術反映的自由選擇和如何反映的自由創造方面，留下了寶貴的經驗。這是本書的結論。

---

[8]蒲花塘、曉非編〈新詩的舊賬〉《沈從文文集・１２》（廣州，花成出版社與生活、讀書、新知三聯書店香港分店聯合出版，一九九二年五月第三次印刷），頁一八三至一八四。
[9]魯迅〈生命的路〉《魯迅雜文全集》（河南人民出版社，一九九四年十二月），頁一一四。

主要參考書目

一、郭沫若詩文集及對他的專論

《三葉集》　田壽昌、宗白華、郭沫若　（上海，亞東圖書館，
　一九二三年九月三版）。

《郭沫若論》　黃人影編　（上海書店，一九三一年九月）。

《沫若自傳·少年時代》　郭沫若　（上海海燕書店，一九四七
　年四月）。

《郭沫若批判》　史劍著（香港亞洲出版社，一九五四年五月）。

《十批判書》　郭沫若著　（北京，科學出版社，一九六六年一
　月第八次印刷）。

《郭沫若著譯系年》　吉林師大學報編輯部　（吉林師大學報，
　一九七九年增刊）。

《郭沫若研究專刊》　（四川大學學報，哲社版第二輯，一九七
　九年七月）。

《郭沫若的文學道路》　黃厚興　（天津人民出版社，一九八一
　年九月）。

《郭沫若年譜·上、下》　龔濟民、方仁念　（天津人民出版社，
　一九八二年五月）。

《郭沫若全集·文學編1、2、3、4、5、6、7、8、10、13、15、
　17、18、20卷》　郭沫若著作編輯出版委員會編　（北京人
　民文學出版社，一九八二年十月至一九九二年三月）。

《郭沫若集外序跋集》　秦川編輯　（四川人民出版社，一九八

三年二月）。

《郭沫若紀遊詩選注》　林東海、史爲樂選注　（上海文藝出版
　　社，一九八三年三月）。

《郭沫若論創作》　高國平編輯　（上海文藝出版社，一九八三
　　年六月）。

《郭沫若傳略》　陳永志（上海文藝出版社，一九八四年一月）。

《郭沫若研究論集・第二集》　秦川編輯　（四川人民出版社，
　　一九八四年四月）。

《郭沫若研究・第一輯》　中國郭沫若研究學會編輯部編　（北
　　京文化藝術出版社，一九八五年八月）。

《郭沫若研究札記》　卜慶華著　（湖南大學出版社，一九八六
　　年一月）。

《郭沫若》　黃厚興著　（北京人民出版社，一九八六年三月）。

《郭沫若研究資料・上、中、下》　林明華等人編　（北京，中
　　國社會科學出版社，一九八六年八月）。

《郭沫若舊體詩詞賞析》　王錦厚、伍加倫編著　（四川，巴蜀
　　書社出版，一九八八年三月）。

《郭沫若研究・第 4 輯》　中國郭沫若研究學會編輯部編　（北
　　京・文化藝術出版社，一九八八年四月）。

《郭沫若研究・第 5 輯》　中國郭沫若研究學會編輯部編　（北
　　京，文化藝術出版社，一九八八年五月）。

《郭沫若與郁達夫比較論》　蔡震著　（陝西師範大學出版社，
　　一九八八年五月）。

《郭沫若研究論叢》　樂山師專郭沫若研究室編　（四川大學出
　　版社，一九八八年八月）。

《郭沫若佚文集・上、下冊》　王錦厚、伍加倫、肖斌如編　（四

　　川大學出版社，一九八八年十一月）。

《魯迅與郭沫若比較論》 張恩和 （天津人民出版社，一九八
　　九年二月）。

《郭沫若文學研究管窺》 黃侯興編著 （天津教育出版社，一
　　九八九年七月）。

《郭沫若傳——絕代風流》 唐先聖著 （山西，北岳文藝出版
　　社，一九八九年十二月）。

《郭沫若與中外作家比較論》 傅正乾 （陝西師範大學出版社，
　　一九九〇年六月）。

《郭沫若自敘》 閻煥東編著 （山西教育出版社，一九九〇年
　　九月）。

《鳳凰、女神及其他——郭沫若論》 閻煥東 （北京，中國人
　　民出版社，一九九〇年十一月）。

《魯迅、胡適、郭沫若連環比較評傳》 朱文華著 （上海文藝
　　出版社，一九九一年十月）。

《郭沫若代表作》 張學植編 （河南人民出版社，一九九二年
　　一月）。

《郭沫若藝術新論》 增少祥、楊林山著 （北京燕山出版社，
　　一九九二年五月）。

《郭沫若傳》 龔濟民、方仁念 （北京十月文藝出版社，一九
　　九二年六月）。

《郭沫若新論》 劉茂林、葉桂生等著 （北京社會科學文獻出
　　版社，一九九二年六月）。

《郭沫若研究·第9輯》 中國郭沫若研究學會編輯部編 （北
　　京，文化藝術出版社，一九九二年七月）。

《百家論郭沫若》 王錦厚、秦川等人選編 （成都出版社，一

九九二年九月）。

《郭沫若文學傳論》 王文英、王爾齡等 （新疆人民出版社，
　　一九九二年九月）。

《郭沫若的婚姻與交游》 賴正和編 （成都出版社，一九九二
　　年九月）。

《郭沫若縱橫論》 王錦厚、唐明中等編 （成都出版社，一九
　　九二年九月）。

《郭沫若思想整體觀》 陳永志著 （上海文藝出版社，一九九
　　二年十一月）。

《郭沫若海南詩文注》 陳波、陳海編注 （海南出版公司，一
　　九九二年十二月）。

《陽光地帶的夢──郭沫若的性格與風格》 張毓茂著 （北京
　　師範大學出版社，一九九三年五月）。

《郭沫若名詩鑑賞辭典》 臧克家主編 （北京，中國和平出版
　　社，一九九三年七月）。

《郭沫若評傳》 秦川著 （重慶出版社，一九九三年九月）。

《郭沫若傳奇》 劉茂林 （北京社會科學文獻出版社，一九九
　　四年三月）。

《論郭沫若的詩歌創作》 陳永志著 （上海外語教育出版社，
　　一九九四年六月）。

《郭沫若詩詞鑑賞》 林林主編 （河北人民出版社，一九九四
　　年八月）。

《郭沫若百年誕辰紀念文集》 郭沫若故居中國郭沫若研究會編
　　（北京社會科學文獻出版社，一九九四年十二月）。

《郭沫若安娜》 鄭舍農著 （北京中國青年出版社，一九九五
　　年一月）。

《郭沫若評傳》　謝保成　（百花洲文藝出版社，一九九五年十
　　一月）。

《郭沫若研究新論》　卜慶華　（北京首都師範大學出版社，一
　　九九五年十一月）。

《郭沫若——青春型的詩人》　黃侯興　（山東人民出版社，一
　　九九六年三月）。

《郭沫若選集·一卷至四卷》　（北京，人民文學出版社，一九
　　九七年八月）。

《郭沫若抒情詩》　劉元樹主編　（安徽文藝出版社，一九九七
　　年七月）。

二、徐志摩詩文集及對他的專論

《徐志摩傑作選》　萬家新編（台北，西南書局，一九七四年）。

《徐志摩英文書信集》　梁錫華譯　（台北，聯經出版社，一九
　　七九年三月）。

《徐志摩詩文補遺》　梁錫華編　（台北，時報文化出版社，一
　　九八〇年三月）。

《徐志摩全集·全六集》　蔣復璁、梁實秋編　（台北，傳記文
　　學出版社，一九八〇年八月）。

《徐志摩選集》　徐志摩撰　（台北，黎明文化，一九八一年）。

《徐志摩年譜》　陳從周編　（上海書店，一九八一年十一月）。

《徐志摩的詩》　徐志摩撰（台北，大廈出版社，一九八二年）。

《徐志摩及其作品研究》　蕭麗玉　（台北，文化大學出版部，
　　一九八二年八月）。

《徐志摩選集》　（北京，人民文學出版社，一九八三年九月）。

《徐志摩全集·全五集》　（商務印書香港分館，一九八三年十

　　月）。

《徐志摩新傳》　梁錫華　（台北，聯經出版社，一九八六年九
　　月）。

《徐志摩評傳》　陸耀東　（陝西，人民出版社，一九八七年七
　　月）。

《風流詩人徐志摩》　顧永棣　（四川，文藝出版社，一九八八
　　年六月）。

《從徐志摩到余光中》　羅青　（台北，爾雅出版社，一九八八
　　年七月）。

《徐志摩抒情詩》　關正文編　（北京，作家出版社，一九八九
　　年一月）。

《徐志摩新評》　胡凌芝　（上海，學林出版社，一九八九年二
　　月）。

《徐志摩詩選》　楊牧編（台北，洪範書店，一九八九年十月）。

《徐志摩詩全編》　梁仁編　（編年體，折江文藝出版社，一九
　　九〇年一月）。

《藝術與風月——徐志摩傳》　宋益喬　（山西，北岳文藝出版
　　社，一九九〇年十一月）。

《徐志摩與陸小曼——你是不是我唯一的戀人》　陳信元　（台
　　北，業強出版社，一九九〇年十二月）。

《徐志摩》　阿剛等人選評編輯　（台北，海風出版社，一九九
　　二年十月二版）。

《徐志摩名作欣賞》　謝冕編寫　（北京，中國和平出版社，一
　　九九四年八月）。

《徐志摩與陸小曼》　（河北，花山文藝出版社出版發行，一九
　　九三年十二月）。

《新月下的夜鶯——徐志摩傳》 宋炳輝 （上海，文藝出版社，
　　一九九三年十二月）。

《徐志摩全集補編·1》 （上海書店，一九九四年二月）。

《小腳與西服——張幼儀與徐志摩的家變》 張邦梅著、譚家瑜
　　譯 （台北，智庫文化，一九九六年十一月）。

《徐志摩情話》 萬莘著 （呼和浩特市，內蒙古人民出版社，
　　一九九八年二月）。

《徐志摩傳》 趙遐秋著 （北京，中國人民文學出版社，一九
　　九九年四月）。

《愛的靈感——徐志摩筆下的戀情》（北京，華文出版社，二〇
　　〇〇年一月一日）。

三、聞一多詩文集及對他的專論

《聞一多全集·共四冊》（北京，生活、讀書、新知三聯書店，
　　一九八二年八月）。

《聞一多評傳》 劉烜 （北京大學出版社，一九八三年七月）。

《聞一多研究四十年》 楚圖南 （北京，清華大學出版社，一
　　九八八年八月）。

《聞一多研究叢刊·第一集》 （武漢大學聞一多研究室編，一
　　九八九年四月）。

《聞一多研究述評》 商金林 （天津教育出版社，一九九〇年
　　十月）。

《聞一多研究文集》 余嘉華、熊朝雋 （雲南教育出版社，一
　　九九〇年十一月）。

《聞一多代表作》 劉福友編 （河南人民出版社，一九九二年
　　一月）。

《聞一多隨想錄激進人生》 何乃正編 （廣州花城出版社，一
　　九九二年五月）。

《聞一多傳》 聞黎明著 （北京人民出版社，一九九二年十月）。

《聞一多古典文學論著選集》 袁千正編選 （武漢大學聞一多
　　研究室編，一九九三年二月）。

《聞一多》 魯非、凡尼選評編輯 （台北，海風出版社，一九
　　九三年十二月）。

《聞一多全集·全12冊》 孫黨柏、袁謇正主編 （湖北人民
　　出版社，一九九四年一月）。

《聞一多名作欣賞》 王富仁編寫 （北京，中國和平出版社，
　　一九九四年四月）。

《詩人聞一多的世界》 唐鴻棣著 （上海，學林出版社，一九
　　九六年十月）。

四、詩文集

《新月詩選》 陳夢家編著 （新月書店，一九三一年九月）。

《現代中國詩選》 （香港，中文大學出版部，一九七四年）。

《新詩品賞》 楊昌年 （台北，牧童出版社，一九七八年九月）。

《中國新詩選》 臧克家編選 （北京，中國青年出版，一九七
　　九年九月第五次印刷）。

《中國現代抒情詩一百首》 璧華編 （台北，木鐸出版社，一
　　九八〇年三月）。

《中國現代愛情詩選》 王家新等編 （武漢，長江文藝出版社，
　　一九八一年）。

《詳註中國古今名詩三百首》 高準編 （台北，林白出版社，
　　一九八一年九月）。

《中國新詩選》 林明德、李豐楙、呂正惠、何寄澎、劉龍勳編
（台北，長安出版社，一九八二年十月）。

《現代新詩一百首》 錢光培編 （北京出版社，一九八三年五
月）。

《中國新詩選》 尹肇池等編 （香港九龍，海山圖書公司，一
九八三年九月）。

《中國現代文學名篇選譯》 夏傳才主編 （天津，南開大學出
版社，一九八四年）。

《茅盾全集·共十五卷》 （北京，人民文學出版社，一九八四
年）。

《藝術大辭典》 徐桂峰編 （台北，華視出版社，一九八四年
六月初版）。

《中國新詩賞析》 林明德、李豐楙、呂正惠、何寄澎、劉龍勳
編著（一至三，台北，長安出版社，一九八五年四月）。

《中國新文學大系》 （詩集，第十四集，上海文藝出版社，一
九八五年五月）。

《中國現代文選》 錢谷融主編 （上·下冊，上海教育出版社，
一九八五年八月）。

《中國格律詩選》 周仲器、錢倉水編 （江蘇，人民出版社，
一九八五年）。

《新文學先驅──『新青年』、『新潮』及其他作品選》 錢谷
融主編 （華東師範大學出版社，一九八五年十月）。

《中國新詩萃》 謝冕 （北京，人民文學出版社，一九八八年
十月）。

《抒情詩選讀》 劉家驥、單占生 （河南人民出版社，一九八
九年一月）。

《現代中國詩選》 楊牧、鄭樹森編 （台北，洪範書店，一九
　　八九年二月）。

《中國現代抒情名詩鑑賞辭典》 陳敬容 （學怨出版社，一九
　　八九年八月）。

《新月派詩選》 藍棣之 （北京，人民文學出版社，一九八九
　　年九月）。

《中國現代當代文學辭典》 戴翼、陳悅青 （遼寧，教育出版
　　社，一九八九年十二月）。

《中國新文學大系》 趙家璧主編 （全十冊，台北，業強出版
　　社重印，一九九○年二月）。

《現代愛情詩鑑賞集》 李光筠主編 （台北，國文天地雜誌社，
　　一九九０年五月）。

《中國現代名家小品精選》 夏建中、王小琪選編 （北京，中
　　國人民大學出版社，一九九○年十一月）。

《中國新詩百首賞析》 李玉昆等選評 （北京語言學院出版社，
　　一九九一年一月）。

《郁達夫文集·共十二卷》（廣州，花城出版社及生活、讀書、
　　新知三聯書店香港分店聯合編輯出版，一九九一年五月第二
　　次印刷）。

《西洋文學辭典·全一冊》 顏元叔主編 （台北，正中書局，
　　一九九一年九月）。

《沈從文文集·共十二卷》（廣州，花城出版社及生活、讀書、
　　新知三聯書店香港分店聯合編輯出版，一九九二年五月第三
　　次印刷）。

《新月的升起──新月派作品選》 方仁念 （上海，華東師範
　　大學，一九九三年七月）。

《新詩韻辭典》　劉飛茂等主編　（北京學苑出版社，一九九四
　　年一月）。

《台港澳暨海外華文新詩大辭典》　古繼堂　（瀋陽出版社，一
　　九九四年五月）。

《魯迅全集・共十六卷》（北京，人民文學出版社，一九九五年
　　第二次印刷）。

《周作人詩全篇箋注》　王仲三箋注　（上海，學林出版社，一
　　九九六年一月第二次印刷）。

《印度哲學》　姚衛群編著　（台北，淑馨出版社，一九九六年
　　一月）。

《中國現代唯美主義文學作品選上・下》　劉欽偉選編　（廣州，
　　花城出版社，一九九六年二月）。

《朱自清全集・共八卷》　朱喬森編　（南京，江蘇出版社，一
　　九九六年八月）。

《20世紀中國新詩辭典》　辛笛主編　（上海，漢語大辭典出
　　版社，一九九七年一月）。

五、詩論及作家論

《中國新詩壇的昨日今日和明日》　草川未雨　（上海書店，一
　　九二九年五月）。

《作家論》　茅盾等　（文學出版社，一九三六年四月）。

《中國新文學大系導論集》　蔡元培等　（上海良友復興圖書印
　　刷公司，一九四〇年十月初版）。

《中國新詩之回顧》　周伯乃　（台北，廣文書局，一九六九年
　　九月）。

《文藝史話及批評》　左舜生　（第一集，台北，傳記文學出版

社，一九七〇年五月）。

《中國新詩風格發展論》 高準 （台北，華剛出版部，一九七
　　三年十二月）。

《文學評論》 姚一葦、侯健、楊牧、葉維廉、葉慶炳編 （第
　　一集，台北，書評書目出版社，一九七五年五月）。

《詩學》 瘂弦、梅新主編 （第一、二輯，台北，巨人出版社，
　　一九七六年十月）。

《三十年代文藝論》 李牧著 （台北，黎明文化，一九七七年
　　六月）。

《文學評論集》 林綠 （台北，國家出版社，一九七七年八月）。

《中國詩學》 劉若愚 （台北，幼獅文化，一九七七年）。

《中國古典文學比較研究》 葉維廉等 （台北，黎明文化，一
　　九七七年十月）。

《文學論》 王夢鷗譯 （台北，志文出版社，一九七七年十二
　　月）。

《詩和現實》 陳芳明 （台北，洪範書店，一九七八年九月）。

《人的文學》 夏志清 （台北，純文學出版社，一九七九年三
　　月）。

《中國現代文學批評選集》 葉維廉 （台北，聯經出版社，一
　　九七九年七月）。

《三十年代作家評介》 丁望 （台北，時報出版，一九七九年
　　十月）。

《中國近代作家和作品》 林海音 （台北，純文學出版社，一
　　九八〇年三月）。

《早期新詩的批評》 周伯乃 （台北，成文出版社，一九八〇
　　年五月）。

《三十年代作家記》　陳紀瀅　（台北，成文出版社，一九八〇年五月）。

《我熟識的三十年代作家》　孫陵　（台北，成文出版社，一九八〇年五月）。

《五四時代的作家和作品》　舒蘭　（台北，成文出版社，一九八〇年五月）。

《新文學作家列傳》　趙聰　（台北，時報出版，一九八〇年六月）。

《新月及其重要作家》　陳敬之　（台北，成文出版社，一九八〇年七月）。

《現代中國作家評傳》　李立明　（台北，波文書局，一九八〇年）。

《新詩漫談》　尹在勤　（陝西，人民出版社，一九八一年九月）。

《中國現代作家作品選》　上海教育學院編　（上、下冊，福建，教育出版社，一九八一年十一月）。

《文學論評》　聯副三十年文學大系編輯委員會　（台北，聯合報社，一九八一年十二月）。

《論詩》　朱光潛著　（台北，台灣開明書店，一九八二年四月）。

《新詩賞析》　楊昌年　（台北，文史哲出版社，一九八二年九月）。

《求實集──中國現代文學論集》　嚴家炎　（北京大學出版社，一九八三年十一月）。

《中國近代文學作家論》　任訪秋　（河南，人民出版社，一九八四年三月）。

《愛情與文學》　周伯乃　（台北，東大圖書，一九八四年八月）。

《中國文學批評》　張健著　（台北，五南圖書出版，一九八四

年九月初版）。

《廿卅年代新詩論集》　龔顯宗　（台南，鳳凰城圖書公司，一
　　九八四年九月）。

《現代作家作品藝術談》　邱文治　（天津，人民出版社，一九
　　八四年十月）。

《文學理論》　〔美國〕雷·韋勒克　奧·沃倫著　李哲明等人
　　譯（北京，生活、讀書、新知三聯書店出版，一九八四年十
　　一月）。

《中國近代文藝思想論稿》　葉易　（上海，復旦大學出版社，
　　一九八五年五月）。

《新文學的傳統》　夏志清　（台北，時報出版，一九八五年十
　　月）。

《論詩》　謝冕　（青海，人民出版社，一九八五年十二月）。

《中外名家論創作技巧·上冊》　林澤生、黎偉東編　（南寧，
　　廣西人民出版社，一九八六年四月）。

《現代作家四十人》　金華編輯　（上海，人民出版社，一九八
　　六年六月）。

《中國二三十年代作家》　蘇雪林　（台北，純文學出版社，一
　　九八六年六月）。

《中國新文學研究》　（第一輯，復旦大學出版社，一九八六年
　　八月）。

《中國新文學淵源》　任訪秋　（河南，人民出版社，一九八六
　　年九月）。

《三十年代文學札記》　張大明　（天津人民出版社，一九八六
　　年十月）。

《中國詩學美學》　蕭馳　（北京大學出版社，一九八六年十一

月）。

《修辭學》 黃慶萱 （台北，三民書局，一九八六年十二月）。

《西方現代哲學與文藝思潮》 高國平等編 （上海，文藝出版社，一九八七年四月）。

《現代詩人風格論》 任愫 （四川，文藝出版社，一九八七年五月）。

《現代文學欣賞與創作·上冊》 簡宗梧編著 （台灣，國立空中大學，一九八七年六月）。

《王國維詩學研究》 佛雛 （北京大學出版社，一九八七年六月）。

《二十世紀中國文學與世界》 陳元愷 （陝西，人民出版社，一九八七年八月）。

《現代詩四十家風格論》 孫琴安 （上海社會科學院出版社，一九八七年九月）。

《中國新詩研究》 瘂弦 （台北，洪範書店，一九八七年九月）。

《中國現代文學批評述評》 柯慶明 （台北，大安出版社，一九八七年十月）。

《詩學析論》 張春榮 （台北，東大圖書，一九八七年）。

《中國現代文學采英》 沈振煜等 （湖北，教育出版社，一九八八年三月）。

《胡適與魯迅》 周質平 （台北，時報文化，一九八八年六月）。

《中國文學縱橫論》 黃維樑 （台北，東大圖書，一九八八年八月）。

《中國大陸新詩評析 1916-1979》 高準 （台北，文史哲出版社，一九八八年九月初版）。

《文學批評方法手冊》 姚錦清等譯 （瀋陽，春風文藝出版社，

一九八八年十月）。

《現代西方文學批評術語辭典》 〔英國〕羅杰‧福勒（Roger Fowler）編 周永明等譯 （沈陽，春風文藝出版社，一九八八年十一月）。

《中國現代四作家論》 陸耀東 （武漢大學出版社，一九八八年十二月）。

《詩學》 亞里士多德 （Leon Golden 原文英譯，O.B. Hardison，Jr.解說，崔翔圭韓譯，漢城，圖書出版仁義，一九八九年三月）。

《論中國現代文學及其他》 嚴家炎 （台北，新學識文教出版中心，一九八九年四月）。

《怎樣讀新詩》 黃維樑 （台北，五四書店，一九八九年八月）。

《胡適研究資料》 陳金淦編 （北京出版社，一九八九年八月）。

《新月散文十八家》 王孫選編 （上海，文藝出版社，一九八九年十一月）。

《詩就是詩》 （北京人民大學，一九九〇年一月）。

《詩美學》 李元洛 （台北，東大圖書，一九九〇年二月）。

《中國現代文學的主潮》 賈植芳主編 （上海，復旦大學出版社，一九九〇年二月）。

《現代美學及其他》 趙天儀 （台北，東大圖書，一九九〇年三月）。

《中國新文學整體觀》 陳思和 （台北，業強出版社，一九九〇年三月）。

《中國現代作家與東西方文化》 吳小美等 （蘭州大學出版社，一九九〇年五月）。

《西方文藝思潮與二十世紀中國文學》 王寧等主編 （北京，

中國社會科學出版社，一九九〇年十一月）。

《中國現代名家小品精選》　夏建中、王小琪選編　（北京，中
　　國人民大學出版社，一九九〇年十一月）。

《新文學考據舉隅》　朱金順　（北京，中國文史出版社，一九
　　九〇年十二月）。

《中國現代詩論４０家》　潘頌德　（重慶出版社，一九九一年
　　一月）。

《中國現代文學百題》　顧聖皓等人編　（河南，文心出版社，
　　一九九一年三月）。

《中國現代詩論·上下》　楊匡漢、劉福春編　（廣東，花城出
　　版社，一九九一年五月）。

《現代詩縱橫觀》　蕭蕭著　（台北，文史哲出版社，一九九一
　　年六月）。

《新格律詩研究》　許霆、魯德俊　（寧夏，人民出版社，一九
　　九一年六月）。

《新時期文學格局》　張炯　（西安，陝西人民文學出版社，一
　　九九一年七月）。

《新詩三十年》　金欽俊　（廣東，中山大學出版社，一九九一
　　年八月）。

《詩、語言、思》〔德〕Ｍ·海德格爾著、澎富春譯　（北京，
　　文化藝術出版社，一九九一年十一月）。

《詩學、詩觀、詩美》　陳良運　（江西，高校出版社，一九九
　　二年二月）。

《詩學的基本概念》　〔瑞士〕埃米爾·施塔格爾著、胡其鼎譯
　　（中國社會科學出版社，一九九二年六月）。

《中國現代詩研究》　〔韓國〕許世旭　（漢城，明文堂，一九

九二年六月）。

《現代文學縱橫談》　蔡清富　（北京師範大學出版社，一九九
　　二年八月）。

《現代文學研究論集——詩與小說》　龔顯宗　（高雄，前程出
　　版社，一九九二年八月）。

《論中國現代文學研究》　樊駿　（上海，文藝出版社，一九九
　　二年十一月）。

《文學研究會評論資料選‧下》　王曉明選編　（上海，華東師
　　範大學出版社，一九九二年十二月）。

《新詩形式設計的美學》　陳啓佑　（台中，台灣詩學季刊雜誌
　　社，一九九三年二月）。

《詩歌與浪漫主義》　趙瑞蕻　（南京大學出版社，一九九三年
　　二月）。

《中國現代詩潮與詩派》　游友基　（廣西師範大學出版社，一
　　九九三年六月）。

《新月派評論資料選》　方仁念選編　（上海，華東師範大學出
　　版社，一九九三年六月）。

《中國新詩形式批評》　杜榮根　（復旦大學出版社，一九九三
　　年八月）。

《新文學的本體與形式》　韓毓海　（瀋陽，遼寧教育出版社，
　　一九九三年八月）。

《中國文學理論》　劉若愚著、杜國清譯　（台北，聯經文化，
　　一九九三年十一月，初版第四刷）。

《中國現代文學與民族文化》　吳宏聰　（北京，首都師範大學
　　出版社，一九九四年三月）。

《中國詩學》　葉維廉　（北京，生活、讀書、新知三聯書店，

一九九四年三月）。

《中國現代新詩與古典詩歌傳統》　李怡　（西南師範大學出版社，一九九四年四月）。

《漢語詩歌的節奏》　陳本益　（台北，文津出版社，一九九四年八月）。

《文學價值學引論》　李春青　（雲南，人民出版社，一九九四年十月）。

《世紀末的文學》　鄒平　（上海，學林出版社，一九九四年十月）。

《中國現代文學研究方法論集》　黃修已編　（北京，首都師範大學出版社，一九九四年十月）。

《中國現代詩》　張健編著　（台北，五南圖書出版，一九九四年十二月）。

《中國詩學通論》　袁行霈、孟二冬、丁放　（安徽教育出版社，一九九四年十二月）。

《現代詩的創作與欣賞》　楊昌年　（台北，文史哲出版社，一九九五年二月再版）。

《現代詩的情感與形式》　藍棣之　（北京，華夏出版社，一九九五年二月）。

《新詩補給站》　渡也　（台北，三民書局，一九九五年二月）。

《第二屆現代詩學會議論文集》　（彰化師範大學國文系，一九九五年四月）。

《新文學作家與外國文化》　顧國柱　（上海，文藝出版社，一九九五年六月）。

《新詩體藝術論》　於可訓　（武漢大學出版社，一九九五年八月）。

《新月派的紳士風情》　朱壽桐　（江蘇，文藝出版社，一九九五年九月）。

《新文學理論原理》　袁仁琮　（貴州教育出版社，一九九五年十一月）。

《中國現代文學比較研究》　馮錫瑋　（上海社會科學院出版社，一九九五年十一月）。

《新時期詩歌美學考察》　張德厚　（北京大學出版社，一九九五年十二月）。

《詩是什麼──２０世紀中國詩人如是說》　沈奇編　（台北，爾雅出版社，一九九六年）。

《中國新文學的源流》　周作人　（上海，華東師範大學出版社，一九九六年三月）。

《朱湘散文·上、下》　蒲花塘、曉非編　（北京，中國廣播電視出版社，一九九六年三月）。

《文學新思維·上中下》　朱棟霖主編　（南京，江蘇教育出版社，一九九六年三月）。

《中英比較詩學》　狄兆俊　（上海，外語教育出版社，一九九六年九月）。

《尼采美學思想》　楊恒達　（北京，中國人民大學出版社，一九九七年一月第二次印刷）

《走進文學殿堂》　趙士奎　（河北，花山文藝出版社，一九九七年三月）。

《現代中國新文學與新文化》　皇甫曉濤　（山西，人民出版社，一九九七年三月）。

《音樂美學》　蔣一民　（北京，東方出版社，一九九七年四月）。

《建築美學》　汪正章　（北京，東方出版社，一九九七年四月）。

《繪畫美學》 徐書城 （北京，東方出版社，一九九七年四月）。

《中國現代詩學》 呂進 （重慶出版社，一九九七年五月第二次印刷）。

《文學研究的合法化》 〔加拿大〕斯蒂文·托托西講演；馬瑞琦譯 （北京大學出版社，一九九七年八月）。

《中國現代主義詩潮論》 王澤龍著 （武昌，華中師範大學出版社，一九九八年五月第二次印刷）。

《批評空間的開創：二十世紀中國文學研究》 王曉明主編 （上海，東方出版中心，一九九八年七月）。

《新詩論》 〔韓國〕許世旭 （台北，三民書局，一九九八年八月）。

《五四文壇鱗爪》 陳漱渝 （北京，中國文史出版社，一九九八年九月）。

《中國現代文學導讀》 黃維樑著 （台北，台灣書店，一九九八年十月）。《現代詩的理解和作法》 〔韓國〕金光林著 （漢城，乙坡所， 一九九九年十二月）。

六、文學史類

《中國新文壇秘錄》 阮牙名 （上海，南強書局，一九三三年六月）。

《文壇憶舊》 趙景深 （上海，北新書局，一九四八年四月）。

《中國新文學史稿》 王瑤 （北京大學出版社，一九五一年）。

《中國現代文學史略》 丁易 （北京，作家出版社，一九五七年）。

《現代中國文學史》 錢基博 （香港，龍門書店，一九六五年）。

《文壇話舊》 蘇雪林 （台北，文星書店，一九六七年三月）。

《文學運動史料選》　北京大學、北京師範大學、北京師範學院
　　中文系中國現代文學教研室主編（上海，教育出版社，一九
　　六九年一月）。

《近二十年中國文藝思潮論》　李何林　（香港，中文大學近代
　　史料出版組，一九七二年）。

《中國新文學廿年》　林莽編　（香港，世界出版社，一九七三
　　年七月）。

《三十年代左翼文壇現形錄》　龍雲燦　（台北，華欣文化，一
　　九七五年七月）。

《現代中國詩史》　王志健　（台灣，商務印書館，一九七五年
　　十二月）。

《中國現代文學史》　李輝英　（香港，東亞書局，一九七六年
　　二月）。

《中華民國文藝史》　尹雪曼編　（台北，正中書局，一九七六
　　年七月）。

《現代中國文學史話》　劉心皇　（台北，正中書局，一九七七
　　年十月）。

《中國新文學小史》　胡適　（台北，偉文圖書，一九七八年九
　　月）。

《五四與中國》　周策縱　（台北，時報出版，一九七九年五月）。

《五四研究論文集》　汪榮祖編　（台北，聯經出版，一九七九
　　年五月）。

《中國現代文學史》　周惜晨編　（江蘇，人民出版社，一九七
　　九年八月）。

《中國現代文學史》　林志浩　（上、下冊，中國人民大學出版
　　社，一九七九年九月）。

《現代詩導讀》　張漢良、蕭蕭　（台北，故鄉出版社，一九七
　　九年十一月）。

《中國新文學運動的前驅》　陳敬之　（台北，成文出版社，一
　　九八〇年五月）。

《新文學運動的阻力》　陳敬之　（台北，成文出版社，一九八
　　〇年五月）。

《中國新文學大事記》　周錦　（台北，成文出版社，一九八〇
　　年五月）。

《中國新文學的誕生》　陳敬之　（台北，成文出版社，一九八
　　〇年五月）。

《文學研究會與創造社》　陳敬之　（台北，成文出版社，一九
　　八〇年五月）。

《中國新文學簡史》　周錦　（台北，成文出版社，一九八〇年
　　五月）。

《三十年代文壇與左翼作家聯盟》　陳敬之　（台北，成文出版
　　社，一九八〇年五月）。

《中國新詩集編目》　林煥彰　（台北，成文出版社，一九八〇
　　年六月）。

《五四文壇泥爪》　趙聰　（台北，時報出版，一九八〇年六月）。

《中國現代文學史參考資料》　張若英　（上海書店，一九八二
　　年）。

《中國現代文學史》　唐弢　（北京，人民文學出版社，一九八
　　二年）。

《中國現代作家著譯書目》　北京圖書館書目編輯組　（北京，
　　書目文獻出版社，一九八二年十二月）。

《中國新文學史論》　尹雪曼　（台北，中央文物共應社，一九

八三年九月）。

《中國現代文學史簡編》 唐弢 （北京，人民文學出版社，一
　　九八四年）。

《中國現代文學史教程》 朱德發等編 （上、下冊，山東，教
　　育出版社，一九八四年五月）。

《新文學史綱》 松濤等編輯 （北京，人民文學出版社，一九
　　八五年三月）。

《中國新文學史》 司馬長風 （上、中、下，台北，古楓出版
　　社，一九八六年六月）。

《簡明中國現代文學史》 邵伯周等著 （天津人民出版社，一
　　九八六年六月）。

《中國五四文學史》 朱德發 （山東，文藝出版社，一九八六
　　年十一月）。

《現階段的文學論戰》 林淙選編 （上海書店影印出版，一九
　　八七年九月）。

《中國現代文學批評述論》 柯慶明 （台北，大安出版社，一
　　九八七年十月）。

《中國現代文學史論集》 王瑤 （北京大學出版社，一九八八
　　年一月）。

《中國現代文學史指要》 錢谷融主編 （上海，華東師範大學
　　出版社，一九八八年四月）。

《簡明中國現代文學史》 顏雄主編 （湖南大學出版社，一九
　　八八年八月）。

《新文學現實主義的流變》 溫儒敏 （北京大學出版社，一九
　　八八年九月）。

《中國現代文學史》 陳安湖等主編 （華中師範大學出版社，

一九八八年九月）。

《中國現代文學史·上下冊》　孫中田主編　（上海，高等教育初版社，一九八八年十月）。

《英國文學史》　李寶寅譯　（台北，福懋出版社，一九八九年十月）。

《中國文化與悲劇意識》　張法　（北京，中國人民大學出版社，一九八九年十一月）。

《文學思潮和文學運動的概念》　（美）R·韋勒克著；劉象愚選編（中國社會科學出版社，一九八九年十二月）。

《中國現代文學史》　林志浩主編　（上下冊，中國人民大學出版社，一九九〇年三月）。

《日本研究中國現當代文學論著索引 1919-1989》　孫立川、王順洪編　（北京大學日本研究叢刊、北京大學日本研究中心編、北京大學出版社，一九九一年八月）。

《中國新詩論史》　旅人編著　（台中縣立文化中心，一九九一年十二月）。

《中國現代文學史一、二、三》　唐弢主編　（北京，人民文學出版社，一九九二年五月）。

《現代文學觀念發展史》　包忠文主編　（江蘇，教育出版社，一九九二年八月）。

《中國現代文學發展史》　黃修己　（北京，中國青年出版社，一九九二年九月）。

《２０世紀中國文學與西方現代主義思潮》　唐正序、陳厚誠主編（四川，人民出版社，一九九二年十二月）。

《二十世紀中國文學流派論綱》　朱德發　（山東，教育出版社，一九九二年十二月）。

《現代中國的浪漫文學》 羅成琰 （湖南，教育出版社，一九
　　九二年十二月）。

《中國現代文學思潮研究》 邵伯周 （上海，學林出版社，一
　　九九三年一月）。

《中國現代散文史》 范培松 （江蘇，教育出版社，一九九三
　　年九月）。

《中國現代文學批評史》 溫儒敏 （北京大學出版社，一九九
　　三年十月）。

《人道主義與中國現代文學》 邵伯周 （上海，遠東出版社，
　　一九九三年十二月）。

《中國現代文學書目匯要》 郭志剛主編 （北京，書目文獻出
　　版社，一九九四年十二月）。

《中國現代文學史》 孫中田、郭志剛 （上下冊，北京，高等
　　教育出版社，一九九五年四月）。

《中國現代文學批評史》 許道明 （江蘇，文藝出版社，一九
　　九五年九月）。

《創造社：別求新聲於異邦》 黃淳浩 （北京社會科學文獻出
　　版社，一九九五年九月）。

《中國現代主義詩潮論》 王澤龍 （華中師範大學出版社，一
　　九九五年十月）。

《中國現代文學思潮史》 張大明、陳學超、李葆琰 （上、下
　　冊，北京十月文藝出版社，一九九五年十一月）。

《中國現代詩歌史論》 張德厚等著 （吉林，教育出版社，一
　　九九五年十二月）。

《中國現當代文學》 王嘉良、金漢主編 （杭州大學出版社，
　　一九九五年十二月）。

《中國新文學上、下冊》　傅子玖　（上海，華東師範大學出版
　　社，一九九六年二月）。

《中國詩學思想史》　蕭華榮　（上海，華東師範大學出版社，
　　一九九六年四月）。

《中國現代文學史論》　郭志剛　（北京，高等教育出版社，一
　　九九六年十二月）。

《中國現代文藝思想史》　吳中杰　（上海，復旦大學出版社，
　　一九九六年十二月）。

《中國現代詩歌史》　朱光燦　（山東大學出版社，一九九七年
　　一月）。

《當代文學新潮》　朱寨、張炯主編　（北京，人民文學出版社，
　　一九九七年十二月）。

《中國現代修辭學史》　宗廷虎　（杭州，浙江教育出版社，一
　　九九七年十二月）。

《中國現代主義文學史》　朱壽桐主編　（南京，江蘇教育出版
　　社，一九九八年五月）。

《中國現代文學三十年(修訂本)》　錢理群、溫儒敏、吳福輝著
　　（北京大學出版社，一九九八年七月）。

七、單篇論文及期刊、報紙

〈憶徐志摩〉　劉小園　《人生》　（一九五三年十二月）。

〈聞一多的愛國主義詩篇(附聞一多作品四首)〉　臧克家　《文
　　藝學習》　（一九五六年七月）。

〈論郭沫若的詩〉　樓棲　《文學研究》　（一九五七年二月）。

〈胡適與徐志摩〉　李敖　《中央日報》　（一九五七年四月五
　　日）。

〈論聞一多的詩〉 劉綬松 《詩刊》 （一九五八年一月）。

〈由傳記文學談梁實秋著：談徐志摩〉 禾辛 《聯合報》
　　（一九五八年五月二十二日）。

〈從「談徐志摩」說起〉 王敬義 《聯合報》 （一九五八年
　　六月三日）。

〈梁啓超與徐志摩〉 李敖 《中央日報》 （一九五八年七月
　　十九日）。

〈關於新詩的形式問題〉 馮至 《文學評論》 （一九五九年
　　一月）。

〈詩人徐志摩的預言〉 蘇雪林 《自由青年》 （一九五九年
　　三月）。

〈中國格律詩的傳統和現代格律詩的問題〉 王力 《文學評論》
　　（一九五九年三月）。

〈談新詩格律〉 朱光潛 《文學評論》 （一九五九年三月）。

〈詩的節奏〉 羅念生 《文學評論》 （一九五九年三月）。

〈論民歌、自由詩和格律詩〉 周煦良 《文學評論》 （一九
　　五九年三月）。

〈從「民歌體」到格律詩〉 唐弢 《文學評論》 （一九五九
　　年三月）。

〈對於新詩的一些看法〉 季羨林 《文學評論》 （一九五九
　　年三月）。

〈試談現代格律詩問題〉 金戈 《文學評論》 （一九五九年
　　三月）。

〈論自由格律詩〉 陳業劭 《文學評論》（一九五三年三月）。

〈徐志摩韻事〉 王文 《中國時報》（一九五九年四月二日）。

〈從聞一多的『死水』談到新格律詩問題〉 董楚平 《文學評

論》　（一九六一年四月）。

〈徐志摩與陸小曼〉　劉心皇　《暢流》　（一九六二年五月至
　一九六三年四月）。

〈徐志摩小傳〉　蔣復璁　《傳記文學》　（一九六二年六月）。

〈徐志摩先生事略〉　《大陸雜誌》　（一九六三年三月）。

〈徐志摩的元配夫人〉　劉心皇　《暢流》　（一九六三年六月）。

〈徐志摩的生平和作品〉　葉俊成　《書和人》　（一九六五年
　四月）。

〈徐志摩與新月派(六十年文壇史話之一)〉　劉心皇　《反攻》
　（一九六五年四月）。

〈徐志摩與泰戈爾訪華韻事〉　楊允元　《傳記文學》　（一九
　六六年八月）。

〈我所認識的詩人徐志摩〉　蘇雪林　《純文學》　（一九六九
　年一月）。

〈胡適之關於徐志摩遇難後的日記眞蹟〉　胡適　《傳記文學》
　（一九六九年二月）。

〈寫在「徐志摩傳」之前〉　章君穀　《聯合報》　（一九六九
　年六月十日）。

〈徐志摩傳〉　章君穀　《聯合報》　（一九六九年六月十一日
　至十二月二日）。

〈陸小曼與徐志摩〉　劉心皇　《作品》　（一九六九年六月）。

〈梁任公與徐志摩〉　劉太希　《暢流》　（一九七〇年八月）。

〈徐志摩的朋友〉　奧非歐（李歐梵）　《中國時報》　（一九
　七一年三月二十一日至二十三日）。

〈徐志摩及其藝術思想〉　羅錦堂　《青年戰士報》　（一九七
　一年九月二十五日）。

〈我的義父母徐志摩和陸小曼〉　何靈珠　《古今談》　（一九
　七三年七月）。

〈徐志摩四角戀〉　張源　《中外雜誌》　（一九七三年八月至
　十一月）。

〈徐志摩的盛大婚禮〉　章君穀　《中外雜誌》　（一九七四年
　一月）。

〈徐志摩的青年時代〉　章君穀　《中外雜誌》　（一九七四年
　二月）。

〈詩人與總長〉　張谷　《中外雜誌》　（一九七四年六月）。

〈簡說現代詩格律〉　譚雅倫　《中外雜誌》　（一九七四年六
　月）。

〈志摩批判〉　胡信田　《今日中國》　（一九七五年四月）。

〈渦堤孩・徐志摩・奧德麗赫本〉　夏志清　《中華日報》（一
　九七五年六月二十六日）。

〈徐志摩與哈代〉　林綠　《中國時報》　（一九七七年四月三
　十日至五月一日）。

〈新月派與現代中國戲劇〉　董保中　《中外文學》　（一九七
　七年十月）。

〈徐志摩詩小詩〉　余光中　《今日世界》　（一九七七年十二
　月至一九七八年一月）。

〈永恆的懷念——悼郭沫若同志〉　唐弢　《文學評論》　（一
　九七八年四月）。

〈羅素文獻內徐志摩與胡適的書信〉　梁錫華　《書評書目》
　（一九七八年五月）。

〈劉心皇「徐志摩與陸小曼」〉　李漢呈　《台灣新聞報》（一
　九七八年七月十一日）。

〈徐志摩赴英的故事——「為要尋一個明星」〉 梁錫華 《聯
　　合報》 （一九七八年八月二十三日）。

〈女神與泛神論〉 顧炯 《文學評論》 （一九七九年一月）。

〈完成與開端：紀念詩人聞一多八十生辰〉 卞之琳 《文學評
　　論》 （一九七九年三月）。

〈中國新詩的奠基石「女神」〉 易新鼎 《北京師院學報》
　　（一九七九年二期三月）。

〈流向人間的脂膏——學習聞一多的詩〉 張紀 《長春》（一
　　九七九年四月）。

〈聞一多先生詩創作的藝術特色〉 臧克家 《詩刊》 （一九
　　七九年四月）。

〈晨報詩刊的始終〉 蹇先艾 《新文學史料》 （一九七九年
　　二期五月）。

〈論聞一多的新詩〉 劉烜 《北京大學學報》 （一九七九年
　　三期五月）。

〈聞一多是唯美主義詩人嗎？〉 李思樂 《吉林師大學報》
　　（一九七九年三期五月）。

〈聞一多的詩（附詩三首）〉 馬作楫 《太原文藝》 （一九
　　七九年六月）。

〈徐志摩的再認識〉 李漢呈 《台灣新聞報》 （一九七九年
　　七月十六日）。

〈徐志摩與林徽音的一段情——這麼多的絲，誰能割得斷？〉
　　梁錫華 《中國時報》 （一九七九年七月二十六日）。

〈談詩歌的色彩美——紀念聞一多先生遇難三十三週年〉 康欽
　　《邊疆文藝》 （一九七九年八月）。

〈徐志摩海外交遊錄〉 梁錫華 《聯合報》 （一九七九年八

月四日至八日）。

〈我的朋友徐志摩──欠中國的一筆債〉 Waley，Arthur撰；梁
　　錫華譯 《聯合報》 （一九七九年八月三十一日）。

〈徐志摩致魏雷書〉 梁錫華譯 《聯合報》 （一九七九年八
　　月三十一日）。

〈恩怨錄──胡適、徐志摩、聞一多、梁實秋和創造社的關係〉
　　梁錫華 《中國時報》 （一九七九年九月十七日）。

〈火的詩句，血的詩篇──聞一多的詩〉 蔡良驥 《東海》
　　（一九七九年九月）。

〈徐志摩與陸小曼〉 維思 《浙江月刊》（一九七九年九月）。

〈再活『晨報詩鐫』〉 蹇先艾 《新文學史料》 （一九七九
　　年四期十一月）。

〈魯迅大戰徐志摩〉 梁錫華 《中國時報》 （一九七九年十
　　一月二十三日）。

〈從徐志摩的「偶然」談起〉 水晶 《中央日報》 （一九七
　　九年十一月二十六日至二十七日）。

〈聞一多的愛國主義詩篇〉 杜秀華 《瀋陽師院學報》 （一
　　九八〇年一期一月）。

〈聞一多詩的藝術特色〉 陳乃剛 《海南師專學報》 （一九
　　八〇年一期一月）。

〈我讚美我如花的祖國！──論聞一多的詩〉 詹劍鋒 《海南
　　師專學報》 （一九八〇年二期三月）。

〈論聞一多的愛國詩〉 鄺維垣 《暨南大學學報》 （一九八
　　〇年二期三月）。

〈女神中最早的詩究竟寫於何時〉 孫黨伯 《文學評論》 （一
　　九八〇年二月）。

〈聞一多詩歌的思想藝術成就〉　凡尼、魯非　《文科教學》
　　（一九八〇年三月）。

〈新發現的聞一多先生的兩首佚詩〉　徐傅禮　《安徽大學學報》
　　（一九八〇年二期三月）。

〈重話詩人徐志摩〉　陳從周　《西湖》（一九八〇年五月號）。

〈淺談聞一多的煉字〉　艾華　《昆明師院學報》　（一九八〇
　　年三期五月）。

〈聞一多論〉　時萌　《文學評論叢刊》　（一九八〇年六月）。

〈聞一多與新月派〉　李思東　《齊魯學刊》　（一九八〇年三
　　期五月）。

〈聞一多、新詩社、西南聯大〉　何達　《北京文藝》　（一九
　　八〇年七月）。

〈論聞一多的詩〉　陸耀東　《中國現代文學研究叢刊》　（一
　　九八一年一月）。

〈不熄滅的愛國詩魂——淺論聞一多的詩〉　丁文慶　《固原師
　　專學報》　（一九八一年一期一月）。

〈徐志摩詩中的人道主義思想〉　張學植、蘇振鷺　《南開學報》
　　（一九八一年一期月）。

〈聞一多愛國詩篇的一個輪廓回顧〉　翟大炳　《天津師專學報》
　　（一九八一年一期一月）。

〈雷與虹——徐志摩的愛情生活〉　顧永棣　《西湖》　（一九
　　八一年三月號）。

〈郭沫若早期文藝思想學習札記〉　祁述裕　《安徽大學學報》
　　（一九八一年二期三月）。

〈淺談聞一多的新詩創作〉　湯學群　《江西大學學報》　（一
　　九八一年第二期三月）。

〈聞一多詩作五首淺析〉　魯非等　《南寧師院學報》　（一九
　　八一年第二期三月）。

〈美的追求──讀聞一多的幾首詩〉　侯文正　《名作欣賞》
　　（一九八一年五月）。

〈詩人徐志摩〉　顧永棣　《人物》（一九八一年第五期五月）。

〈聞一多的『死水』作於何時〉　劉元樹　《安徽大學學報》
　　（一九八一年第三期五月）。

〈心火發光，瓊花凝香──論聞一多詩的藝術風格〉　任愫
　　《齊齊哈爾師院學報》　（一九八一年第三期五月）。

〈也評新月派〉　董振泉　《湘潭師專學報》　（一九八一年第
　　三期五月）。

〈論愛國詩人聞一多的詩〉　聶德勝　《社會科學研究》　（一
　　九八一年六月）。

〈記徐志摩〉　陳從周　《新文學史料》　（一九八一年第四期
　　十一月）。

〈回憶徐志摩和《志摩全集》〉　趙家璧　《新文學史料》　（一
　　九八一年第四期十一月）。

〈遺文編就答君心〉　陸小曼　《新文學史料》　（一九八一年
　　第四期十一月）。

〈詩人徐志摩軼事〉　沈松泉　《新文學史料》　（一九八一年
　　第四期十一月）。

〈泰戈爾在我家作客──兼憶志摩〉　陸小曼　《文匯》　（一
　　九八一年十一月）。

〈論新月派在新詩史上的地位〉　藍棣之　《北京師大學報》
　　（一九八二年一期一月）。

〈聞一多詩歌創作中的愛國主義思想〉　李思樂　《求是學刊》

（一九八二年一期一月）。

〈論新月詩派在新詩發展中的歷史地位〉　陳山　《中國現代文學研究叢刊》（一九八二年第一期二月）。

〈論新月派詩歌的思想特徵〉　藍棣之　《中國現代文學研究叢刊》　（一九八二年第一期二月）。

〈郭沫若與聞一多的友情〉　鄧牛頓　《昆明師院學報》　（一九八二年三月）。

〈郭沫若詩作簡論〉　陳永志　《文學評論》　（一九八二年四月）。

〈一個充滿矛盾的詩人──徐志摩〉　應國靖　《文學報》　（一九八二年五月二十七日）。

〈略論郭沫若前期思想的發展〉　鄒水旺　《江西師範學院學報》　（一九八二年第三期五月）。

〈讀郭詩偶拾〉　龔濟民、方仁念　《江西師範學院學報》（一九八二年第三期五月）。

〈論五四時期郭沫若的文藝觀〉　林恭壽　《文學評論》　（一九八二年六月）。

〈詩人逝去如何許？──徐志摩逝世五十一週年〉　陳從周　《大成》（一九八二年六月）。

〈徐志摩為什麼被遺忘〉　草絮　《北京晚報》　（一九八二年七月十五日）。

〈徐志摩不該被遺忘〉　王國金　《北京晚報》　（一九八二年七月二十九日）。

〈與文學青年談聞一多詩作〉　羅迦等　《滇池》　（一九八二年七月）。

〈郭沫若歸國和郁達夫的活動〉　王加慧　《安徽師大學報》

　（一九八二年第四期七月）。

〈郭沫若前期文藝思想研究中的幾個問題〉　傅正乾　《陝西師
　　大學報》　（一九八二年第四期七月）。

〈對郭沫若古神話傳說研究的初步探討〉　張績欲　《陝西師大
　　學報》　（一九八二年第四期七月）。

〈徐志摩英文書店〉　梁錫華　《新文學史料》　（一九八二年
　　第三期八月）。

〈志摩與小曼〉　顧永棣　《隨筆》（一九八二年第二十三期)。

〈徐志摩選集·序〉　卞之琳　《新文學史料》　（一九八二年
　　第四期十一月）。

〈現代詩歌聲律中的聲調問題〉　陸丙甫、王小盾　《天津師大
　　學報》　（一九八二年第六期十二月）。

〈新月社及其新格律詩主張〉　魏紹馨　《齊魯學刊》　（一九
　　八三年一期一月）。

〈郭沫若的語言風格〉　劉元樹　《安徽大學學報》　（一九八
　　三年一期一月）。

〈聞一多的詩歌創作論初探〉　俞兆平　《文學評論》　（一九
　　八三年二月）。

〈讀聞一多朱自清論〉　高國平　《中國現代文學研究叢刊》
　　（一九八三年三月）。

〈朱湘論〉　錢光培　《中國現代、當代文學研究》　（一九八
　　三年二期三月）。

〈論郭沫若新詩創作方法與藝術個性〉　藍棣子　《北京師範大
　　學學報》　（一九八三年第二期三月）。

〈聞一多的生平和創作〉　理然　《文學研究動態》　（一九八
　　三年四月）。

〈死水與「以丑爲美」的藝術表現方法〉 俞兆平 《中國現代、當代文學研究》 （一九八三年三期四月）。

〈關於新詩的一些基本觀點〉 公劉 《文學評論》 （一九八三年四月）。

〈朱湘對新格律詩的探索〉 許道明、朱式蓉 《中國現代、當代文學研究》 （一九八三年四期五月）。

〈郭沫若遺文遺失輯存辨惑〉 方仁念 《江西大學學報》 （一九八三年第三期五月）。

〈郭沫若前期的詩歌創作與泛神論思想〉 傅正乾 《陝西師大學報》 （一九八三年第三期六月）。

〈徐志摩遺札六封〉 《武漢大學學報》 （社會科學版，一九八三年四期七月）。

〈關於《現代文藝》與《志摩遺想》〉 唐達暉 《武漢大學學報》 （社會科學版，一九八三年四期七月）。

〈談聞一多、徐志摩、朱湘致曹葆華的三封信〉 方錫德 《北京大學學報》 （一九八三年四期七月）。

〈徐志摩與陸小曼〉 高健行 《西湖》 （一九八三年第八期八月）。

〈魯迅與聞一多〉 孫繼國 《瀋陽師院學報》 （一九八四年二期三月）。

〈愛國主義──郭沫若創作的靈魂〉 劉元樹 《安徽大學學報》 （一九八四年第二期四月）。

〈郭沫若傳記文學的愛國主義思想〉 谷輔林、周海波 《陝西師大學報》 （一九八四年第二期四月）。

〈郭沫若與聞一多〉 張道剛 《郭沫若研究學會會刊》 （一九八四年四月）。

〈徐志摩在劍橋〉　顧炯　《中國現代文學研究叢刊》　（一九
　　八四年第二期五月）。

〈徐志摩與陸小曼〉　褚問鵑　《時代文摘》　（一九八四年七
　　月）。

〈徐志摩所採用『聖經』神話對照表〉　楚集輝、黃債慧、梁采
　　怡、駱惠芝、余藹詩　《五四文學研究情報》　（一九八四
　　年第二期九月）。

〈「新月」派中有派〉　尹在勤　《四川大學學報》　（一九八
　　四年四期九月）。

〈徐志摩詩中有關『聖經』素材的運用手法和態度〉　余藹詩
　　《五四文學研究情報》　（一九八四年第二期九月）。

〈徐志摩詩歌中的光明意義〉　文碧賢　《五四文學研究情報》
　　（一九八四年第二期九月）。

〈追懷徐志摩〉　蔣復璁　《浙江月刊》（一九八四年九月）。

〈徐志摩愛情詩與『聖經』神話〉　駱惠芝　《五四文學研究情
　　報》　（一九八四年第三期十二月）。

〈理想的投影─試談徐志摩運用宗教題材的詩歌〉　楚集輝、梁
　　采怡　《五四文學研究情報》（一九八四年第三期十二月）。

〈從統計數字看徐志摩詩歌中『雲的意象』〉　謝慧文　《五四
　　文學研究情報》　（一九八四年第三期十二月）。

〈徐志摩詩歌的色彩意象──黑色和紅色〉　張秀琴　《五四文
　　學研究情報》　（一九八四年第三期十二月）。

〈徐志摩──一個資產階級自由主義詩人〉　胡炳光　《天津師
　　大學報》　（一九八五年第一期一月）。〈聞一多研究三題〉
　　王盛　《南京教育學院學報》　（一九八　　五年一期一月）。

〈徐志摩與陸小曼〉　尹在勤　《青年作家》　（一九八五年二

月號）。

〈梁啓超與徐志摩〉　子必昌　《人民政協報》　（一九八五年
　　六月二十一日）。

〈再談徐志摩遺文〉　凌叔華　《新文學史料》　（一九八五年
　　第三期八月）。

〈聞一多及新月派的詩歌藝術追求〉　張玉石　《北京大學學報》
　　（一九八五年第五期九月）。

〈徐志摩白話詞手稿〉　陳從周　《新文學史料》　（一九八五
　　年第四期十一月）。

〈徐志摩和陸小曼〉　劉海粟　《文化娛樂》　（一九八六年第
　　一期一月）。

〈試論徐志摩思想的複雜性及其根源〉　魏風娥　《徐州教育學
　　院》（文史論壇，一九八六年一期一月）。

〈徐志摩的「不了情」〉　高健行　《團結報》　（一九八六年
　　二月一日）。

〈聞一多與唐詩研究〉　傅璇琮　《清華大學學報》　（一九八
　　六年第一卷第二期三月）。

〈對母體文化的自衛與超越─略論聞一多的文化發展〉　呂維、
　　徐葆耕　《清華大學學報》　（一九八六年第一卷第二期三
　　月）。

〈聞一多：照亮新詩壇和故紙堆的紅燭〉　江錫銓　《清華大學
　　學報》　（一九八六年第一卷第二期三月）。

〈以群保存的郭沫若書簡〉　葉新躍　《中國現代文學研究叢刊》
　　（一九八六年四月）。

〈來也飄飄，去也飄飄，論徐志摩的散文〉　郭小聰　《國際關
　　係學院學報》　（一九八六年四月）。

〈「女神」與「草葉集」〉 陳榮毅 《天津師大學報》 （一
　　九八六年第三期五月）。

〈簡論聞一多的雜文〉 尹鴻祿 《南充師院學報》 （一九八
　　六年第三期五月）。

〈論聞一多詩歌的「繪畫美」〉 林植漢 《南充師院學報》
　　（一九八六年第三期五月）。

〈試論徐志摩的詩歌創作〉 程仁章 《求是學刊·黑龍江大學》
　　（一九八六年五月）。

〈掙扎希翼「復活」──徐志摩晚年思想的變化〉 陸耀東 《中
　　國現代文學研究叢刊》 （一九八六年第四期十一月）。

〈美在流動中；試論徐志摩詩歌的動態美〉 劉寶 《中山大學
　　研究生學刊》 （社科版，廣州，一九八七年一月）。

〈論中國現代小詩〉 劉天瑞 《南充師院學報》 （一九八七
　　年第一期一月）。

〈現代詩的語法修辭變格〉 陳仲義 《天津師大學報》 （一
　　九八七年第一期一月）。

〈淺論徐志摩詩歌獨特的藝術個性〉 高昆山 《遼寧大學學報》
　　（哲社版，瀋陽，一九八七年二月）。

〈徐志摩二篇《翡冷翠山居閑話》辨異〉 陳力 《徐州師範學
　　院學報》 （哲社版，一九八七年二月）。

〈徐志摩和他的「再別康橋」〉 謝昌詠 《中國語文教學》
　　（一九八七年二月）。

〈徐志摩論〉 王強 《徐州師範學院學報》 （哲社版，一九
　　八七年二期三月）。

〈戴著鐐銬跳出的優美舞姿──試論郭沫若傳記文學的浪漫主義
　　色彩〉 《安徽大學學報》 （一九八七年第二期三月）。

〈文學對自然的思考——郭沫若郁達夫比較研究札記〉　蔡震
　　《陝西師大學報》　（一九八七年第二期三月）。

〈郭沫若五四時期的文化觀〉　張續玉　《陝西師大學報》　（一
　　九八七年第二期三月）。

〈新詩創作散論〉　蘇文魁　《河南大學學報》　（一九八七年
　　第二期三月）。

〈聞一多與美國文學界的「中國熱」潮流〉　廖仲安　《北京師
　　範大學學報》　（一九八七年第二期三月）。

〈徐志摩最後的日子〉　孫琴安　《名人傳記》　（一九八七年
　　第三期三月）。

〈五四新詩所受的英美影響〉　黃維樑　《中外文學》　（一九
　　八七年十二月）。

〈「年來更識荒涼味」說陸小曼哀挽徐志摩〉　黃育華　《徐州
　　教育學院學報》　（哲社版，一九八八年一月）。

〈詩人聞一多、徐志摩的歷史比較〉　毛迅　《四川大學學報》
　　（哲社版，一九八八年一月）。

〈「莎呦娜拉」的賞析及其爭鳴〉　林之亭　《名作欣賞》　（一
　　九八八年二月）。

〈《星空》與郭沫若的創作心態〉　閻慶生　《陝西師大學報》
　　（一九八八年第二期三月）。

〈新詩同音堆集說略〉　許霆　（江西師範大學學報，哲社版，
　　一九八八年第三期五月）。

《新月派新詩研究》　〔韓國〕朴星柱　《台灣師範大學國文研
　　究所博士論文》　（一九八八年六月）。

〈徐志摩對西方現代詩藝的汲納〉　夏春豪　《江海學刊》　（一
　　九八九年一月）。

〈徐志摩——評介徐志摩後期的散文創作〉 陳信元 《自由青年》 （一九八九年四月）。

〈論郭沫若早期悲劇意識與哲學本體論〉 查振科 《安徽師範大學學報》 （一九八九年第四期七月）。

〈自然科學的時代精神與郭沫若的泛神論思想〉 黃曼君 《中國現代文學研究叢刊》 （一九八九年五月）。

〈郭沫若與聞一多：在自由地追求中實現藝術秩序的新整合〉 龍泉明 《中國現代文學研究叢刊》 （一九八九年五月）。

〈聞一多早期的美育觀及其實踐〉 孫敦恒 《清華大學學報》 （一九八九年四卷三、四期七月）。

〈徐志摩詩歌語言的反復美〉 趙寧子 《語文月刊》 （一九八九年十一月至十二月）。

〈入世文人的雙重自我——郭沫若創作功利性新論〉 魏建 《中國現代著名作家研究·年刊》 （一九八九年）。

〈我與徐志摩〉 蔣復璁 《大成》 （一九九〇年一月）。

〈試論徐志摩的政治傾向〉 劉炎生 《華南師大學報》 （一九九〇年一月）。

〈獨抒性靈、謳歌自然：徐志摩散文探視〉 陳昭明 《贛南師範學院學報》 （一九九〇年一月）。

〈朱湘佚詩及其他〉 魯德俊、許霆 《中國現代文學研究叢刊》 （一九九〇年第一期二月）。

〈試論徐志摩與新詩運動〉 劉炎生 《語文輔導》 （一九九〇年二月）。

〈試論徐志摩的婚變及其悲劇〉 劉炎生 《江西大學學報》 （一九九〇年二月）。

〈徐志摩藝術追求的得與失〉 李曉峰 《承德師專學報》 （社

科版，一九九〇年二月）。

〈徐志摩詩中的三個女性〉 張良志 《自貢師專學報》 （一
　　九九〇年二月）。

〈略論徐志摩詩歌的婉約美〉 黃俊杰 《廣東教育學院學報》
　　（一九九〇年二月）。

〈新月詩派辯析〉 蕭心 《中國現代、當代文學研究》 （一
　　九九〇年二期三月）。

〈「磐石的偉象顯現」徐志摩詩別論〉 羅龍炎 《九江師專學
　　報》 （哲社版，一九九〇年三月）。

〈徐志摩、陸小曼的婚姻〉 駱志伊 《書和人》 （一九九〇
　　年三月）。

〈月升月落談新月〉 卞之琳等 《國文天地》 （一九九〇年
　　六月）。

〈新時期十年新月詩派研究述略〉 許正林 《中國現代、當代
　　文學研究》 （一九九〇年八期九月）。

〈論新月詩派格律詩的藝術主張〉 周溶泉 《中國現代、當代
　　文學研究》 （一九九〇年八期九月）。

〈風飄雲逸話「新月」〉 王孫 《中國現代、當代文學研究》
　　（一九九〇年八期九月）。

〈獨具形態浪漫主義〉 蕭心 《中國現代、當代文學研究》
　　（一九九〇年十期十一月）。

〈徐志摩浪漫氣質的形成與文化〉 郭曉春 《中國現代、當代
　　文學研究》 （一九九〇年十一期十二月）。

〈從蔣復璁之逝談到徐志摩的感情世界〉 趙家名 《傳記文學》
　　（一九九〇年十一月）。

〈戲劇，新月派組合的契機〉 彭耀春 《杭州大學學報》 （一

九九〇年十二月）。

〈性靈感應與徐志摩的詩歌創作〉　張策文　《華東師範大學學報》　（一九九〇年十二月）。

〈從中國詩歌用韻沿革看新詩的發展趨勢〉　李迪明　《蘭州大學學報》　（社科版，一九九一年一月）。

〈論中國現代敘事詩藝術形式的變革與創新〉　王榮　《文學評論》　（一九九一年二月）。

〈五四運動革命的啓蒙意義〉　洪峻峰　《廈門大學學報》　（哲社版，一九九一年第一期一月）。

〈五四時期的留學生對新文化運動的貢獻〉　常家樹　《遼寧大學學報》　（哲社版，一九九一年第一期一月）。

〈青春的挽歌——從郭沫若1922年至1925年的幾篇作品窺探他的心靈〉　劉納　《中國現代著名作家研究·半年刊》　（一九九一年二期二月）。

〈新時期詩美觀念的嬗變〉　周曉風　《中國現代、當代文學研究》　（一九九一年二期三月）。

〈郭沫若楹聯的修辭技巧〉　王中安　《河南大學學報》　（一九九一年第二期三月）。

〈論新詩潮〉　劉家驥　《河南大學學報》　（一九九一年第二期三月）。

〈聞一多的詩歌美學觀及其發展演變〉　龍泉明　《武漢大學學報》（社科版，一九九一年第二期三月）。

〈中國新詩七十年〉　羅洛　《中國現代、當代文學研究》（一九九一年四期五月）。

〈郭沫若與外國詩人比較研究二題〉　傅正乾　《陝西師大學報》　（一九九一年五月）。

〈評郭沫若與中外作家比較論〉　蘇凱華　《陝西師大學報》
　　（一九九一年五月）。

〈新月派、現代派和卞之琳〉　黃維樑　《國文天地》　（一九
　　九一年六月）。

〈關於郭沫若研究的一些思考〉　劉納　《中國現代著名作家研
　　究・半年刊》　（一九九一年一期八月）。

〈郭沫若自然詩與古代山水詩〉　陳永志　《中國現代著名作家
　　研究・半年刊》　（一九九一年一期八月）。

〈中國哲理散文詩面面觀〉　柯藍　《文藝報》　（一九九一年
　　十一月二日第三版）。

〈新月詩派的靈魂徐志摩〉　梁桂珍　《中央日報》　（一九九
　　一年十一月十六日）。

《徐志摩詩研究》　〔韓國〕金尙浩　《逢甲大學中文研究所碩
　　士論文》　（一九九二年一月）。

〈郭沫若與郁達夫的浪漫世界之比較〉　馮奇　《中國現代、當
　　代文學研究》　（一九九一年十二期一九九二年一月出版）。

〈創造社藝術觀的二維特徵〉　馮奇　《文學評論》　（一九九
　　二年一月）。

〈神話與郭沫若〉　馮奇　《中國現代文學研究叢刊》　（一九
　　九二年二月）。

〈前期創造社與五四青春人格創造〉　周海波　《中國現代文學
　　研究叢刊》　（一九九二年二月）。

〈政治意識、創作個性、藝術規律——郭沫若創作的經驗教訓〉
　　劉元樹　《中國現代著名作家研究・半年刊》　（一九九二
　　年二期二月）。

〈五四浪漫主義文學類型概說〉　劉岸挺　《中國現代、當代文

學研究》　（一九九二年四期五月）。

〈關於郭沫若研究的漫談〉　蔡震、高遠東、劉納、馮奇　《中
　國現代文學研究叢刊》　（一九九二年五月）。

〈論郭沫若青春型的文化品格〉　黃侯興　《文學評論》　（一
　九九二年五月）。

〈郭沫若的個性本位意識與傳統文化情結〉　蔡震　《文學評論》
　（一九九二年五月）。

〈論郭沫若前期浪漫主義藝術表現的特徵〉　黃曼君　《文學評
　論》　（一九九二年六月）。

〈論創造社文學的現代化品格〉　朱壽桐　《文學評論》　（一
　九九二年六月）。

〈徐志摩思想發展述評〉　傅關興　《中國現代、當代文學研究》
　（一九九二年六期七月）。

〈泛神問題與郭沫若的後期詩作〉　周成平　《中國現代著名作
　家研究・半年刊》　（一九九二年一期八月）。

〈郭沫若與屠格涅夫散文詩比較論〉　傅正乾　《陝西師大學報》
　（一九九二年十一月）。

〈論郭沫若的浪漫主義文學主張〉　孫黨伯　《武漢大學學報》
　（一九九二年第六期十一月）。

〈論詩人徐志摩的心路歷程〉　李昭醇　《中國現代、當代文學
　研究》　（一九九二年十二期一九九三年一月出版）。

〈論創造社文學的現代化品格〉　朱壽桐　《中國現代、當代文
　學研究》　（一九九三年一期二月）。

〈論前期創造社文學批評觀〉　謝昭新　《中國現代、當代文學
　研究》　（一九九三年一期二月）。

〈新月詩派藝術演變軌跡的考察〉　張玲霞　《中國現代、當代

文學研究》 （一九九三年二期三月）。

〈試論徐志摩散文的情感特點〉 黃科安 《中國現代、當代文學研究》 （一九九三年三期四月）。

〈試論詩的幽默感〉 孫光萱 《中國現代、當代文學研究》 （一九九三年四期五月）。

〈論五四時期的詩體大解放〉 駱寒超 《文學評論》 （一九九三年五月）。

〈認同與自覺：二十年代的中國現代敘事詩〉 王榮 《文學評論》 （一九九三年五月）。

〈涅槃的愛神──論《瓶》的悲劇藝術〉 王衛國 《郭沫若學刊·季刊》 （一九九三年第二期六月）。

〈詩與月：朦朧美中的精靈──讀「霽月」〉 李繼凱 《郭沫若學刊·季刊》 （一九九三年第二期六月）。

〈拳拳愛國心──殷殷赤子情──讀「歸國書懷」〉 楊業瑞 《郭沫若學刊·季刊》 （一九九三年第二期六月）。

〈郭沫若部分詩詞創作年月考釋〉 丁茂遠 《郭沫若學刊·季刊》 （一九九三年第二期六月）。

〈郭沫若的創作與孔子的文藝觀〉 劉季華 《郭沫若學刊·季刊》 （一九九三年第三期九月）。

〈郭沫若文學研究的昨天與今天〉 黃侯興 《新文學史料》 （北京，人民文學出版社，一九九三年第三期九月）。

〈聞一多詩論〉 王富仁 《中國現代、當代文學研究》 （一九九三年六期七月）。

〈創造社對浪漫主義：挑剔的選擇〉 朱壽桐 《中國現代、當代文學研究》 （一九九三年六期七月）。

〈郭沫若浪漫主義新詩本體觀探論〉 孫玉石 《北京大學學報》

（一九九三年第四期七月）。

〈風格如人──淺談聞一多、徐志摩詩歌語言風格的差異〉　林
　　志平　《中國現代、當代文學研究》　（一九九三年十一期
　　十二月）。

〈對詩集《女神》的再認識〉　蕭崇素　《郭沫若學刊・季刊》
　　（一九九三年第四期十二月）。

〈生活的枯窘導致詩情的枯窘──從徐志摩詩情枯窘的原因看文
　　藝創作的泉〉　湯偉芳　《中國現代、當代文學研究》　（一
　　九九三年十二期一九九四年一月出版）。

〈重讀郭沫若的『少年時代』〉　熊家良　《上海師範大學學報》
　　（一九九四年一月）。

〈創造社成立的準確時間〉　鄭延順　《新文學史料》　（人民
　　文學出版社，一九九四年第一期二月）。

〈論郭沫若的人民本位文藝觀〉　秦川　《郭沫若學刊・季刊》
　　（一九九四年第一期三月）。

〈論郭沫若小說創作的現代文化品格〉　張恩和　《郭沫若學刊
　　・季刊》　（一九九四年第一期三月）。

〈愛之悲歡離合──郭沫若性愛心理分析之一〉　孫玉雙、宋紅
　　霞　《郭沫若學刊・季刊》　（一九九四年第一期三月）。

〈女神：浪漫主意象徵主義交融〉　鄒水旺　《郭沫若學刊・季
　　刊》　（一九九四年第一期三月）。

〈郭沫若雜文的散文美〉　尹鴻祿　《郭沫若學刊・季刊》　（一
　　九九四年第一期三月）。

〈承傳與擇取：面對傳統的兩類中國知識分子──魯迅與郭沫若
　　所接受的儒家文化之比較〉　李怡　《中國現代、當代文學
　　研究》　（一九九四年五期六月）。

《徐志摩新詩研究》　丁旭輝　《台灣師範大學國文研究所碩士論文》　（一九九四年六月）。

〈郭沫若與德國浪漫主義文學〉　遠獲涌　《郭沫若學刊・季刊》（一九九四第二期六月）。

〈郭沫若情感論〉　閻開振　《郭沫若學刊・季刊》　（一九九四年第二期六月）。

〈論表現主義是郭沫若早期文藝思想的本質特徵〉　《郭沫若學刊・季刊》　（一九九四年第二期六月）。

〈中國詩文化的自由形態與自覺形態——郭沫若詩歌的傳統文化闡釋〉《郭沫若學刊・季刊》　（一九九四年第三期九月）。

〈簡論郭沫若的文化追求〉　郝明工　《郭沫若學刊・季刊》（一九九四年第三期九月）。

〈論郭沫若和惠特曼的民主思想〉　廖彬　《郭沫若學刊・季刊》（一九九四年第三期九月）。

〈在「泛神論」的背後——郭沫若早期哲學思想再探〉　陳曉春《郭沫若學刊・季刊》　（一九九四年第三期九月）。

〈從早期郭沫若與顧城看中國詩歌的「現代主義」與外來影響〉〔奧地利〕李查德・特萊普爾　《郭沫若學刊・季刊》（一九九四年第三期九月）。

〈郭沫若悲劇觀與中外悲劇理論〉　孫玉雙　《郭沫若學刊・季刊》　（一九九四年第三期九月）。

〈新時期聞一多研究的回顧與展望〉　陸耀東　《武漢大學學報》（一九九四年第六期十一月）。

〈聞一多與中國傳統文化〉　袁千正、趙慧　《武漢大學學報》（一九九四年第六期十一月）。

〈聞一多頌——紀念新編《聞一多全集》出版〉　李爾重　《武漢大學學報》　（一九九四年第六期十一月）。

〈一項宏大而艱巨的文化工程——新編《聞一多全集》整理出版
　　漫論〉　《武漢大學學報》（一九九四年第六期十一月）。

〈聞一多在武漢大學事跡的幾點考辨〉　唐達暉　《武漢大學學
　　報》（一九九四年第六期十一月）。

〈論郭沫若紀遊詩文的文化內涵〉　黃侯興　《郭沫若學刊‧季
　　刊》（一九九四年第四期十二月）。

〈論郭沫若的旅遊文學創作〉　周靖波　《郭沫若學刊‧季刊》
　　（一九九四年第四期十二月）。

〈國外郭沫若研究略述〉　秦川　《郭沫若學刊‧季刊》（一
　　九九四年第四期十二月）。

〈論郭沫若悲劇精神〉　王衛國　《郭沫若學刊‧季刊》（一
　　九九四年第四期十二月）。

〈從浪漫主義向現代主義傾斜——論徐志摩詩歌風格的嬗變〉
　　夏葵　《中國現代、當代文學研究》（一九九四年十一期
　　十二月）。

〈試論郭沫若泛神論思想的理論來源及其文化學意義〉　王仲生
　　《中國現代、當代文學研究》（一九九四年十一期十二月）。

〈賽先生與五四新詩意象〉　劉爲民　《文學評論》（一九九
　　五年一月）。

〈新時期聞一多研究的回顧與展望〉　陸耀東　《中國現代、當
　　代文學研究》（一九九五年二期二月）。

〈論郭沫若的文化發展觀〉　王進　《郭沫若學刊‧季刊》（一
　　九九五年第一期三月）。

〈聞一多與中國傳統文化〉　袁千正、趙慧　《中國現代、當代
　　文學研究》（一九九五年二期三月）。

〈五四時期的郭沫若對孔子的選擇〉　周海波　《中國現代、當
　　代文學研究》（一九九五年二期三月）。

〈論「五四」新文學悲劇意識的歷史生成〉　陳詠芹　《中國現代、當代文學研究》　（一九九五年四期五月）。

〈郭沫若文學研究十五年〉　魏建　《中國現代文學研究叢刊》　（一九九五年五月）。

〈印度文學對郭沫若思想的影響〉　周紅　《中國現代文學研究叢刊》　（一九九五年五月）。

〈二十世紀中國文學圖志〉　楊義　《新文學史料》　（一九九五年第三期八月）。

〈女神的現代意識〉　鄒水旺　《郭沫若學刊·季刊》　（一九九五年第三期九月）。

〈郭沫若與沈從文的文化情節〉　周文萍　《郭沫若學刊·季刊》　（一九九五年第三期九月）。

〈漫議創造社〉　秦川　《郭沫若學刊·季刊》　（一九九五年第三期九月）。

〈郭沫若研究的新拓展——讀「文學家郭沫若在日本」〉　陳開鳴　《郭沫若學刊·季刊》　（一九九五年第三期九月）。

〈朱湘詩歌論〉　王偉　《中國現代·當代文學研究》　（一九九五年八期九月）。

〈人民至上——郭沫若文化觀研究〉　文天行　《郭沫若學刊·季刊》　（一九九五年第四期十二月）。

〈女神之謎的破解——略談郭沫若《女神》時期的宇宙觀與創作論〉　陳曉春　《郭沫若學刊·季刊》　（一九九五年第四期十二月）。

〈峨眉山：郭沫若詩的搖籃〉　田家樂　《郭沫若學刊·季刊》　（一九九五年第四期十二月）。

〈聞一多詩歌創作對現代派技巧的汲取〉　何佩剛　《中國現代、當代文學研究》　（一九九五年十一期十二月）。

〈聞一多詩論初探〉　龔顯宗　《中國現代文學理論》　（一九
　　九六年三月創刊號）。

〈徐志摩的短詩及其生平〉　王志健　《中國現代文學理論》
　　（一九九六年三月創刊）。

〈必須歷史地評析「新月」〉　王強　《中國現代、當代文學研
　　究》　（一九九六年三期四月）。

〈在夢的輕波裡依洄──論後期新月詩派的詩歌創作〉　徐榮街
　　《中國現代、當代文學研究》　（一九九六年四期五月）。

〈論清華新月詩人〉　張玲霞　《中國現代、當代文學研究》
　　（一九九六年四期五月）。

〈建國後中國新詩(1917-1949)研究綜述〉呂家鄉《中國現代、
　　當代文學研究》　（一九九六四期五月）。

〈新詩的面貌及其類型〉　邱燮友　《中國現代文學理論》　（一
　　九九六年六月）。

〈羨君風格獨嶕嶢──讀郭沫若流亡日本十年的詩詞〉　丁茂遠
　　《郭沫若學刊・季刊》　（一九九六年第二期六月）。

〈郭沫若從事編輯活動綜述〉　蔣成德　《郭沫若學刊・季刊》
　　（一九九六年第二期六月）。

〈喧囂與寂寞──重讀郭沫若〉　閻延文　《郭沫若學刊・季刊》
　　（一九九六年第二期六月）。

〈論中國新文學的主流〉　黎山堯　《中國現代、當代文學研究》
　　（一九九六年六期七月）。

〈郭沫若詩歌研究述評〉　王愛軍、魏建　《中國現代、當代文
　　學研究》　（一九九六年六期七月）。

〈論郭沫若的國學觀〉　周德豐　《中國現代、當代文學研究》
　　（一九九六年十期十一月）。

〈中國新詩第一個偉大的綜合者──論郭沫若五四時期新詩創作

的成就〉　龍泉明　《中國現代、當代文學研究》　（一九
　　九六年十期十一月）。

〈論《女神》的「五四先鋒派」藝術精神〉　張德厚　《中國現
　　代、當代文學研究》　（一九九六年十期十一月）。

〈論朱湘的詩歌世界〉　劉繼業　《中國現代、當代文學研究》
　　（一九九六年十一期十二月）。

〈徐志摩的文學觀〉　龔顯宗　《中國現代文學理論》　（一九
　　九六年十二月）。

〈郭沫若小說簡論〉　許愛春　《中國現代、當代文學研究》
　　（一九九七年一期二月）。

〈愛國主義——聞一多思想發展的主旋律〉　李凌　《中國現代、
　　當代文學研究》　（一九九七年二期三月）。

〈追求人與大自然的新型關係——新時期自然山水詩解讀〉　姜
　　振昌　《中國現代、當代文學研究》　（一九九七年二期三
　　月）。

〈中國新文學運動·前期〉　方祖燊　《中國現代文學理論》
　　（一九九七年三月）。

〈五四前後文學社團的蜂起與發展〉　馬森　《中國現代文學理
　　論》　（一九九七年三月）。

〈郭沫若早期詩歌創作的啓示意義〉　郭小聰　《中國現代、當
　　代文學研究》　（一九九七年三期四月）。

〈論中國新詩的現實主義〉　駱寒超　《中國現代、當代文學研
　　究》　（一九九七年四期五月）。

〈論２０世紀中國新詩的詩美流變〉　呂漢東　《中國現代、當
　　代文學研究》　（一九九七年五期六月）。

〈五四新詩的「現代性」問題〉　唐曉渡　《中國現代、當代文
　　學研究》　（一九九七年五期六月）。

〈郭沫若對未來派的認識和評述〉 遠獲涌 《郭沫若學刊‧季刊》 （一九九七年第二期六月）。

〈海與太陽──郭沫若前傳「尋找女神」之一章〉 劉納 《郭沫若學刊‧季刊》 （一九九七年第二期六月）。

〈淺談郭沫若《女神》中的自然抒情詩〉 何鳳鳴 《郭沫若學刊‧季刊》 （一九九七年第二期六月）。

〈郭沫若佚詩佚文兩篇〉 郭沫若 《郭沫若學刊‧季刊》 （一九九七年第二期六月）。

〈五四運動與文學革命〉 皮述民 《中國現代文學理論》 （一九九七年六月）。

〈從徐志摩研究檢討當代的思維模式〉 王曉華 《中國現代、當代文學研究》 （一九九七年六期七月）。

〈新月詩派論〉 黃昌勇 《中國現代、當代文學研究》 （一九九七年七期八月）。

〈論中國４０年代新詩的形象化運動〉 龍泉明 《中國現代、當代文學研究》 （一九九七年八期九月）。

〈新詩中象徵的奧秘〉 邱燮友 《中國現代文學理論》 （一九九七年九月）。

〈中國現代詩的回歸傳統論〉 許世旭 《中國現代文學理論》 （一九九七年九月）。

〈論徐志摩的性靈自由〉 許世旭 《中國現代文學理論》 （一九九八年三月）。

〈聞一多新詩理論探索〉 程光煒 《文學評論》 （一九九八年二期三月）。

〈中國現代文學與基督教文化〉 許正林 《文學評論》 （一九九九年二期三月）。